ETHIK 11

VERANTWORTLICH LEBEN

konkordia Verlag

Ethik 11
Verantwortlich leben

Autoren:

Rudolf Bleier
Jan Christiansen
Harald Herrmann
Dr. Dieter Katz
Dr. Hans-Peter Mahnke
Iris Mangler-Wörz

ISBN 3-7826-4111-6

Eisenbahnstraße 31
77815 Bühl
Telefon (0 72 23) 98 89 64
Telefax (0 72 23) 98 89 45

chlorfrei gebleichtes Papier
unser Beitrag zum Umweltschutz

Die letzte Zahl bezeichnet das Jahr dieses Druckes: 1999 98 97 96

Gesamtherstellung: Konkordia Druck GmbH, Eisenbahnstraße 31, 77815 Bühl

Inhaltsverzeichnis

Liebe Schülerinnen und Schüler, liebe Kolleginnen und Kollegen,

Ethik-Unterricht auf der Oberstufe geht weiterhin vom täglichen Leben aus, soll durchaus Hilfestellung für uns und unsere Mitmenschen liefern. So gehen wir auch in diesem Buch von der Welt aus, die uns direkt umgibt, denken bei der Ethik-Frage „Was soll ich tun?“ an das, was uns betrifft. Gleichzeitig jedoch weiten wir unseren Blick, schauen öfter und intensiver über unseren „Tellerrand“ hinaus, versuchen zunehmend Probleme im gesellschaftlichen und auch globalen Bereich wahrzunehmen. Hinzu kommt in dieser Phase des Ethik-Unterrichts die zunehmende Auseinandersetzung mit theoretischen Ansätzen der Ethik. So können wir jetzt unser ethisches Urteilsvermögen mit Hilfe philosophischer Denkrichtungen aus Antike und Neuzeit schärfen. Zur Auseinandersetzung mit den Weltreligionen sind wir durch Christentum, Buddhismus und Hinduismus herausgefordert.

Die manchmal recht anspruchsvollen philosophischen Texte dienen als Herausforderung, können freilich in Gemeinschaftsarbeit mit Lehrerinnen und Lehrern behandelt werden. Zudem gibt es auch genügend Auswahl, so daß ein Thema auf unterschiedliche Weise behandelt werden kann. Schülerinnen und Schüler sollen mit ihren Lehrerinnen und Lehrern selbst Schwerpunkte im Unterricht setzen, sollen durch eine begrenzte Zahl an Material nicht gegängelt werden, sondern eben verschiedenartige Zugangsformen zu den Themen haben. Die Arbeitsaufgaben geben z.T. schon direkt methodische Hinweise; zudem möchten wir jedoch darauf aufmerksam machen, daß sie stets in Einzel- und Kleingruppenarbeit umgesetzt werden können.

Besondere Sorgfalt haben wir auf Bilder und Karikaturen gelegt, die zur Auseinandersetzung anregen sollen, manchmal aber auch zur Illustration dienen, denn nicht alle Aspekte sind in Worte zu fassen.

Freuen würden wir uns, wenn das Buch Sie zum „Weiterlesen“ anregen würde. Für Rückmeldungen jeder Art sind wir stets dankbar.

Die Autoren

Notwendigkeit ethischen Verhaltens

Ethik im Alltag

Warum benötigt der Mensch so etwas wie Ethik?

Durch eine philosophische Charakteristik der Situation des menschlichen Daseins überhaupt möchten wir eine Antwort auf die Frage geben: „Warum benötigt der Mensch überhaupt so etwas wie Ethik?“ Diese Themenstellung wird sicherlich manche unter Ihnen überraschen. Ist es nicht fürchterlich abstrakt, über „den“ Menschen zu sprechen, wo sich doch eine Fülle konkreter Probleme jedem, der über ethische Fragen nachdenkt, unmittelbar und unabweisbar aufdrängen?

Wer heutzutage versucht, sich selbst unsere Ausgangsfrage versuchsweise zu beantworten, der wird an sehr verschiedenartige aktuelle Situationen denken, z.B. an Situationen, in denen sich die Frage nach verbindlichen Regeln oder Normen unseres Handelns stellt. Er denkt vielleicht zunächst an die Problematik der zwischenmenschlichen Beziehungen im *Nahbereich* von Ehe, Familie, Nachbarschaft und Beruf und an andere ethische Probleme, etwa an die Diskussion um den § 218, an die moderne Sexualerziehung, an die Ehescheidung, an Partnerschaft und Konkurrenz im Berufsleben, an die Behandlung der alten Menschen und schließlich an das Verhältnis zum eigenen und fremden Tod. Möglicherweise wird man aber auch sogleich an Fragen menschlicher Beziehungen im Bereich der *Politik* denken, z.B. an die schwierigen Probleme der sozialen Gerechtigkeit einerseits und den Freiheitsgarantien in unserem Lande andererseits, oder aber an die ebenso komplexen Probleme einer verantwortlichen Vertretung nationaler Interessen im Spannungsfeld der Weltpolitik. Schließlich mag man heutzutage sogar in erster Linie an Probleme gesamtmenschlicher Verantwortung für die planetare *Ökosphäre* denken. (…)

Man kann in diesem Zusammenhang bemerken, daß die ethischen Probleme heute zum ersten Mal eine weltweite Dimension der Auswirkung und des Risikos gewonnen haben. Denken wir nur an die Notwendigkeit internationaler Institutionen und Konferenzen etwa über Fragen der Bevölkerungspolitik, der Energie- und Entwicklungspolitik, vor allem aber an die ständige Bedrohung durch die Möglichkeit eines mit nuklearen „Waffen“ geführten Vernichtungskrieges.

Es zeigt sich also, daß ethische Probleme in der Gegenwart in drei verschiedenen Auswirkungsbereichen menschlicher Handlungen auftreten:

1. in einem Nah- oder *Mikrobereich* des zwischenmenschlichen Verhaltens im Privatleben;
2. in einem Mittel- oder *Mesobereich* der Interaktion der politisch Handelnden, die etwa Gruppeninteressen oder Nationalinteressen vertreten, und
3. in einem Groß- oder *Makrobereich* der solidarischen Verantwortung für das Lebensinteresse der menschlichen Gattung, in der Gegenwart und in der Zukunft.

Hans-Otto Apel

- *Welches sind für Sie persönlich die gegenwärtig bedeutsamsten ethischen Probleme?*
- *Warum benötigt der Mensch Ihrer Meinung nach so etwas wie Ethik? Gibt Hans-Otto Apel auf diese Frage eine zufriedenstellende Antwort?*

Alltagsmoral

Beispiel Autokauf

Herr Schulze möchte sich ein neues Auto kaufen. Zuvor muß aber sein altes an den Mann gebracht werden, möglichst günstig; 7000,– möchte er schon rausschlagen. Also gibt er eine Annonce auf:

> Golf CL, 7 Jahre alt, rot, Radio, 50 PS,
> 80 000 km, Topzustand, VB 8000,–, Tel. 5 11 41

Herr Schulze kennt sein Auto genau und weiß, daß der Unterbodenschutz Roststellen gerade noch überdeckt, daß der Wagen erheblich Öl verliert und daß die Kupplung bald „dran ist".

Einige Interessenten kamen dann am Wochenende, fanden aber den Zustand des Autos gar nicht top, und Herr Schulze ging beim vierten Interessenten schon auf 7400,– runter. Nach der Probefahrt fragte der mögliche Käufer: „Hat der Wagen irgendwelche Mängel? Ist er unfallfrei?" Darauf sprudelte Herr Schulze los: „Überhaupt keine Mängel! Der schnurrt nur so davon, wie am ersten Tag, der läuft glatt noch mal so lang! Ist halt gepflegt. Nein! Einen Unfall hatte ich nie!" Daß er mal rückwärts gegen seine eigene Garage gefahren war, das zählt ja wohl nicht als Unfall, dachte sich Herr Schulze.

Barzahlung war vereinbart – und triumphierend zeigte Herr Schulze seinen Lieben das Geld: „Clever muß man halt sein!"

- *Nach welchem Prinzip hat Herr Schulze gehandelt? Hat er gegen Prinzipien verstoßen?*
- *Was hätten Sie an seiner Stelle getan?*

Beispiel Mietprobleme

Familie Bartel wohnt zur Miete bei Frau Pfaff, einer 80jährigen Witwe, die ihre Wohnung verlassen will, um in ein Altenheim zu ziehen, weil sie dort vor allem im Krankheitsfall versorgt ist. Doch ihre zukünftige Miete im Altenheim ist hoch; deshalb teilt sie als Vermieterin der Familie Bartel mit, daß sie gezwungen sei, den Mietzins um DM 100,– monatlich zu erhöhen. Für Familie Bartel, die zwei Kinder im schulpflichtigen Alter hat, würde diese Erhöhung eine erhebliche Mehrbelastung bedeuten. Herr Bartel geht deshalb zu einer Rechtsberatung und fragt nach, ob er verpflichtet sei, diese Erhöhung zu zahlen. Er erfährt, daß er laut Mietspiegel eigentlich genug Miete bezahle, daß diese Erhöhung, vor allem die Begründung (Mehrkosten durch Wohnen im Altenheim) eine Farce sei; er könne dieses Schreiben der Frau Pfaff beruhigt in den Papierkorb werfen, er brauche nicht einmal zu antworten.

- *Haben sich alle Beteiligten Ihrer Meinung nach „richtig" verhalten? Begründung!*
- *Was soll Herr Bartel machen, nachdem er diesen Rat erhalten hat?*

Beispiel Mißachtung und Lieblosigkeit

In vielen Familien, Partnerschaften oder auch in Betrieben gehen Menschen bisweilen geringschätzig und rücksichtslos miteinander um. Sie machen sich über den anderen lustig, machen ihn lächerlich, kommandieren ihn herum, übervorteilen ihn. (...)

Andere leben jahrelang gleichgültig nebeneinander her, ohne sich um den anderen zu kümmern: „Also ich kann mir mit der Zeit irgendwie überflüssig vor und dann ausgenutzt", sagt die 24jährige Maria. „Er kam nach Hause, schlafen, essen, umziehen, und weg war er wieder. Und ich habe mich dann gefragt: Wozu bist du denn eigentlich noch da? Um die Wäsche zu waschen, einkaufen zu gehen, Essen zu kochen? Wenn ich in der Anfangszeit noch gefragt habe: Wo gehst du denn hin?, dann hat es geheißen: Das geht dich nichts an. Mittlerweile habe ich dann überhaupt nicht mehr gefragt. Nicht nur, daß er keine Rücksicht auf meine Bedürfnisse genommen hat – er hat nicht einmal den Versuch gemacht! (. . .)

Viele menschliche Kontakte sind durchsetzt von Beleidigungen, Demütigungen, Herabwürdigungen und Befehlen. (...) Lehrer: „Jetzt blamier' ich dich bis auf die Knochen." – „Du bist auch so ein Würstchen." – „Machst du jetzt endlich zu, du Dummkopf!" (. . .) „Du hast ein Vierergesicht, mehr ist für dich nicht drin." – „Der kriegt mal einen Hang zum Klauen." – „Bei dir konnte ja nichts anderes herauskommen." Jugendliche: „Die blöden Alten, völlig verkalkt." – Der ist nicht ganz dicht."

Mißachtung und Lieblosigkeit drücken sich oft auch in den Gesten der Menschen aus, in ihrer Mimik und ihren Handlungen: Sie grinsen schadenfroh, lachen andere aus, hänseln sie, schauen sie mißbilligend an, zucken voller Verachtung mit den Achseln, sie übersehen andere demonstrativ, fahren sie mit lauter Stimme an. *Reinhard und Anne-Marie Tausch*

– *Begründen Sie die Notwendigkeit ethischer Verhaltensweisen an Hand dieses Textes und eigener Beispiele.*

Beispiel „Die Moral ist lebendig"

Die Moral ist lebendig. Jawohl, sie lebt und wirkt. In unseren Ländern und für uns alle. Auch heute noch. Auch wenn alles dagegen zu sprechen scheint. Denn stets genügt ein kurzer Moment des Nachdenkens, um der Versuchung zu widerstehen, die Moral für tot zu erklären. Die Moral als Bezugsgröße selbstverständlich, nicht als in der wirklichen Welt praktizierte Ethik.

Die Welt ist voller Leid und Grauen. Täglich verhungern Männer, Frauen und Kinder oder werden gewaltsam umgebracht, in Afrika, Asien und auf dem amerikanischen Kontinent. (...) Nie war die Zahl der Verhundernden, Erniedrigten und Verfolgten so hoch wie heute. Doch wir reagieren auf all das Leid, das den Menschen zugefügt wird, betroffen, schockiert, empört. Wie ist unsere Reaktion zu erklären, wenn nicht durch Werturteile, also durch den Rückgriff auf die Moral? (. . .)

Woher kommt dann aber jenes so oft zum Ausdruck gebrachte Gefühl, unsere Zeit sei geprägt von einer Art moralischem Verfall? Es kommt aus einer Verwechslung zwischen Bezugswerten und Verhaltensregeln, zwischen Rechtfertigungslehre und Ethik.

Eindeutige Verhaltensvorschriften und Rezepte gibt es heute nur noch beim Arzt. Das absolute Verbot taucht zuweilen noch in Gesetzen auf, doch es verschwindet auch dort immer mehr und mit ihm das absolute Gebot. (...) Es gibt kaum noch Situationen, in denen man nur zu sagen braucht: Beachte die Vorschriften, halte dich an die Regeln! In jeder Situation sind, ausgehend von immer den gleichen Bezugswerten, stets mehrere Verhaltensweisen möglich. Man muß also jedesmal eine Wahl treffen. Niedergang der Moral? Genau das Gegenteil ist der Fall: Die automatische Unterwerfung unter die vorgegebene Norm wird durch die verantwortliche Ausübung der Freiheit ersetzt. Ein enormer moralischer Fortschritt. *Alfred Grosser*

– *Inwiefern hat sich das Verhältnis des einzelnen zu privater und gesellschaftlicher Moral gewandelt?*

– *Sehen Sie Gründe dafür, um mit Alfred Grosser von einem „enormen moralischen Fortschritt" zu sprechen?*

– *Sehen Sie einen Unterschied zwischen Moral und Ethik?*

Problembereich Ethik

Was ist Ethik?

Historische Grundlagen

Der Begriff der Ethik geht auf *Aristoteles* zurück. Das von diesem verwendete Adjektiv „ethikós", „ethisch", leitet sich von dem Substantiv „ethos" ab, das eine teils objektive, teils subjektive Bedeutung besitzt. Zum einen, objektiv, heißt „ethos" soviel wie Gewohnheit, Sitte, Brauch. Zum andern, subjektiv, hat es die Bedeutung von Sinnesart, Gesinnung, Haltung. Aus dieser Spaltung im Grundbegriff ergibt sich eine doppelte Ausrichtung des Begriffes der Ethik als der Wissenschaft vom „ethos". Zum einen verweist der objektive Gebrauch auf das Miteinander der Menschen; Gewohnheit, Sitte und Brauch gelten in der Polis, weshalb für Aristoteles die „Ethik" einen Teil der „Politik" darstellt. Zieht man zum anderen die subjektive Bedeutung von „ethos" als Sinnesart, Gesinnung und Haltung heran, dann zeigt sich: Ethik bezieht sich ausdrücklich auf den Menschen, sein Verhalten und seine Haltung; sie ist „Philosophie vom Menschlichen". Diese doppelte Ausrichtung – auf den Menschen als solchen und auf den Menschen als Staatsbürger – ist für die gesamte weitere Geschichte der Philosophischen Ethik maßgebend. Für Aristoteles freilich ist beides noch untrennbar; der Mensch als solcher ist der Staatsbürger. Doch entfaltet sich jene doppelte Ausrichtung später zu der Unterscheidung von Individualethik und Sozialethik. (. . .)

a) In der Philosophischen Ethik geht es um den Menschen. Zum Thema werden dessen Verhalten und dessen Haltung.
b) Diese stellen sich sowohl in der Individualsphäre wie im Bereich des Sozialen dar.
c) Die Philosophische Ethik sucht das im Handeln und in der Haltung wirksame Wollen und letztlich die hinter jenen stehende Gesinnung aufzudecken.
d) Die Philosophische Ethik will Anweisungen dafür geben, wie Gesinnung, Wollen, Haltung und Verhalten beschaffen sein sollen, was also zu tun und zu lassen ist.
e) Damit fragt die Philosophische Ethik zugleich danach, was gut und verwerflich, was Tugend und Untugend ist.
f) Die Philosophische Ethik sucht als philosophische nach einem Prinzip für Gesinnung, Wollen, Haltung und Verhalten.
g) Dieses Prinzip soll für Gesinnung, Wollen, Haltung und Verhalten verbindliche Anweisungen geben.
h) Ob diese Verbindlichkeit absolut und unbedingt sein kann, ist ein offenes Problem.

Wilhelm Weischedel

Es geht um „gut" oder „schlecht"

In der Ethik geht es nicht um richtig oder falsch, wie z.B. in der Mathematik, der Physik und auch der Geschichte, sondern um gut und schlecht – allerdings in einer ganz besonderen Verwendung dieser Wörter.

Daß da vor mir auf der Straße 10 000 DM liegen, ist entweder eine Täuschung oder eine Tatsache. Der Satz „da liegen 10 000 DM" ist deshalb entweder wahr (richtig), wenn es so ist, oder falsch, wenn ich mich getäuscht habe.

Daß das Geld da liegt, kann gut sein, weil ich das Geld gut gebrauchen kann; es kann aber auch schlecht sein, weil ich es gerade verloren habe und jetzt im Begriffe bin, mich – ohne zu wissen, was geschehen ist – entferne. In diesem Sinne beschreiben „gut“ und „schlecht“ meine persönliche Betroffenheit von der Tatsache, ganz ähnlich, wie wenn ich sage, der Kuchen schmeckt mir gut oder schlecht; ganz ähnlich auch, wie wenn ich sage, die Schuhe, das Auto, der Regenschirm sind gut oder schlecht; denn es ist dann die jeweilige Brauchbarkeit für meine Zwecke gemeint.

Dieser Gebrauch von „gut“ und „schlecht“ ist ethisch uninteressant – auch dann, wenn wir objektive, von allen Menschen anerkannte Maßstäbe hätten, an denen wir messen könnten, ob der Kuchen gut schmeckt, ob ein Auto gut oder gar am besten von allen Autos funktioniert, ob die Schuhe, die ich so gerne anziehe, weil sie meinen Füßen angenehm sind, auch wirklich, d.h. ganz unabhängig von meinen persönlichen Erfahrungen, gute Schuhe sind.

Erst wenn der Finder das Geld aufhebt und sich dafür einen Kleinwagen kauft oder aber zum Fundbüro geht und es abliefert, und die Zeitung am nächsten Tag – bzw. dann, wann die Fundunterschlagung an den Tag kommt – davon berichtet und sagt, dies war gut oder dies war schlecht, dann sind das Aussagen, mit denen sich die Ethik beschäftigt. Der Journalist, der über den Fall berichtet, will damit nämlich keineswegs sagen, daß dies für den Finder bzw. den Verlierer des Geldes gut oder schlecht war, sondern er verwendet die Wörter „gut“ oder „schlecht“ in einem für alle Menschen bedeutsamen Sinn.

Er will sagen, daß der Gang zum Fundbüro deshalb gut ist, weil eigentlich alle Menschen in der gleichen Situation so handeln müßten. Dabei ist es nicht entscheidend, daß er den Gang zum Fundbüro lobt. Ethisch interessant wäre auch das gegenteilige Urteil: der Gang zum Fundbüro ist schlecht, z.B. weil derjenige, der 10 000 DM so mit sich herumträgt, daß er sie verlieren kann, es nicht verdiene, für seine Fahrlässigkeit auch noch belohnt zu werden; man müsse das Geld unter den Armen verteilen. Auch diese Aussage wendet sich an alle Menschen und gibt an, was sie tun sollen, wann immer sie in eine solche Situation kommen.

Die Ethik beschäftigt sich also mit Aussagen, die eine Handlung oder die Unterlassung einer Handlung gut oder schlecht nennen, weil sie für alle Menschen, man kann sogar sagen: für die ganze Natur oder die ganze Schöpfung gut oder schlecht ist. Solche Aussagen oder Urteile stellen nicht einfach etwas fest. Sie geben zugleich eine Richtschnur für alle Handlungen dieser Art, so daß einer, der handelt, wissen kann, was er, wenn er das Gute will, tun muß, und einer, der das Schlechte tut, auch wissen kann, daß er schlecht handelt.

Zum Begriff der Ethik

Das Wort Ethik hat sich in unsere Alltagssprache eingeschlichen. Fast täglich werden wir damit konfrontiert. Wir hören von Wirtschaftsethik und politischer Ethik, von Bioethik, medizinischer Ethik und ökologischer Ethik, von Friedensethik und Sozialethik, von Ethikkommissionen usw. und natürlich auch vom Ethikunterricht.

Der Fortschritt von Wissenschaft und Technik ist atemberaubend. Zum Beispiel in der medizinischen Ethik: Gentechniker rüsten sich, Krebs, Alzheimer und Aids zu bezwingen. Neurochirurgen erproben, ob das Hirngewebe abgetriebener Föten die ausgefallenen Hirnfunktionen von Parkinson-Patienten wieder aktiviert. Todkranke schöpfen Hoffnung, weil ihnen Mediziner Heilung durch Organtransplantation versprechen. Künstliche Befruchtung wird auch beim Menschen zur Routine. Dies alles ruft Ethik-Experten auf den Plan, die sich dann in Talkshows oder in der Zeitung Wortgefechte mit den Medizinern liefern. Manch einer mag sich zurücklegen mit dem Wissen, daß die Experten es schon richten werden.

Und genau darin liegt eine Gefahr: Das ethische Urteil den sogenannten Experten zu überlassen, weil man der Meinung ist, mit seinem „Durchschnittsverstand“ es nicht mit hochintelligenten Spezialisten aufnehmen zu können. Das ist so nicht richtig. Die eigene Meinung, die eigene ethische Einstellung kann sich nur jeder selbst bilden. Sie kann nicht einfach von anderen übernommen werden. Durch jeden einzelnen wird die Wertvorstellung einer Gesellschaft geprägt. Eine mündige und aufgeklärte Gesellschaft fordert von jedem einzelnen ein gewisses Maß an moralischer Kompetenz und Verantwortungsbewußtsein.

Jeder leistet seinen Beitrag in ständigem Ringen einer Gesellschaft um die Einigung auf allgemeingültige ethische Normen. Normen, mit denen Menschen in einer pluralistischen Gesellschaft zusammenleben können, seien es Jugendliche oder Erwachsene, Arbeiter oder Unternehmer, Konservative oder Alternative, streng religiöse Menschen oder Atheisten. Ohne Ethik, die diese Normen zum Gegenstand hat, ist sinnvolles Zusammenleben nicht möglich.

Um zu erklären, was Ethik ist, muß man sich den Unterschied zwischen Ethik und Moral vergegenwärtigen. Nur allzuschnell wird Ethik mit Moral gleichgesetzt. Das aber ist unzutreffend. *Moral* wird oft verstanden als eine Einheit von Grundsätzen und Wertvorstellungen des Handelns, die jedem Menschen im Interesse eines friedvollen Zusammenlebens als Norm vorgegeben sind. Aber eine solche für alle Menschen gültige und unbestrittene Moral gibt es nicht. Die *Ethik* stellt die von der Moral gesetzten Normen und Werte zunächst in Frage und überdenkt sie. Die Ethik muß dabei aufpassen, daß sie sich nicht zum Sklaven der Moral macht, und immer wieder die Moral kritisch reflektiert. Aber nicht nur eine kritische Hinterfragung von moralischen Geltungsansprüchen ist notwendig, ebenso unerläßlich ist auch eine Verständigung über die Grundsätze der Moral. So kann man die Ethik als Reflexion der Moral und jede Moral als das Resultat ethischer Urteilsbildung bezeichnen.

Moral = die als geltend angesehene Regel, Norm, Sitte;
die von (einem Teil) der Gesellschaft akzeptierte Regel.
Ethik = die Reflexion der vorgefundenen Moral. Ethik hat eine kritische Aufgabe!

Die Ethik und auch der Ethikunterricht läßt den einzelnen in der Vielzahl der Moralen, der Meinungen und Gebote nicht einfach allein. Sie liefert Begründungen, mit denen der Mensch in die Lage versetzt werden soll, moralische Probleme und Konflikte als solche klar zu erfassen, mögliche Lösungsvorschläge zu entwickeln und auf ihre moralischen Konsequenzen hin zu durchdenken sowie sich nach reiflicher Überlegung für eine bestimmte Lösung zu entscheiden.

Die Antwort auf ethische Fragestellungen muß in einem kommunikativen Prozeß der Urteilsbildung jeder selbst finden. Folgende drei Gesichtspunkte sind dabei zu berücksichtigen.

- Bedenken Sie die *Situation,* in der Sie handeln.
- Beachten Sie, daß die *Tradition,* die Ihr Denken und Handeln beeinflußt, in der Gestalt von *Wertvorstellungen und ethischen Grundsätzen* Erfahrungen überliefert, die für Ihre Entscheidung wichtig sind.
- Suchen Sie Ihre Entscheidung im *Gespräch mit anderen,* vor allem den Betroffenen.

- *Woher kommt der Begriff Ethik?*
- *Mit was beschäftigt sich Ethik?*
- *Was bedeutet „ethisch Handeln“?*

Aspekte der Ethik

Zur Rechtfertigung von Handlungen

Das Problem der Begründung oder Rechtfertigung von Moral – von moralischen Verhaltensweisen, Einstellungen, Urteilen – wurde nicht von Philosophen erfunden: Es ist ein Problem, mit dem wir alle fast täglich im Alltag konfrontiert werden. Bin ich in einer bestimmten Situation berechtigt zu lügen? Ist Ehebruch ausnahmslos moralisch verboten? Nach welchen Gesichtspunkten sollen wir unsere Kinder erziehen? War das Eingreifen der Amerikaner in Südostasien moralisch vertretbar oder gar moralisch verboten? Ist es gerechtfertigt, Menschen unter bestimmten Voraussetzungen zu bestrafen; oder verdienen Kriminelle vielmehr – wie Kranke – eine Heilbehandlung? Ist es jemals richtig, daß der Zweck die Mittel heiligt? – Solche und ähnliche Fragen lassen sich mit einem einfachen Ja oder Nein oder mit einem lapidaren Satz nicht zufriedenstellend beantworten. Zufriedenstellend ist eine Antwort nur dann, wenn wir diese Antwort als stichhaltig, begründet, gerechtfertigt betrachten können.

Die Antwort, die wir in unseren moralischen Alltagsüberlegungen und -argumentationen geben, werden diesem Erfordernis lediglich mehr oder weniger gerecht und können insofern auch nur bis zu einem gewissen Grade zufriedenstellen. Gewöhnlich haben wir weder genug Zeit noch die Ausbildung und das Wissen, um bis zur letztmöglichen Begründung unserer Auffassungen vorzudringen. Das zu tun, ist die Aufgabe der Ethik; sie versucht, die letzten Begründungsprinzipien des moralisch Richtigen und Guten zu ermitteln. Außerdem analysiert und korrigiert sie die Methoden, die unser Begründungs- und Problemlösungsverhalten im Bereich moralischer Reflexion und Argumentation kennzeichnen.

Norbert Hoerster

– *Weshalb ist es nicht gleichgültig, wie ethische Alltagsfragen beantwortet werden? Was könnte man nach Hoersters Darlegungen unter ethischer Reflexion verstehen?*

Fragestellungen und Grundvoraussetzung der Ethik

Im Mittelpunkt unserer Überlegungen stehen drei Fragenbereiche:

1. Womit hat es die Ethik als philosophische Disziplin zu tun? Was ist ihr Gegenstand?

   Zu 1. Die Ethik hat es mit menschlichen Handlungen zu tun. Dennoch ist sie keine Handlungstheorie schlechthin, denn ihr geht es vorrangig um solche Handlungen, die Anspruch auf Moralität erheben, um moralische Handlungen also. Sie fragt nach diesem qualitativen Moment, das eine Handlung zu einer moralisch guten Handlung macht, und befaßt sich in diesem Zusammenhang mit Begriffen wie Moral, das Gute, Pflicht, Sollen, Erlaubnis u.a.

2. In welcher Weise beschäftigt sie sich mit diesem Gegenstand?

   Zu 2. Die Ethik beschäftigt sich auf eine bestimmte methodische Weise mit ihrem Gegenstand – mit moralischen Handlungen –, da sie zu begründeten Ergebnissen gelangen will und somit weder moralisieren noch ideologisieren oder weltanschauliche Überzeugungen verkünden darf. Ihr geht es demnach um Aussagen, die nicht bloß subjektiv gültig, sondern als objektiv verbindlich ausweisbar sind.

3. Worum geht es der Ethik letztlich? Was ist ihr Ziel?

Zu 3. Was das Ziel der Ethik anbelangt, so artikuliert sich ihr Interesse in einer Reihe von Teilzielen:

- Aufklärung menschlicher Praxis hinsichtlich ihrer moralischen Qualität;
- Einübung in ethische Argumentationsweisen und Begründungsgänge, durch die ein kritisches, von der Moral bestimmtes Selbstbewußtsein entwickelt werden kann;
- Hinführung zu der Einsicht, daß moralisches Handeln nicht etwas Beliebiges, Willkürliches ist, das man nach Gutdünken tun oder lassen kann, sondern Ausdruck einer für das Sein als Mensch unverzichtbaren Qualität: der Humanität.

Diese Ziele enthalten sowohl ein kognitives Moment als auch ein nicht mehr allein durch kognitive Prozesse zu vermittelndes Moment: etwas, das man als Verantwortungsbewußtsein oder moralisches Engagement bezeichnen kann.

Die Grundvoraussetzung jedoch, auf der jede Ethik aufbaut, ja aufbauen muß, ist der „gute Wille". Guter Wille meint hier die grundsätzliche Bereitschaft, sich nicht nur auf Argumente einzulassen, sondern das als gut Erkannte auch tatsächlich zum Prinzip des eigenen Handelns zu machen. Wer von vornherein nicht gewillt ist, seinen eigenen Standpunkt in moralischen Angelegenheiten zu problematisieren,

- sei es, weil er prinzipiell keine anderen Überzeugungen als die eigenen gelten läßt;
- sei es, weil er in Vorurteilen verhaftet ist;
- sei es, weil er überzeugter Amoralist oder radikaler Skeptiker ist;
- sei es, weil er die Verbindlichkeit von moralischen Normen nur für andere, nicht aber für sich selbst anerkennt,

läßt es aus verschiedenen Gründen an gutem Willen fehlen. Mangelnde Offenheit und Aufgeschlossenheit für das Moralische entziehen jeglicher ethischer Verständigung das Fundament. Ethische Überlegungen hätten hier keinen Sinn mehr.

Der Gegenstand der Ethik ist also: moralisches Handeln und Urteilen.

Annemarie Pieper

- *Was ist der Gegenstand der Ethik? Beschreiben Sie dies in Ihren eigenen Worten!*
- *„Ethische Überlegungen haben ohne den ‚guten Willen' als Grundvoraussetzung keinen Sinn." Können Sie sich dieser Aussage anschließen? Begründung!*

Zentrale ethische Problemstellungen aus philosophischer Sicht

Ethische Grundlagen bei Sokrates und Platon

Der Mensch Sokrates

Der Athener *Sokrates* (469–399 v. Chr.) war von Beruf Steinmetz. Mit ihm beginnt ein neuer Abschnitt in der Entwicklung der griechischen Philosophie. Dabei hat er keine einzige Zeile geschrieben, sondern wirkte in erster Linie durch das Beispiel seiner Persönlichkeit. Das Leben des Sokrates kennen wir vor allem durch seinen Schüler *Platon*, der selbst einer der größten Philosophen der Geschichte wurde.

Wir wissen, daß Sokrates in Athen geboren wurde und sein Leben in weiten Teilen auf den Straßen und Plätzen der Stadt verbrachte. Hier verwickelte er seine Mitbürger bei jeder Gelegenheit in ein Gespräch, bei dem er sie dazu brachte, über ihren Lebenswandel, ihren Beruf, ihre Religion und überhaupt über ihre Wertvorstellungen Rechenschaft abzulegen.

Noch zu seinen Lebzeiten galt Sokrates als rätselhafte Person. Gerade weil er so rätselhaft und mehrdeutig war, haben sich nach seinem Tod unterschiedliche philosophische Richtungen auf ihn berufen.

Es gilt als sicher, daß Sokrates ziemlich „häßlich" war, aber sein Inneres war, wie es hieß, „vollkommen herrlich". Dennoch schuf sich Sokrates durch sein unerschrockenes Auftreten viele Feinde und wurde wegen seiner philosophischen Aktivitäten zum Tode verurteilt. Im Gefängnis starb er siebzigjährig durch den Giftbecher, nachdem er es abgelehnt hatte, sich zur Flucht verhelfen zu lassen.

Sokrates hätte sich jedoch retten können. Die Behörden, die ein schlechtes Gewissen hatten, hätten Sokrates Flucht stillschweigend geduldet, wenn er Athen verlassen hätte. Er aber lehnte ab, da man dem Staat gehorchen müsse, auch wenn er Unrecht tue.

Sokrates leert den Giftbecher (Schierlingsbecher).

„Es ist besser, Unrecht zu erleiden, als Unrecht zu tun“:

Sokrates – ein Beispiel ethischen Philosophierens

Nehmen wir an, Sie haben sich Ihr ganzes Leben lang bemüht, ein guter Mensch zu sein, ihre Pflicht nach bestem Wissen zu erfüllen und an das Wohl Ihrer Mitmenschen zu denken. Angenommen auch, viele Ihrer Mitmenschen sind gegen Sie, Ihr Tun mißfällt ihnen, sie sehen in Ihnen gar eine Gefahr für die Gesellschaft, ohne jedoch beweisen zu können, daß Sie es sind. Nehmen wir ferner an, Sie werden angeklagt, vor Gericht gestellt und von einem Geschworenengericht von Ihresgleichen zum Tode verurteilt, und zwar in einer Weise, die Ihnen mit Recht ungerecht erscheint. Angenommen schließlich, Ihre Freunde haben, während Sie in der Haft auf die Urteilsvollstreckung warten, alles vorbereitet, damit Sie fliehen und mit Ihrer Familie ins Exil gehen können. Ihre Freunde machen geltend, daß Sie die nötigen Bestechungsgelder aufbringen können und sich durch die Beihilfe zu Ihrer Flucht keiner Gefahr aussetzen; daß Sie das Leben noch länger genießen können, wenn Sie fliehen; daß es für Ihre Frau und für Ihre Kinder besser wäre; daß Ihre Freunde Sie weiterhin besuchen können und daß man im allgemeinen für Ihre Flucht sein wird. Würden Sie die Gelegenheit ergreifen?

In dieser Lage befindet sich Sokrates, der Vater der Moralphilosophie, zu Beginn von Platons Dialog ‚Kriton‘. Dieser Dialog gibt uns Antwort auf unsere Frage und berichtet ausführlich, welche Überlegungen Sokrates zu dieser Antwort kommen lassen; er eignet sich daher gut als Ausgangspunkt unserer Untersuchung. Sokrates macht zunächst einige Bemerkungen über das geeignete Verfahren zur Behandlung der Frage. (1) Wir dürfen uns bei unserer Entscheidung nicht von Gefühlen beeinflussen lassen, wir müssen vielmehr die Frage untersuchen und uns allein von Argumenten leiten lassen. Wir müssen versuchen, die reinen Fakten zu ermitteln und einen klaren Kopf zu behalten. Fragen wie diese kann und soll die Vernunft entscheiden. (2) Wir können uns in solchen Fragen nicht auf das berufen, was Leute im allgemeinen darüber denken; sie können sich irren. Wir müssen versuchen, eine Antwort zu finden, die wir selbst als richtig ansehen können. Wir dürfen uns das Denken nicht von anderen abnehmen lassen. (3) Wir sollten nie tun, was moralisch falsch ist. Nur die Frage, ob unser Verhalten richtig oder falsch ist, müssen wir beantworten, nicht aber, was mit uns geschehen wird, was die Leute von uns denken werden oder mit welchen Gefühlen wir dem Vorgefallenen gegenüberstehen.

Hiernach gibt Sokrates im wesentlichen drei Argumente dafür, daß er nicht durch seine Flucht die Gesetze brechen sollte. (1) Wir sollten nie jemand schädigen. Sokrates’ Flucht würde den Staat schädigen, denn sie wäre eine Verletzung und eine Mißachtung der Staatsgesetze. (2) Lebt man auf die Dauer in einem Staat, den man verlassen könnte, so erklärt man sich stillschweigend einverstanden, den Gesetzen dieses Staates zu gehorchen; würde Sokrates fliehen, so bräche er demnach eine Abmachung, und so etwas sollte man nicht tun. (3) Die Gesellschaft und der Staat, denen man angehört, haben praktisch die Funktion von Eltern oder Lehrern, und seinen Eltern und Lehrern sollte man gehorchen.

In jedem dieser Argumente beruft sich Sokrates auf eine allgemeine moralische Regel, die er und sein Freund Kriton nach reiflicher Überlegung als gültig anerkennen: (1) Wir sollten nie jemanden schädigen, (2) wir sollten unsere Versprechen halten und (3) wir sollten unseren Eltern und Lehrern Gehorsam und Respekt erweisen. In allen drei Fällen zieht er noch eine weitere Prämisse heran, die eine Tatsachenbehauptung ist und die Regel auf den gegebenen Fall anwendet: (1) Wenn ich fliehe, füge ich der Gesellschaft Schaden zu, (2) wenn ich fliehe, breche ich ein Versprechen, und (3) wenn ich fliehe, erweise ich mich ungehorsam gegenüber meinen Eltern und Lehrern. Hieraus schließt er auf das, was er in seiner besonderen Lage tun sollte. Wir haben hier ein Musterbeispiel ethischer Argumentation vor uns. Sokrates ist in diesem Fall der Meinung, daß seine drei Prinzipien alle zu demselben Schluß führen. Dies trifft aber nicht immer zu, wenn zwei oder mehr Regeln auf denselben Fall angewandt werden. Tatsächlich entstehen die meisten moralischen Probleme in Situationen, in denen ein „Widerstreit der Pflichten" vorliegt, d.h. wo ein moralisches Prinzip in die eine Richtung weist und ein anderes in eine andere Richtung. In seiner ‚Apologie' läßt Platon Sokrates sagen, daß er nicht gehorchen werde, wenn der Staat sein Leben unter der Bedingung schont, daß er seine bisherige Weise zu lehren aufgibt, denn (4) die Pflicht zu lehren sei ihm vom Gott Apollon auferlegt worden, und (5) sein Lehren sei zum wahren Wohl des Staates notwendig. Damit wäre er in einen Pflichtenkonflikt verwickelt. Denn einerseits hat er die Pflicht, dem Staat zu gehorchen, andererseits aber die beiden Pflichten (4) und (5), und diese haben nach seinem Urteil den Vorrang vor seiner Pflicht, den Geboten des Staates zu gehorchen. Hier löst er also das Problem nicht einfach durch Berufung auf Regeln, denn das genügt nicht, sondern durch die Entscheidung, welche Regeln den Vorrang haben. Dies ist ein weiteres Muster ethischer Argumentation.

Um auf den ‚Kriton' zurückzukommen: In seiner Antwort auf die für eine Flucht sprechenden Argumente seines Freundes vervollständigt Sokrates seine Argumentation durch die Behauptung, er werde sich, seinen Freunden und selbst seiner Familie nicht wirklich etwas Gutes tun, wenn er als Geächteter ins Exil ginge; er führt außerdem an, daß der Tod für einen alten Mann, der sein Bestes getan hat, kein Übel ist, ob es nun ein Jenseits gibt oder nicht. Mit anderen Worten, er bleibt dabei, daß es auf der anderen Seite keine guten moralischen Gründe gibt und auch keine guten Gründe des eigenen Interesses, die im übrigen nur zählen würden, wenn moralische Erwägungen nicht den Ausschlag gäben.

William Frankena

Leidenschaftliche Anteilnahme am Schicksal des Menschen führte die athenischen Philosophen zu Fragen der Ethik. Sokrates, der „Störenfried der Athener", wie er selbst sich genannt hat, trieb die Menschen dazu, sich unerbittlich mit dem Problem des Guten auseinanderzusetzen. Hätten die Menschen, so meinte Sokrates, nur das Wissen um die wahre Natur der Tugend, dann müßte dies Wissen sie unausweichlich veranlassen, das Gute zu tun. Anders ausgedrückt, wenn sie es nicht tun, kann einzig Unwissenheit die Ursache sein. Aber diese Lehre war den Athenern so zuwider, daß sie Sokrates den Prozeß machten und ihn zum Giftbecher verurteilten. Seine Gesichtszüge waren der ganzen antiken Welt bekannt.

- *Welches sind für Sokrates die wesentlichen Argumente dafür, daß es besser ist, Unrecht zu erleiden, als Unrecht zu tun?*
- *Können Sie Sokrates' Argumente teilen?*
- *Finden Sie in der Geschichte und Gegenwart Beispiele von Menschen, die Zivilcourage bewiesen und lieber Unrecht erlitten haben, ohne Unrecht zu tun (z.B. Jesus, Mahatma Gandhi)? Wie begründeten diese Menschen im Vergleich zu der Argumentation des Sokrates ihr Handeln?*

Die sokratische Methode (Mäeutik – Dialektik)

Der eigentliche Kern in Sokrates' Wirken war, daß er die Menschen nicht belehren wollte. Statt dessen vermittelte er den Eindruck, selber von seinem Gesprächspartner lernen zu wollen. Er unterrichtete also nicht wie irgendein Schullehrer. Nein, er *führte Gespräche.*

Aber er wäre ja kein berühmter Philosoph geworden, wenn er den anderen nur zugehört hätte. Dafür wäre er natürlich auch nicht zum Tode verurteilt worden. Aber vor allem zu Anfang stellte er nur Fragen. So gab er gern vor, nichts zu wissen. Im Laufe des Gesprächs brachte er dann oft den anderen dazu, die Schwächen seiner Überlegungen einzusehen. Es konnte dann vorkommen, daß der Gesprächspartner in die Ecke gedrängt wurde und am Ende einsehen mußte, was Recht und was Unrecht war.

Sokrates' Mutter war angeblich Hebamme, und Sokrates verglich seine eigene Tätigkeit mit der Hebammenkunst (sog. Mäeutik). Es ist ja nicht die Hebamme, die das Kind gebärt. Sie ist nur dabei und hilft während der Geburt. Sokrates sah es also als seine Aufgabe an, den Menschen bei der „Geburt" der richtigen Einsicht zu helfen. Denn wirkliche Erkenntnis muß von innen kommen. Sie kann anderen nicht aufgepfropft werden. Nur die Erkenntnis, die von innen kommt, ist wirkliche „Einsicht".

Solch ein Dialog mit Sokrates war geradezu ein geistiges Duell, übrigens meist mit interessierten oder neugierigen Zuhörern im Hintergrund, die sich hin und wieder zu Anfeuerungsrufen wie zu abschätzigen Bemerkungen hinreißen ließen. „Dialog" – das bedeutet nichts anderes als Gespräch, Unterhaltung; Sokrates nannte daher seine Methode, durch ein Streitgespräch zur Erkenntnis zu gelangen, Dialektik.

Ich präzisiere: Die Fähigkeit, Kinder zu gebären, ist eine natürliche Eigenschaft. Ebenso können alle Menschen philosophische Wahrheiten einsehen, wenn sie nur ihre Vernunft anwenden. Wenn ein Mensch „Vernunft annimmt", holt er etwas aus sich selber heraus.

Gerade dadurch, daß er den Unwissenden spielte, zwang Sokrates die Menschen dazu, ihre Vernunft anzuwenden. Sokrates konnte Unwissenheit heucheln – oder sich dümmer stellen, als er war. Das nennen wir *sokratische Ironie.* Auf diese Weise konnte er immer wieder Schwächen im Denken der Athener aufdecken. Das konnte mitten auf dem Marktplatz passieren – also in aller Öffentlichkeit. Eine Begegnung mit Sokrates konnte bedeuten, daß man sich blamierte und vor großem Publikum lächerlich gemacht wurde.

Es ist deshalb kein großes Wunder, daß er schließlich auch störend und nervtötend wirkte – vor allem auf die Mächtigen in der Gesellschaft. Athen sei wie eine träge Stute, sagte Sokrates, und er wie eine Bremse, die ihr in die Flanke steche, um ihr Bewußtsein wachzuhalten.

Jostein Gaarder

– *Weshalb wendet Sokrates die Hebammenkunst (Mäeutik) an und klärt seine Gesprächspartner nicht einfach über deren Irrtümer auf?*

Identität von Tugend und Wissen

Sokrates wollte die Menschen über *Tugend und Wahrheit* unterrichten. Nur wollte er seine Schüler nicht „von oben herab" belehren, sondern sie anleiten, selbst Wahrheit zu finden. Tugend erlangt man nach der antiken Vorstellung dann, wenn man der erkannten Wahrheit konsequent folgt.

„Entscheidend ist dabei die Art und Weise, wie Sokrates die ethischen Fragen stellt. Jede ethisch relevante Frage hat für ihn die Form einer Was-ist-Frage: „Was ist das Fromme?", „Was ist das Gerechte?", „Was ist das Tapfere?", kurzum: „Was ist die Tugend?".

Diese Fragen werden nicht dadurch beantwortet, daß man Beispiele für das Fromme, Gerechte, Tapfere und Tugendhafte anführt. Vielmehr setzt die Beantwortung der Fragen eine bestimmte allgemeine Kenntnis von dem voraus, aufgrunddessen wir bestimmte Dinge oder Verhaltensweisen als fromm, gerecht, tapfer und tugendhaft bezeichnen (...)

Die Kenntnis des den ethischen Dingen und Verhaltensweisen Gemeinsamen gibt uns ein Kriterium dafür an die Hand, bestimmte Handlungen ethisch zu qualifizieren, also zu entscheiden, ob sie gut oder schlecht sind. Doch für Sokrates ist diese Kenntnis nicht nur eine notwendige Voraussetzung für moralisches Handeln. Er meint darüber hinaus auch, daß sie moralisch richtiges Handeln zur notwendigen Folge habe. Die Tugend wird so mit dem Wissen identifiziert. Ich kann nicht zugleich wissen, was zu tun gut ist, und nicht moralisch gut handeln. Die Möglichkeit, zwar zu wissen, was Tugend ist, aber nicht tugendhaft zu sein, wird damit ausgeschaltet. Denn für Sokrates handelt es sich bei jedem ethisch relevanten Wissen nicht etwa um neutrale Kenntnis eines beliebigen Sachverhalts, sondern um ein Wissen, das ein Können ist. Wenn ich zu schwimmen weiß, dann kann ich schwimmen und bin ein Schwimmer. Und ebenso verhält es sich mit der Tugend. Denn wenn ich weiß, was die Tugend ist, dann kann ich Sokrates zufolge tugendhaft handeln und bin insofern tugendhaft. Die Tugend ist ja griechischer Auffassung zufolge eine Tüchtigkeit und insofern auch immer ein bestimmtes Können (...)

Wenn nun die Kenntnis der Tugend die Tugend und damit das moralisch richtige Handeln zur notwendigen Folge hat, dann muß der Grund für moralisch falsches Handeln ausschließlich in der Unkenntnis der Tugend gesucht werden. Das Laster als Gegensatz der Tugend ist danach identisch mit dem Nichtwissen. Ich handle moralisch falsch, weil ich nicht weiß, was zu tun gut ist. Wenn ich das Gute und Schlechte nicht kenne, dann erstrebe ich, sofern ich etwas Schlechtes erstrebe, offenkundig nicht das Schlechte als

Schlechtes, sondern ich erstrebe etwas, von dem ich meine, daß es gut sei, obwohl es in Wirklichkeit nicht gut, also schlecht ist. Wenn ich hingegen das Gute und Schlechte kenne und zudem weiß, daß eine bestimmte Handlung schlecht ist, dann unterlasse ich diese Handlung, weil das Schlechte Sokrates zufolge definiert ist als das Schädliche. Ich kann aber nicht etwas erstreben, von dem ich weiß, daß es mir schadet; ich kann mir selbst nicht schaden wollen. Wenn ich weiß, daß eine Handlung schlecht ist, dann weiß ich, daß sie mir schadet, und da ich mir nicht schaden wollen kann, kann ich diese Handlung nicht wollen, so daß ich sie unterlassen will und mithin auch unterlasse.“ *Jan Rohls*

– *Ist es nicht so, daß Menschen zwar durchaus wissen, was gut oder tugendhaft ist, aber nicht danach handeln? Finden Sie dazu aktuelle Beispiele und versuchen Sie zu begründen, warum Menschen wider besseren Wissens nicht das „Gute“ tun.*

Das Orakel von Delphi

Die Griechen glaubten, daß das berühmte Orakel von Delphi den Menschen Aufschluß über ihr Schicksal geben könne. In Delphi war der Gott *Apollon* der Orakelgott. Man glaubte, Apollon wisse alles – sowohl über die Vergangenheit als auch über die Zukunft. Apollon sprach durch die Priesterin *Pythia* zu den Menschen. Wer nach Delphi kam, ging demnach mit seinen Fragen zu Pythia. Das war nicht gerade billig, weil zunächst der Pelanos (eine Art Eintrittsgeld) und dann verschiedene Opfertiere dargebracht werden mußten. Doch der Aufwand schien sich zu lohnen. Pythia gab nun Antwort auf die drängenden Fragen. Sie antwortete allerdings meist so unverständlich oder vieldeutig, daß weitere Priester für den Bittsteller diese Antwort erst „auslegen“ mußten.

In seiner Verteidigungsrede vor Gericht (bekannt unter dem Namen Apologie) verweist Sokrates als Begründung für sein Handeln auf einen Orakelspruch. Er berichtet, daß sein Freund Chairephon das Orakel von Delphi befragt habe:

Der Orakelspruch

Über meine Weisheit, . . ., ob sie eine ist und was für eine, will ich euch zum Zeugen stellen den Gott in Delphi (Apollon). Den Chairephon kennt ihr doch. Dieser war mein Freund von Jugend auf. (. . .) Und ihr wißt doch, wie Chairephon war, wie heftig in allem, was er auch beginnen mochte. So auch, als er einst nach Delphi gegangen war, erkühnte er sich, hierüber ein Orakel zu begehren. (. . .) Er fragte also, ob wohl jemand weiser wäre als ich. Da leugnete nun die Pythia, daß jemand weiser wäre. (. . .) Nachdem ich dies gehört hatte, überlegte ich: Was meint wohl der Gott, und was will er vielleicht andeuten? Denn dessen bin ich mir doch bewußt, daß ich weder viel noch wenig weise bin. Was meint er also mit der Behauptung, ich sei der Weiseste? Denn lügen wird er doch wohl nicht; das ist ihm ja nicht erlaubt. Und lange Zeit konnte ich nicht begreifen, was er meinte; endlich begann ich widerwillig die Sache folgendermaßen zu untersuchen: Ich ging zu einem von den für weise Gehaltenen, um so das Orakel zu überführen und dem Spruch zu zeigen: Dieser ist doch wohl weiser als ich, du aber hast das von mir gesagt. (. . .) Es war aber einer von den Staatsmännern. Im Gespräch mit ihm schien mir nun dieser Mann zwar vielen anderen Menschen und am meisten sich selbst sehr weise vorzukommen, es aber in Wirklichkeit nicht zu sein. Darauf nun versuchte ich ihm zu zeigen, er glaube zwar, weise zu sein, wäre es aber nicht. Dadurch wurde ich ihm verhaßt und vielen der Anwesenden. Indem ich ihn also verließ, kam ich zu der Erkenntnis, daß ich doch wohl weiser sei als dieser Mann. Denn es mag wohl keiner von uns beiden etwas Tüchtiges oder Besonderes wissen: allein dieser meint etwas zu wissen, obwohl er nichts weiß, ich aber bin mir meines Nichtwissens bewußt. Ich scheine also um dieses wenige doch weiser zu sein als er, indem ich, was ich nicht weiß, auch nicht glaube zu wissen. Hierauf ging ich dann zu einem anderen von denen, die für noch weiser gehalten wurden, und ich kam zu genau demselben Ergebnis, wodurch ich auch ihm und vielen anderen verhaßt wurde. (...) Es scheint aber, ihr Athener, in der Tat der Gott weise zu sein und mit seinem Orakel dies zu sagen, daß die menschliche Weisheit nur wenig wert ist oder gar nichts, und offenbar dies nicht vom Sokrates zu sagen, sondern meinen Namen nur als ein Beispiel zu erwähnen, als wolle er sagen: Unter euch, ihr Menschen, ist der der Weiseste, der wie Sokrates einsieht, daß er in der Tat nichts wert ist, was die Weisheit anbelangt. Und so gehe ich auch jetzt noch umher, um nach der Anweisung des Gottes zu untersuchen und zu erforschen, wo ich nur einen für weise halte von Bürgern und Fremden; und wenn er es mir nicht zu sein scheint, so helfe ich dem Gott und zeige ihm, daß er nicht weise ist. Und über dieser Aufgabe habe ich nicht die Zeit gehabt, weder in den Angelegenheiten des Staates etwas Nennenswertes zu leisten, noch in meinem privaten Bereich; sondern wegen dieses Dienstes, den ich dem Gott leiste, lebe ich in tausendfältiger Armut.

So dürfte die Tempelanlage in Delphi um 480 v. Chr. ausgesehen haben: Sie wurde beherrscht vom Apollon-Tempel in der Mitte, dessen Ausmaße fast die des Parthenon auf der Akropolis erreichten, dahinter das Theater.

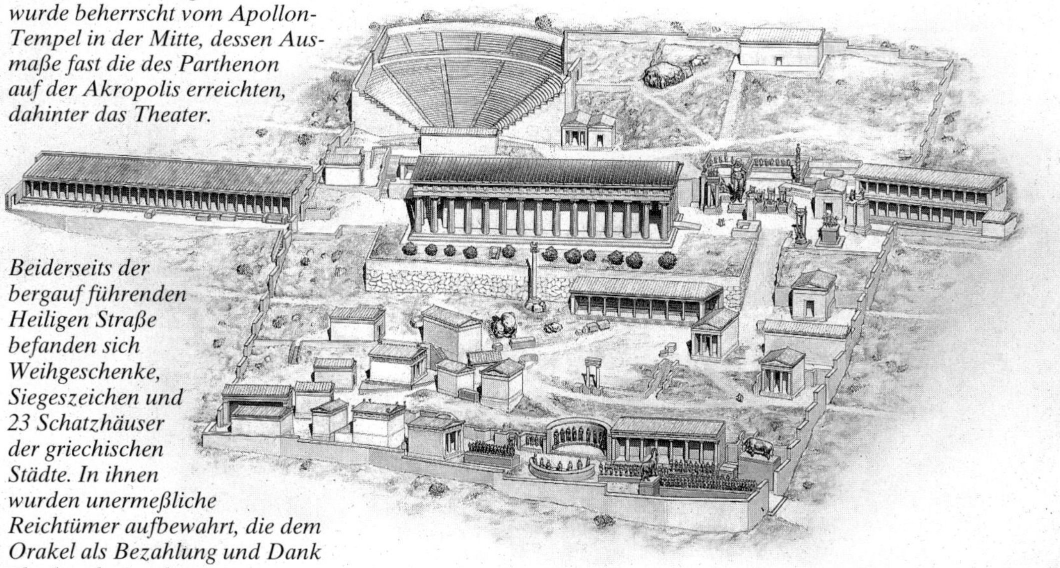

Beiderseits der bergauf führenden Heiligen Straße befanden sich Weihgeschenke, Siegeszeichen und 23 Schatzhäuser der griechischen Städte. In ihnen wurden unermeßliche Reichtümer aufbewahrt, die dem Orakel als Bezahlung und Dank überbracht worden waren.

- *Warum erklärt das Orakel den Sokrates zum weisesten aller Griechen?*
- *Sammeln Sie weitere Informationen über das Orakel von Delphi.*
- *Welche politische und soziale Bedeutung hatte es?*
- *Was unterscheidet im Kern das Orakel von Delphi von heutigen okkulten Praktiken (wie z.B. Gläserrücken, Pendeln, Tarotkartenlegen oder Tischrücken)?*
- *Während der Verteidigungsrede scheint es mehrfach zu Tumulten gekommen zu sein. Was meinen Sie, war der Anlaß dazu?*

Friedenssicherung

Um das Problem der Friedenssicherung zu verdeutlichen, hat sich der Amerikaner *Charles E. Osgood* auf Sokrates berufen und das Ringen um Abrüstung und Abschreckung folgendermaßen dargestellt:

„Nehmen wir an, sagt Sokrates, der Russe käme zu dem Schluß, daß der Krieg unter den gegenwärtigen Umständen unerträglich ist, und würde öffentlich alle seine Waffen vernichten; würdest du, Amerikaner, eilen, um ihn in einer atomaren Katastrophe zu vernichten? Selbstverständlich nicht, antwortet der Amerikaner, wir beschäftigen uns nur mit unserem eigenen Schutz, nicht mit der Zerstörung anderer. Würdest du die Sowjetunion verwüsten, fragt Sokrates, und das russische Volk versklaven? Um Gottes willen, antwortet der Amerikaner mit einem Lächeln, *wir* haben keine imperialistischen Absichten, auf jeden Fall wäre eine unter den Vorstellungen unseres „way of life" vereinigte Welt für die Russen genauso gut wie für uns. Um die Wahrheit zu sagen, fügt er hinzu, wir würden die Chance begrüßen, unsere Waffen loszuwerden und in Frieden zu leben. Sehr gut, sagt der weise Sokrates, glaubst du dann, daß der Russe eilen würde, um dich mit seinen Atomraketen zu zerstören, wenn du deine Waffen niederlegen und ohne Verteidigung abgeben würdest? An dieser Stelle gibt es eine lange Pause. Schließlich antwortet der Amerikaner, es könne sein, daß die Russen es nicht tun würden, aber er könne es sich nicht leisten, die darin enthaltene Chance zu ergreifen. Auf jeden Fall, so fügt er hinzu, würden sie sicher den Vorteil unserer Hilflosigkeit nutzen, indem sie die Welt überrennen und aus jedermann einen Kommunisten machen. Offenbar möchtest du mir nahelegen, sagt Sokrates, daß der Russe sich wesentlich vom Amerikaner unterscheidet. Aber kannst du deine Meinung logisch begründen? –

Nur in dem Maße, in dem wir die Funktion unserer eigenen Gedanken verstehen, können wir zu einer Politik gelangen, die den Erfordernissen der Vernunft und der Realität genügt."

Der Mensch Platon

Der griechische Philosoph *Platon* (427–347 v. Chr.) entstammte aus einem der vornehmsten Geschlechter Athens. Mit zwanzig Jahren schloß sich der „adelige" Platon dem „Kleinbürger" Sokrates an. Acht Jahre war Platon Schüler des Sokrates; bis zu dessen Hinrichtung (399 v. Chr.). Daß Athen den edlen Sokrates zum Tode verurteilen konnte, machte einen unauslöschlichen Eindruck auf Platon und bestimmte auch die Richtung seiner gesamten philosophischen Tätigkeit. Für ihn brachte der Tod des Sokrates zum Ausdruck, daß oft ein Widerspruch zwischen den tatsächlichen Verhältnissen in einer Gesellschaft und dem Wahren oder Ideellen besteht.

Mit etwa vierzig Jahren machte er seine erste große Reise nach Großgriechenland, d.h. nach Unteritalien und Sizilien, vielleicht sogar bis nach Ägypten, um seinen Gesichtskreis zu erweitern.

Nach der Rückkehr von dieser Reise (etwa 387 v. Chr.) gründete Platon bei Athen eine eigene philosophische Schule, und zwar in einem Wäldchen, das nach dem griechischen Sagenhelden Akademos benannt war. Deshalb erhielt seine Schule den Namen Akademie. (Noch heute sprechen wir von Akademien und Akademikern.)

Als Platon sechzig Jahre alt war, kam der damals zwanzigjährige Aristoteles an Platons Akademie und deren philosophischen Kreis und gehörte ihm zwei Jahrzehnte bis zu Platons Tod an. Gelehrt wurden an der Akademie nicht nur Philosophie, sondern auch die mathematischen Wissenschaften (z. B. Arithmetik, Geometrie, Astronomie) aber auch Gymnastik. Platon war sehr an Mathematik interessiert, die für ihn eine Voraussetung zur Philosophie war, weil sie so eindeutig ist, d. h. weil sich mathematische Gegebenheiten nie verändern. Daß an seiner philosophischen Schule „gelehrt" wurde, ist vielleicht das falsche Wort. Denn auch an Platons Akademie war das lebendige Gespräch das wichtigste, weshalb es kein Zufall ist, daß der Dialog die Form wurde, in der Platon unermüdlich seine Philosophie niederschrieb.

Mit etwa fünfundsechzig Jahren zog es Platon nochmals nach Syrakus (Sizilien). Dort hatte er die Chance, seine politischen Ideen zu verwirklichen und mit dem dortigen Herrscher Dionys einen (philosophischen) Idealstaat zu gründen. Doch der Versuch scheiterte, wohl auch, weil Platon keine Kompromisse schließen wollte. Er wollte nicht irgendeine Politik machen, nur um dabei zu sein und das sogenannte Bestmögliche zu tun. Er wollte alles oder nichts. Er wollte eine Politik, die den tugendhaften Menschen begründen konnte, indem sie ihn zum eigentlichen Menschen bildete.

Die letzten Lebensjahre verbrachte Platon in Athen in rastloser philosophischer Lehrtätigkeit im Kreise seiner Schüler.

Platon, Marmorbüste, Rom, Kapitolinisches Museum

Platons Ideenlehre

Platon hat keine eigentliche Ethik hinterlassen, doch innerhalb der abendländischen Philosophie hat er als erster in mehreren seiner Dialoge den Versuch unternommen, die durch bloßen Glauben und traditionelle Überzeugung überlieferten Gebote der Moral durch theoretische Untersuchungen zu überprüfen und verbindliche Begründungen für das Bestehen und den Inhalt bestimmter ethischer Forderungen zu liefern.

Wir erkennen: Sokrates glaubte an ewige Normen oder Regeln für das menschliche Handeln. Und wenn wir unsere Vernunft anwenden, dann können wir solche unveränderlichen Normen erkennen. Platon ging es darum, diese moralischen Gebote zu überprüfen. Die Frage ist: Was ist ewig schön? Was ist ewig wahr? Was ist ewig gut?

Ausgangspunkt für das gesamte Denken und Philosophieren Platons ist dabei seine Ideenlehre. Platon meinte, daß alles, was wir in der Natur sehen und fühlen können, aus einem Material besteht, an dem die Zeit zehrt, also vergänglich ist. Aber gleichzeitig ist alles nach einer Form gebildet, die ewig und unveränderlich ist. Diese Form nannte Platon Ideen. Jedes Haus, jeder Baum oder jeder Mensch ist anders. Aber hinter allen Häusern steckt eine „Idee Haus" oder eine „Idee Baum" oder eine „Idee Mensch", das heißt, bestimmte ewige und unveränderliche Musterbilder oder Eigenschaften, die beispielsweise den Baum erst zum Baum machen und eben von einem Strauch, einem Busch oder einer Blume unterscheiden. Diese Auffassung bezeichnen wir als Platons Ideenlehre: Hinter der Wirklichkeit gibt es eine Welt der Ideen. Dort existieren die ewigen und unveränderlichen Musterbilder aller Erscheinungen, die uns in der Natur begegnen.

Im Reich der Ideen nimmt die Idee des höchsten Guten die oberste Stelle ein. Sie ist sozusagen die Idee aller Ideen und damit allem übergeordnet.

Was heißt das für die Tugend? Man kann nur tugendhaft handeln, wenn man weiß, was Tugend ist. Um zu wissen, was die Tugend ist, muß man also die Idee der Tugend oder die Idee des Guten geistig wahrnehmen. Das Ziel des Menschen ist es, sich durch die Erhebung in eine übersinnliche Welt in den Besitz des höchsten Guten zu setzen, das Gute zu schauen. Tugend ist der Zustand der Seele, in dem sie diesem Ziel nahekommt.

Tugend ist nur dann wirklich Tugend, wenn sie auf Einsicht begründet ist. Und wenn sie einsichtig ist, ist sie folglich auch lehrbar und erlernbar. Platon nennt in diesem Zusammenhang vier Kardinaltugenden: Weisheit, Tapferkeit, Besonnenheit und Gerechtigkeit (vgl. S. 27).

Tempel der Athene, der Göttin der Weisheit (Rekonstruktion)

Der Aufstieg zur Erkenntnis der Ideen setzt die Unsterblichkeit der Seele voraus. Die unsterbliche Seele ist dasjenige am Menschen, mit dem er an der Welt der Ideen Anteil hat. Die Seele hat für Platon schon existiert, ehe sie sich in unserem Körper niederließ. Einst war sie in der Ideenwelt. Aber sowie sie in einem Menschenkörper erwacht, hat sie die vollkommenen Ideen vergessen. So nach und nach taucht in der Seele eine vage Erinnerung der Ideen auf. Somit wird eine Sehnsucht nach der Ideenwelt geweckt. Diese Sehnsucht nannte Platon Eros, also Liebe: Die Seele muß eine Liebessehnsucht nach ihrem eigentlichen Ursprung verspüren. Aber die meisten Menschen – so beklagt Platon – klammern sich nur an die „Schattenbilder" der diesseitigen Welt und sind mit einem Leben unter Schattenbildern zufrieden.

Das Höhlengleichnis

Es gibt in der gesamten philosophischen Literatur wohl kaum einen Text, der das Zentrum eines Denkens so anschaulich ins Bild setzt, wie das sogenannte „Höhlengleichnis“:

Gesprächspartner im folgenden Dialog sind Sokrates und Glaukon.

„Und nun“, fuhr ich fort, „mache dir den Unterschied zwischen Bildung und Unbildung in unserer Natur an dem folgenden Erleben gleichnishaft klar. Stelle dir die Menschen vor in einem unterirdischen, höhlenartigen Raum, der gegen das Licht zu einen weiten Ausgang hat über die ganze Höhlenbreite; in dieser Höhle leben sie von Kindheit, gefesselt an Schenkeln und Nacken, so daß sie dort bleiben müssen und nur gegen vorwärts schauen, den Kopf aber wegen der Fesseln nicht herumdrehen können; aus weiter Ferne leuchtet von oben her hinter ihrem Rücken das Licht eines Feuers, zwischen diesem Licht und den Gefesselten führt ein Weg in der Höhe; ihm entlang stelle dir eine niedrige Wand vor, ähnlich wie bei den Gauklern ein Verschlag vor den Zuschauern errichtet ist, über dem sie ihre Künste zeigen.“

„Ich kann mir das vorstellen“, sagte Glaukon.

„An dieser Wand, so stell dir noch vor, tragen Menschen mannigfache Geräte vorbei, die über die Mauer hinausragen, dazu auch Statuen aus Holz und Stein von Menschen und anderen Lebewesen, kurz, alles mögliche, alles künstlich hergestellt, wobei die Vorbeitragenden teils sprechen, teils schweigen.“

„Merkwürdig sind Gleichnis und Gefesselte, von denen du sprichst.“

„Sie gleichen uns! Denn sie sehen zunächst von sich und den anderen nichts außer den Schatten, die von dem Feuer auf die gegenüberliegende Mauer geworfen werden, verstehst du?“

„Natürlich, wenn sie gezwungen sind, ihre Köpfe unbeweglich zu halten ihr Leben lang.“

„Dasselbe gilt auch von den vorübergetragenen Geräten, nicht?“

„Gewiß!“

„Wenn sie sich untereinander unterhalten könnten, da würden sie wohl glauben, die wahren Dinge zu benennen, wenn sie von den Schatten sprechen, die sie sehen.“

„Notwendigerweise!“

„Wenn nun weiter das Gefängnis ein Echo hätte von der Wand gegenüber, und wenn einer der Vorübergehenden etwas spräche, dann käme – so würden sie glauben – der Ton von nichts anderem als von dem vorübergehenden Schatten, nicht?“

„Ganz so, bei Zeus!“

„Alles in allem: Diese Leute würden nichts anderes für wahr halten als die Schatten der Geräte.“

„Notwendigerweise!“

„Überlege nun Lösung und Heilung aus Ketten und Unverstand, wie immer das vor sich gehen mag – ob da wohl folgendes eintritt. Wenn etwa einer gelöst und gezwungen würde, sofort aufzustehen und den Kopf umzuwenden, auszuschreiten und zum Licht zu blicken, wenn er bei alledem Schmerz empfände und wegen des Strahlenfunkelns jene Gegenstände nicht anschauen könnte, deren Schatten er vorher gesehen – was, glaubst du, würde er da wohl antworten, wenn man ihm sagte, er habe vorher nur Truggebilde gesehen, jetzt aber sehe er schon richtiger, da er näher dem Seienden sei und sich zu wirklichen Dingen hingewendet habe; wenn man ihn auf jeden der Vorbeigehenden hinwiese und zur Antwort auf die Frage zwänge, was das denn sei? Würde er da nicht in Verlegenheit sein und glauben, was er vorher erblickt, sei wirklicher als das, was man ihm jetzt zeige?“

„Gewiß!“

„Und wenn man ihn zwänge, ins Licht selbst zu blicken, dann würden ihn seine Augen schmerzen, und fluchtartig würde er sich dem zuwenden, was er anzublicken vermag; dies würde er dann für klarer halten als das zuletzt Gezeigte, nicht?“

„So ist es!“

„Wenn man ihn“, fragte ich weiter, „von dort wegzöge, mit Gewalt, den schwierigen und steilen Anstieg hinan und nicht früher losließe, bis man ihn ans Licht der Sonne gebracht hätte, würde er da nicht voll Schmerz und Unwillen sein über die Verschleppung? Und wenn er ans Sonnenlicht käme, da könnte er wohl – die Augen voll des Glanzes – nicht ein einziges der Dinge erkennen, die man ihm nunmehr als wahr hinstellte."

„Nicht sofort wenigstens!"

„Er brauchte Gewöhnung, denke ich, wenn er die Oberwelt betrachten sollte; zuerst würde er am leichtesten die Schatten erkennen, dann die Spiegelbilder der Menschen und der anderen Dinge im Wasser, später sie selbst; hierauf könnte er die Dinge am Himmel und diesen selbst leichter bei Nacht betrachten, aufblickend zum Licht der Sterne und des Mondes – als bei Tag die Sonne und ihr Licht."

„Natürlich!"

„Zuletzt aber könnte er die Sonne, nicht ihr Abbild im Wasser oder auf einem fremden Körper, sondern sie selbst für sich in ihrem Platz anblicken und ihr Wesen erkennen."

„Notwendigerweise!" (...)

„Dieses Bild", fuhr ich fort, „mußt du nun, mein lieber Glaukon, als Ganzes mit unseren früheren Darlegungen verbinden. Die Welt des Gesichtssinnes vergleiche mit der Wohnung im Gefängnis, das Feuer in ihr mit der Macht der Sonne. Wenn du dann den Weg hinauf und die Schau der Oberwelt als den Aufstieg der Seele zur Welt des Denkbaren annimmst, dann verfehlst du nicht meine Ansicht, da du sie ja zu hören wünschst. Nur Gott weiß, ob sie auch richtig ist. Das ist nun meine Meinung: In der Welt des Erkennbaren ist die Idee des Guten die höchste und nur mit Mühe erkennbar; wenn man sie aber erkannt hat, dann ergibt sich, daß sie für alles Rechte und Schöne die Ursache ist; (...) sie muß jeder schauen, der im eigenen wie im öffentlichen Leben vernünftig handeln will."

Bedenke nun noch folgendes: Wenn dieser aus seiner neuen Verfassung wieder hinabstiege in die Höhle und dort wieder seinen Platz einnähme, wird er da nicht, so plötzlich aus der Sonne kommend, die Augen voll von Finsternis haben?

„Natürlich"

Wenn er nun wieder, während sein Sehvermögen noch geschwächt ist, mit den für immer Gefesselten wetteifern müßte in der Deutung jener Schattenbilder, ehe noch seine Augen sich der jetzigen Lage wieder völlig angepaße haben (...), würde er sich da nicht zum Gespött machen und würde es nicht von ihm heißen, sein Aufstieg nach oben sei Schuld daran, daß er mit verdorbenen Augen zurückgekehrt sei und es könne sich nicht lohnen, sich an diesem Aufstieg zu versuchen? Wollte er nun Hand anlegen, andere zu entfesseln und hinaufzuführen, würden sie dann, sofern sie sich seiner bemächtigen und ihn umbringen könnten, ihn nicht wirklich töten? (...)

- *Ein Versuch: Spielen Sie das Höhlengleichnis im Rollenspiel nach. So läßt sich mit einfachen Mitteln Platons Philosophie darstellen! Alternative: Geben Sie das Höhlengleichnis mit eigenen Worten wieder.*
- *Erklären Sie nun Platons Ideenlehre anhand des im Gleichnis dargestellten Menschen, der den Weg aus der Höhle zum Anblick der Sonne geht.*
- *Unterscheidet sich die Ethik Platons von der des Sokrates?*

Die Kardinaltugenden Platons

Platons Theorie der Kardinaltugenden (= Grundtugenden) wurde für die ganze tugendethische Tradition richtungweisend. Sie entwickelt nicht nur eine Tugendtafel, sondern bringt zugleich das zentrale Motiv aller Tugendethik auf den Punkt. Platon unterscheidet *drei für die Praxis relevante Grundkräfte* („Seelenteile") des Menschen: Die *Vernunft*, das *Mutartige* und das *Begehren*. Auf dieser Basis wird die Theorie der Kardinaltugenden entwickelt (Staat IV 434c–444a).

- Die *Vernunft (logistikón, rationale)* nimmt als geistiger Seelenteil den höchsten Rang ein, denn sie ist in der Lage, das *wahre Gute* bzw. die *Idee des Guten* „mit den Augen des Geistes" zu schauen. Darum soll sie die anderen (sinnlichen) Seelenteile beherrschen und ordnen. Um das zu können, muß sie zuerst ihrer wahren und eigentlichen Bestimmung gerecht werden, d.h. sie muß die Tugend der *Weisheit (sophia, sapientia)* erlangen, also den Habitus, der sie mit dem wahren Guten vertraut macht.
- Im Habitus der Weisheit bezieht sich die Vernunft zunächst auf das *Mutartige (thymoeidés, irascibile)*. Sie bezieht das Mutartige auf das wahre Gute und erzieht es dazu, dieses Gute trotz aller Hindernisse und Schwierigkeiten zu erstreben. Das der Vernunft gehorchende Mutartige erlangt damit die Tugend der *Tapferkeit (andreia, fortitudo)*.
  Zunächst geht es beim mutartigen (zornmütigen, aggressiven) Seelenteil um jene Affekte, die entstehen können, wenn die Erreichung irgendeines begehrten Gutes auf Hindernisse und Schwierigkeiten stößt. Solche Affekte sind z. B. der Zorn, die Angst, die Kühnheit, die (sinnliche) Hoffnung und die Verzweiflung. Hat die Vernunft in der mutartigen Sinnlichkeit die Kardinaltugend der Tapferkeit bewirkt, so ist das Mutartige trotz aller Hindernisse und Schwierigkeiten tapfer auf das wahre Gute hin ausgerichtet.
- Das zur Tapferkeit erzogene Mutartige richtet sich schließlich auf das *Begehren (epithymetikón, concupiscibile)*. Es mäßigt die naturwüchsige Beliebigkeit der Begierden, indem es sie auf das wahre Gute richtet. Das dem tapfer gewordenen Mutartigen entsprechende Begehren erlangt damit die Tugend der *Mäßigung (sophrosýne, temperantia)*.
  Naturwüchsig richtet sich das sinnlich-triebhafte Begehren im Sinne der beliebigen Lust-Unlust-Motivation (Eros, Libido) ungeordnet auf die verschiedensten Güter oder Scheingüter. Hierher gehören Affekte wie z.B. (sinnliche) Liebe und Haß, Freude und Traurigkeit. Ist das Begehren im Sinne der Vernunft gemäßigt, so richtet es sich in Liebe und Freude auf das wahre Gute, in Haß und Traurigkeit auf das diesem entgegengesetzte Böse.
- Ist diese Ordnung der „Seelenteile" verwirklicht, so ist der Mensch *gerecht*. Denn *Gerechtigkeit (dikaiosýne, iustitia)* ist dann gegeben, wenn „jeder das Seine tut und nicht vielerlei treibt" (433a). Tut jede Seelenkraft unter der Herrschaft der Vernunft das Ihre, so ist der Mensch in sich gerecht und tugendhaft.

Zunächst beziehen sich die Kardinaltugenden auf das Ziel der *eigenen Vollkommenheit*, also auf die moralisch vollendete Harmonie des Menschen in sich selbst. Es bedarf jedoch nur einer Blickwendung, um die Gerechtigkeit als jene Tugend zu fassen, in welcher es um das Verhältnis zu *anderen Menschen* geht und damit um das Interpersonale und Soziale. Unter dem Einfluß des Aristoteles wurde später die *Klugheit (phrónesis, prudentia)* anstelle der Weisheit in das „Viergespann" (J. Pieper) der Kardinaltugenden aufgenommen. Aristoteles faßte die Klugheit als die Tugend der *praktischen* Vernunft.

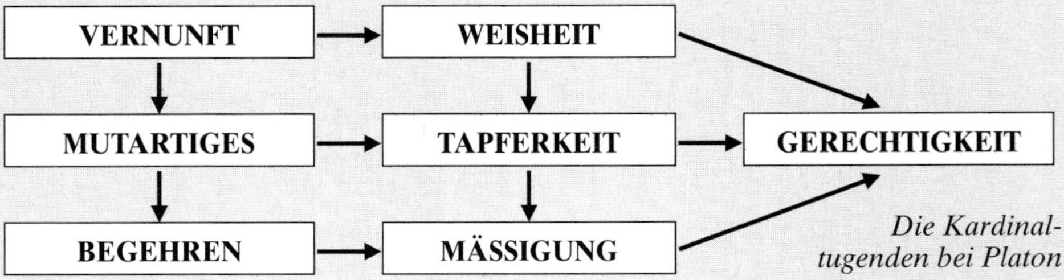

Die Kardinaltugenden bei Platon

Bei Platon steht die Theorie der Kardinaltugenden im Kontext einer Staatslehre. Er meinte, das ideale Staatswesen habe die Ordnung der Seelenteile des Menschen widerzuspiegeln, so daß den Seelenteilen Stände entsprechen müßten. Der Herrschaft der Philosophen (Vernunft) sei ein Wächterstand zu unterstellen (Mutartiges), der den Erwerbsstand (Begehren) zu mäßigen habe. *Arno Anzenbacher*

Nachwirkungen Platons

In einem vielzitierten Satz des Philosophen *Whitehead* heißt es, die europäische Philosophie bestehe „aus einer Reihe von Anmerkungen zu Platon“. In epigrammatischer (= treffender, geistreicher) Übertreibung drückt er aus, welch überragende Bedeutung Platon als beständiger Anreger des abendländischen Denkens hatte. Andererseits ist nicht zu vergessen, daß sein Einfluß nicht immer als förderlich beurteilt worden (z. B. von *Nietzsche* und *Heidegger*) (...)

In einer gedrängten Übersicht soll gezeigt werden, welche Formen die Platon-Nachfolge durch die Jahrhunderte angenommen hat. Dabei zeigt sich, daß Platons Denken nie im ganzen aufgegriffen wurde. Es waren immer einzelne Aspekte, die das eigene Interesse und die geistigen Bedürfnisse einer Zeit ansprachen. In einigen Stichworten seien solche Aspekte der Rezeption (= Übernahme fremder Gedanken) genannt.

- Platons Dialektik, seine Begriffsanalysen und Widerlegungen gaben Anregungen für die philosophische Methode.
- Jahrhundertelang galt Platon vor allem als Kosmologe (Kosmologie = die Lehre von der Entstehung und der Entwicklung des Weltalls) (...) Damit verbunden war oft die Zahlenspekulation, die als ein von Platon übernommenes Erbe des Pythagoras betrachtet wurde.
- Die Ideenlehre und die Unterscheidung von zwei Seinsebenen wirkte als (...) Modell. Der Abbild-Begriff Platons regte dazu an, die irdische Welt als Symbol und Gleichnis des Jenseitigen zu verstehen.
- Platon konnte theologisch verstanden werden; dabei spielten die Jenseitsmythen, die Idee des Guten, die Schöpfungsgeschichte (des Timaios) eine Rolle.
- Platon galt als Vorbild für Abwendung von der Welt, Aufstieg zum Jenseitigen, für Kontemplation (= geistiges Sichversenken) und Mystik. Wenn man freilich seine Eros-Lehre betonte, gewann die diesseitige Welt und ihre Schönheit an Rang, weil sich der Glanz eines höheren Seins darin manifestierte (= sichtbar wurde).
- Die Dialoge und die Überlieferung über die Akademie begründeten die Auffassung von Philosophie als gemeinschaftsstiftendem Gespräch, als gemeinsamer kritischer Bemühung eines Freundeskreises.
- Platons politisches Denken war das Vorbild für rationale (= von der Vernunft bestimmte) Staatsentwürfe; er selbst konnte aber auch als charismatische (Charisma = die besondere Ausstrahlungskraft eines Menschen) Führerfigur verstanden werden.

– *Inwiefern halten Sie heute, d. h. rund 2400 Jahre nach dem Tode Platons, sein philosophisches Denken noch für zeitgemäß?*

Tugendethik des Aristoteles

Der Mensch Aristoteles

Ähnlich wie bei Platon besitzen wir auch für *Aristoteles* nur sehr spärliche authentische Informationen zu seiner *Lebensgeschichte.* Er wurde 384 v. Chr. in Stagira (Starro), einer kleineren Stadt in Thrakien, geboren. Sein Vater Nikomachos, der einem alten Arztgeschlecht entstammte, war Leibarzt von Amyntas II., dem König von Makedonien. Nach dem frühen Tod der Eltern übernahm Proxenos, ein Verwandter, seine Erziehung, der ihn schon mit 17 Jahren (367) nach Athen, den geistigen Mittelpunkt der damaligen Welt, schickte, und zwar an die neu gegründete Akademie. Platon, gut vierzig Jahre älter, erhielt damit seinen größten Schüler, der in seiner unmittelbaren Nähe innerhalb des dortigen Lehrgeschehens über zwanzig Jahre hinweg bis zum Tode des „Meisters" 347 v. Chr. verweilte. Warum nicht Aristoteles, sondern Seusipp (405–334 v. Chr.) danach die Leitung der Akademie übernahm, ist ungeklärt. Waren es Richtungskämpfe innerhalb der Akademie, die den ersteren unterlegen sein ließen, weil er Platon nicht einfach wiederholte, sondern in kritischer Auseinandersetzung weiterentwickelte? Waren es politische Umstände, die ihn zum Auszug nötigten, etwa daß er nicht Bürger Athens, sondern Metöke war, oder daß Seusipp, gut zwanzig Jahre älter als er, den „Platonismus" orthodoxer vertrat und zugleich Neffe und Erbe Platons war? Oder galt er damals schon den Athenern als politisches Risiko, da er Freund der die Unabhängigkeit der griechischen Stadtstaaten bedrohenden Makedonier war? Die Vermutung von seinem Bruch mit der Akademie gehört zu den inzwischen widerlegten Hypothesen. Gleichwohl verließ Aristoteles nach Platons Tod zusammen mit anderen Mitgliedern der Akademie die Stadt. Für ihn begann nun nach der zurückliegenden Zeit äußerer Stetigkeit eine zwölfjährige Wanderschaft.

Aristoteles (384–322)

Zunächst begab er sich zu Hermeias, dem Herrscher von Assos und Freund aus gemeinsamer Zeit in Athen. Dort traf er auf Theophrast von Eresos, der als sein Schüler und später als sein Nachfolger in der Leitung des Lykeions für die Erhaltung und

Zur Erläuterung:

Die Bevölkerung Athens setzte sich um 360 v. Chr. schätzungsweise aus 28–30 000 Vollbürgern, 57–80 000 Familienangehörigen der Bürger, 25–45 000 Metöken (Ausländer ohne Bürgerrechte) und 60–100 000 Sklaven zusammen.

An politischen Beschlüssen und an der Rechtsprechung waren ausschließlich die männlichen, volljährigen Vollbürger beteiligt.

Sklaven wurden rechtlich wie Sachen behandelt.

Platon und Aristoteles (Ausschnitt aus: Raphael: Die Schule von Athen). Platon verweist auf die überweltlichen Normen (Ideen), während Aristoteles die Realität zum Ausgangspunkt nimmt.

Verbreitung seiner Lehre große Bedeutung erhalten sollte. Er heiratete Pythias, die Adoptivtochter von Hermeias; sie bekamen eine Tochter, ebenfalls Pythias genannt; später hatte er mit seiner zweiten Frau Herphyllis einen Sohn, Nikomachos. Schon 345 verließ Aristoteles Assos – Hermeias war gestorben –, ging mit Theophrast auf die Insel Lesbos und übernahm 343/42 die Erziehung des damals dreizehnjährigen Alexander am Hof des Makedonierkönigs Philipp. Obwohl er einen der größten Staatsmänner jener Epoche in den wichtigsten Jahren seiner Entwicklung begleitete, finden wir von diesem keine Erwähnung in seinem Werk. Als Alexander der Große seine Asienfeldzüge vorbereitete, kehrte Aristoteles – 335 – nach Athen zurück.

Eine letzte etwa zwölfjährige Phase begann. Sie ist geprägt durch seine Lehrtätigkeit am Lykeion (Lyceum), einer von ihm selbst gegründeten und geleiteten Schule. Von den Diskussions- und Wandelhallen nannte man die Einrichtung auch „Peripatos", seine Anhänger „Peripatetiker". Platon war Athener und deshalb in dieser Stadt zuhause. Aristoteles ist in ihr nie recht heimisch geworden. Als Metöke durfte er für seine Schule keine Liegenschaften erwerben. Zu seinen Lebzeiten fand er nicht die überragende Anerkennung wie Platon, sondern galt mehr oder weniger als einer unter anderen ausländischen Philosophen. Deshalb wurden seine Schriften oder die Nachschriften seiner Lehrvorträge auch weniger sorgfältig bewahrt, wohl mit ein Grund dafür, daß uns nur etwa ein Viertel seines gesamten Werkes erhalten ist. Nach dem Tode Alexanders geriet er im Zuge makedonien-feindlicher Bewegungen in Athen unter politischen Verdacht. Er wurde – wie Sokrates – der Gottlosigkeit angeklagt –, verließ aber – anders als jener – die Stadt, um – wie er dabei geäußert haben soll – zu verhindern, daß die Athener sich ein zweites Mal an einem Philosophen vergingen. Er zog nach Chalkis auf Euböa. Dort starb er wenig später mit 62 Jahren.

Die Philosophie des Aristoteles in seiner Zeit

Zunächst schrieb auch Aristoteles (wie Platon) Dialoge, die aber nur in Fragmenten erhalten sind. Er war jedoch kein Dichter wie Platon, seine Schreibweise ist prosaischer. Er schuf die Pragmatie oder wissenschaftliche Abhandlung und verfaßte zahlreiche Werke, die meistens für den internen Schulgebrauch bestimmt waren. Aristoteles hat auf ziemlich allen Wissensgebieten der damaligen Zeit gearbeitet und darüber geschrieben. In seiner Frühphase befaßte er sich vorwiegend mit sprachphilosophischen und logischen Fragen. Man bezeichnete ihn später als „Vater der Logik". Einer späteren Entwicklungsphase gehören die Schriften zur Physik und Metaphysik an, ferner Arbeiten zur Psychologie und Biologie und schließlich Abhandlungen über Ethik und Politik. Allein zur Ethik sind von ihm drei Schriften überliefert: die „Nikomachische Ethik", die „Eudemische Ethik" und die „Magna Moralia".

Was für ein Mensch soll ich werden?

Der Fall: Ulli wagt den Absprung nicht

Nach dem Abitur bewarb sich Ulli zwei Jahre hintereinander um einen Studienplatz für Grafik, wurde aber beide Male abgelehnt. (Seine Mutter) Frau F.: „Seitdem gammelt Ulli ziellos herum und entwickelt keinerlei Zukunftsvorstellung. Das macht mich natürlich unruhig.“ Er könne doch in einer Werbeagentur arbeiten, sich ein Praktikum oder eine Lehrstelle suchen oder Architektur studieren, meint Henriette F. temperamentvoll. Nur irgend etwas solle er anpacken, anstatt die Augen vor der Realität zu verschließen und in Selbstmitleid zu versinken (...) (Ulli sagt): „Bei dem einen Studiengang stört einen die Masse der Bewerber und die Schwierigkeit, einen Job zu finden. Dann zweifelt man wieder, ob man die ersten trockenen Semester durchsteht, ob der spätere Beruf nicht so brutal stumpfsinnig ist, daß man ihn lieber nicht ausüben möchte. So verzettelt man sich in hundert Wenn und Aber und findet schließlich nicht mehr die Energie, einfach in eine unbekannte Situation hineinzuspringen.“

Frau F. ungeduldig: „Ich glaube einfach, daß du dich drücken willst, irgend etwas von klein auf anzufangen. Diese selbstverständliche Glückserwartung der jungen Leute, diesen Anspruch, daß alles, was man tut, Spaß machen und Erfüllung bringen muß, kann ich einfach nicht akzeptieren. Ich finde, niemand, der sich für einen Beruf entscheidet, hat die Garantie, daß der ihm sein restliches Leben lang jeden Tag Freude macht.“

Aus der Zeitschrift „Brigitte“

- *Wer ist an dem Konflikt beteiligt? Worum geht es?*
- *Tragen Sie Gesichtspunkte zusammen, die die Position des Sohnes bzw. der Mutter noch weiter verstärken.*
- *Können Sie das Verhalten von Ulli bzw. seiner Mutter verstehen? Warum fällt es Ulli so schwer, sich zu entscheiden? Warum drängt ihn seine Mutter?*
- *Machen Sie einen Lösungsvorschlag für diesen Konflikt. Versetzen Sie sich dann sowohl in die Lage von Ulli als auch in die seiner Mutter. Überprüfen Sie, ob Sie die getroffene Entscheidung aus der Sicht sowohl von Ulli als auch von Frau F. für annehmbar halten.*

Was für ein Mensch soll ich werden? Das ist insofern eine unvermeidliche Frage, als eine Antwort darauf tatsächlich in jedem Menschenleben gegeben wird. Für die philosophische Ethik der Neuzeit (vergleiche hierzu die Kapitel über Kant und den Utilitarismus) ist dies eine Frage, der man sich nur auf Umwegen nähern kann. Von ihrem Standpunkt aus betrifft die Hauptfrage die Regeln: Welchen Regeln sollten wir folgen? Und warum sollten wir uns nach ihnen richten? Regeln werden so zum wichtigsten Begriff des moralischen Lebens. Charaktereigenschaften werden dann im allgemeinen nur gelobt, weil sie uns dazu bringen, den richtigen Regeln zu folgen. „Die Tugenden sind Empfindungen, d.h. mit Veranlagungen und Neigungen verwandte Familien, die gelenkt werden von einem höherrangigen Wunsch, in diesem Fall einem Wunsch, nach den entsprechenden moralischen Grundsätzen zu handeln“, erklärt *John Rawls,* einer der jüngsten Moralphilosophen der Moderne.

Andere Autoren (z.B. *Mac Intyre*) greifen auf den Aristotelismus als der wirkungsvollsten vormodernen Form moralischen Denkens zurück. Sie gehen davon aus, daß es notwendig ist, sich zunächst um die Tugenden zu kümmern, bevor man die Funktionen und Autorität von Regeln begreifen könne.

Tugend, Lust und Lebensglück – Die Tugendlehre des Aristoteles

Mit Aristoteles wird die Ethik zu einer eigenständigen philosophischen Disziplin. Im Zentrum seines philosophischen Denkens stehen die Begriffe *Arete* (Tugend), *Hedone* (Lust) und *Eudaimonia* (Lebensglück).

Wie verhalten sich Tugend und Glückseligkeit zueinander?

„Wir haben gesagt, die Glückseligkeit sei kein Habitus. Sonst könnte ja auch derjenige sie besitzen, der sein Leben lang schläft und so ein bloß vegetatives Dasein führt ... die Glückseligkeit (ist) offenbar für eine von den Tätigkeiten zu erklären, die an sich, und nicht für eine von denen, die bloß als Mittel begehrenswert sind ... An sich begehrenswert aber sind die Tätigkeiten, bei denen man nichts weiter sucht als die Tätigkeit selbst. Diesen Charakter scheinen ... die tugendhaften Handlungen zu haben, da es an sich begehrenswert ist, schön und tugendhaft zu handeln ...“

Nik. Ethik, X, 6

„In der Tat wird ... niemand beanstanden wollen, daß es drei Arten von Gütern gibt, deren Verein erst das Glück des Lebens begründet: äußere Güter, Güter des Leibes und Güter der Seele. Niemand wird ja einen Menschen glücklich nennen, der von Starkmut, Mäßigkeit, Gerechtigkeit und Klugheit nichts besitzt, der vielmehr vor einer vorbeisummenden Fliege sich ängstigt, der, wenn Eß- und Trinklust ihn überkommt, die gröbsten Exzesse nicht scheut, der für einen Viertelgroschen seine besten Freunde verrät und rücksichtlich seines Verstandes so blöde und jeglicher Täuschung zugänglich ist wie ein Kind oder ein Verrückter ... Wir ... sagen, daß die Tugenden nicht durch die äußeren Güter erworben und bewahrt werden, sondern diese durch jene, und daß das Glück des Lebens ... sich mehr bei denen findet, die mit Herzens- und Geistesbildung bis zum Übermaß geschmückt, dagegen mit äußeren Gütern nur mäßig gesegnet sind, als bei denen, die von diesen Gütern mehr haben, als sie brauchen, aber an Tugend und Verstand zurückstehen.“

Politik, VII, I

Was sind denn eigentlich Tugenden?

Die Tugend entsteht dadurch, daß der Mensch zwischen den Gegensätzen wählt: Tapferkeit liegt zwischen Feigheit und Tollkühnheit. Zuviel Tapferkeit bedeutet Tollkühnheit, zuwenig Tapferkeit Feigheit. Gleiches gilt für alle anderen Tugenden: Aristoteles verwies hier sozusagen auf den „goldenen Mittelweg“. So liegt beispielsweise die Sparsamkeit zwischen dem Geiz und der Verschwendung.

Eine Handlung ist demnach dann gut, wenn sie sowohl das Zuviel als auch das Zuwenig vermeidet, also die Mitte trifft. Eine schlechte Handlung ist dann dadurch gekennzeichnet, daß sie von der Mitte abweicht.

- *Erklären Sie, was Aristoteles' Verständnis von „Mitte“ von dem Begriff „Mittelmäßigkeit“ unterscheidet. Beachten Sie dabei die Erklärung von N. Hartmann.*
- *Spielen Sie dieses Muster an den Tugenden Besonnenheit und Großzügigkeit durch.*
- *Welche Tugenden braucht ein Oberstufenschüler des Gymnasiums in heutiger Zeit? Braucht er z.B. „Tapferkeit“ im aristotelischen Sinne?*

Die Dynamik der Tugend

Es leuchtet ein, daß es verschiedene Grade einer Tugend gibt, daß man Tapferkeit oder Gerechtigkeit in geringerem oder höherem Maße beweisen kann. Es muß also eine Tugend in sich zu steigern sein, ohne dabei ihren Wertcharakter zu verlieren.

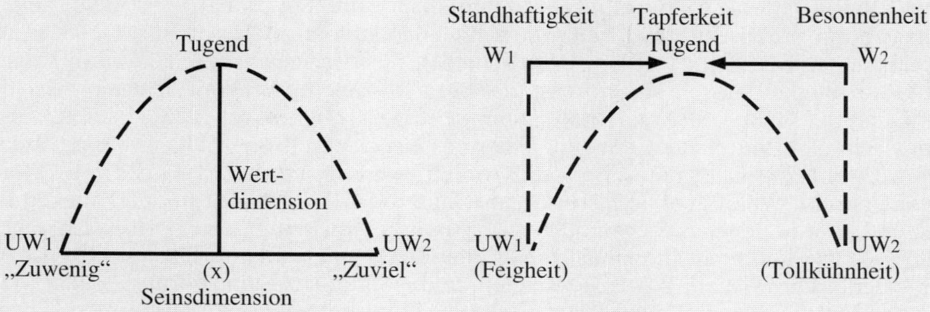

Betrachtet man diese Aristotelische Konzeption genauer, so ergibt sich noch folgendes: Hinter jeder Aristotelischen Tugend stecken in Wahrheit stets zwei Werte. Die Tugend ist nicht nur ein Wert im Gegensatz zu zwei Unwerten, sondern vielmehr eine Synthese zweier Werte; denn jedem Unwert liegt (wie die rechte Zeichnung verdeutlichen soll) ein Wert gegenüber. Erst in der Synthese der beiden Werte kann die Tugend liegen. So steht z.B. dem Unwert der Feigheit ein positives Moment, nämlich beherztes Ausharren, Standhaftigkeit, gegenüber, und im Gegensatz zur Tollkühnheit befindet sich die wertvolle bedachtsame Vorsicht, die Besonnenheit. Nicht das Standhalten allein und nicht nur bedachtsame Vorsicht machen die Tapferkeit aus, sondern erst beide zusammen.

Nicolai Hartmann

Was ist der Maßstab für tugendhaftes Verhalten?

„Die der tugendhaften Tätigkeit eigentümliche Lust ist sittlich, die der lasterhaften eigentümliche unsittlich … beim Menschen tritt hier eine große Mannigfaltigkeit hervor. Ein und dasselbe kann den einen ergötzen und den anderen schmerzen, bei dem einen Unlust und Haß, bei dem anderen Lust und Liebe hervorrufen … In allen solchen Fällen aber scheint das wahr zu sein, was der Tugendhafte dafür hält. Und ist dieser Satz richtig, wie wir annehmen dürfen, und ist die Tugend und der Tugendhafte jedes Dinges Maß, so folgt auch, daß wahre Freuden jene sind, die er dafür hält, und wahrhaft erfreulich das ist, woran er sich erfreut."

Nik. Ethik, X, 5

- *„Ein und dasselbe kann den einen ergötzen und den anderen schmerzen …": Sprechen Sie in kleinen Gruppen über eigene Erfahrungen dieser Art.*
- *Versuchen Sie in einer knappen Formel auszudrücken, was Aristoteles in X, 5 formuliert.*
- *Verschaffen Sie sich Klarheit darüber, ob Sie Vorbilder haben. Wenn ja: Welche Eigenschaften und Verhaltensweisen machen diese Menschen zu Vorbildern?*

  Wenn nein: Stellen Sie individuelle und gesellschaftliche Gesichtspunkte zusammen, die erklärlich machen, warum Sie keine Vorbilder haben.

Was meint Aristoteles mit Lust und Lebensglück?

Denn es gilt ihm als ausgemacht, daß alle Menschen nach Glückseligkeit, nach eudaimonia, streben. Alles, was sie tun, tun sie um der Eudämonie willen, tun sie also, um glücklich zu sein, wobei sie unter einem glücklichen Leben ein gutes Leben verstehen. Damit ist vorerst allerdings nur eine rein formale Bestimmung des obersten Zwecks gegeben, ohne daß schon entschieden wäre, worin denn die Glückseligkeit besteht. Einige identifizieren Glückseligkeit mit Genuß, sozialem Ansehen, Macht oder Geld, andere hingegen mit praktischer Tätigkeit, und schließlich gibt es solche, die das Glück in der theoretischen Tätigkeit erblicken. Nun scheiden die zuerst genannten Identifikationen der Glückseligkeit aus, da sich erweist, daß sie alle keinen Zweck an sich selbst darstellen. Denn der Genuß ist eine Erholung um künftiger Tätigkeit willen. Soziales Ansehen und Macht sind Mittel zur Erlangung eines gesteigerten Selbstbewußtseins. Und Reichtum wird ohnehin nicht um seiner selbst willen, sondern um das Erwerbes von Gütern willen erstrebt. Wenn dem aber so ist, dann muß die Glückseligkeit in der Tätigkeit liegen, und zwar in der praktischen oder theoretischen Tätigkeit, in einem Tätigsein, einem Werk ... also und nicht in einem Haben oder Bekommen. Beim Flötisten etwa ist das ihm eigentümliche Werk das Flötenspielen, und es fragt sich nun, worin das dem Menschen als solchem eigentümliche Werk besteht. Um dieses Werk zu bestimmen, das die dem Menschen spezifische Glückseligkeit ausmacht, muß das Spezifikum des Menschen benannt werden, muß also gezeigt werden, was den Menschen als Menschen vor anderen Dingen auszeichnet....

Die Glückseligkeit ist schließlich das gute Leben, und der seltene oder gar einmalige Vollzug des höchsten Vernunftvermögens des Menschen, sofern es sich in seinem besten Zustand befindet, und zwar während des ganzen Menschenlebens, sein. Denn eine Schwalbe macht noch keinen Sommer. Zudem aber setzt die Glückseligkeit die Existenz bestimmter äußerer Güter voraus, wenngleich sie darin nicht besteht. Äußere Güter wie Lebensdauer, Gesundheit, Beziehungen sind in gewissem Sinne Bedingungen der Glückseligkeit, die nun gerade nicht gänzlich von uns abhängen. Doch auch wenn günstige äußere Umstände zur Glückseligkeit hinzugehören, bleibt entscheidend der kontinuierliche Vollzug der höchsten Vernunfttätigkeit, der es selbst jenem, der von Schicksalsschlägen heimgesucht wird, erlaubt, sie gleichwohl gelassen zu tragen. Gelingt aber ein gutes Leben, läßt sich die Glückseligkeit in vollem Sinne realisieren, so ist damit ... Lust, hedone, verbunden, und zwar nicht etwa sinnliche Lust, sondern entsprechend der Vernunfttätigkeit, in deren Vollzug die Glückseligkeit besteht, geistige Lust und Befriedigung. Die Lust ist demnach zwar nicht das Ziel unseres Lebens, aber sie stellt sich mit der Realisierung dieses Ziels zwangsläufig ein, ist dessen notwendige Folge. *Jan Rohls*

Und nun fragt er: Wie soll der Mensch leben? Was braucht der Mensch, um ein gutes Leben zu führen?

Ich kann kurz antworten: Der Mensch wird nur glücklich, wenn er alle seine Fähigkeiten und Möglichkeiten entfalten und benutzen kann.

Aristoteles glaubte an drei Formen des Glücks: Die erste Form des Glücks ist ein Leben der Lust und der Vergnügungen. Die zweite Form des Glücks ist ein Leben als freier, verantwortlicher Bürger. Die dritte Form des Glücks ist das Leben als Forscher und Philosoph.

Aristoteles betont, daß alle drei Formen zusammengehören, damit der Mensch ein glückliches Leben führen kann. Er lehnte also jede Form der Einseitigkeit ab. Wenn er heute lebte, würde er vielleicht sagen, daß ein Mensch, der nur seinen Körper pflegt, ebenso einseitig – und damit mangelhaft – lebt wie einer, der nur den Kopf benutzt. Beide Extreme sind Ausdruck einer verfehlten Lebensführung. *Jostein Gaarder*

- *Welches sind für Sie die Kernpunkte im Text von Jan Rohls?*
- *Was ist für Sie Lebensglück?*
- *Inwieweit, glauben Sie, decken sich Ihre Vorstellungen von einem glücklichen Leben mit denen des Aristoteles? Wo entdecken Sie Widersprüche?*
- *„Nicht etwa sinnliche Lust ...". Warum spricht Aristoteles im Rahmen der Glückseligkeit von „geistiger" und nicht von „körperlicher" Lust und Befriedigung?*

Aristoteles heute

Was ist geglücktes Leben?

Es gibt kaum etwas Selbstverständlicheres, als daß jeder, soweit er es vermag, nach seinem Glück strebt und den Sinn seines Lebens darin sieht, glücklich zu sein. Wenn wir unter „Glück" nicht nur zufällige günstige Umstände, die Glück vom Pech unterscheiden, verstehen wollen, erhebt sich die Frage, worin denn „Glück" eigentlich besteht. Was können wir tun, um es zu erreichen?

Darüber hinaus müssen wir Menschen offensichtlich mit der Tatsache leben, daß das Glück des einzelnen nicht regelmäßig auch das Glück des anderen ist. Die menschliche und außermenschliche Natur ist so eingerichtet, daß unser Glücksstreben in vielen Fällen nicht mit dem anderer Menschen harmoniert. Würde es diese häufig auftretende Diskrepanz zwischen dem Glück des einzelnen und dem seiner Mitmenschen nicht geben, so spräche einiges für die Annahme, daß es auch ein moralisches „Problem" nicht gäbe. Es bestünde kein Bedürfnis nach moralischen Normen, Geboten und Tugenden, denn was von der Moral gefordert wird, würde von selbst eintreten. Niemand müßte uns dazu anhalten, die Interessen und Bedürfnisse anderer Menschen zu berücksichtigen, wenn unser Glück ganz von selbst immer auch das Glück der anderen und der Allgemeinheit wäre.

Dies bringt die Ethik in eine etwas paradoxe Situation: Einerseits ist unser individuelles Glücksstreben der Grund dafür, daß überhaupt ein Bedürfnis nach Moral entsteht; Moral ist unter diesem Gesichtspunkt ein notwendiges Instrument, um das individuelle Streben einzugrenzen. Andererseits aber scheint diese Aufgabe gleichzeitig einen guten Grund dafür zu liefern, die Gebote der Moral nicht zu befolgen. Denn wenn diese Gebote dem individuellen Glücksstreben entgegenstehen, warum sollten wir sie dann freiwillig beachten? Welchen von der Moral unabhängigen Grund sollte ein Mensch haben, bewußt auf sein eigenes Glück zu verzichten bzw. es hintanzustellen?

- *Wofür steht das Nach-den-Sternen-Greifen?*
- *Wie bewerten Sie das Verhalten des Mannes?*
- *Welche Gefühle könnten die Frau und die Kinder haben?*
- *Wie könnten sie ihre Ansprüche geltend machen?*
- *Wie verändert sich die Perspektive, wenn eine Frau/ein Kind auf der Leiter steht?*
- *Versuchen Sie, Ihre Überlegungen in ein Rollenspiel umzusetzen. Statten Sie die einzelnen Figuren zuvor mit einer Biographie aus.*

Die im folgenden abgedruckten Ergebnisse der ersten gesamtdeutschen „Shell-Jugendstudie" sowie des sogenannten „Gießen-Tests" sollen Sie dazu anregen, sich in kleinen Gruppen mit der Frage auseinanderzusetzen:

- *„Wohin strebe ich, welche Dinge sind mir wichtig?"*

Einige Ergebnisse der ersten gesamtdeutschen Shell-Jugendstudie

Die Studie wurde vom Zentralinstitut für Jugendforschung in Leipzig und nordrhein-westfälischen Wissenschaftlern erarbeitet. Im Juni 1990 wurden rund 2600 Schülerinnen und Schüler im Alter von 13 bis 18 Jahren befragt, davon 1400 in Nordrhein-Westfalen und 1200 in Sachsen und Sachsen-Anhalt. Darüber hinaus schrieben 1900 Schülerinnen und Schüler aus Ost und West Aufsätze zu dem Thema „Wie stelle ich mir meine persönliche Zukunft im vereinigten Deutschland vor?".

Wie die Studie zeigt, setzen die Jugendlichen gleiche Prioritäten für ihr Leben: Gute Freunde, Erfolg im Beruf, eigene Familie und Unabhängigkeit sind für beide Gruppen wesentliche Lebensziele. In Fragen der Schul- und Berufsausbildung sind sie anspruchsvoll – über 50 % von ihnen wollen das Abitur machen und streben einen Beruf im Dienstleistungssektor, fern der Industriearbeit an. Bisher erreichten in Ostdeutschland 20 % und in Westdeutschland 30 % der Schüler diesen Schulabschluß.

Die Individualisierung von wichtigen Entscheidungen ist bei den Befragten gleich stark entwickelt. Nur eine Minderheit will sich bei ihren Optionen noch nach Eltern, Gleichaltrigen oder anderen Bezugspersonen richten. Bei Fragen der Partnerwahl, der Gestaltung des Wohnbereichs, der Verwendung des Taschengeldes oder der Auswahl von Freunden verlassen sich 80 % bis 90 % lieber auf das eigene Urteil.

In Lebensstil, Lebensgefühl und in den Wertvorstellungen gibt es auch weitgehende Übereinkunft: Die jungen Leute haben Spaß am Leben (West 89 %/Ost 85 %), sie sind leistungsbereit (51 %/52 %) und aktiv (68 %/69 %) und halten gesellschaftliches Engagement – wenigstens in Teilbereichen – für wichtig. Umweltschutz, Reisen, Musik und Familie stehen auf der Rangliste ihrer Interessen ganz oben.

- *49 %/48 % der Jugendlichen scheinen keine unmittelbare Leistungsbereitschaft zu zeigen, 32 %/31 % werden als nicht sonderlich aktiv eingestuft: Können Sie eine solche Haltung verstehen bzw. erklären?*

Der „Gießen-Test"

Mit einer repräsentativen Erhebung (2025 Befragte) haben die Gießener Professoren *Elmar Brähler* und *Horst-Eberhard Richter* im Sommer 1989 zum dritten Mal (nach 1968 und 1975) die psychologische Selbsteinschätzung der Bundesdeutschen ermittelt.

Selbstbehauptung und Selbstverwirklichung bilden das hervorstechendste Trendmerkmal, in dem beide Geschlechter übereinstimmen.

Die Bundesbürger beiderlei Geschlechts bejahen zum Beispiel heute stärker als bei der Befragung 1975:

Ich bin stark daran interessiert, andere zu übertreffen.
Ich gerate eher häufig in Auseinandersetzungen mit anderen Menschen.
Ich reagiere meinen Ärger eher nach außen ab.
Ich bin eher eigensinnig.
Ich schaffe mir eher wenig Mühe.
Ich mache mir eher selten Gedanken über innere Probleme.
Ich mache mir eher selten Sorgen um andere Menschen.

Der Gießen-Test diente bei allen drei Erhebungen als Forschungsinstrument. Dieser Test, kurz: GT, holt von den Befragten Auskünfte über Persönlichkeitseigenschaften, Befinden, soziales Verhalten und soziale Resonanz ein. Auf einer siebenstufigen Skala, die jeweils von minus drei bis plus drei reicht, äußert sich der Befragte zu insgesamt 40 Fragestellungen (Beispiele: „Ich halte mich für sehr wenig ... für besonders ängstlich“, „Ich schätze, es gelingt mir eher schwer ... eher leicht, mich beliebt zu machen“) und gibt auf diese Weise zu erkennen, wie er sich sieht und wie er glaubt, daß andere ihn sehen. Der Test, in den sechziger Jahren im Gießener Zentrum für Psychosomatische Medizin entwickelt, wurde seither in ein Dutzend Fremdsprachen übersetzt und hat sich als Fragebogen zur Psychodiagnostik, zum Beispiel bei psychosomatischen und neurotischen Erkrankungen sowie in der Familien- und Sozialtherapie, weltweit bewährt. In den Jahren 1968, 1975 und 1989 wurde der Fragebogen, um eine Standardisierung des Tests zu erreichen, jeweils einer statistisch repräsentativen Zahl von Bundesbürgern vorgelegt.

Verglichen mit 1975, unterscheiden sich die Älteren (35 bis 60 Jahre) weniger ausgeprägt von den Jüngeren (18 bis 34 Jahre). Inzwischen schätzen sie ihren Selbstbehauptungswillen genauso hoch ein wie diese. Hatten sie sich 1975 noch vergleichsweise fürsorglicher empfunden, so sehen sie sich heute ähnlich wie die Jüngeren eher selbstbezogen, also egoistischer, weniger sozial.

Der Bundesbürger von heute betont seinen Konkurrenzehrgeiz, nimmt dafür Konflikte in Kauf. Dagegen beschweren ihn weniger Sorgen um andere Menschen. Die Tendenz zu mehr Weichheit und mitfühlender Anteilnahme, zwischen 1968 und 1975 hervorstechend, hat sich nicht fortgesetzt.

Bei höherer Bildung (mindestens Mittlere Reife) schlägt der Gesamttrend noch stärker durch, also: Konkurrenzehrgeiz, Dominanzstreben, Eigensinn, Konfliktbereitschaft (häufige Auseinandersetzungen mit anderen Menschen), allerdings wird von dieser Gruppe relativ mehr Bereitschaft zu selbstkritischem Nachdenken angegeben.

(Beachten Sie bitte, daß diese Erhebung vor Beginn der deutschen Einigung im November 1989 durchgeführt wurde, also ausschließlich Gültigkeit für das Gebiet der „alten Bundesrepublik“ hat.)

- *Vergleichen Sie die Ergebnisse des „Gießen-Tests“ mit denen der „Shell-Studie“.*
- *Welche Befunde ergeben sich nach dem „Gießen-Test“ für das Verhalten von Frauen? Welche Erklärung haben Sie hierfür?*
- *Der Test verweist auf deutliche Tendenzen zwischen 1968 und 1975: welche sind es? Welche Erklärung haben Sie für diese Tendenzen?*

- *Können Sie sich mit dem im Test beschriebenen Verhaltenstypus identifizieren?*

  Wenn ja: Suchen Sie nach Rechtfertigungsmöglichkeiten für die beschriebenen Verhaltensweisen und Einstellungen. Wenn nein: Stellen Sie Gesichtspunkte zusammen, die die beschriebenen Verhaltensweisen und Einstellungen in Frage stellen.

Sorge Nr. 1 unter Deutschlands Jugendlichen: Beruf und Ausbildung. Bei einer aktuellen Umfrage in Westdeutschland vor zwei Jahren nannten 19 Prozent zuerst dieses Problem, in diesem Jahr waren es 20. Im Osten wird mittlerweile nahezu jeder 3. Jugendliche von dieser Sorge umgetrieben, vor zwei Jahren waren es hier 21 Prozent.

Die Ergebnisse der Studie seien aber kein Grund „für Schreckensszenarien" einer völlig desorientierten Jugend. Immerhin gaben 95 Prozent im Westen und 85 Prozent im Osten an, mit ihrem Leben zufrieden zu sein, 86 Prozent im Westen und 73 Prozent im Osten blicken mit Zuversicht in die Zukunft.

- *Können Sie sich den Ergebnissen der Befragung anschließen?*
- *Sind Sie der Meinung, daß es derzeit zwischen ost- und westdeutschen Jugendlichen immer noch Unterschiede in der Bewertung gesellschaftlicher Problemfelder gibt?*

Ethik und Politik

Das Nachdenken des Aristoteles über die Frage nach dem Guten für den Menschen und die Frage nach der guten Gesellschaft ist in einem umfangreichen Kompendium überliefert, dessen zwei Hauptteile wir unter den Titeln der „Nikomachischen Ethik" (Nikomachos, dem Sohn des Aristoteles gewidmet, sagen die einen; von ihm herausgegeben, sagen die anderen) und der „Politik" kennen. Den Inhalt dieser Schriften bezeichnet der Philosoph als „Philosophie über die menschlichen Angelegenheiten" und zugleich „politische Wissenschaft" sowie „praktische Philosophie".

Aristoteles · Nikomachische Ethik
ERSTES BUCH

Erstes Kapitel
Jede Kunst und jede Lehre, desgleichen jede Handlung und jeder Entschluß, scheint ein Gut zu erstreben, weshalb man das Gute treffend als dasjenige bezeichnet hat, wonach alles strebt. Doch zeigt sich ein Unterschied der Ziele ... Wenn es nun ein Ziel des Handelns gibt, das wir um seiner selbst wegen wollen ..., so muß ein solches Ziel offenbar das Gute und das Beste sein. Sollte seine Erkenntnis nicht auch für das Leben eine große Bedeutung haben und uns helfen, gleich den Schützen, die ein festes Ziel haben, das Rechte besser zu treffen?

Aristoteles · Politik
ERSTES BUCH

Erstes Kapitel
Da jeder Staat uns als eine Gemeinschaft entgegentritt und jede Gemeinschaft als eine menschliche Einrichtung, die ein bestimmtes Gut verfolgt – denn um dessentwillen, was ihnen ein Gut zu sein scheint, tun alle alles –, so erhellt, daß zwar alle Gemeinschaften nach irgendeinem Gut streben, vorzugsweise aber und nach dem allervornehmsten Gute diejenige, die die vornehmste von allen ist und alle anderen in sich schließt. Das ist aber der sogenannte Staat und die staatliche Gemeinschaft.

- *Das „Gut" und das „Gute": Wodurch unterscheiden sie sich?*
- *Das „Gut" des einzelnen – das „Gut" des Staates: Worin sieht Aristoteles Gemeinsamkeiten, worin Unterschiede?*
- *Welche Rückschlüsse auf das Verhältnis von öffentlicher und privater Moral ermöglichen die Textausschnitte? Lesen Sie hierzu den folgenden Abschnitt.*

Der Gegenstand der praktischen Philosophie ist also die menschliche Lebens- und Handlungswelt, deren Prinzipien, Ordnungen, Gesetze und Strukturen, kurz alles das, was auf menschliche Entscheidung, rationale Planung und menschliches Ethos zurückgeführt werden kann.

Die praktische Philosophie handelt also nicht von Dingen, die so sind, wie sie sind, und die der Mensch daher nur erkennen und interpretieren, aber nicht verändern kann: die Gestirne, die göttliche Ordnung des Kosmos, das Göttliche überhaupt, das Mathematische, also alles das, was Gegenstand der theoretischen Philosophie und Wissenschaft ist.

Die enge Verknüpfung, die Aristoteles zwischen Ethik und Politik vornimmt, erweist sich bis in die Gegenwart als erstaunlich aktuell. Viele der umstrittensten moralischen Probleme erweisen sich zugleich als Probleme politischer Natur: Fragen über die Beibehaltung oder Reform ökonomischer und sozialer Strukturen, über Interessenkonflikte zwischen organisierten Gruppen innerhalb eines Staates oder zwischen verschiedenen Staaten oder Rassen; und selbst wenn ein Einvernehmen über anscheinend allseits anerkennenswerte Zielvorstellungen erreicht ist, bleiben immer noch Fragen hinsichtlich der Methode zur Verwirklichung dieser Ziele sowie zur Verteidigung legitimer, doch bedrohter oder verletzter Interessen und Rechte.

Über dieses grundsätzliche Verhältnis von Politik und Ethik äußert sich der australische Philosoph *J.L. Mackie* in folgender Weise:

„Wenn unter Politik eine allgemeine Theorie über das bestmögliche Zusammenleben menschlicher Gemeinschaften verstanden wird, dann ist die Ethik (wie Aristoteles schon meinte) ein Teil der Politik. Umgekehrt, wenn die Ethik als eine allgemeine Theorie über richtige und falsche Handlungswahlen und Handlungen, über gute und schlechte Dispositionen, zwischenmenschliche Beziehungen und Lebensformen gesehen wird, dann gehören auch politische Aktivitäten, Ziele und Entschlüsse zum Gegenstandsbereich der Ethik. Jedenfalls lassen sich beide nicht klar voneinander trennen. Es wäre sinnlos, wollte man moralische Überlegungen auf den Privatbereich beschränken und davon völlig unabhängige Prinzipien zur Beurteilung politischer Werte und Handlungsweisen entwickeln."

– *Stellen Sie Problemfelder gegenwärtiger Politik zusammen. Untersuchen Sie diese im Hinblick auf ihre moralische Dimension.*

Nachwirkungen des Aristoteles

Die Gedanken des *Aristoteles* haben, mehr noch als die des Platon, die Geschichte der Ethik maßgeblich beeinflußt.

Während Platon das, was wir um uns herum erkennen, lediglich für Abbilder von dem hält, was in der Welt der Ideen existiert, meint Aristoteles genau das Gegenteil: Er wies darauf hin, daß nichts im Bewußtsein des Menschen existiert, was nicht zuvor schon in den Sinnen existiert hat. Anders ausgedrückt: All unsere Gedanken und Ideen sind durch das, was wir gesehen und gehört haben, in unser Bewußtsein gekommen. *Es gibt also keine „angeborenen Ideen"*. Sokrates hatte aufgrund seiner Identität von Tugend und Wissen erklärt, daß, wenn jemand etwas Schlechtes tut, dies auf dessen Unwissenheit zurückzuführen ist. Denn freiwillig tut niemand etwas Schlechtes, es würde ihn nämlich unglücklich machen. Aristoteles hingegen stellte fest, daß der Mensch zwar wissen kann, was zu tun schlecht ist, aber dann nicht unbedingt danach handelt, sondern sich gelegentlich auch von der Begierde statt von der vernünftigen Einsicht leiten läßt. Im Gegensatz zu Sokrates und Platon ist für Aristoteles also die *Tugend nicht mit dem Wissen des Guten identisch,* statt dessen wird von ihm die *Freiwilligkeit* zum Wesensmerkmal des praktischen Verhaltens schlechthin erklärt.

Davon abgesehen kann man sagen, daß Aristoteles ein großer Systematiker war. Er schuf eine Fachsprache, die verschiedene Wissenschaften noch heute verwenden. Ja er gründete und ordnete ganze Wissenschaften. So gilt er beispielsweise als *Gründer der Logik,* und es ist schon angeklungen, daß erst mit Aristoteles die *Ethik zu einer eigenständigen Disziplin* wurde.

Hinzuweisen ist noch auf das *Frauenbild des Aristoteles.* Wir können im Grunde genommen sagen, daß Platon, jedenfalls für seine Zeit, ein sehr modernes Frauenbild hatte. Seine Einsicht, daß Frauen dieselbe Vernunft wie Männer haben, macht ihn in gewisser Weise zum Vorreiter der Emanzipation. Aristoteles war hier ganz anderer Meinung. Er erklärte, daß der Frau im Grunde genommen etwas fehle. Sie sei so etwas wie ein „unvollständiger Mann“. Alle Eigenschaften des Kindes lägen bereits fertig im Samen des Mannes, weshalb das Kind nur die Eigenschaften des Mannes erben könne. Die Frau sei nur so etwas wie ein Erdreich, das den Samen aufnimmt und das Saatkorn hervorbringt, während der Mann der Sämann selber sei. Eine, wie wir heute wissen, irrige Ansicht, die jedoch noch Jahrhunderte vorherrschte.

Folgende Texte stehen beispielhaft für die vielen Einflüsse des aristotelischen Gedankenguts auf die Geschichte der Ethik:

Aristoteles: Lebensweltethik

„Die Lebenswelt scheint so etwas wie der Grund und Boden zu sein, auf dem eine Ethik möglich ist, die unter dem Aspekt von Natürlichkeit, relativer Unmittelbarkeit und positiver Einstellung zur Welt steht ...

Aristoteles, der die Lebensweltethik konzipiert, grenzt die Lebenswelt als menschliche Welt gegen die Naturwelt und die Sphäre des Göttlichen ab. Das besagt nicht, daß die Lebenswelt die Zone absoluter Willkürfreiheit wäre. Für Aristoteles ist die Ordnung das Leitprinzip aller Dimensionen. Von ihr her ist die Struktur der Lebenswelt zu deuten, insbesondere ist von ihr her das angemessene richtige Tun zu bestimmen.

Betrachtet man die verschiedenen Ausformungen der Lebenswelt in der geschichtlichen Entwicklung, so zeigt sich, daß die Bindung an übergreifende Theorien über das Ganze im geschichtlichen Verlauf problematisch wird; die *Beschränkung auf das Alltagsgeschehen im Nahhorizont* tritt immer stärker heraus, die Politik, die für Aristoteles fraglos zur Ethik gehört, scheidet aus der Thematisierung der Lebenswelt aus.

Bedeutsam ist, daß die Ethik der Lebenswelt *deskriptiv* vorgeht, nicht fordernd oder auf eine bessere Welt verweisend. Wenn die Lebenswelt in Ordnung ist, dann kann man die Grundstrukturen nur aufzeigen. In der späteren Zeit, in der innerhalb der Ethik Sittlichkeit von Moralität unterschieden wird (vergleiche hierzu das Kapitel zu Kant), wird die Lebensweltethik mit der Sittlichkeit verbunden. Die *Sittlichkeit* ist, aristoteleisch gedacht, das verbindende und verbindliche Ethos. Das Ethos hat sich herausgebildet und ist erwachsen aus dem geschichtlich bedingten Zusammenleben einer Gemeinschaft.

Wir stoßen hier auf einen Sachverhalt, der in methodischer Hinsicht sehr wichtig ist und bestimmte Ausprägungen der Ethik zusammenschließt und von anderen unterscheidet. Es ist dies die *Differenz von Seins- und Sollensethik.* Die Seinsethik steht der fordernden Sollensethik gegenüber: die maßgebenden Verhaltensweisen konstituieren den Zusammenhang einer Gemeinschaft und einer Gruppe. Von deren Handlungsregelungen ist das Tun des einzelnen umgriffen; auch wenn er abweichen kann, weiß er doch, was er eigentlich zu tun hat.

Sucht man die Lebensweltethik von den Grundbestimmungen des gebrochenen Weltbezuges her zu orten, dann ist offensichtlich, daß hier die Idee der Freiheit eingeschränkt ist. Freiheit ist wesentlich verstanden als Bewußtsein, anders handeln zu können *inner-*

halb einer maßgebenden Ordnung. Dieser Ansatz bedeutet in bezug auf das Vermittlungsproblem: Ordnung ist die unmittelbare Basis, die bestimmend bleibt, selbst wenn man sie im Tun des einzelnen in Frage stellt. Hier tritt der Grundansatz der Lebensweltethik klar heraus, dem Menschen fällt nicht die Aufgabe zu, die Welt durch das eigene Tun zu konstituieren." *Walter Schulz*

- *Welche grundlegenden Elemente bestimmen die Lebenswelt des Aristoteles, welche unsere gegenwärtige Lebenswelt?*
- *Inwiefern ist eine Lebensweltethik für uns fruchtbar zu machen? An welche Grenzen dürfte sie stoßen?*
- *Was verstehen Sie unter Freiheit? Grenzen Sie Ihr Verständnis von der aristotelischen Auffassung von Freiheit ab.*

Aristoteles: PRO und CONTRA

„Einige moderne Moralphilosophen, die der aristotelischen Darstellung der Tugenden sehr wohlwollend gegenüberstehen, haben ... vorgebracht ..., daß alles, was wir zur Rechtfertigung einer Darstellung der Tugenden und Untugenden bräuchten, eine ganz allgemeine Darstellung des menschlichen Gedeihens und Wohlergehens sei. Die Tugenden können dann adäquat als die Eigenschaften bestimmt werden, die nötig sind, dieses Gedeihen und Wohlergehen zu fördern; denn was immer es im einzelnen für Meinungsunterschiede in dieser Frage gibt, so sollten wir uns doch rational darüber einigen können, was eine Tugend und was eine Untugend ist ..." *Alasdair Mac Intyre*

„Wo, so könnten wir aufgrund jüngster Geschichtserfahrungen einwenden, hat sich die sittliche Urteils- und Entscheidungskraft des Menschen im tatsächlichen Geschehen denn erwiesen? Kann man nach Auschwitz noch so „optimistisch" von der Spezies Mensch reden, wie Aristoteles es (vielleicht noch) tun konnte? Bleibt seine Tugend- und nicht zuletzt seine Gerechtigkeitstheorie nicht allzusehr im Formalen? Was läßt sich denn alles mit seinem Gleichheits- oder Proportionalitätssatz* oder auch mit seiner Forderung nach Güte inhaltlich legitimieren? Solche Sätze sind doch scheinbar nach allen Seiten auslegbar. Sie sind daher leicht von Interessengruppen zu mißbrauchen, zumal wenn man sieht, wie wenig sie Aristoteles selbst zum Anwalt größerer materialer Gleichheit für die Unterdrückten in seiner attischen Welt – die Frauen und die Sklaven zum Beispiel – gemacht haben. Bleibt für denjenigen, der in konkreten Lebens- und Handlungskonflikten nach Orientierung sucht, nicht zuviel ungewiß, wenn er hört, er solle letztlich seiner eigenen sittlichen Urteilskraft folgen, und zwar in dem Sinn, wie der sittlich reife oder der weise Mensch ... es in seiner Lage täte?" *Stephan H. Pfürtner*

* In sozialen Verhältnissen darf nach Aristoteles Gleichheit nicht einfach nur unter quantitativen Gesichtspunkten betrachtet werden, sondern es muß auch angemessene Rücksicht auf die Personen genommen werden, denen Gerechtigkeit geschuldet wird.

Auf dem Weg zur Pflichtethik (Stoa)

„Leben muß man ein Leben lang lernen, und ein Leben lang muß man sterben lernen"
(Seneca)

Eine Karikatur …

… und ein Witz.

Beide wollen unterschiedliche Lebenshaltungen zum Ausdruck bringen.

- *Beschreiben Sie diese, und prüfen Sie die jeweilige Lebenshaltung im Hinblick auf ihre Tragfähigkeit.*
- *„Tragen" und „Rollen": Welcher Art könnten die Probleme sein, um die es geht? Würden Sie den Vorschlag des Rollens jederzeit akzeptieren?*

HEUTE …

… gab es einen gewaltigen Bums. Ein Auto war zurückgestoßen und hatte dabei eine Mauer gerammt. Der Fahrer stieg aus und besah sich den Schaden, und eine Frau gesellte sich zu ihm und sagte: „Des scheene, deuere Audo! Ei, des is ja jetzt zwanzich Sandimeter körzer!", und der Fahrer sagte: „Glick im Unglick! Jetzt baßt's in mei Garasch!"

Was bedeutet es, wenn man von einem Menschen sagt, er habe eine „stoische" Haltung? Ein Handbuch zum „Deutschen Wortschatz" (Wehrle-Eggers, Band 1, S. 281) führt zum Begriff „stoische Haltung" eine ganze Anzahl von verwandten Begriffen auf. Im folgenden wird eine Auswahl genannt:

Unerschütterlichkeit, Stetigkeit, Ausgeglichenheit, (unerschütterliche) Ruhe, Gleichmut, Gelassenheit, Leidenschaftslosigkeit, Seelenruhe, Seelenfriede, Selbstbeherrschung, Besonnenheit, Nüchternheit, Gesetztheit, Ernst, Würde, Geduld, Ergebung.

In einem etymologischen (d.h. auf die Lehre von der Grundbedeutung bezogenen) Lexikon findet sich folgende Erläuterung:

stoisch *Adj.* ‚unerschütterlich, ruhig', *sondersprachl.* So bezeichnet nach dem Namen der *Stoa,* einer philosophischen Richtung, die unerschütterliche Ruhe in allen Lebenslagen zum obersten Prinzip hatte. Benannt nach dem Gründungsplatz, der stoá poikilē, einer Säulenhalle in Athen (zu gr. stoá ‚Säulenhalle').
Morphologisch zugehörig: *(Stoa, Stoiker, Stoizismus).* – K.-H. Weinmann *DWEB* 2 (1963), 405.

Die Stoiker in der Philosophiegeschichte

Was ist ein „Stoiker"?

„Geneigter Leser, der du mir bis hierher geduldig und vertrauensvoll gefolgt bist, wisse, daß du unabhängig von deiner Rasse, deinem Geschlecht und deinem Sternzeichen, dem du so große Bedeutung bemißt, im Grunde deiner Seele entweder ein Stoiker oder ein Epikureer bist. Lies weiter, dann wirst du es erfahren!"

Eine solche Einleitung hat noch keiner geschrieben, sie müßte aber von Rechts wegen am Anfang jeder Philosophiegeschichte stehen, denn die charakterlichen Unterschiede zwischen den Anhängern dieser beiden Schulen sind entsprechend groß und vielfältig.

Wenn man den Stoizismus richtig begreifen will, muß man ihn ständig im Vergleich mit dem Epikureismus sehen, denn die beiden Lehren stehen praktisch in Gegensatz zueinander. Dabei war das Ziel beider Schulen das gleiche gewesen: weise zu leben. Der einzige Unterschied bestand darin, daß für die Epikureer diese Weisheit *Lust* bedeutete, während sie sich für die Stoiker mit *Pflicht* verband. Das ist alles.

Vorweg wäre noch zu sagen, daß Epikurs Lehre sich über Jahrhunderte hinweg fast unverändert erhielt, während das stoische Denken einen solchen Wandel vollzog, daß man die ersten Stoiker, diejenigen aus dem 3. vorchristlichen Jahrhundert, mit den letzten, den römischen Stoikern des 1. und 2. nachchristlichen Jahrhunderts schon kaum mehr vergleichen kann. *Luciano de Crescenzo*

Was ist ein „Epikureer"?

Kyriai doxai *(gr.: Hauptlehren),* EPIKUR (341–270 v. Chr.); ED Rom ca. 1472 (lat., in: Diogenes Laertios, De vitis dogmatis et apophtegmatis clarorum philosophorum libri X), Basel 1533 (gr., ebd.).

Die vollständig erhaltene Schrift faßt in prägnanter Weise den Kerngehalt der Lehre Epikurs zusammen. – Ihr Ausgangspunkt stimmt mit dem der Stoa (Zenon, Kleanthes, Chrysippos) überein: Ziel der Philosophie ist die durch nichts zu erschütternde Glückseligkeit des Weisen, die ein naturgemäßes Leben und die Gesundheit der Seele voraussetzt. Zurückgezogen von der öffentlichen Vielgeschäftigkeit (polypragmosynē) entzieht sich der Weise den meisten für Mißstimmungen verantwortlichen Ursachen. Für ein lustvolles und zufriedenes Leben ist die Pflege der Freundschaft besonders wichtig: „Unter den Gütern, welche die Weisheit sich für ein dauerndes Lebensglück zu verschaffen versteht, ist der Besitz der Freundschaft bei weitem das größte.“ Die Quelle ungetrübter Lust ist nicht der Körper, sondern der Geist, „der das Ziel und die Endlichkeit des Fleisches bedacht und von der Angst vor der Ewigkeit erlöst hat“. Denn ein aufgelöster Organismus empfindet nichts, „was aber nicht empfindet, geht uns nichts an“. Zweck der Naturwissenschaft ist es, unbegründete ‚vorwissenschaftliche‘ Ängste, insbesondere die vor dem Tod und der Strafe der Götter zu beseitigen. Die Ethik Epikurs ist individualist.: Es gibt keine Gerechtigkeit an sich. Gerechtigkeit ist ein bloßes Übereinkommen zum gegenseitigen Nutzen. Ebenso ist Unrecht nicht an sich ein Übel, „sondern nur insofern ihm die Angst vor Entdeckung innewohnt“. – Im Freundes- und Schülerkreis Epikurs war es üblich, sich die Aussagen der Schrift durch Auswendiglernen einzuprägen; sie ist ein Dokument des pädagog. Geschicks des Philosophen. In der zum Teil dogmat. erstarrten epikureischen Schule, die besonders in der römischen Kaiserzeit einen großen Einfluß auf das geistige Leben ausübte (Lukrez, Virgil, Horaz), wurde die Schrift wie ein Katechismus in Ehren gehalten.

Lexikon der philosophischen Werke

- *Weisheit aus Pflicht gegen Weisheit aus Lust: Was stellen Sie sich eigentlich darunter vor?*
- *Halten Sie sich im Sinne Ihrer Überlegungen und im Rahmen des bisherigen Vorverständnisses eher für einen Epikureer oder für einen Stoiker?*

Die stoische Lehre läßt sich in drei Epochen gliedern:

ältere Stoa (310–166 v. Chr.); Vertreter: Zenon, Kleanthes, Chrysippos;

mittlere Stoa (2. u. 1. Jh. v. Chr.); Vertreter: Panaitios, Poseidonios;

jüngere Stoa oder Stoa der Kaiserzeit (1. Jh. v. Chr. bis 2. Jh. n. Chr.); Vertreter: Seneca, Epiktet, Marc Aurel.

Die ältere Stoa

In einer bunt ausgemalten Athener Markthalle (stoa poikile) begründete der aus Zypern stammende *Zenon* (354–262 v. Chr.) die stoische Schule. Er und seine Nachfolger *Kleanthes* (331–232 v. Chr.) wie *Chrysippos* (281–208 v. Chr.) waren davon überzeugt, daß die menschliche Natur Teil der kosmischen Natur ist. Die Urmaterie des Universums ist das Feuer. Beim Werden und Vergehen des Universums wiederholt sich ein regelmäßiger Kreislauf, der immer wieder zu einem kosmischen Brand zurückkehrt, in welchem das ursprüngliche Feuer eine Weltperiode enden und eine neue beginnen läßt. Da der Mensch ein integraler Bestandteil des Universums ist, gilt diese ewige Wiederkehr auch für die menschliche Geschichte. Das Gesetz, das den Kosmos regiert, liefert auch das Gesetz, welchem das menschliche Handeln entsprechen soll. Damit erhebt sich die Frage: Wenn das menschliche Leben ewig in einem ewig vorherbestimmten Kreis verläuft, wie kann es Menschen dann mißlingen, dem kosmischen Gesetz zu entsprechen? Welche Alternativen stehen ihnen zur Verfügung? Die stoische Antwort lautet: Menschen als Vernunftwesen können sich der Gesetze bewußt werden, denen sie mit Notwendigkeit entsprechen müssen. Tugend besteht dann in bewußter Zustimmung, Laster in bewußter Ablehnung der unvermeidlichen Ordnung der Dinge.

Die mittlere Stoa

Panaitios (180–110 v. Chr.) und einige Jahre später auch *Poseidonios* (135–51 v. Chr.) waren die ersten Botschafter des griechischen Stoizismus in der lateinischen Welt. Panaitios wurde auf Rhodos geboren, besuchte mehrere Schulen in Athen und kam als Vierzigjähriger nach Rom. Seine Schrift „Über die Pflicht", die Fragen der praktischen Lebensführung abhandelte, gewann großen Einfluß auf führende Kreise der römischen Aristokratie.

Poseidonios (135–51 v. Chr.) studierte in Athen, wo er Schüler des Panaitios wurde. Im Jahre 86 v. Chr. schickte ihn die Regierung von Rhodos als Botschafter nach Rom. Poseidonios gilt als letzter Universalgelehrter der antiken Welt. Er lehrte Meteorologie, Ethnologie, Astronomie, Psychologie, Physik, Geschichte und natürlich Philosophie. Die Schule, die er auf Rhodos gründete, besuchten viele Römer.

Panaitios und Poseidonios, die durch ihre zahlreichen Reisen aufgeschlossene Menschen waren, milderten die harten Grundsätze der frühen Stoiker ein wenig ab. Was schon Aristoteles seinerzeit in seiner Nikomachischen Ethik festgestellt hatte, räumten nun auch sie ein. Nämlich daß Tugend allein noch keine glückliche Existenz sichert, sondern daß dazu auch Gesundheit und wirtschaftliche Absicherung erforderlich sind.

Die wichtigste Neuerung in der mittleren Stoa ist die Aufwertung Gottes. Zeus, die Natur und das Schicksal sind nicht mehr gleichbedeutend, sondern drei verschiedene Wesenheiten: an oberster Stelle steht Zeus, dann folgt die Natur und schließlich als drittes das Schicksal. Durch diese hierarchische Ordnung verlor der neue Stoizismus allmählich seine materialistische Prägung und verwandelte sich in eine regelrechte Religion.

Wesentliche Teile der verlorengegangenen Werke der Stoiker sind uns durch die Schriften des römischen Staatsmannes und Philosophen *Cicero* (106–43 v. Chr.) überliefert. Seine Abhandlung „Vom pflichtgemäßen Handeln" hat er, wie er in Briefen mitteilt, in Anlehnung an Panaitios verfaßt. Cicero gehörte zu den ersten *Eklektikern,* die zwischen dem zweiten und ersten vorchristlichen Jahrhundert in der griechisch-römischen Welt auftauchten. Es handelte sich bei ihnen nicht um eine regelrechte Philosophieschule, sondern um eine Denkungsart, die von jeder Lehre das übernahm, was das Beste an ihr war. So stimmte Cicero mit den Stoikern darin überein, daß der Mensch mit den Kräften und Anlagen seiner Natur in Harmonie leben solle und daß das menschliche Schicksal durch göttliche Vorsehung vorherbestimmt sei.

Die jüngere Stoa oder die Stoa der Kaiserzeit

Seneca (4 v. Chr.–65 n. Chr.), zunächst Erzieher, dann jahrelang einflußreichster Berater des Kaisers Nero, und *Marc Aurel* (121–180 n. Chr.), „der Philosoph auf dem Kaiserthron", repräsentieren die öffentliche Seite des Stoizismus. Seneca führte keineswegs das Leben, das man von einem, der die stoische Ethik predigte, hätte erwarten können. Er hatte ein beträchtliches Vermögen angesammelt, hauptsächlich durch Geldverleih an die Einwohner Britanniens zu überhöhten Zinsen.

Gleichwohl bemühte er sich, dem Publikum seiner Zeit zu vermitteln, daß das von ihm geforderte, von Tugend und Einsicht geleitete Leben zugleich das einzig glückliche Leben sei.

Seneca betont die Macht der Vernunft und die Unabhängigkeit, die sie dem Menschen gegenüber dem Schicksal verleiht. Der stoische Weise ist für ihn der Erzieher der Menschheit: „Es gibt etwas, worin der Weise selbst Gott übertrifft. Dieser dankt es seiner Natur, daß er nichts fürchtet; der Weise dankt es sich selbst."

Abgestoßen vom politischen Intrigenspiel zog sich Seneca schließlich aufs Land zurück. Dies rettete ihn jedoch nicht davor, von Nero zu Unrecht wegen der Beteiligung an einer Verschwörung angeklagt zu werden. Aufgefordert, sich selbst zu töten, entsprach die Art und Weise, wie er dies tat, durchaus seiner Philosophie: Er diktierte einem Sklaven einen Abschiedsbrief an die Römer, umarmte seine Frau, leerte den Schierlingsbecher und schnitt sich in seiner Badewanne die Venen auf. Der Tod konnte ihn nicht mehr ängstigen: „Tod ist, nicht zu existieren. Wie das ist, weiß ich bereits: das wird nach mir sein, was vor mir gewesen ist. Wenn darin Qual enthalten ist, muß es sie auch gegeben haben, bevor wir hinaustraten in das Licht der Welt; und doch haben wir damals keine Qual empfunden."

Epiktet (griech. der Erworbene, 60–140 n. Chr.) verbrachte seine Jugend als Sklave. Nach Erhalt der Freiheit lehrte er in Rom bis zum Jahr 95 n. Chr., bis ihn Domitian mit anderen Stoikern verbannte, weil sie die tyrannische Herrschaft des Kaisers kritisiert hatten. Epiktet hat nichts Schriftliches hinterlassen, einer seiner Schüler aber hat die Vorträge des Lehrers in 8 Büchern aufgezeichnet, von denen eine Kurzfassung, das „Handbüchlein", erhalten geblieben ist. Epiktet steht in der Tradition der älteren Stoa, sein Ziel ist der Seelenfrieden. Dabei geht sein Denken vor allem von diesem Prinzip aus: Einige Dinge stehen in der Macht des Menschen, andere nicht. In der Macht des Menschen stehen: die Meinung, das Handeln, der Wunsch und die Abneigung. Nicht in der Macht des Menschen stehen: der Körper, die Reichtümer und die öffentlichen Ämter; es ist also völlig sinnlos, sich ihretwegen abzuplagen. Auch Arme und Kranke haben keinen Grund zur Klage, da Armut und Krankheit vom Schicksal verhängte Zustände sind.

War Epiktet als Sklave geboren, so stand ein Kaiser für das Ende des Stoizismus: *Marc Aurel* (121–180 n. Chr.) wurde von seinem Onkel Antonius Pius, einem der gebildetsten römischen Kaiser, adoptiert, bestieg 161 n. Chr. den Thron und verbrachte den Rest seines Lebens im Dienste des Reiches. Selbst ein ausgeprägt friedlicher Charakter, zwingen ihn permanente Angriffe äußerer Feinde auf die Grenzen des Imperiums, zeit seines Lebens Krieg zu führen. Seine „Meditationen" bilden ein Tagebuch voll philosophischer Reflexionen, aufgezeichnet in Augenblicken der Ruhe, die er den militärischen Pflichten oder den öffentlichen Angelegenheiten abrang. Die Lasten seines Amtes lagen schwer auf Marc Aurel, aber er betrachtete es als seine Pflicht, sie zu ertragen.

In Anknüpfung an die ältere Stoa sieht Marc Aurel den Menschen umgeben von einem vernunftgeprägten Kosmos. Der Beitrag jedes einzelnen zur Weltharmonie besteht darin, trotz ständigen Wechsels aller Dinge seine Aufgaben zu erfüllen.

Einige Stoiker von der philosophischen Hintertreppe aus beobachtet

Zenon soll durch einen Zufall zur Philosophie gekommen sein. Ursprünglich war er offenbar erfolgreicher Handelsmann. Als er einmal mit einer Ladung Purpur Schiffbruch erlitt, nahm er in Athen bei einem Buchhändler Quartier und sah diesen in einem philosophischen Buch lesen. Das brachte Zenon selber zur Philosophie, und er pflegte seitdem Schiffbrüche als wohltätige Einrichtungen zu preisen.

Wie viele andere Philosophen gab auch Zenon gern geistreiche Antworten. Einmal ertappte er einen Sklaven beim Stehlen. Er entblößte dessen Rücken und fing an, ihn zu prügeln. Der Ärmste flehte um Milde: „Es ist nicht meine Schuld, Herr, es stand in meinem Schicksal geschrieben, daß ich stehlen mußte!" „Ja, das weiß ich", erwiderte Zenon, „da stand aber auch geschrieben, daß du dafür mit Prügeln bestraft würdest".

Kleanthes, ein ehemaliger Faustkämpfer, der sich durch nächtliches Wasserschöpfen und Teigkneten am Leben hielt, war ein bettelarmer Mann. Wie arm er war, zeigte sich eines Tages, als bei einem sportlichen Aufmarsch ein Windstoß sein Gewand hochhob und alle sehen konnten, daß er darunter nackt war, also nicht einmal ein Untergewand besaß. Doch durch Zwischenfälle dieser Art wuchs seine Beliebtheit bei den Athenern nur noch. Kleanthes war Schüler des Zenon und sein Nachfolger in der Leitung der stoischen Schule. Wenn es an seiner Person etwas zu tadeln gab, übernahm er das selbst. Fragte man ihn, mit wem er da rede, antwortete er:

„Ich tadle einen störrischen Alten, der viele weiße Haare hat und wenig Verstand."

Chrysippos war als Marathonkämpfer nach Athen gekommen, um an Wettspielen teilzunehmen, und blieb dann als Schüler zunächst Zenons und dann des Kleanthes da. Wenn er mit Kleanthes über Philosophie sprach, sagte er gewöhnlich: „Liefere du mir die Lehrsätze, die Beweise werde ich selbst erbringen." Nach dem Tod des Kleanthes übernahm Chrysippos die Leitung der Schule. Die Zeitgenossen rühmten seinen Scharfsinn und seine dialektische Begabung. Hier ein Beispiel für seine Technik des Syllogismus[1]:

Wenn du etwas nicht verloren hast, so hast du es noch; du hast aber keine Hörner verloren, also hast du Hörner.

Poseidonios zog mit seiner Schule auf Rhodos so berühmte Römer wie Pompejus[2] und Cicero an. Als Pompejus landete, war Poseidonios gerade sehr krank, er litt unter heftiger Arthritis. Als ein aufrechter Stoiker begrüßte er seinen Gast dennoch mit einem Lächeln. „Ich würde es einem körperlichen Schmerz nie erlauben", sagte er, „mich daran zu hindern, einen Mann kennenzulernen, der eine so lange Reise unternommen hat, um mich zu treffen". Cicero berichtet über seine Begegnung mit Poseidonios, dieser habe sich über das Prinzip ausgelassen, daß es das Gute ohne Tugend nicht geben könne. Immer wenn der Schmerz besonders bohrend geworden sei, habe er ausgerufen: „Du wirst mich nicht besiegen, Schmerz! So lästig du auch bist, ich werde dir nie die Genugtuung erweisen, dich als ein Übel anzusehen!"

[1] griech. das Zusammenrechnen, der Schluß, die Folgerung

[2] römischer Feldherr und Staatsmann

Epiktet begann, nachdem er die Freiheit gewonnen hatte, auf den öffentlichen Plätzen Roms zu predigen. „Strebst du nach Weltweisheit?", soll er gerufen haben, „so mache dich darauf gefaßt, daß du verlacht werden wirst. Aber denke daran, daß diejenigen dich später hochschätzen werden, die dich früher verlachten."

Die folgende Anekdote, die auf das Hinken Epiktets Bezug nimmt, ist mit Sicherheit erfunden, weil der angebliche Folterer Epaphroditos seinem Sklaven Epiktet nicht nur die Freiheit schenkte, sondern ihn auch auf seine Kosten studieren ließ. Sie soll aber trotzdem erzählt werden, weil sie bezeichnend dafür ist, wie die Zeitgenossen die Stoiker und ihre Philosophie wahrgenommen haben.

Epaphroditos, der Herr Epiktets, der ihn aus irgendeinem Grunde strafen wollte, verdrehte ihm ein Bein. „Paß auf, es bricht!" warnt ihn der Philosoph, aber sein Herr hört nicht auf ihn. „Paß auf, es bricht!" sagt der Gepeinigte noch einmal. Bis man es dann wirklich knacken hört. „Ich habe dir doch gesagt, es bricht!" sagt Epiktet dazu mit unveränderter Stimme.

Das stoische Weltbild

„Die Stoiker sagten gern, daß sich die Philosophie mit einem Obstgarten vergleichen ließe, wobei die Umfassungsmauer die Logik, die Bäume die Physik und die Früchte die Ethik darstellten." (de Crescenzo). In den Bereich der Logik zogen die Stoiker auch die Grammatik mit ein. Auf diesem Gebiet haben sie sich große Verdienste erworben, indem sie die Wortarten und die Kasuslehre genau untersuchten; sie haben die grammatische Wissenschaft bis in unsere Tage hinein beeinflußt. Für unsere Frage nach dem geglückten Leben wichtiger ist die Auseinandersetzung mit dem Naturverständnis und der Ethik der Stoa.

Der Zeushymnus des Kleanthes

Zeus, der Unsterblichen höchster, vielnamiger Herrscher des Weltalls, Ursprung du der Natur, der alles gesetzlich regieret, sei mir gegrüßt! Dich zu rufen, geziemt ja Sterblichen allen. Denn sie stammen aus deinem Geschlecht. Den Menschen allein nur gabst du die Sprache von allem, was lebt und sich reget auf Erden. Willig gehorcht dir die Welt, die rings die Erde umkreiset, folgt dir, wohin du sie führst, gefügig dem mächtigen Willen. Denn du schwingst ja als Werkzeug in unüberwindlichen Händen ihn, den zackigen, feurigen Blitz, den immer lebend'gen, der mit loderndem Strahl die Werke der Schöpfung (vollendet). Durch ihn sendest du aus die Vernunft, die alles durchwaltet und sich vermählt mit den großen und kleinen Lichtern des Himmels, durch ihn bist du so mächtig, der oberste König des Weltalls. Nichts kann ohne dein Zutun, o Gott, geschehen auf Erden, nichts im göttlichen Äther des Himmels, noch drunten im Meere, außer allein, was die Bösen in ihrer Verblendung verbrochen. Doch auch, was ungrad', vermagst du gerade zu richten, aus Wirrung Ordnung zu schaffen und selbst Liebloses in Liebe zu wandeln. Denn so führest du alles in Eins, das Gute und Böse, daß aus allem die eine und ew'ge Vernunftordnung werde, die von den Menschen allein die Bösen verlassen und fliehen, die Unseligen, die nach den Gütern der Welt nur sich sehnen, aber von Gottes allgült'gem Gesetz nichts sehen, noch hören, dem sie gehorchen nur dürften, um richtigen Sinnes zu leben. Aber sie trachten statt dessen verblendet nach allerlei Übeln: Ruhm erstreben die einen im Eifer verderblicher Kämpfe, andere beherrscht, dem Anstand zum Hohn, die schnöde Gewinnsucht, oder es lockt sie der Sinne Genuß, der den Körper entkräftet.

(Aber nur Unheil wird ihnen zuteil), so sehr sie sich mühen, heute durch dies und morgen durch jenes das Glück zu erjagen. Darum, o Zeus, Allgeber, schwarzwolkiger Schleuderer des Blitzes, nimm von dem Menschengeschlecht der Sinneslust trübe Verblendung, reiß aus dem Herzen sie aus, o Vater, und laß es erlangen Weisheit, kraft derer du selbst gerecht das Weltall regierest, daß wir die Ehre, die du uns verliehn, dir gerne vergelten, preisend stets, wie es Sterblichen ziemt, dein herrliches Walten. Denn kein schön'rer Beruf ist Göttern und Menschen gegeben, als das ew'ge Gesetz des Weltalls würdig zu preisen.

Das Vaterunser

Vater unser im Himmel!

Geheiliget werde dein Name.

Dein Reich komme.

Dein Wille geschehe,
wie im Himmel, so auf Erden.

Unser tägliches Brot gib uns heute.

Vergib uns unsere Schuld,
wie auch wir vergeben
unsern Schuldigern.

Und führe uns nicht in Versuchung,
sondern erlöse uns von dem Bösen.

Denn dein ist das Reich
und die Kraft und die Herrlichkeit
in Ewigkeit.

Amen.

- *Man hat den „Zeushymnus“ als das „Hellenische Vaterunser“ bezeichnet. Versuchen Sie, hierfür Gründe anzuführen.*
- *Wie sieht Kleanthes die Beziehung zwischen Gott und Mensch, wie die zwischen Mensch und Mensch?*
- *Welchen Stellenwert hat hier die Natur?*
- *Stellen Sie Gemeinsamkeiten und Unterschiede von „Zeushymnus“ und „Vaterunser“ zusammen.*

KOMMENTAR zum „Zeushymnus“:

„... Zeus ist die Weltvernunft, das gemeinsame Gesetz der Götter und Menschen, das durch die ganze Natur sich hindurchzieht; um das Ziel der Eudaimonie zu erreichen, muß der Mensch mit ihm in Übereinstimmung leben ... Die Schlechten ... entfernen sich von ihm; indem sie den irdischen Lockungen des Ehrgeizes und des Reichtumes nachjagen, entfernen sie sich vom göttlichen Logos. An der Gottvernunft, die das All durchwaltet, haben auch die Menschen teil; die menschliche Seele ist das Abbild der Allseele. Paulus zitiert in der Apostelgeschichte (17, 28) eine Stelle aus dem Hymnus des Kleanthes: wir sind ja von göttlicher Herkunft. Da die Menschen an dieser Allseele teilhaben, sind sie alle Brüder; gegenüber dieser naturgegebenen Einheit, der Einheit im Rahmen des Kosmos, tritt die Scheidung nach Nationalitäten (Hellenen, Barbaren) und Ständen (Herren, Sklaven) zurück; jeder ist Bürger ... des großen Kosmos (Kosmopolitismus).“ *Franz Eckstein*

- *Gottesverständnis – Naturverständnis – Verständnis von Ethik: Welche Zusammenhänge lassen sich formulieren?*
- *Sind aus heutiger Sicht auch andere Begründungen des Kosmopolitismus möglich?*

SCHLIESSLICH WOLLEN WIR DOCH ALLE SCHNELL UND BEQUEM IN DIE SCHÖNE NATUR KOMMEN!

Natur als Maßstab

Die Stoa führte den Aufbau und die Gliederung des Universums auf zwei Prinzipien zurück, den aktiven Logos und die passive Hyle (Materie). Der Logos durchdringt den amorphen[1] Stoff in einem endlosen periodisch gegliederten Prozeß ...; er konstituiert so eine Vielzahl von Dingen von unterschiedlicher Form, verschiedener Dauer, verschiedenem Rang. Er spezifiziert sich in verschiedene Weisen des Seins und Selbstseins, in anorganischen Dingen zur bloß gestaltgebenden und zusammenhaltenden Spannung, in Organismen zu immanentem[2] Wachstum, in Tieren zu Wahrnehmung, Selbstempfindung und Trieb, in Menschen zu Bewußtsein und Willen ...

Im Menschen ist das göttliche Prinzip in seiner höchsten Form als selbstbewußte und selbsttätige Vernunft individuiert, das Prinzip der Einheit und des Selbststandes des Menschen (seine Seele) ist mit dem göttlichen Prinzip des Weltorganismus wesensgleich. (...)

Das Wesen des göttlichen Logos nun wird von der Stoa als alles gestaltende Kraft, als alles einigendes Prinzip, als sich selbst bewegendes Pneuma bzw. Feuer, als notwendig und gesetzlich wirkende Kraft, als bewußt und vernünftig planende Vorsehung bestimmt. Die entscheidenden Eigenschaften des göttlichen Logos sind demgemäß: vollendetes Wissen, unabhängige Selbsttätigkeit, planvoll schaffende Aktivität, gesetzlich einigende Kraft. Insofern der vollendete menschliche Logos wesensgleich ist mit dem göttlichen Logos, gilt die Ausbildung der genannten Eigenschaften dem werdenden Logos als höchstes Ziel. Das heißt: der menschliche Logos ist so lange unvollkommen, solange er nicht das Universum und seine eigene Stellung in ihm (im Prinzip) begreift und die Ordnung des Weltgeschehens tätig (mit)vollzieht; die Stoa definiert denn auch die „sophia" (Weisheit), die höchste Form menschlichen Wissens, als Wissen der göttlichen und menschlichen Dinge. Das heißt ferner: der menschliche Logos ist so lange unvollkommen, solange seine Tätigkeiten nicht eine symstematische Einheit bilden. (...) Dies heißt drittens: der menschliche Logos verfehlt so lange sein Wesen, als er das Gesetz des Handelns der (bedürftigen und abhängigen) physischen und psychischen Konstitution überläßt, in die er eingebettet ist; der menschliche Logos ist so lange unvollkommen, solange er das Streben begrenzt, partikulär und abhängig ist, d.h. seine Strebensziele in Dinge, Zustände, Ereignisse setzt, deren Besitz, Herbeiführung, Verfügung nicht absolut in seiner Macht liegt.

Die Begrenztheit menschlichen Strebens, die darin besteht, daß es nicht alles erreicht und erreichen kann, was es anzuzielen vermag, ist nur dadurch transzendierbar[3], daß das Streben sich von seiner Fixierung an das *Erreichen* jener Ziele befreit, die nicht absolut in seiner Hand sind.

Maximilian Forschner

- *Formulieren Sie die Aussageabsicht der Karikatur. „Schließlich wollen wir doch alle ..."*
- *Inwiefern könnte das Naturverständnis der Stoa ein Korrektiv für den gegenwärtigen Umgang mit Natur sein?*
- *Welche grundsätzlichen Argumente sprechen gegen die Berechtigung eines geschlossenen Weltbildes, wie es die Stoa hat?*

---

[1] amorph: gestaltlos
[2] immanent: innewohnend, von vornherein angelegt
[3] transzendierbar: mit der Möglichkeit, die Grenzen des Endlichen zu überschreiten

Wie soll ein Stoiker leben?

oder

„Es gibt etwas, worin der Weise selbst Gott übertrifft. Dieser dankt es seiner Natur, daß er nichts fürchtet. Der Weise dankt es sich selbst.“ *(Seneca)*

Sinnsuche heute

80804 MÜNCHEN:
„Einiges von dem, was Yoga oder Zen in jahrelangem Training bewirkt, können die neuen Geräte in ein paar Tagen, manchmal in nur ein paar Stunden lehren.“ (Robert Anton Wilson). Streßlösung – Vitalität – Kreativität – Innere u. Äußere Harmonie mit den neusten BRAIN MASCHINES. Sitzungen, Beratung + Verkauf der elektronischen Meditationsgeräte im [redacted]

Der HUNA-VITA Befreiungsprozess

mit [redacted] öffnet Dir den Zugang zu höheren Bewußtseinsstufen der Selbsterkenntnis und Selbstheilung.

Info: HUNA-VITA, [redacted]

Sylvester
Die Zeit ist reif für einen neuen Schritt
JA zu sich selbst
Freiwerden für Verwandlung
6tägiger Intensivkurs nach Graf Dürckheim über die Jahreswende
mit [redacted]
Information:
[redacted]

Rebirthing: Atemarbeit und Selbsterfahrung mit Svarna Wagener, Beginn: 9. Sept. 10x Mittwoch 20–23 Uhr + Wochenende 16.–18.10. DM 250.– Anmeldung + Info: [redacted]

Tiefenpsycholog. Focusing. Einzel-, Gruppen- u. Paartherapie b. Partnerschafts-, Kontaktproblemen, Eifersucht, Angst, Sinnlosigkeits- u. Leergefühlen, Aufarbeitung von Lehrerproblemen u.ä. Erf. Dipl. Psychologin/en-Team Mo.-Fr. 19–20h Tel. [redacted]

01277 DRESDEN:
Die Geburt des Neuen Menschen: Intensiv-Seminar mit Dr. [redacted]

SELBSTHILFE

durch Programmierung des Unterbewußtseins mit gezielten Suggestionen von Autogen-Cassetten zum Streßabbau und Selbstentfaltung, z. B. Selbstbewußtsein, Gedächtnis, Konzentration, superleichtes Lernen, Beseitigung von Schwächen, z. B. Übergewicht und Rauchen. Ferner Tiefenentspannungsmusik, Natural Sounds mit Alpha-Entspannung, Meditation. Fordern Sie unverb. Gratisinfo. [redacted]

- *Die Anzeigen stehen stellvertretend für einen kaum noch überschaubaren Markt von Angeboten. Versuchen Sie, die Nachfrage (Wünsche, Erwartungen, Hoffnungen …) zu beschreiben, die der Markt befriedigen möchte.*
- *Unter welchen Voraussetzungen wären Sie persönlich bereit, auf eine der Anzeigen zu reagieren?*

Der Verfasser des Heftes, dem die Anzeigen entnommen sind, kommentiert:
„Es fällt an vielen Punkten auf, wie sehr die Faszination der New-Age-Angebote* davon abhängt, daß sie die Erfüllung heute typischer, aber enttäuschter (oder abgenutzter) Glückshoffnungen versprechen. Zum Beispiel kommt zur Zeit nicht nur im New-Age-Angebot, sondern auch in der übrigen Gesellschaft, den ungewöhnlichen, den exotischen

Erlebnissen ein hoher Rang zu. Durch sie soll die Enge und Langeweile überwunden werden, die viele Menschen mit gesicherter äußerer Existenz in unserer Wohlstandsgesellschaft erleben ... Der eine wie der andere versucht, der Flut von „second hand"-Erlebnissen aus den Massenmedien, der Entfremdung von der eigenen Lebenswelt, authentische, nicht alltägliche Erlebnisse entgegenzusetzen ... Es gehört zum verweltlichten Lebensstil unserer Gesellschaft, Tod und Sterben möglichst nicht zur Kenntnis zu nehmen. Menschen, die dadurch in der Begegnung mit Krankheit und Tod in Bedrängnis geraten, finden im New Age Erklärungs- und Bewältigungsangebote vor. Aber diese Angebote geraten häufig in die Nähe einer Verdrängung des Todes mit anderen Mitteln. Der Reinkarnationsglaube (der durchgängig zum New Age gehört) sichert dem Menschen die diesseitige kosmische Ewigkeit der eigenen Existenz zu. Die Hoffnung auf eine „fröhliche Wiedergeburt" ... macht den Gedanken an den Tod (nicht den Tod selbst) erträglich."
H. J. Hemminger

* „Die Anhänger der New Age-Bewegung zeichnen sich durch den festen Glauben aus, ein Neues Zeitalter stünde unmittelbar bevor oder sei bereits angebrochen, das die Geburt eines Neuen Menschen, globalen Frieden und eine Bewußtseinserweiterung und Vergeistigung der Menschheit mit sich bringe. Dieser Hang zum Globalen, zu universalen und ultimativen Erklärungsmustern charakterisiert die Bewegung ..." Ch. Schorsch

- *„Abgenutzte Glückshoffnungen": Welche Vorstellungen verbinden Sie mit diesem Ausdruck?*
- *„Enge und Langeweile"/„second hand"-Erlebnisse: Sehen Sie diese Befunde bei anderen bestätigt? Fühlen Sie sich von diesen Befunden persönlich betroffen? Wenn ja: Welche Möglichkeiten zur Abhilfe sehen Sie?*
- *Welche Vorwürfe macht der Autor den New Age-Anhängern, was den Umgang mit dem Tod betrifft?*
- *Wie sollten Ihrer Meinung nach der einzelne bzw. die Gesellschaft mit dem Tod umgehen?*

Sinnsuche vor etwa 2200 Jahren
Historische Voraussetzungen

Um den stoischen Typus zu verstehen, muß man daran denken, daß die griechische Menschheit zur Zeit des Hellenismus eine seelische Katastrophe von größtem Ausmaß durchgemacht hat. Alles, woran der griechische Mensch der klassischen Zeit einstmals seinen Halt gehabt und worin er sittlich sein Dasein verankert hatte, war oder schien plötzlich verloren. Dieser Halt hatte bestanden in dem Glauben an den griechischen Staat und an die griechischen Götter.

Wie mit einem Schlage schienen diese Fundamente vernichtet, als Hellas dem römischen Weltreich zur Beute fiel. Durch Bruderkämpfe untereinander zerfleischt, sanken die griechischen Stadtstaaten anfangs unter makedonische, dann unter rö-

Zeittafel

404 v. Chr.	Ende des Peloponnesischen Krieges. Athen verliert seine Autonomie. Vorherrschaft Spartas.
359	Makedonien wird unter Philip stärkste Macht in Griechenland.
336	Alexander der Große gelangt auf den Thron und gründet zwischen Balkan, Nil und Indus ein Weltreich. Aus griechischem und orientalischem Wesen entsteht eine hellenistische Weltkultur.
323	Tod Alexanders. Die hellenistischen Reiche bekriegen sich untereinander. Die Römer greifen ein.
148	Griechenland wird römische Provinz.

mische Herrschaft. Griechenland, einstmals das Land so vieler einzelner, selbstherrlicher Kantone, war nur noch eine entrechtete römische Provinz, verarmt und regiert von römischen Prokonsuln. Wer ein Weiterleben griechischer Kultur pflegen wollte, mußte sich mit diesen Prokuratoren gut stellen, an ihr Verständnis appellieren und mit ihnen zusammenarbeiten, was auch zu beiderseitigem Nutzen weithin gelang.

So ist es zu verstehen, daß alle philosophischen Richtungen dieser Zeit eigentlich nur um ein einziges Problem ringen: Wie ist in dieser Katastrophe das Selbst des Menschen zu retten? Wie kann sich das Ich behaupten? Alles, worin der einzelne sich verwurzelt und woher er seine Kräfte bezogen hatte, war dahin. Was ist zu tun, damit das Selbst nicht auch in den Strudel gezogen und vernichtet wird wie die Staaten und der alte Götterglaube? (...)

Ernst Hoffmann

Die Antwort der Stoiker lautete:

Nur die Menschen als Vernunftswesen sind imstande, die göttlichen Gesetzmäßigkeiten zu erkennen und sich in bewußtem Handeln danach zu richten, und da der Mensch seiner Natur nach ein Vernunftwesen ist, ist für den Stoiker vernunftgemäßes Leben immer auch naturgemäßes Leben. Darin besteht die einzige Tugend, die einzig mögliche Glückseligkeit. Da die Tugend des naturgemäßen, vernünftigen Lebens das einzige Gut ist, das der Stoiker kennt, steht dieser Tugend auch nur ein einziges Übel gegenüber: unvernünftiges Leben. Alles andere, Leben, Besitz, Ehre, Alter, Krankheit, Tod, ist weder gut noch schlecht, sondern bedeutungslos und gleichgültig. Entscheidend ist also nur, zu erkennen, was gut, was schlecht und was gleichgültig ist – und danach zu handeln. Leider aber wird der Mensch in seiner Erkenntnis durch die Affekte – Triebe und Leidenschaften – gelegentlich behindert. Aufgabe des Menschen ist es daher, sich von seinen Affekten zu lösen und zu befreien; das höchste Ziel ist erreicht, wenn die Seele völlig frei von Leidenschaften ist. dieser Zustand der absoluten Leidenschaftslosigkeit bedeutet zugleich das Höchstmaß an Tugend.

Unter römischem Einfluß haben sich die Stoiker allerdings bemüht, ihr Ideal der Leidenschaftslosigkeit in den Rahmen eines größeren Ganzen zu stellen und gewisse grundlegende Pflichten des Menschen dem Mitmenschen gegenüber anzuerkennen. Dadurch gewannen Ehe, Familie und Staat in der späteren stoischen Lehre eine gewisse Wertschätzung, vor allem aber erhoben die jüngeren Stoiker nun zwei grundlegende soziale Forderungen, Gerechtigkeit und Menschenliebe, zu fast absoluten Werten, und zwar beides in einem Ausmaß, wie es bis dahin in der Antike nicht bekannt war. Die beiden Forderungen schlossen Sklaven wie Barbaren mit ein, und damit steht die jüngere Stoa am Anfang eines umfassenden Humanitätsgedankens und in geistiger Nachbarschaft auch zu wesentlichen Forderungen des Christentums.

Nicolas Gfeller

- *„Der Stoiker ist nicht tugendhaft, um Gutes zu tun, sondern er tut Gutes, um tugendhaft zu sein“ (de Crescenzo):*
  Formulieren Sie die Kritik, die in diesem Satz steckt. Können Sie sich der Kritik anschließen?

Innere Unabhängigkeit („autarkia“)
Unerschütterlichkeit („ataraxia“)
Freisein von Leidenschaften („apatheia“)

- *„Autarkia“, „ataraxia“ und „apatheia“ waren Schlüsselbegriffe der stoischen Philosophie. Prüfen Sie den folgenden Text daraufhin, inwieweit eine stoische Grundhaltung in ihnen anklingt.*

Ein Ratgeber bei den Widrigkeiten des Alltags

Die stoische Lehre ist, sobald sie einem zur zweiten Natur geworden, gerade bei den kleinen Molesten (Beschwerden) und Widrigkeiten des Alltags ein probater Ratgeber, und die apatheia, die Leidenschaftslosigkeit, vermag auch oder gerade unter modernen Zivilisationsbedingungen noch zu funktionieren. Leicht läßt sich Epiktets Ratschlag ins Gegenwärtige übersetzen: Du kommst aus dem Theater, du findest an deinem parkenden Wagen einen Strafzettel über zehn Mark. Sage dir dann: So viel kostet mich, inklusive, der Gewinn des Theaterbesuchs, so viel meine Gemütsruhe, meine apatheia. Nach den Regeln der Stoa ist es nicht nur ärgerlich und lästig, sich über etwas zu ärgern, was nicht in unserer Macht steht, wie etwa das – grundsätzlich natürlich vermeidbare – Strafmandat, sondern es ist darüber hinaus vernunftlos, dumm. *Willy Hochkeppel*

- *Stellen Sie weitere Situationen zusammen, in denen Sie bereit wären, Hochkeppels Ratschlag zu folgen.*
- *Sind Situationen vorstellbar, für die Sie einen solchen Ratschlag nicht akzeptieren könnten?*
- *„Der Große Duden. Fremdwörterbuch“ (Mannheim 1966, S. 59) definiert den Begriff Apathie als „Teilnahmslosigkeit“. Entspricht diese Definition dem stoischen Verständnis von „apatheia“?*

Eine Charakteristik des stoischen Weisen

Auszug aus Diogenes Laertios (stark gekürzt).
Die Charakteristik bezieht sich auf die Vertreter der älteren Stoa.

„Sie sagen, der Weise sei frei von Gefühlen, da er sich nicht irre. Ferner sei der Weise bescheiden und gebe auf Ruhm ebensowenig wie auf mangelndes Ansehen. Von öffentlichen Geschäften hielten sie sich fern, da sie pflichtwidrige Handlungen scheuten. Wein tränken sie zwar, würden aber nie betrunken. Sie seien göttergleich, da sie etwas gleichsam Göttliches in sich hätten. Aber sie opfern natürlich den Göttern auch und bleiben unbefleckt, denn sie begehen keine Fehler gegen die Götter, so daß die Götter sie hoch einschätzen, sie seien ja fromm und gerecht gegen das Göttliche. Der Weise, sagen sie, werde sich politisch betätigen, wenn dem nichts im Wege stünde. Er werde heiraten und auch Kinder zeugen. Bloßen Meinungen werde er nicht anhängen, dem Irrtum also die Zustimmung verweigern. Frei sei nur er, Sklaven hingegen alle schlechten Menschen. Freiheit sei die Fähigkeit, unabhängig zu handeln, Sklaverei sei die Unfähigkeit dazu. (Die Weisen) seien auch unfehlbar, da sie dem Irrtum nicht erliegen. Auch seien sie unschädlich, denn sie fügen weder sich selbst noch anderen Schaden zu. Mitleidig seien sie nicht und sähen auch niemandem etwas nach; sie milderten nämlich auf Grund bestimmter Gesetze zwingend ausgesprochene Strafen niemals ab, da Nachgiebigkeit, Mitleid und selbst Billigkeitserwägungen auf innerer Schwäche desjenigen beruhten, der, statt zu strafen, auf den Ruf besonderer Güte bedacht sei.“

- *Reduzieren Sie diese Charakteristik auf die wesentlichen Eigenschaften des Weisen.*
- *„Wenn dein Verdienst bei Weisen gilt, sei ruhig, wenn der Tor dich schilt.“ (Deut. Sprichwort). Versuchen Sie im Sinne des Textes eine Charakteristik des „Toren“. Sind die mit den Eigenschaften des „Toren“ verbundenen Einstellungen alle töricht?*
- *Einzig und allein Sokrates galt bei den Vertretern der Stoa unumstritten als Weiser. Inwieweit schimmert das Bild des Sokrates in der oben abgedruckten „Charakteristik“ durch?*

Die Idee des Naturrechts

Cicero: „Wir stehen alle unter demselben Gesetz der Natur“

Es muß ... eines allen vor Augen gestellt sein, daß der Nutzen aller Einzelpersonen und der Allgemeinheit identisch ist. Wenn jeder einzelne auf diesen seine Hand legt, dann wird sich die gesamte Schicksalsgemeinschaft der Menschen auflösen.

Und auch, wenn die Natur dies vorschreibt, daß der Mensch will, es sei für den Mitmenschen – wer er auch immer sei, nur aus dem Grunde, weil er ein Mensch ist – so ist es notwendig gemäß derselben Natur, daß der Nutzen aller Gemeininteresse sei. Wenn dem so ist, dann stehen wir alle unter ein und demselben Gesetz der Natur, und wenn ebendies so ist, dann werden wir sicherlich durch das Gesetz der Natur gehindert, den Nächsten zu verletzen. (...) Wer aber sagt, man müsse Rücksicht nehmen auf seine Mitbürger, nicht aber auf Ausländer, der hebt die alle umfassende Gemeinschaft der Menschheit auf. Ist diese beseitigt, dann werden Wohltätigkeit, Freigiebigkeit, Redlichkeit und Gerechtigkeit von Grund her aufgehoben. Wer aber diese Werte aufhebt, muß auch als pflichtvergessen gegen die unsterblichen Götter angesehen werden.

Cicero, De off.

Millionen Kinder müssen arbeiten und kämpfen wie Erwachsene

UN-Konvention zum Schutz junger Menschen vor Folter, Ausbeutung, Entführung und Trennung von den Eltern verabschiedet

GENF, 20. November (epd). Die Vereinten Nationen haben am Montag in New York die seit über zehn Jahren diskutierte Konvention über die Rechte des Kindes verabschiedet. In Anlehnung an die Internationale Menschenrechtscharta wird mit diesem internationalen Abkommen speziell für die unter 18jährigen eine Konvention geschaffen, die rechtlich wirksam ist, sobald sie von 20 UN-Mitgliedsstaaten unterzeichnet wurde. Das Kinderhilfswerk UNICEF bezeichnete die Konvention am Montag in Genf als Prüfstein für die internationale Lage auf dem Gebiet der Menschenrechte, da der Umgang einer Gesellschaft mit ihren jüngsten Bürgern für die Beurteilung die eindeutigsten Hinweise gebe.

Warum eine internationale Expertenkommission an dieser speziellen UN-Konvention gearbeitet hat, das begründete ein UNICEF-Sprecher mit dem Hinweis auf das spezielle Unrecht, das Kindern in allen Teilen der Welt geschehe. So müßten weltweit zum Beispiel noch über 50 Millionen Kinder arbeiten wie Erwachsene. Kinder seien als Soldaten in bewaffneten Konflikten etwa in Libanon, Nicaragua oder Kambodscha eingesetzt. Mehr als 100 Millionen Kinder auf der Welt hätten kein Dach über dem Kopf, und täglich sterben etwa 40 000 Kinder und Jugendliche an Unterernährung oder an aus mangelnder Ernährung resultierenden Krankheiten.

Nach Angaben des UN-Kinderhilfswerks sind Kinder besonders in Staaten der Dritten Welt rechtlos oder werden ausgenützt. Allein in Bangkok gebe es derzeit 30 000 Prostituierte unter 16 Jahren. In zahlreichen Städten Afrikas wird bereits jedes zehnte Kind mit Aids geboren. Im NATO-Land Türkei würden jugendliche Kurden regelmäßig gefoltert und zu Geständnissen gezwungen, die ihre Eltern belasten sollen. In Mosambik, das zusammen mit Angola die höchste Kindersterblichkeitsrate der Welt aufweist, werden von 1000 Kindern nur 620 älter als fünf Jahre. UNICEF beklagt, daß vor allem die Kinder Opfer der politischen und wirtschaftlichen Verhältnisse werden.

Die 21 Artikel umfassende Konvention für die Rechte des Kindes soll nun nach Angaben des Leiters des UN-Menschenrechtszentrums, Jan Martenson (Genf), für die unter 18jährigen einen speziellen Schutz vor Folter, Ausbeutung, Entführung und Trennung von den Eltern bieten. Stand zu Beginn der Arbeit an der Kinderkonvention besonders die europäische Rechtsnorm im Vordergrund der UN-Debatten, so sei im Laufe der letzten zehn Jahre durch schockierende Berichte aus Ländern der Dritten Welt die Konvention zu einer Art Überlebensstrategie der UN für Millionen von Kindern umgeschrieben worden, hieß es.

Als Grundrechte für Kinder werden das Recht auf Gleichheit, unabhängig von Rasse, Geschlecht oder Herkommen, das Recht auf den speziellen Schutz vor Folter und Mißhandlung, das Recht auf einen Namen sowie eine Staatsbürgerschaft, das Recht auf eine gesunde geistige und körperliche Entwicklung, auf Ausbildung und Erholung sowie auf ärztliche Betreuung und den Schutz vor sexueller Ausbeutung hervorgehoben. In der Konvention enthalten ist auch ein Abschnitt über das Recht auf Liebe, Fürsorge und Verständnis.

Die Konvention gilt bei den Vereinten Nationen als unumstritten. Am meisten kritisiert wurde vor der Abstimmung indessen, daß nach dem Konventionstext Jugendliche bereits ab 15 Jahren zum Militärdienst eingezogen werden dürfen. Ähnliches gilt für die Kinderarbeit. Doch weist man bei den Vereinten Nationen darauf hin, daß es sich bei der Konvention um einen Kompromiß handele, um „wenigstens die schlimmsten Auswüchse“ der Unterdrückung von Kindern zu verhindern.

Aus: „Frankfurter Rundschau“

- *Inwieweit läßt sich der Bericht über die Lage der Kinder in der Welt aus Ihrer Sicht aktualisieren?*
- *Wie begründet Cicero, daß der „Nutzen aller Einzelpersonen und der Allgemeinheit identisch ist“?*
- *Versuchen Sie, das Muster von Ciceros Begründung für die Begründung der Notwendigkeit einer solchen Konvention heranzuziehen.*
- *„Wer aber diese Werte aufhebt, muß auch als pflichtvergessen gegen die unsterblichen Götter angesehen werden“:*

  Versuchen Sie eine Modernisierung dieser Aussage.

Weltbürgertum (Kosmopolitismus)

Was dich geboren hat, das ist dein Vaterland. Ich bin der Meinung, es gibt zwei Vaterländer, eines der Natur, das andere des Staates. *Cicero*

Nicht für einen engen Winkel bin ich geboren, mein Vaterland ist die ganze Welt. *Seneca*

Meine Stadt und mein Vaterland ist, sofern ich Antonin heiße, Rom, insofern ich ein Mensch bin, die Welt. *Mark Aurel*

- *Vaterland: „Land, Staat, in dem jmd. geboren ist und dem er sich zugehörig fühlt." (Schülerduden, Bedeutungswörterbuch. Mannheim 1970, S. 384)*
  Können Sie sich mit den Vaterlands-Definitionen im Kasten identifizieren?
- *Welche rechtlichen Bestimmungen und politischen Institutionen zur Verwirklichung eines „Weltbürgertums" gibt es bereits?*
- *Wie beurteilen Sie deren Wirksamkeit bezüglich des Zustandes, den die Stoiker als Ideal vor Augen hatten?*
- *„Weltbürgertum" in der Schule: Formulieren Sie hierzu Lernziele für die Oberstufe und diskutieren Sie Möglichkeiten didaktischer Umsetzung im Unterricht möglichst vieler Fächer.*

Die Pflichtenlehre

Was sind Pflichten?
Vorschriften, nach denen in jeder Hinsicht das tägliche Leben gestaltet werden … und für deren Verwirklichung eine annehmbare Begründung gegeben werden kann.
Cicero, De off.

Der Ansatz und die Struktur von Ciceros Schrift „De officiis" (lat. Über die Pflichten) gehen auf das berühmte, uns verlorene Werk „Peri kathekontos" (griech. Über das Zukommende) des griechischen Stoikers Panaitios zurück. Cicero untersucht Situationen, in denen das sittlich gute Handeln des Weisen mit dem praktischen Interesse des Bürgers an äußeren Gütern im Widerstreite liegt. Für den wahrhaft Weisen mag der Widerspruch zwischen Sittlich-Gutem und Nützlichem nicht bestehen, aber Cicero geht es um den Menschen der Tat, der sich um ein „mittleres" rechtes Handeln bemüht. Er argumentiert vom Standpunkt des tätigen Bürgers und Politikers aus, der die stoischen Weisen nur dann als Legitimationsinstanz gelten lassen kann, wenn sie nicht auf der reinen Lehre beharren.

Was befähigt den Menschen zur Wahrnehmung von Pflichten?

„Zwischen Mensch und Tier besteht besonders der Unterschied, daß dieses nur, insofern es von einer sinnlichen Wahrnehmung angesprochen wird, allein auf das, was vorliegt und gegenwärtig ist, sich einrichtet, indem es Vergangenheit und Zukunft nur ganz wenig wahrnimmt. Anders der Mensch, weil er der Vernunft teilhaftig ist, durch die er die Folgen absieht, sieht er die Ursachen ein, und ihre Entwicklungsstufen und gleichsam vorausgehenden Gründe sind ihm wohlbekannt, er vergleicht ähnliche Erscheinungen und verbindet und verknüpft mit dem Gegenwärtigen das Zukünftige, sieht leicht den Verlauf des ganzen Lebens ein, und zu seiner Bemeisterung beschafft er die nötigen Voraussetzungen.

Diese Natur bringt auch kraft der Vernunft den Menschen dem Mitmenschen nahe zur Gemeinschaft der Rede und der Lebensgestaltung, sie pflanzt ihm vor allem eine ganz außerordentliche Liebe zu denjenigen ein, die er gezeugt hat, und veranlaßt, daß er Zusammensein und Zusammenkünfte der Menschen stattfinden lassen und daran teilnehmen will und daß er aus diesen Gründen danach strebt, das zu beschaffen, was zur Verschönerung und Bemeisterung des Lebens beiträgt, nicht für sich allein, sondern für die Gattin, die Kinder und die übrigen, die er liebhat und beschützen muß. Das Sorgen dafür ruft auch den Geist wach und läßt ihn wachsen zur Tat." *Cicero, De off.*

- *Das Streben nach Nutzen und der Wille zur sozialen Gemeinschaft: In welcher Beziehung zueinander stehen diese spezifischen Vermögen des Menschen?*
- *Wie erklärt sich Cicero die Fähigkeit des Menschen zu sozialem Verhalten? Ist seine Erklärung für Sie überzeugend?*
- *Die „reine Lehre der Stoa" und Ciceros Pflichtenlehre:*
  Welche Widersprüche treten auf?

Der Freitod als sittlich gerechtfertigter Ausweg

Vernünftigerweise nimmt sich der Weise das Leben, wenn dies seinem Vaterland oder seinen Freunden dient, wenn er an unstillbaren Schmerzen, Verstümmelung oder unheilbaren Krankheiten leidet. Es gibt fünf Gründe, den Freitod zu wählen: wenn eine große Not dies verlangt, wie Pythia[1] einst jemandem befahl, sich für seine Stadt zu opfern; wegen zudringlicher Tyrannen, die uns zwingen, Schändliches zu tun oder Verbotenes zu sagen; wegen schwerer Krankheit, die die Seele weitgehend hindert, sich des Körpers als eines Instruments zu bedienen; wegen tiefer Armut und delirierender[2] Schwatzhaftigkeit.
Diogenes Laertios

Schlimm ist es, in einer Zwangslage zu leben, doch in einer Zwangslage zu leben, dafür gibt es keinen Zwang. Wie sollte es keinen geben? Überall stehen Wege zur Freiheit offen, viele, kurze und leichte. Danken wir Gott, daß niemand im Leben festgehalten werden kann. *Seneca, Ep. mor.*

Nicht die Dinge selbst beunruhigen die Menschen, sondern die Vorstellungen von den Dingen. So ist zum Beispiel der Tod nichts Furchtbares, sondern die Vorstellung, er sei etwas Furchtbares, ist das Furchtbare. *Epiktet*

---

[1] Priesterin des Apollon in Delphi (vgl. S. 20)
[2] Delirieren: irre sein, irre reden

KOMMENTAR:

Die Stoiker waren sich dessen bewußt, daß Umstände eintreten können, in denen kein Handeln mehr als naturgemäß begründbar ist. Gedacht ist an eine Situation, die dem Menschen *in der Welt* keine Handlungsmöglichkeit mehr freigibt, in der er vielmehr nur noch das Subjekt von Widerfahrnissen ist und sein kann. (...) Die Lebensgüter sinken (dann) insgesamt zur absoluten Gleichgültigkeit herab. (...) Hier realisiert der Weise seine Freiheit und sein Glück in der Handlung des Freitods („eulogos exagogé" = vernünftiges Abtreten), d.h. des selbsttätigen Transzendierens[1] seiner besonderen menschlichen Natur und Sich-zurück-Gebens an die Gesamtnatur. *Maximilian Forschner*

- *Freitod wegen „delirierender Schwatzhaftigkeit" (Diogenes): Was stimmt hier nicht?*
- *Gilt die Aussage Epiktets Ihrer Ansicht nach auch beispielsweise für den Unfalltod eines Kindes aus glücklicher Familie?*
- *Versetzen Sie sich in die Situation eines gläubigen Christen (die katholische Moraltheologie betrachtet den Selbstmord als Sünde gegen die Liebe zu Gott, den Nächsten und zu sich selbst; die evangelische Theologie verwirft den Selbstmord als Sünde des Unglaubens), und vertreten Sie eine begründete Position gegen die stoische Einstellung zum Selbstmord.*

Lesen Sie den Text „Über den Selbstmord" von Max Frisch unter folgenden Gesichtspunkten:

- *Frisch unterscheidet „echte" und dann – in der Logik dieses Begriffs liegend – wohl „unechte" Selbstmorde: Charakerisieren Sie mit Hilfe des Textes den „unechten" Selbstmord. Welche Motive für „echten" Selbstmord könnte es geben?*

Über den Selbstmord

Ich habe selbst oft an Selbstmord gedacht. Was wissen wir, ob der Mensch, der neben uns sitzt und so zweifellos in die Welt schaut, nicht an Selbstmord denkt! Ich bin fast immer, wenn einer durch Selbstmord ging, verblüfft gewesen über meinen Mangel an Prophetie; fast nie sind es die Leute gewesen, denen man es seit Jahren schon zutraute. Plötzlich hat einer, dem es nicht an Gaben fehlt, sich in die Schläfe geschossen.

Was ist dazu zu sagen?

Es gibt, glaube ich, wenig echte Selbstmorde.

Da ist ein Vater, der uns tyrannisiert, und eines Morgens lege ich ihm meine Leiche vor die Schwelle. Bitte, Papa, da hast du's! Oder da ist eine Geliebte, der wir nicht mehr genug sind, und es lockt mich, sie zu strafen und zu erschrecken, indem ich ihr meine Leiche (wenn ich sie nicht schon dem unmöglichen Vater vor die Füße geworfen habe) in ihr Zimmer hänge. Das gibt es: Selbstmord für die Galerie. Ich glaube, daß der Selbstmörder, der auf Wirkung handelt, sich immer täuscht: wenn er sehen könnte, wie sein Vater oder seine Geliebte vor dem Unglück stehen, wie anders als erhofft, er wäre in jedem Fall enttäuscht und würde es unterlassen, wenn er nicht schon geschossen hätte. Es ist schade, daß er's getan hat: aber nicht mehr. Vielleicht ist es furchtbar für die Geliebte,

[1] Transzendieren: Übergang in das Absolute

furchtbar für den Vater, aber beide, wenn sie zu mir kämen, würde ich von Selbstanklagen freisprechen – Selbstmord ist keine Art, mit Menschen umzugehen, oder, anders gesprochen, es ist gar kein Selbstmord, sondern eine Erpressung derer, die weiterleben, und insofern gemein. Es liegt mir fern, über ihn den Stab zu brechen, den er selbst gebrochen hat; aber ich kenne keine Ehrfurcht vor solcher Tat. Er suchte nicht den Tod, sondern nur eine Wirkung aufs Leben, die er als Lebender eigentlich erleben möchte; eine Tat also, die nicht stimmt. *Max Frisch*

Nachwirkungen der Stoiker

In der Geschichte …

Philosophie als Weltbegriff fand bei der Menschheit weithin nur in stoischer Ausprägung Eingang. Kynisch-stoische Wanderlehrer zogen fast wie philosophische Prediger durch die Welt und richteten ihre Botschaft von dem göttlichen Logos, der in uns ist, und von dem Gott, der kein Stammesgott, sondern der Vater aller Menschen ist, und von dem Band der Brüderlichkeit, das alle Menschen verbindet, an jedermann. So kam es, daß trotz der Verschiedenheit zwischen dem christlichen Glauben an den persönlichen Jesus und der philosophischen Weltfrömmigkeit des Stoikers doch kulturgeschichtlich eine stoisch-christliche Gemeinsamkeit schon im ausgehenden Altertum sich entwickelte und zur Basis der abendländischen Gesittung wurde. Als späterhin *Franz von Assisi* die damals wie neu klingende Forderung aufstellte, die Christen sollten heiter sein, … fröhliche Loblieder auf Gott singen, wahrhaft reich erst, wenn nicht mehr beschwert von irdischem Gut, wahrhaft fröhlich erst, wenn ohne vergänglichen Besitz, so können uns Worte wie diese zeigen, daß noch die Redeweise des Heiligen, der im 13. Jahrhundert den Schwalben predigte, der Sprache stoischer Kosmodizee[1] verwandt geblieben ist oder, besser gesagt, ihr wieder aufs neue verwandt wurde.

Die Ethik des Abendlandes ist bis ins 18. Jahrhundert in hohem Maße von der Stoa beeinflußt, wozu es keiner besonderen Stoarenaissance bedurfte (...), sondern Affektenlehre, Pflichtenlehre und Kulturbewußtsein des Okzidents trugen schon traditionell in analoger Weise stoischen Charakter, wie die Religiosität christlichen. So sehr auch *Descartes* die Philosophie theoretisch von Grund auf neu und in betonter Verschiedenheit zu Antike und Mittelalter begründete, seine Ethik blieb dennoch stoisch: die Affekte müssen besiegt werden durch klare und deutliche Erkenntnis, welche die falschen Werte durchschaut, die den Dingen durch leidenschaftliche Erregung beigelegt sind. Als mit dem Aufkommen stehender Heere der Begriff des ‚Offiziers'[2] geschaffen wurde als des Vorbildes für die Mannschaften in der Schule der Pflichterfüllung, da ergab sich dieser Name des neuen Standes fast von selbst, so sehr war der durch die römische Stoa geprägte Begriff des officium ins allgemeine Bewußtsein übergegangen. *Friedrich der Große* wollte Ciceros Buch über die Pflichten in allen Schulen als Lehrbuch der Moral eingeführt wissen. Den Unions- und Toleranzideen vor und nach der Renaissance lag stoisch-christliche Humanitätsauffassung zu Grunde: Menschlichkeit als ein Begriff, welcher Solidarität der Vernunftwesen voraussetzt. Die stoische Auffassung von der Aussamung des göttlichen Logos in den menschlichen Vernunftwesen war in der christlichen Philosophie schon frühe mit der von der Ausgießung des heiligen Geistes verschmolzen, es ist göttliches Pneuma[3], welches wirkt, wenn wir uns zu Eintracht zusammenfinden. Wie schon zur Zeit des Frühhumanismus, bei energischer Rückwendung zu den antiken Quellen, die stoische Moralliteratur neben die christliche trat, ja teilweise mit zur täglichen Erbauung gehörte, so waren die stoischen Bücher noch im Zeitalter der Aufklärung die eigentlichen Texte für Sittenlehre und Selbsterziehung. Auch *Kant,* der mit der Kritik der praktischen Vernunft als erster ganz neue Wege ging und den Charakter des Wollens vom Denken, des Sollens vom Sein methodisch grundsätzlich unterschied, behielt für den Inhalt seiner Pflichtenlehre wie für Staats- und Menschheitsidee durchaus die stoische Auffassung bei. Und wie er persönlich sein Leben ganz als Sapiens führte, Herr seiner selbst nach autonomen Grundsätzen, so war die Ethik für ihn nach sokratisch-stoischem Muster eine deduktive[4] Disziplin wie die Mathematik. Das änderte sich in der Philosophie erst im 19. Jahrhundert unter Einwirkung von Historismus und Relativismus. Aber selbst *Nietzsche* bestimmte noch die Funktion des Philosophen mit einem der Stoa verdankten Bilde: er soll der Arzt der Kultur sein. *Ernst Hoffmann*

... und in der Gegenwart

Wer sind heute die Stoiker und wer die Epikureer? Woran soll man sie erkennen? Wie sehen sie aus? Eine sehr schwierige Frage. Der Stoiker ist ein Mensch, der felsenfest an seine moralische Aufgabe glaubt: er *muß* sie erfüllen. Er braucht immer ein großes Projekt, das seinem Leben Sinn verleiht. Aus Angst, daß dieses Projekt tatsächlich zu verwirklichen sein könnte, sucht sich der Stoiker aber im allgemeinen eine so schwierige Aufgabe aus, die möglichst sogar unlösbar, zumindest aber von einem normalen Sterblichen nicht zu erfüllen ist. Entscheidend für ihn bleibt, daß er im Namen einer Sache leiden kann, die moralischen Wert hat.

---

[1] Kosmodizee: Lehre vom sinnvollen Walten der Weltvernunft
[2] Offizier: von lat. „officium" – Pflicht
[3] Pneuma: in der Stoa luftartige Substanz, die als Lebensprinzip angesehen wurde
[4] deduktiv: vom Begriff ausgehend, den Einzelfall aus dem Allgemeinen ableitend

Stoiker sind all jene, die an die einzige, ewige, unauflösbare große Liebe glauben. Die finden sie natürlich nie, was sie aber nicht daran hindert, sie beharrlich zu suchen, ohne je Kompromisse einzugehen. Ihr Motto lautet: ‚Alles oder nichts.'…

Der Epikureer ist aus ganz anderem Holz geschnitzt: Im Bewußtsein der Vergänglichkeit des Lebens setzt er sich bescheidene Ziele, die er innerhalb kurzer Frist erreichen kann.

Epikureer ist der Angestellte, der eine Gehaltserhöhung verlangt, um ein bestimmtes Problem innerhalb des laufenden Jahres zu lösen.

Epikureer ist, wer eine Partei wählt, die ihm nicht Gerechtigkeit, Freiheit und Glück verspricht, sondern ihm durch eine Politik der kleinen Schritte eine stufenweise Verbesserung seines Lebens vorschlägt.

Epikureer ist, wer mit einem Partner weiter zusammenlebt, in den er nicht gerade sehr verliebt ist, mit dem er aber doch einen Modus vivendi gefunden hat, der das Zusammenleben erträglich macht.

Beide Denkströmungen haben ebenso viele Vorteile wie Nachteile. Die Epikureer sind im allgemeinen etwas gelassenere, fast immer lächelnde Menschen, die mit der Welt einigermaßen in Einklang sind. Die Stoiker dagegen sind hervorragende Arbeiter: auch wenn sie Karten spielen, geben sie ihr Bestes. Der Epikureer verachtet die aktive Politik und macht selten einmal als Industriekapitän Karriere: er legt mehr Wert auf sein Privatleben als auf Öffentlichkeit. …

Man möchte künftigen Ehepartnern raten, sich vor der Heirat weniger für das Sternzeichen des andern zu interessieren als vielmehr für seinen jeweiligen Stoizismus- und Epikureismus-Index.

de Crescenzo

- *Der Text von E. Hoffmann betont die verbindenden Elemente von Stoa und Christentum. Stellen Sie trennende Elemente zusammen.*
- *Benennen Sie weitere Personengruppen und Überzeugungen, auf die die – ironisch gebrochene – Charakterisierung des Stoikers durch de Crescenzo paßt.*
- *Zu Beginn des Kapitels sind Sie gefragt worden, ob Sie sich – in aller Vorläufigkeit – für einen Stoiker oder Epikureer halten.*
  Vielleicht können Sie jetzt eine abgewogenere Antwort finden.

Pflichtethik – Kant

In Wirklichkeit, Rosalinde, bin ich nichts als ein großes Fragezeichen … *Sempé*

> ***„Zwei Dinge erfüllen das Gemüth mit immer neuer und zunehmender Ehrfurcht …: der bestirnte Himmel über mir und das moralische Gesetz in mir."***
>
> *Immanuel Kant*

Der Mensch Kant und seine Ethik

Sein Leben

Immanuel Kant (1724–1804) war das vierte Kind eines Sattlers in Königsberg. Er wurde im pietistischen Christentum erzogen. Später, als Erzieher in der Familie des Grafen Kayserling, hat Kant oft „mit Rührung an die ungleich herrlichere Erziehung gedacht, die er selbst in seinem elterlichen Hause genossen, wo er nie etwas Unedles oder eine Unsittlichkeit gehört oder gesehen". Im Collegium Fridericianum (1732–1740) lernte Kant die alten Sprachen und erhält die religiöse Information. Seit 1740 studierte er in Königsberg Philosophie, Mathematik, Theologie. Von 1747 an, durch den Tod seines Vaters gezwungen, sich selbst zu ernähren, war er Hauslehrer in verschiedenen Stellungen bis 1755. Jetzt an der Universität habilitiert, lebte er von seinen Vorlesungshonoraren.

Nachdem er zweimal vergeblich sich um eine Königsberger Professur bemüht, 1764 eine ihm dort angebotene Professur für Dichtkunst abgelehnt, Berufungen nach Erlangen und Jena ausgeschlagen hatte, wurde er endlich 1770 Professor für Logik und Metaphysik in Königsberg. Eine Berufung nach Halle (1778), deren Annahme ihm, wie die früheren Rufe, beträchtlich höhere Einnahmen erbracht hätte, lehnte er wieder ab. 1796 gab er wegen Altersschwäche die Vorlesungen auf. Seit 1798 wurden die Alterserscheinungen schlimmer. 1804 starb er in seniler Demenz (Altersschwachsinn). Kant war ungewöhnlich klein, mager, hatte eine eingedrückte Brust, die rechte Schulter stand höher als die linke. Er war zart, aber gesund. Den „kleinen Magister" nannte ihn *Hamann*[1]. In dem Jahrzehnt seines tiefsten Schaffens spricht er in seinen Briefen sehr häufig von seiner Gesundheit. Beschwerden mannigfacher Art, Sorge für Diät begleiten sein Leben.

Kants Umwelt

Königsberg war zu Kants Zeiten eine durch Handel und geistigen Verkehr weltoffene Stadt. Adel, Kaufmannschaft, Universität und Literaten trafen sich in geselligen Zirkeln. Die russische Besatzung von 1758 bis 1762 brachte ein aufgelockertes Leben. Kant wurde aus einem schüchternen Handwerkersohn ein vollendeter Kavalier. Hamann schrieb damals, Kant werde durch einen Strudel gesellschaftlicher Zerstreuungen fortgerissen. Bedeutende Frauen erwiesen ihm Achtung. Er war befreundet… mit Aristokraten, mit Menschen des praktischen Lebens. Sein Wissen, daß „Neigung nie die Distanz preisgeben" dürfe, formte die unerschütterlichen Beziehungen. (…)

Kant blieb Junggeselle. Zweimal konnte es scheinen, daß er auf dem Weg einer Liebe war. Er zögerte so lang, daß die Partnerinnen andere Bindungen eingingen. Später hat er gesagt: „Als ich eine Frau brauchte, konnte ich sie nicht ernähren."

Kant lebte ohne Haushalt, mit einem Diener, nahm seine Mahlzeiten, wenn er

„Das Wohlleben, was zu der letzteren (der Tugend) noch am besten zusammen zu stimmen scheint, ist eine gute Mahlzeit in guter Gesellschaft."
Kant, Anthropologie, A 246

„Allein zu essen ist für einen philosophierenden Gelehrten ungesund; … (er) verliert allmählich die Munterkeit, die er dagegen gewinnt, wenn ein Tischgenosse ihm durch seine abwechselnden Einfälle neuen Stoff zur Belebung darbietet …"
Kant, Anthropologie, A 248

[1] Joh. Georg Hamann (1730 – 1788), christl. Philosoph

nicht eingeladen war, in Hotels, stets in einem geselligen Kreis. Erst 63jährig begann er mit Diener und Köchin im eigenen Haus zu wirtschaften. Ständig hatte er Mittagsgäste. Der Tagesablauf von 5 Uhr morgens bis 10 Uhr abends war seitdem von bedachter Regelmäßigkeit. Es verwirklichte sich jetzt erst der Lebensstil und das berühmte Bild des alten Kant, der ganz nach der Uhr lebt.

An seine Menschen und seine Welt fühlte Kant sich durch Neigung und Gewohnheit gebunden. Niemals vermochte er eine der glänzenden Berufungen nach auswärts anzunehmen. Er bittet, als er absagt, um Nachsicht für sein „Gemüt, was zu Veränderungen unentschlossen ist, die andern nur gering erscheinen", darüber man „so wenig wie über das Glück Meister" sei (Brief 44). Nicht einmal eine größere Reise hat Kant jemals gemacht. Nur einmal ist er eine kurze Strecke über die Grenze Ostpreußens hinausgekommen. Die Quelle seiner großen Welterfahrung ist die ständige Lektüre und die Kraft seiner Phantasie …

Karl Jaspers

Seine Ethik

„Kant steht an einem der großen Scheidepunkte in der Geschichte der Ethik. Wohl für die Mehrheit der späteren Philosophen – solche, die sich als Anti-Kantianer verstehen, eingeschlossen – ist Ethik als eine Disziplin in kantischen Begriffen definiert. Für viele, die nie etwas von Philosophie gehört haben, geschweige denn von Kant, ist Moral im großen und ganzen das, was Kant über sie gesagt hat. Warum das so ist, darüber können wir erst dann Vermutungen anstellen, wenn wir begriffen haben, was Kant über Moral gesagt hat.

Aber schon zu Beginn müssen wir eine sehr allgemeine Bemerkung zu Kant machen. Kant war in gewissem Sinne gleichzeitig ein typischer Repräsentant und ein Höhepunkt der Aufklärung: ein typischer Vertreter wegen seines Glaubens an die Kraft eines unerschrockenen Denkens und an die Wirksamkeit einer Reform von Institutionen (wenn einmal alle Staaten Republiken sind, wird es keinen Krieg mehr geben); ein Höhepunkt, weil er mit seinen Denkbemühungen die immer wiederkehrenden Probleme der Aufklärung zu lösen oder auf eine viel fruchtbarere Weise neu zu formulieren vermochte.

Kant hält die Existenz eines gewöhnlichen moralischen Bewußtseins für selbstverständlich. Seine Eltern, deren Opfer seine Erziehung ermöglicht hatten und deren intellektuelle Begabung deutlich geringer war als seine eigene, erschienen ihm als Beispiel für solche einfache Güte. Als

Kants Grundfragen

„Alles Interesse meiner Vernunft … vereinigt sich in folgenden drei Fragen:

1. Was kann ich wissen?
2. Was soll ich tun?
3. Was darf ich hoffen?"

Wichtige Werke

Kritik der reinen Vernunft
Kritik der praktischen Vernunft
Grundlegung zur Metaphysik der Sitten
Metaphysik der Sitten
Die Religion innerhalb der Grenzen der bloßen Vernunft

Grundbegriffe

Autonomie	*Moral*
Imperativ	*Pflicht*
Maximen	*Sittlichkeit*

Kant *Rousseau* las, zündeten dessen Bemerkungen über die Würde der gewöhnlichen Natur der Menschen sofort. Das moralische Bewußtsein dieser gewöhnlichen Natur des Menschen gibt dem Philosophen den Gegenstand für seine Analyse. Wie in der Theorie des Wissens, ist es nicht die Aufgabe des Philosophen, nach einer Grundlage oder Rechtfertigung zu suchen, sondern zu fragen, welche Eigenschaften unsere moralischen Begriffe und Vorschriften haben müssen, damit Moral, wie sie ist, überhaupt möglich ist."

Alasdair MacIntyre

Kants Grundgedanke

Kants Grundgedanke ist, daß moralisches Handeln ein Handeln aus der Achtung für Maximen (Prinzipien) ist, die jedes vernünftige Wesen akzeptieren würde. Diese Prinzipien machen nach Kant das moralische Gesetz aus. Eine Handlung habe nur dann moralischen Wert, wenn man sie deswegen tut, weil sie moralisch richtig ist, weil sie unsere Pflicht ist – das heißt, weil sie von einem Gesetz gefordert wird, das alle vernünftigen Wesen akzeptieren würden.

Moralische Konflikte menschlichen Handelns

Was es heißt, moralisch und vernünftig zu entscheiden?

Wir alle kennen Situationen, in denen das „gewöhnliche moralische Bewußtsein" uns zweifelsfrei sagt, was richtig und was falsch ist. Ebenso kennen wir Situationen, in denen wir nicht wissen, was richtig und was falsch ist, in denen moralische Prinzipien, die wir einzeln für richtig halten, miteinander in Widerspruch geraten. An den zwei folgenden Fällen soll geklärt werden, ob und wie vernünftig entschieden werden kann.

Fall I

In London wurden drei Ärzte verurteilt, die unwissenden Patienten die Nieren raubten

„Das Wellington Humana Krankenhaus ist Englands teuerste Privatklinik. Vor dem Eingang zu den zwei blendendweißen Gebäuden im Nordwesten Londons parken schwere Limousinen. Das Foyer ist luxuriös ausgestattet und kann leicht den Eindruck vermitteln, man befinde sich in der Lobby eines edlen Hotels ... Im September 1988 nämlich wurde ein Patient in die Klinik aufgenommen, dessen schäbiger Anzug und zerschlissene Schuhe nicht recht in das schicke Ambiente paßten. Er sprach kein Wort Englisch, sein Begleiter füllte das Aufnahmeformular aus. Als Name des neuen Patienten gab er Ahmet Koç an. Alter: 34, Beruf: Bauer. Wohnort: Gulluce, ein kleines Dorf weit im Osten der Türkei. Koç wurde mit dem Aufzug zu seinem Zimmer gebracht. Abends bekam er nichts mehr zu essen. Am nächsten Morgen gab ihm eine Schwester eine Spritze. Nachmittags wachte Koç aus der Narkose auf. Er hatte Schmerzen und eine Bandage am Unterleib. Er sei krank geworden, erklärte sein Begleiter, man habe ihm den Blinddarm entfernen müssen. Wenige Tage später brachte ihn sein Begleiter zum Flugplatz und gab ihm einen Scheck über 2650 englische Pfund. Zu Hause lag er vier Monate krank im Bett. Ein Arzt stellte fest, daß ihm nicht der Blinddarm, sondern eine Niere entfernt worden war. Die Explantation der Niere nahm Dr. Michael Joyce vom Guy's Hospital vor. Den Patienten hat er vor der Narkose nicht gesehen. „Ich bin ein Techniker", sagte Joyce in der Verhandlung, „ich nehme Nieren heraus, das ist alles. Ethische Fragen der Medizin haben mich nie interessiert.“ Das herausgenommene Organ pflanzte Dr. Michael Bewick einem libyschen Patienten ein. Auch Bewick war nicht an der Herkunft der Niere interessiert, obwohl dies zu seiner ärztlichen Sorgfaltspflicht gehört hätte. Der Eingriff im Operationssaal 2 des Humana Hospitals verlief komplikationsfrei. Alle beteiligten Ärzte liquidierten privat. Die Operation kostete den Patienten umgerechnet 56000 Mark. „Ich bin nie gefragt worden, ob ich mit einer Nierentransplantation einverstanden bin“, sagte Koç vor Gericht aus. „Ich wußte zu diesem Zeitpunkt nicht einmal, was eine Niere ist. Bevor ich nach London kam, war ich in meinem Leben noch nie beim Arzt. Ich war ein gesunder Mann. Ich habe meine Kraft verloren, kann nicht mehr arbeiten und bin behindert. Für kein Geld der Welt hätte ich meine Niere freiwillig gegeben.“

DIE ZEIT

- *Beurteilen Sie das Verhalten der Ärzte. Gibt es hier einen moralischen Konflikt?*
- *Begründen Sie Ihre Entscheidung.*
- *Vergleichen Sie Ihre Begründung mit der Überlegung Kants, daß es in vielen Fällen keinen Zweifel geben könne, welche Handlung die moralisch richtige sei.*

Fall II

Wie schwer läßt sich entscheiden? – Zwei Meinungen zu einem Fall

Marion P. „starb“ nach einem schweren Verkehrsunfall an ihren Kopfverletzungen, sämtliche Gehirnfunktionen erloschen. Gleichzeitig ermöglichte es aber die moderne Medizin, ihren Körper durch unterstützende Apparate „am Leben“ zu erhalten. Der Grund: Marion P. war in der 15. Woche schwanger. Ihr Kind sollte geboren werden, danach wollten die Ärzte die Apparate abstellen. Ihre Begründung: „Die Verletzung der Ehrfurcht vor dem toten Körper werde mit Sicherheit aufgewogen durch den Wert des noch ungeborenen Lebens.“

So unterschiedlich werden die moralischen Schwierigkeiten bei der Bewertung des Falls der 18jährigen Zahnarzthelferin Marion P. gesehen:

Es gibt Bereiche menschlichen Lebens, die sich in ethischer Hinsicht gerade dadurch auszeichnen, daß sie weder durch eine Prinzipienethik noch durch eine Situationsethik eine Klärung finden. Auch Max Webers Unterscheidung zwischen Verantwortungsethik und Gesinnungsethik (vgl. hierzu Seite 162) greift dort nicht mehr, wo sich „Grenzfälle“ nicht mehr durch „Grenzfragen“ präjudizieren lassen und Grenzbereiche nicht durch „Grenzfälle“ definiert werden dürfen. Es gibt Situationen, in denen Menschen schuldlos schuldig werden – gerade jenseits eines juristischen Schuldverständnisses – egal für welche Handlungsoption sie sich entscheiden. In der medizinischen Ethik sind solche Situationen die häufigeren. *Matthias Schreiber, Marl*

Ein vortreffliches Beispiel,
wie kompliziert man heute
Dinge machen kann.
Vielleicht sollte man weniger
juristische, theologische,
psychologische oder andere
Klimmzüge anstrengen,
sondern einfach mehr
klaren Menschenverstand
walten lassen.
Martin Loser, Heimerdingen

DIE ZEIT

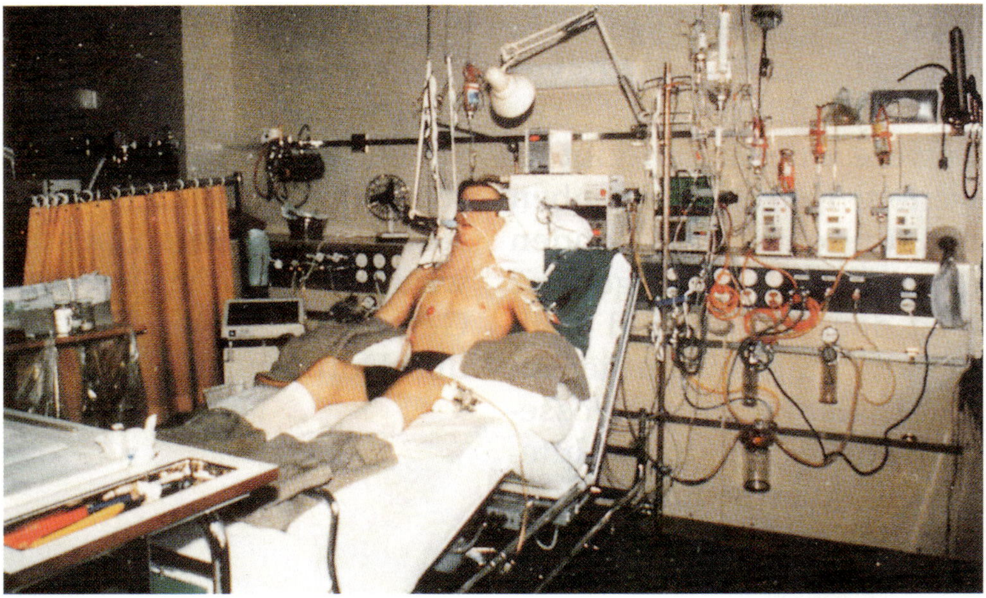

Hirntoter Patient

Die Bewertung durch einen Theologen und einen Mediziner

Tot?

Aus der allgemeinen Beunruhigung über die Weiterbehandlung von Marion Ploch spricht das Bewußtsein, daß Marion Ploch lebt. Ihr selbständig schlagendes Herz unterhält einen Kreislauf, der funktionstüchtige Organe miteinander verbindet und es ermöglicht, daß in ihrem Leib ein Kind heranwächst. Die unbestreitbare Tatsache, daß sie nie wieder dazu fähig sein wird, ein Bewußtsein ihrer Situation zu entwickeln noch je selbständig zu atmen, rechtfertigt nicht, sie schon jetzt für tot zu erklären.

Marion Ploch ist keine juristische „Sache", sie lebt; daher bedarf jeder medizinische Eingriff ihrer *Einwilligung*. Da keine ausdrückliche Vorausverfügung vorliegt, muß die Entscheidung nach geltender Rechtslage auf dem Boden ihres „mutmaßlichen Willens" getroffen werden: Eine Weiterbehandlung darf nur dann durchgeführt werden, wenn konkrete Anzeichen existieren, daß Marion Ploch ihr zustimmen würde oder wenn sie aufgrund ihrer Verantwortung für das ungeborene Leben verpflichtet wäre, zuzustimmen. Wenn man letzteres zunächst ausklammert, sind aus der Sicht Marion Plochs zwei widerstreitende Interessen gegeneinander zu gewichten: dasjenige, ihr Kind zur Welt zu bringen, und dasjenige, *in Ruhe* zu sterben.

Bei der Beantwortung beider Fragen – ob eine Verpflichtung zum Austragen des Kindes besteht bzw. welches der widerstreitenden Interessen überwiegt – hängt alles davon ab, welche Bedeutung dem Sterben eines Menschen beizumessen ist. (...)

DIE ZEIT, 13. 11. 92, Johannes Hoff/Jürgen in der Schmitten

– *Beurteilen Sie das Verhalten der Ärzte. Welchen moralischen Konflikt gibt es hier?*

– *Versuchen Sie, sich in Ihrem Kurs auf eine gemeinsame Bewertung zu einigen.*

– *Ist das eine Bewertung, „die jeder vernünftige Mensch akzeptieren würde"?*

Die Würde des Menschen – die Position Kants

Was Kant zur Moral sagt, ist oft schwer zu verstehen. Eine erste praktische Annäherung soll Ihnen dadurch gelingen, daß Sie erläuterte Überlegungen Kants mit Ihrer Bewertung des Falls Marion Ploch vergleichen.

Die Position Kants

„Handle so, daß du die Menschheit sowohl in deiner Person, als in der Person eines jeden anderen, jederzeit zugleich als Zweck, niemals bloß als Mittel brauchest.“ *GMS A 67*

„Gesetzt aber es gäbe etwas, dessen Dasein an sich selbst einen absoluten Wert hat, was, als Zweck an sich selbst, ein Grund bestimmter Gesetze sein könnte... Nun sage ich: der Mensch, und überhaupt jedes vernünftige Wesen, existiert als Zweck an sich selbst, nicht bloß als Mittel zum beliebigen Gebrauch für diesen oder jenen Willen...“ *GMS A 64*

Eine Erläuterung

1. Ich respektiere mich als ein menschliches Wesen. Ich betrachte mich daher als ein vernünftiges Wesen, als einen Zweck an sich (subjektives Prinzip).
2. Ich akzeptiere, daß aus den gleichen Vernunftgründen, die für mich gelten, alle anderen Menschen sich berechtigterweise als vernünftige Wesen betrachten (objektives Prinzip).
3. Daher gilt als Prinzip, daß jedermann als vernünftiges Wesen und als ein Zweck an sich behandelt werden sollte (Schlußfolgerung und Verallgemeinerung).

- *Erörtern Sie anhand von Beispielen, wann ein Mensch nur als Mittel gebraucht wird. Achten Sie auf das Wort „gebrauchen“.*
- *Ist dieser Gebrauch zu rechtfertigen? Begründung!*
- *Was hat für Kant „absoluten Wert“?*
- *Inwiefern stimmen Sie diesem Gedankengang Kants zu oder lehnen ihn ab?*
- *Akzeptieren wir in unserem Handeln, daß jedermann wie wir zu behandeln sei? Machen Sie dies an Beipielen deutlich!*

Die Freiheit des Willens als Voraussetzung für sittliches Handeln

Wann handeln wir frei? Wann handeln wir fremdbestimmt?

Es genügt nicht, die Welt zu verändern. Das tun wir ohnehin. Und weitgehend geschieht das sogar ohne unser Zutun. Wir haben diese Veränderung auch zu interpretieren. Und zwar, um diese zu verändern. Damit sich die Welt nicht weiter ohne uns verändere. Und nicht schließlich in ein Welt ohne uns.

Günther Anders,
Die Antiquiertheit des Menschen,
Beck, München

Für die *Klasse der Denker* können folgende Maximen ... zu unwandelbaren Geboten gemacht werden:

1. **Selbst** denken.
2. Sich (in der Mitteilung mit Menschen) in die Stelle jedes **anderen** zu denken.
3. Jederzeit **mit sich selbst einstimmig** zu denken.

Kant, Anthropologie, BA 166

– *Was heißt heute, selbst zu denken?*
– *Was steht dem Selbst-Denken entgegen?*

Autonomie der Vernunft und Autonomie des Willens

Was es heißt, frei und selbstbestimmt zu denken und zu handeln, ist keine Frage der Philosophie, die es erst seit Kant gibt. Bei Aristoteles haben Sie gesehen, welche Bedeutung der Vernunft und der Tugend zukommen, wenn es um die Verwirklichung eines geglückten Lebens geht, das z.B. nicht durch Leidenschaften fremdbestimmt wird. Für Kant ist diese Frage zentral, weil Menschen frei sein müssen, zwischen verschiedenen Handlungsmöglichkeiten zu wählen, damit überhaupt von moralischem Handeln (Sittlichkeit) gesprochen werden kann. Es besteht „die Würde eines vernünftigen Wesens... darin, daß es keinem anderen Gesetz gehorcht als dem, welches es sich selbst gibt.“ Dieses selbstgegebene Gesetz wird bestimmt durch die Vernunft, die überprüft, was sittlich richtig ist. Die Gedanken Kants sollen Sie in den folgenden Teilen zur Autonomie des Denkens und des Willens genauer kennenlernen und erarbeiten.

Selbstbestimmtheit (Autonomie) des Denkens bei Kant
– oder Brauchen wir noch Aufklärung?

Beantwortung der Frage:
Was ist Aufklärung?

„Aufklärung ist der Ausgang des Menschen aus einer selbst verschuldeten Unmündigkeit. Unmündigkeit ist das Unvermögen, sich seines Verstandes ohne Leitung eines anderen zu bedienen. **Selbstverschuldet** ist diese Unmündigkeit, wenn die Ursache derselben nicht am Mangel des Verstandes, sondern der Entschließung und des Mutes liegt, sich seiner ohne Leitung eines anderen zu bedienen. ‚Sapere aude! Habe Mut dich deines eigenen Verstandes zu bedienen!‘ ist also der Wahlspruch der Aufklärung. Faulheit und Feigheit sind die Ursachen, warum ein so großer Teil der Menschen, nachdem sie die Natur längst von fremder Leitung frei gesprochen (naturaliter maiorennes), dennoch gerne zeitlebens unmündig bleiben; und warum es anderen so leicht wird, sich zu deren Vormündern aufzuwerfen. Es ist so bequem, unmündig zu sein.“ *Immanuel Kant*

Eine Auslegung der Antwort

„Wieder einfache und bildkräftige Sätze. Sie machen zweierlei anschaulich. Erstens: Es gibt ein Interesse daran, die Menschen unmündig zu halten. Im weitesten Sinne handelt es sich um das Interesse an Herrschaft. Zweitens: Die selbsternannten Vormünder hätten schwerlich eine Chance, wenn nicht in den Menschen selbst ihnen entgegenkäme, was man Faulheit und Feigheit nennt. Tatsächlich ist es bequem, mit den Wölfen zu heulen, das Gängige nachzureden und mit dem großen Haufen mutig zu sein. Aber dieser Mut ist von trauriger Gestalt, eine verkappte Form der Feigheit. Etwas ganz anderes ist es, sich den herrschenden Vorurteilen entgegenzustellen, denn das erfordert, was so schwer ist: Zivilcourage. Es ist also für jeden Menschen schwer, sich aus der ihm beinahe zur Natur gewordenen Unfähigkeit zu lösen, sich seines eigenen Verstandes zu bedienen... ‚Daher gibt es nur wenige, denen es gelungen ist, durch eigene Bearbeitung ihres Geistes sich aus der Unmündigkeit heraus zu wickeln, und dennoch einen sicheren Gang zu tun.‘ Was aber dann? Aufklärung kann nicht als Sache des einzelnen gelingen, sondern sie stellt einen Prozeß dar, an dem viele, dem Prinzip nach alle Menschen teilhaben, einen Prozeß der öffentlichen Diskussion, von Rede und Gegenrede, von Kritik und wiederum Kritik der Kritik. Denn in einem solchen Prozeß kann man sich wechselseitig ermutigen, sogar dann – oder gerade dann –, wenn man einander widerspricht. Es gibt eine Fruchtbarkeit des Negativen: Der Einwand, nicht die Zustimmung, zwingt zum Nachdenken und Weiterdenken. Darum stellt der sokratische Dialog, in dem der Lehrer nicht doziert und indoktriniert, sondern kritisch-ironisch fragt und immer weiter fragt, das abendländische Modell der Aufklärung dar.“ *Christian Graf von Krockow*

- *Was ist für Kant „selbst verschuldete Unmündigkeit“?*
- *Wann kann Aufklärung gelingen?*
- *Kann Aufklärung, die Entwicklung „eines sicheren Gangs“, Ergebnis des Ethik-Unterrichts sein?*

Die Befolgung der erkannten Pflichten als Ziel menschlichen Handelns

Für Kant ist klar: Die Glückseligkeit kann nicht der Endzweck, also der höchste Zustand menschlichen Strebens sein. Wir erkennen hier eine Abkehr der sogenannten eudämonistischen (nach Glückseligkeit strebenden) Tradition des Altertums, wie es etwa bei Aristoteles deutlich und auch im sogenannten Utilitarismus (siehe nachfolgendes Kapitel) erkennbar wird. Mehr noch als die Glückseligkeit des Menschen steht für Kant die Pflichterfüllung im Mittelpunkt.

Kant bestimmt den Begriff der **Pflicht** mit den Worten:
„Der Pflichtbegriff ist an sich schon der Begriff einer Nötigung der freien Willkür durchs Gesetz; dieser Zwang mag nun ein äußerer oder ein Selbstzwang sein. Da aber der Mensch doch ein freies Wesen ist, so kann der Pflichtbegriff keinen anderen als den Selbstzwang enthalten, denn dadurch allein wird es möglich, jene Nötigung mit der Freiheit der Willkür zu vereinigen, wobei aber alsdann der Pflichtbegriff ein ethischer wird.“

GMS A 2f.

Was soll der Mensch aus sich machen? Was soll aus ihm gemacht werden?

„Ich möchte reich sein und von den Zinsen leben. Nichts tun. Mit 'ner Villa und Pool in Monte Carlo und einer zweiten in der Karibik. Dazu viele Weiber. Vielleicht hin und wieder als Discjockey arbeiten."

Bummi Reielb, 16, Schüler

„…und seine [des Menschen] Pflicht ist es, diese Würde der Menschheit in seiner eigenen Person nicht zu verleugnen. Die Würde der Menschheit aber verleugnen wir, wenn wir z. E. uns dem Trunke ergeben, unnatürliche Sünden begehen, alle Arten von Unmäßigkeit ausüben, u.s.w. welches alles den Menschen weit unter die Tiere erniedriget. Ferner, wenn ein Mensch sich kriechend gegen andere beträgt, immer Komplimente macht, um sich durch so ein unwürdiges Benehmen, wie er wähnt einzuschmeicheln, so ist auch dies wider die Würde der Menschheit."

Kant, Über Pädagogik, A 119

– *Sind Sie der Ansicht, daß Reielb „die Würde der Menschheit" verleugnet? Worin besteht für Sie die Würde der Menschheit?*
– *Kann ein Mensch erfolgreich dazu erzogen werden, die Würde des Menschen zu achten?*

Der Mensch muß zum Guten erzogen werden

Kant entwickelte in seinen Vorlesungen zur „Pädagogik" und „Anthropologie" sehr genaue Überlegungen zur Erziehung, in denen seine Moralphilosophie praktisch wird. Hier argumentiert er nicht so logisch streng wie in den philosophischen Schriften, er richtet sich mehr an das „gebildete Publikum" und ist deshalb leichter verständlich.

I Der Mensch und das Gute

1) „Der Mensch ist durch seine Vernunft bestimmt, in einer Gesellschaft mit Menschen zu sein, und in ihr sich durch Kunst und Wissenschaften *zu kultivieren, zu zivilisieren und zu moralisieren;* wie groß auch sein tierischer Hang sein mag, sich den Anreizen der Gemächlichkeit und des Wohllebens, die er Glückseligkeit nennt, passiv zu überlassen, sondern vielmehr *tätig,* im Kampf mit den Hindernissen, die ihm von der Rohigkeit seiner Natur anhängen, sich der Menschheit würdig zu machen.
Der Mensch muß also zum Guten *erzogen* werden …" *Kant, Anthropologie, A 321*

2) „Der Mensch soll seine Anlagen zum Guten erst entwickeln; die Vorsehung hat sie nicht schon fertig in ihn gelegt; es sind bloße Anlagen und ohne den Unterschied der Moralität. Sich selbst besser machen, sich selbst kultivieren, und, wenn er böse ist, Moralität bei sich hervorbringen, das soll der Mensch. Wenn man das aber reiflich überdenkt, so findet man, daß dieses sehr schwer sei. Daher ist die Erziehung das größte Problem, und das schwerste, was dem Menschen kann aufgegeben werden. Denn Einsicht hängt von der Erziehung, und Erziehung hängt wieder von der Einsicht ab." *Pädagogik, A 14*

3) „Bei der Erziehung muß der Mensch also *diszipliniert* werden. Disziplinieren heißt, suchen zu verhüten, daß die Tierheit nicht der Menschheit, in dem einzelnen sowohl, als gesellschaftlichen Menschen, zum Schaden gereiche. Disziplin ist also bloß Be-

zähmung der Wildheit ... Muß man auf die *Moralisierung* sehen. Der Mensch soll nicht bloß zu allerlei Zwecken geschickt sein, sondern auch die Gesinnung bekommen, daß er nur lauter gute Zwecke erwähle. Gute Zwecke sind diejenigen, die notwendiger Weise von jedermann gebilligt werden; und die auch zu gleicher Zeit jedermanns Zwecke sein können.“ *Pädagogik, A 23 f.*

II Maximen

„Die moralische Kultur muß sich gründen auf Maximen, nicht auf Disziplin. Diese verhindert die Unarten, jene bildet die Denkungsart. Man muß dahin sehen, daß das Kind sich gewöhne, nach Maximen, und nicht nach gewissen Triebfedern zu handeln. Durch Disziplin bleibt nur eine Angewohnheit übrig, die doch auch mit den Jahren verlöscht. Nach Maximen soll das Kind handeln lernen, deren Billigkeit es selbst einsieht. Daß dies bei jungen Kindern schwer zu bewirken, und die moralische Bildung daher auch die meisten Einsichten von seiten der Eltern und der Lehrer erfordern, sieht man leicht ein. Wenn das Kind z. E. lügt, muß man es nicht bestrafen, sondern ihm mit Verachtung begegnen, ihm sagen, daß man ihm in Zukunft nicht glauben werde, und dergl. Bestraft man das Kind aber, wenn es Böses tut, und belohnt es, wenn es Gutes tut, so tut es Gutes, um es gut zu haben. Kommt es nachher in die Welt, wo es nicht so zugeht, wo es Gutes tun kann, ohne eine Belohnung, und Böses, ohne Strafe zu empfangen: so wird aus ihm ein Mensch, der nur sieht, wie er gut in der Welt fortkommen kann, und gut oder böse ist, je nachdem er es am zuträglichsten findet.

Die Maximen müssen aus dem Menschen selbst entstehen. Bei der moralischen Kultur soll man schon frühe den Kindern Begriffe beizubringen suchen von dem, was gut oder böse ist. Wenn man Moralität gründen will: so muß man nicht strafen. Moralität ist etwas so Heiliges und Erhabenes, daß man sie nicht so wegwerfen und mit Disziplin in einen Rang setzen darf. Die erste Bemühung bei der moralischen Erziehung ist, einen Charakter zu gründen. Der Charakter besteht in der Fertigkeit, nach Maximen zu handeln. Im Anfange sind es Schulmaximen, und nachher Maximen der Menschheit. Im Anfange gehorcht das Kind Gesetzen. Maximen sind auch Gesetze, aber subjektive; sie entspringen aus dem eignen Verstand des Menschen.“ *Pädagogik, A 100 f.*

III Pflichten

„Um in den Kindern einen moralischen Charakter zu begründen, müssen wir folgendes merken: Man muß ihnen die Pflichten, die sie zu erfüllen haben, so viel als möglich, durch Beispiele und Anordnungen beibringen. Die Pflichten, die das Kind zu tun hat, sind doch nur gewöhnliche Pflichten, gegen sich selbst, und gegen andere. Diese Pflichten müssen also aus der Natur der Sache gezogen werden. Wir haben hier daher näher zu betrachten:

a) *Die Pflichten gegen sich selbst.* Diese bestehen nicht darin, daß man sich eine herrliche Kleidung anschaffe, prächtige Mahlzeiten halte, u.s.w. obgleich alles reinlich sein muß. Nicht darin, daß man seine Begierden und Neigungen zu befriedigen suche, denn man muß im Gegenteile sehr mäßig und enthaltsam sein, sondern, daß der Mensch in seinem Innern eine gewisse Würde habe, die ihn vor allen Geschöpfen adelt, und seine Pflicht ist es, diese Würde der Menschheit in seiner eignen Person nicht zu verleugnen...

b) *Die Pflichten gegen andere.* Die Ehrfurcht und Achtung für das Recht der Menschen muß dem Kinde schon sehr frühe beigebracht werden, und man muß sehr darauf sehen, daß es dieselben in Ausübung bringe; z. E. wenn ein Kind einem andern ärmeren Kinde begegnet, und es dieses stolz aus dem Wege, oder von sich stößet, ihm einen Schlag gibt, u.s.w. so muß man nicht sagen: Tue das nicht, es tut dem andern wehe; sei doch mitleidig! es ist ja ein armes Kind u.s.w. sondern man muß ihm selbst wieder eben so stolz und fühlbar begegnen, weil sein Benehmen dem Rechte der Menschheit zuwider war. Großmut aber haben Kinder eigentlich noch gar nicht." *Pädagogik, A 118*

- *Erarbeiten Sie die Gedanken Kants in Arbeitsgruppen und fassen Sie sie in Thesen zur Erziehung zusammen.*
- *Sehen Sie in diesen Erziehungsvorstellungen „die Würde der Menschheit" verwirklicht?*
- *Wollten Sie so erzogen werden? Begründung!*

Der kategorische Imperativ

Den Begriff der Pflicht konkretisiert Kant im kategorischen Imperativ:

Wie weit kann eine moralische Position begründet werden?

Kants Wirkung und Bedeutung ist in besonderer Weise dadurch bestimmt, daß er sich des „harten Felsen" der Begründung in systematischer Weise angenommen hat, und versucht eine Begründung der Sittlichkeit – Warum ich überhaupt gut handeln soll? – zu entwickeln, die sich nicht auf Gott als letzten Grund beruft. Kants Vorgehen ist sehr schwer zu verstehen. Wir schlagen deshalb vor, daß Sie sich in Partnerarbeit in Kants Argumentation einarbeiten und ihr Verständnis an Frankenas Erläuterungen überprüfen.

Kategorischer Imperativ

„Da der Wille des durch subjektive Triebfedern beeinflußten Menschen häufig genug nicht mit dem objektiv praktischen Gesetz (= Sittengesetz) übereinstimmt, tritt dieses dem Menschen als Gebot in der Form des Imperativs entgegen, der ein Sollen ausdrückt und das Gute dem bloß Angenehmen, das praktische dem pathologischen Interesse entgegensetzt: Der moralische Imperativ gebietet nun nicht hypothetisch, d. h. eine zu einem bestimmten Zweck nützliche Handlung, sondern kategorisch, d. h. unbedingt ...

Alle Imperative nun gebieten entweder hypothetisch oder kategorisch. Jene stellen die praktische Notwendigkeit einer möglichen Handlung als Mittel zu etwas anderem, was man will (oder doch möglich ist, daß man es wolle), zu gelangen vor. Der kategorische Imperativ würde der sein, welcher eine Handlung als für sich selbst, ohne Beziehung auf einen anderen Zweck, als objektiv-notwendig vorstellte.

Weil jedes praktische Gesetz eine mögliche Handlung als gut und darum für ein durch Vernunft praktisch bestimmbares Subjekt als notwendig vorstellt, so sind alle Imperative Formeln der Bestimmung der Handlung, die nach dem Prinzip eines in irgend einer Art guten Willens notwendig ist. Wenn nun die Handlung bloß dazu anders als Mittel gut sein würde, so ist der Imperativ hypothetisch; wird sie als an sich gut vorgestellt, mithin als notwendig in einem an sich der Vernunft gemäßen Willen, als Prinzip desselben, so ist er kategorisch.

Der Imperativ sagt also, welche durch mich mögliche Handlung gut wäre, und stellt die praktische Regel in Verhältnis auf einen Willen vor, der darum nicht sofort eine Handlung tut, weil sie gut ist, teils weil das Subjekt nicht immer weiß, daß sie gut sei, teils weil, wenn es dieses auch wüßte, die Maximen desselben doch den objektiven Prinzipien einer praktischen Vernunft zuwider sein könnten.

Der hypothetische Imperativ sagt also nur, daß die Handlung zu irgend einer möglichen oder wirklichen Absicht gut sei. Im ersteren Falle ist er ein problematisch-, im zweiten assertorisch-praktisches[1] Prinzip. Der kategorische Imperativ, der die Handlung ohne Beziehung auf irgend eine Absicht, d. i. auch ohne irgend einen anderen Zweck, für sich als objektiv notwendig erklärt, gilt als ein apodiktisch-praktisches[2] Prinzip.“ *GMS A 39 ff.*

„Der kategorische Imperativ ist also nur ein einziger und zwar dieser: **handle nur nach derjenigen Maxime, durch die du zugleich wollen kannst, daß sie ein allgemeines Gesetz werde.**

Wenn nun aus diesem einzigen Imperativ alle Imperative der Pflicht als aus ihrem Prinzip abgeleitet werden können, so werden wir, ob wir es gleich unausgemacht lassen, ob nicht überhaupt das, was man Pflicht nennt, ein leerer Begriff sei, doch wenigstens anzeigen können, was wir dadurch denken und was dieser Begriff sagen wolle.

Weil die Allgemeinheit des Gesetzes, wonach Wirkungen geschehen, dasjenige ausmacht, was eigentlich Natur im allgemeinsten Verstande (der Form nach), d. i. das Dasein der Dinge heißt, sofern es nach allgemeinen Gesetzen bestimmt ist, so könnte der allgemeine Imperativ der Pflicht auch so lauten: handle so, als ob die Maxime deiner Handlung durch deinen Willen zum allgemeinen Naturgesetze werden sollte.“ *GMS A 52*

Frankenas Interpretation

„Es ist zwar nicht unproblematisch, wie man Kant zu verstehen hat, aber wir dürfen annehmen, daß er die folgenden Behauptungen aufstellen wollte: (1) Eine freiwillige Handlung folgt stets einer Maxime oder Regel, die als solche formulierbar ist. (2) Man trifft dann und nur dann eine Entscheidung oder Beurteilung vom moralischen Standpunkt aus, wenn man bereit ist bzw. bereit wäre, seine Maxime zu verallgemeinern, d.h. wenn man wünscht bzw. wünschte, daß jeder dieser Maxime folgt, der sich in einer ähnlichen Situation befindet, und zwar auch für den Fall, daß man selber der von der Handlung Betroffene ist. (3) Eine Handlung ist dann und nur dann moralisch richtig oder pflichtgemäß, wenn man ohne Widerspruch wollen kann, daß die betreffende Maxime oder Regel unter ähnlichen Umständen von jedem befolgt wird; und eine Handlung ist dann und nur dann moralisch unrichtig, wenn man das nicht ohne Widerspruch wollen kann. Wir haben hier hauptsächlich mit der dritten Behauptung zu tun, werden allerdings auch über die zweite einige Worte verlieren. Ist Kants Kriterium zur Bestimmung unserer sittlichen Pflichten hinreichend ebenso wie notwendig? Betrachten wir zunächst ein Beispiel für den Gebrauch, den Kant von seinem Kriterium macht. In einem seiner Beispiele geht Kant davon aus, daß A ein Versprechen abgibt, es aber brechen will, sofern das seinen Zwecken dient. Als Maxime läßt sich dann wie folgt formulieren: Wenn es meinen Zwecken dient, will ich ein Versprechen abgeben, in der Absicht, es, sofern vorteilhaft, zu brechen. Nun kann A aber nach Kants Meinung nicht ohne Widerspruch wollen, daß diese Maxime allgemein befolgt wird: „Würde ich wohl zu mir sagen können: es mag jedermann ein unwahres Versprechen tun, wenn er sich in Verlegenheit befindet, daraus er sich auf andere Art nicht ziehen kann? So werde ich bald inne, daß ich zwar die Lüge, aber ein allgemeines Gesetz zu lügen gar nicht wollen könne; denn nach einem sol-

[1] assortorisch: behauptend, versichernd

[2] apodiktisch: unwiderleglich, unumstößlich

chen würde es eigentlich gar kein Versprechen geben, weil es vergeblich wäre, meinen Willen in Ansehung meiner künftigen Handlungen andern vorzugeben, die diesem Vorgeben doch nicht glauben, oder, wenn sie es übereilter Weise täten, mich doch mit gleicher Münze bezahlen würden, mithin meine Maxime, so bald sie zum allgemeinen Gesetz würde, sich selbst zerstören würde.“ Kant folgert daraus, daß es moralisch nicht vertretbar ist, falsche Versprechen abzugeben. Mit ziemlich ähnlichen Argumenten glaubt er zeigen zu können, daß es z. B. ebenfalls moralisch unrichtig ist, sich das Leben zu nehmen, seine natürlichen Gaben und Talente nicht zu nutzen sowie anderen Menschen, die in Not sind, nicht zu helfen. Es wird oft behauptet, Kant bediene sich in diesen Beispielsfällen einer utilitaristischen Argumentation – und nicht einer deontologischen, wie er den Anspruch erhebt. Das ist aber ein Irrtum. Kant argumentiert nicht, daß man seine Versprechen halten muß, weil es unerträgliche Folgen hätte, wenn jeder seine Versprechen bräche, sofern es ihm paßt oder einen Vorteil bringt. So würde in der Tat ein Regelutilitarist argumentieren. Kant jedoch behauptet, man könne nicht einmal wollen, daß eine derartige Maxime allgemein befolgt wird. Man setze damit seinen Willen einem Widerspruch aus; man wolle sowohl, daß es möglich ist, Versprechen abzugeben und das Vertrauen des Partner zu genießen (warum solle man sonst etwas versprechen?), als auch, daß jedermann die Freiheit hat, sofern es ihm Vorteil bringt, die abgegebenen Versprechen zu brechen. Mit anderen Worten, Kant argumentiert nicht, daß die Folgen einer allgemeinen Übung, falsche Versprechen abzugeben, schlecht sind; er argumentiert, daß diese Folgen in einen Widerspruch führen, insofern unter Voraussetzung einer allgemeinen Übung jene soziale Institution (Versprechen zu geben und zu empfangen), ohne welche die betreffende Einzelhandlung nicht denkbar ist, gar nicht existieren könnte.“

William Frankena

Hypothetischer Imperativ

Der kategorische Imperativ gilt bedingungslos, während hypothetische Imperative bei bestimmten Bedingungen, durch *wenn* gekennzeichnet, gelten. Es gibt hypothetische Imperative der Geschicklichkeit („Ziele auf den Nagel, wenn du ihn einschlagen willst!“) und der Klugheit („Helfe anderen, wenn du gewählt werden willst!“)

- *Erläutern Sie, welche Aufgabe moralische Imperative für Kant erfüllen sollen. Worin unterscheiden sich hypothetischer und kategorischer Imperativ? (Vgl. dazu auch den folgenden Text von Jaspers)*
- *Überprüfen Sie gemeinsam ihr Verständnis Kants an den Interpretationen Frankenas.*
- *Ist der kategorische Imperativ ein Prüfverfahren für moralische Prinzipien in unserem Leben? Begründung!*

Anwendungen des kategorischen Imperativs:

In unserem Willen sind wir uns eines Sollens bewußt. Das Sollen wird in Gesetzen vor Augen gestellt. Nach Gesetzen der Natur geschehen die Ereignisse, ohne Ausweichen notwendig. Nach sittlichen Gesetzen sollen Handlungen sich richten, richten sich aber oft nicht nach ihnen. Diese Gesetze gaben sich kund in Imperativen.

Imperative sind von zweierlei Art. Die hypothetischen Imperative gelten unter Voraussetzungen eines Zwecks. Wenn du diesen erreichen willst, mußt du die geeigneten Mittel anwenden. Die kategorischen Imperative dagegen machen den Anspruch einer unbedingten Geltung. Die hypothetischen Imperative sind technisch, sind Imperative der Geschicklichkeit und der Klugheit, geführt von einem ihnen vorgeordneten Zweck; die kategorischen haben ihren Grund in sich selbst. . . .

Maxime heißt der subjektive Grundsatz, den ich bei meiner Handlung gebrauche. So können Maximen sein: Ich lasse mich in keinem Wagen mitnehmen, der mir nicht gehört (weil ich meiner Freiheit beraubt werde); ich stehe um 6 Uhr auf (um meine Tagesarbeit ergiebig zu gestalten). Oder andere: Wenn meine Liebe in der Ehe aufhört, lasse ich mich scheiden (weil ich meinem Glück dienen will); wenn ein Vorteil sehr hohen Ausmaßes dadurch zu gewinnen ist, lüge ich; . . .

Solche Maximen sind indifferent technische (...), oder sie sind wesentlich für die Grundgesinnung (...). Maßstab der Prüfung ist im ersten Fall eine theoretische Kenntnis über die kausale Wirksamkeit der Mittel, im zweiten Fall aber der kategorische Imperativ.

Karl Jaspers

Kants Ziel ist es, die unveränderlichen Elemente der Moral aufzuzeigen, die a priori, d.h. ohne Bezug auf Erfahrungen in irgendeiner Gesellschaft, durch die Vernunft aufgedeckt werden. Ein erster Prüfstein für das Vernünftige ist die Widerspruchsfreiheit der von ihm behaupteten Prinzipien. Die wenigen Fälle der Erläuterung des kategorischen Imperativs an Beispielen der Lebenspraxis zielen gerade auf Widerspruchsfreiheit als Unterscheidungskriterium zwischen der moralisch richtigen und falschen Maxime.

Kategorischer Imperativ

„Der kategorische Imperativ ist also nur ein einziger und zwar dieser: handle nur nach derjenigen Maxime, durch die du zugleich wollen kannst, daß sie ein allgemeines Gesetz werde.“

Ist Selbstmord erlaubt?

„Einer, der durch eine Reihe von Übeln, die bis zur Hoffnungslosigkeit angewachsen ist, einen Überdruß am Leben empfindet, ist noch so weit im Besitze seiner Vernunft, daß er sich selbst fragen kann, ob es auch nicht etwa der Pflicht gegen sich selbst zuwider sei, sich das Leben zu nehmen. Nun versucht er: ob die Maxime seiner Handlung wohl ein allgemeines Naturgesetz werden könne. Seine Maxime aber ist: ich mache es mir aus Selbstliebe zum Prinzip, wenn das Leben bei seiner längern Frist mehr Übel droht, als es Annehmlichkeiten verspricht, es mir abzukürzen. Es frägt sich nur noch, ob dieses Prinzip der Selbstliebe ein allgemeines Naturgesetz werden könne. Da sieht man aber bald, daß eine Natur, deren Gesetz es wäre, durch dieselbe Empfindung, deren Bestimmung es ist, zur Beförderung des Lebens anzutreiben, das Leben selbst zu zerstören, ihr selbst widersprechen und also nicht als Natur bestehen würde, mithin jene Maxime unmöglich als allgemeines Naturgesetz stattfinden könne, und folglich dem obersten Prinzip aller Pflicht gänzlich widerstreite.“

Kant

„Schlimm ist es, in einer Zwangslage zu leben, doch in einer Zwangslage zu leben, dafür gibt es keinen Zwang.
Wie sollte es keinen geben?
Überall stehen Wege zur Freiheit offen, viele, kurze und leichte.
Danken wir Gott, daß niemand im Leben festgehalten werden kann.“ *Seneca*

- *Geben Sie die Argumentation Kants und Senecas wieder.*
- *Erläutern Sie den Satz Kants, daß Selbstmord „dem obersten Prinzip aller Pflicht gänzlich widerstreite“.*

Der kategorische Imperativ und Widerspruchsfreiheit

Kants Argumentationsstruktur rekonstruiert *Alasdair MacIntyre* am Beispiel des Versprechens (sie gilt strukturell ebenso für das Lügen oder für den Selbstmord).

„Ein echter moralischer Imperativ weist sich dadurch aus, daß ich ihn universalisieren kann, d. h., daß ich wollen kann, er solle als ein universelles Gesetz gelten, oder, wie Kant in einer anderen Formulierung sagt, daß ich wollen kann, er solle ein Naturgesetz sein. Mit dieser letzten Formulierung will Kant betonen, daß ich nicht nur imstande sein muß, zu wollen, daß die fragliche Vorschrift als Gesetz allgemein anerkannt werden soll, sondern auch imstande sein muß, zu wollen, daß man es allgemein befolge, wenn die entsprechenden Umstände vorliegen. Die Bedeutung von ‚imstande sein‘ und ‚können‘ ist in diesen Formulierungen äquivalent mit ‚ohne Inkonsistenz können‘. Die Forderung nach Konsistenz gehört zur Forderung nach Vernünftigkeit eines Gesetzes, das die Menschen sich als Vernunftwesen vorschreiben. Kants Beispiel, ein Versprechen zu halten, hilft uns am besten zu verstehen, um was es geht. Stellen wir uns einmal vor, ich sei versucht, ein Versprechen zu brechen. Die Vorschrift, nach der ich möglicherweise handeln will, könnte folgendermaßen lauten: Ich darf ein Versprechen immer dann brechen, wenn dies in meinem Interesse liegt. Kann ich ohne Inkonsistenz wollen, daß diese Vorschrift allgemein anerkannt wird und daß man danach handelt? Wenn alle Menschen nach dieser Vorschrift handelten und ihre Versprechen nicht hielten, wann immer es ihnen paßte, dann bräche sicherlich die Praxis, Versprechen zu geben und sich darauf zu verlassen, in sich zusammen, denn niemand wäre imstande, den Versprechen anderer zu vertrauen. Infolgedessen hätten Äußerungen der Gestalt: ‚Ich verspreche zu…‘ keinen Sinn mehr. Zu wollen, daß diese Vorschrift universalisiert werde, hieße folglich zu wollen, daß es nicht mehr möglich ist, ein Versprechen zu halten. Aber wenn ich will, daß ich nach dieser Vorschrift handeln können soll was ich wollen muß, wenn ich will, daß diese Vorschrift universalisiert werden soll, dann hieße das, ich will Versprechen abgeben *und* sie brechen können, und das bedeutet, ich will, daß die Praxis, ein Versprechen zu halten, weiterbesteht und ich daraus für mich einen Nutzen schlagen kann. Zu wollen, daß diese Vorschrift verallgemeinert werden soll, bedeutet also beides: zu wollen, daß die Praxis, ein Versprechen zu halten, weiterbestehen soll und zu wollen, daß sie nicht weiterbestehen soll. Daraus folgt, daß ich die Vorschrift nicht auf konsistente Weise universalisieren

Der kategorische Imperativ

„Der Mensch ist als Vernunftswesen frei, d.h. er muß sich die Gesetze seines Handelns selbst geben. Sich selbst aber ein Gesetz zu geben, das nicht als allgemeines Gesetz dienen kann, heißt, sich ein Gesetz geben, das kein Gesetz ist, und das ist ein Widerspruch, unwürdig eines vernünftigen Wesens.“ *Günther Patzig* kann. Daher kann es sich nicht um einen wirklichen moralischen Imperativ oder, wie Kant ihn nennt, einen kategorischen Imperativ handeln."

- *Beurteilen Sie das „Nach-den-Sternen-Greifen" auf S. 35 anhand des kategorischen Imperativs.*
- *Kann dieser Imperativ eine Richtschnur für Erfolg im Beruf sein?*
- *Sollte in der Politik nach dem kategorischen Imperativ gehandelt werden? Begründung!*

Darf der Mensch lügen?

Ein Lügner glaubt keinem!

„Wohin fährst du?"
„Nach Warschau, Holz einkaufen."
„Wozu die Lüge? Ich weiß doch: Wenn du sagst, du fährst nach Warschau, Holz einkaufen, dann fährst du in Wirklichkeit nach Lemberg, Getreide verkaufen. Zufällig weiß ich aber, daß du tatsächlich nach Warschau fährst, um Holz zu kaufen. Wozu lügst du also?"

Jüdischer Witz

„Ein zweiter Hauptzug in der Gründung des Charakters der Kinder ist Wahrhaftigkeit. Sie ist der Grundzug und das Wesentliche eines Charakters. Ein Mensch, der lügt, hat gar keinen Charakter, und hat er etwas Gutes an sich, so rührt dies bloß von seinem Temperament her."

Kant, Pädagogik, A 108

„Mit einem Wort: Wahrhaftigkeit im Inneren des Geständnisses vor sich selbst und zugleich im Betragen gegen jeden anderen, sich zur obersten Maxime gemacht, ist der einzige Beweis des Bewußtseins eines Menschen, daß er einen Charakter hat."

Kant, Anthropologie, A 272

- *Können Sie verstehen, warum Wahrhaftigkeit für Kant eine zentrale Maxime ist? Halten Sie sich immer an diese Maxime?*
- *Sollte die Maxime anders formuliert werden, Ausnahmen zulassen?*

In seiner Abhandlung aus dem Jahr 1797: „Über ein vermeintes Recht aus Menschenliebe zu lügen" erörtert Kant die Frage:

„Darf ich einen Mörder, der einen meiner Freunde verfolgt, darüber belügen, daß er sich in mein Haus geflüchtet hat?

Hast du nämlich einen eben mit Mordsucht Umgehenden durch eine Lüge an der Tat verhindert, so bist du für alle Folgen, die daraus entspringen möchten, auf rechtliche Art verantwortlich. Bist du aber strenge bei der Wahrheit geblieben, so kann dir die öffentliche Gerechtigkeit nichts anhaben; die unvorhergesehene Folge mag sein, welche sie wolle. Es ist doch möglich, daß, nachdem du dem Mörder, auf die Frage, ob der von ihm Angefeindete zu Hause sei, ehrlicherweise mit Ja geantwortet hast, dieser doch unbemerkt ausgegangen ist, und so dem Mörder nicht in den Wurf gekommen, die Tat also nicht geschehen wäre; hast du aber gelogen, und gesagt, er sei nicht zu Hause, und er ist auch wirklich (obzwar dir unbewußt) ausgegangen, wo denn der Mörder ihm im Weggehen begegnete und seine Tat an ihm verübte: so kannst du mit Recht als Urheber des Todes desselben angeklagt werden. Denn hättest du die Wahrheit, so gut du sie wußtest, gesagt: so wäre vielleicht der Mörder über dem Nachsuchen seines Feindes im Hause von herbeigelaufenen Nachbarn ergriffen, und die Tat verhindert worden. Wer also lügt, so gutmütig er dabei auch gesinnt sein mag, muß die Folgen davon, selbst vor dem bürgerlichen Gerichtshofe, verantworten und dafür büßen: so unvorhergesehen sie auch immer sein mögen; weil Wahrhaftigkeit eine Pflicht ist, die als die Basis aller auf Vertrag zu gründenden Pflichten angesehen werden muß, deren Gesetz, wenn man ihr auch nur die geringste Ausnahme einräumt, schwankend und unnütz gemacht wird.

Es ist also ein heiliges, unbedingt gebietendes, durch keine Konvenienzen[1] einzuschränkendes Vernunftgebot: in allen Erklärungen wahrhaft (ehrlich) zu sein."

- *Wie begründet Kant seine Position? Wie beurteilen Sie seine Argumentation?*
- *Wie sollen wir mit Menschen umgehen, die sich nicht vom kategorischen Imperativ leiten lassen? Hat ein Mörder Anspruch auf Wahrheit?*
- *Kann der kategorische Imperativ auch auf komplexe ethische Situationen der Gegenwart angewendet werden? Versuchen Sie es (z.B. anhand der Problemfelder Abtreibung, Sterbehilfe, Gentechnologie, Tierversuche . . .). Auf welche Schwierigkeiten stoßen Sie dabei?*

Nachwirkungen Kants – Theorie und Praxis

oder

Das mag in der Theorie richtig sein, taugt aber nicht für die Praxis.

Viele Menschen halten Ethik oder Moralphilosophie für eine Sonntagsveranstaltung, geeignet für Bücher oder die Diskussion in akademischen Kreisen, aber nicht für das alltägliche Leben. Dabei berufen sie sich oft auf die Geschichte der letzten hundert Jahre, die Geschichte von Unrecht, Elend, Krieg, Egoismus und Chauvinismus. Diese Perspektive ist einerseits verständlich, wer möchte nicht an der Fähigkeit zum Guten im Menschen verzweifeln, wenn er betrachtet, was Menschen angerichtet haben und anrichten, andererseits weist gerade diese Perspektive auf die Notwendigkeit, die Alltagspraxis zu moralisieren. Für Philosophen, klassische wie moderne, war diese Notwendigkeit immer offensichtlich.

Peter Singer, ein australischer Philosoph, schreibt:

„Zweitens ist Ethik nicht ein ideales System, das sehr edel in der Theorie, aber untauglich in der Praxis wäre. Das Gegenteil kommt der Wahrheit näher, ein ethisches Urteil, das für die Praxis nichts taugt, muß gleichermaßen an einem theoretischen Defekt leiden, denn der Zweck moralischer Urteile insgesamt ist es, das Handeln zu leiten. Man glaubt zuweilen, Ethik sei nicht anwendbar auf die wirkliche Welt, weil man glaubt, sie sei ein System von kurzen und einfachen Regeln wie „Lüg nicht", „Stiehl nicht" und „Töte nicht". Es ist nicht überraschend, daß diejenigen, die ein solches Ethik-Modell haben, auch glauben müssen, Ethik passe nicht zu den Komplexitäten des Lebens. In ungewöhnlichen Fällen geraten einfache Regeln miteinander in Konflikt..."

---

[1] Konvenienz: Bequemlichkeit

Und Kant sagt:

„Allein in einer Theorie, welche auf dem *Pflichtsbegriff* gegründet ist, fällt die Besorgnis wegen der leeren Idealität dieses Begriffs ganz weg. Denn es würde nicht Pflicht sein, auf eine gewisse Wirkung unseres Willens auszugehen, wenn diese nicht auch in der Erfahrung (sie mag nun als vollendet, oder der Vollendung sich immer annäherend gedacht werden) möglich wäre; und von dieser Art der Theorie ist in gegenwärtiger Abhandlung nur die Rede. Denn, von ihr wird, zum Skandal der Philosophie, nicht selten vorgeschützt, daß, was in ihr richtig sein mag, doch für die Praxis ungültig sei: und zwar in einem vornehmen wegwerfenden Ton, voll Anmaßung, die Vernunft selbst in dem, worin sie ihre höchste Ehre setzt, durch Erfahrung reformieren zu wollen; und in einem Weisheitsdünkel, mit Maulwurfsaugen, die auf die letztere geheftet sind, weiter und sicherer sehen können, als mit Augen, welche einem Wesen zu Teil geworden, das aufrecht zu stehen und den Himmel anzuschauen gemacht war."

– *Fassen Sie zusammen, was Ethik für Singer und Kant leisten soll.*
– *Beurteilen Sie diesen Anspruch.*

Auch wenn wir darin übereinstimmen, was eine ethische Theorie leisten soll, ist noch nicht klar, was sie in der Praxis leisten kann. Dabei geht es jetzt nicht so sehr um den Menschen, der seinen Neigungen entsprechend leben will, sondern um den, der das Richtige tun will, aber in einer komplizierten Welt lebt. Kann dieser Mensch sich an den Überlegungen Kants orientieren?

KANT und die Komplexität der Welt

Für Kant ist Sittlichkeit (Handeln nach der Pflicht) ein „Faktum der Vernunft" und damit auch in der Wirklichkeit erfahrbar. So verweist er öfters auf seine Eltern als Beispiele eines selbstverständlichen sittlichen Handelns. Im folgenden Ausschnitt geht es darum, wie zu erkennen sei, was in einem moralischen Zwiespalt das richtige Handeln ist.

Die einfache Welt – Es ist gewiß, was wir zu tun haben

„Es sei z.B. der Fall: daß jemand ein anvertrautes fremdes Gut (depositum) in Händen habe, dessen Eigentümer tot ist, und daß die Erben desselben davon nichts wissen, noch je etwas erfahren können. Man trage diesen Fall selbst einem Kinde, von etwa acht oder neun Jahren, vor; und zugleich, daß der Inhaber dieses Depositums (ohne sein Verschulden) gerade um diese Zeit in gänzlichen Verfall seiner Glücksumstände geraten, eine traurige, durch Mangel niedergedrückte Familie von Frau und Kindern um sich sehe, aus welcher Not er sich augenblicklich ziehen würde, wenn er jenes Pfand sich zueignete; zugleich sei er Menschenfreund und wohltätig, jene Erben aber reich, lieblos, und dabei im höchsten Grad üppig und verschwenderisch, so daß es eben so gut wäre, als ob dieser Zusatz zu ihrem Vermögen ins Meer geworfen würde. Und nun frage man, ob es unter diesen Umständen für erlaubt gehalten werden könne, dieses Depositum in eigenen Nutzen zu verwenden? Ohne Zweifel wird der Befragte antworten: Nein! und statt aller Gründe nur bloß sagen können: *es ist unrecht,* d. i. es widerstreitet der Pflicht."

Kant, Metaphysik der Sitten

„Der Wille also nach der Maxime der Glückseligkeit schwankt zwischen seinen Triebfedern, was er beschließen solle;

denn er sieht auf den Erfolg und der ist sehr ungewiß; es erfordert einen guten Kopf, um sich aus dem Gedränge von Gründen und Gegengründen herauszuwickeln und sich in der Zusammenrechnung nicht zu betriegen. Dagegen wenn er sich fragt, was hier Pflicht sei: so ist er über die sich selbst zu gebende Antwort gar nicht verlegen, sondern auf der Stelle gewiß, was er zu tun habe."

Kant, Pädagogik

Was ist eine Handlung aus Pflicht?

„Eine Handlung aus Pflicht hat ihren moralischen Wert *nicht in der Absicht,* welche dadurch erreicht werden soll, *sondern in der Maxime, nach der sie beschlossen wird,* hängt also nicht von der Wirklichkeit des Gegenstandes der Handlung ab, sondern bloß von dem *Prinzip des Wollens,* nach welchem die Handlung, unangesehen aller Gegenstände des Begehrungsvermögens, geschehen ist… *Pflicht ist die Notwendigkeit einer Handlung aus Achtung fürs Gesetz…*

Nun soll eine Handlung aus Pflicht den Einfluß der Neigung, und mit ihr jeden Gegenstand des Willens ganz absondern, also bleibt nichts für den Willen übrig, was ihn bestimmen könne, als, objektiv, *das Gesetz,* und, subjektiv, *reine Achtung* für dieses praktische Gesetz, mithin die Maxime, einem solchen Gesetze, selbst mit Abbruch aller meiner Neigungen, Folge zu leisten.

Es liegt also der moralische Wert der Handlung nicht in der Wirkung, die daraus erwartet wird, also auch nicht in irgend einem Prinzip der Handlung, welches seinen Bewegungsgrund von dieser erwarteten Wirkung zu entlehnen bedarf."

Kant, GMS, A 14 f.

– *Geben Sie die Argumentation Kants wieder. Beziehen Sie sich dabei auch auf die bisher erarbeiteten Begriffe (Pflicht, Maxime, guter Zweck).*

Die komplexe Welt – Wie gewiß ist, was wir zu tun haben?

Der Fall Stolpe

Manfred Stolpe, zu DDR-Zeiten Konsistorialpräsident der Berlin-Brandenburgischen Kirche, war von der Konferenz der Kirchenleitungen, dem obersten Organ der evangelischen Kirchen in der DDR, beauftragt, „…in besonderen humanitären Fragen… auch künftig tätig zu werden". Gespräche führte er aber nicht nur mit den üblichen staatlichen Stellen, sondern auch mit denjenigen, die tatsächliche politische Macht in den Händen hielten, mit Beauftragten des Ministeriums für Staatssicherheit, der Stasi, die er z.T. in konspirativen Wohnungen, ohne Zeugen und ohne Kenntnis seiner kirchlichen Vorgesetzten, traf. Bei der Stasi wurde er, so Stolpe, ohne sein Wissen und ohne daß er Spitzelleistungen erbracht hätte, als IM (inoffizieller Mitarbeiter) „Sekretär" in der Kirchenleitung geführt.

Die Auseinandersetzung um Manfred Stolpe ist ein doppeltes Lehrstück: eines des moralischen Zwiespalts und eines deutsch-deutscher Vergangenheitsbewältigung; sie stellt die Frage, welchen moralischen Maximen im Umgang mit diktatorischer Macht zu folgen sei.

„Die Wahrheit soll ans Licht"

(…) Im sächsischen Bautzen, wo das berüchtigste Zuchthaus der DDR stand, mahnte der Bundespräsident zu sorgsamer Vergangenheitsbewältigung. In den „leidvollen und leidenschaftlichen Auseinandersetzungen" um Stasi-Verstrickungen ehemaliger DDR-Bürger, so Richard von Weizsäcker am Donnerstag voriger Woche, „tun uns Maßstäbe not". Der Appell des Staatsoberhaupts zielte auf die Diskussion um die Stasi-Kontakte des jetzigen brandenburgischen Ministerpräsidenten Manfred Stolpe (SPD). „Die Menschen wollen Aufklärung", sagte Weizsäcker, seine Maxime lautet: „Die Wahrheit soll ans Licht."

Noch ist im Fall Stolpe vieles im dunkeln: War der Kirchenmann einer, der im Interesse der Menschen und ihrer Rechte mit der Stasi über lange Jahre kungelte, wie er selbst seine Rolle beschreibt? Oder war er, wie etwa der Anwalt Wolfgang Schnur, bloß die Stasi-Laus im Kirchenpelz, was Stolpe-Gegner ihm vorwerfen? „Die entscheidende Frage", sagt der Theologie-Professor Richard Schröder über seinen Parteifreund, „lautet: Kam es Stolpe darauf an, Stasi-Interessen in der Kirche durchzusetzen, oder kam es ihm darauf an, durch Stasi-Kontakte kirchliche Freiräume zu wahren, menschliche Härten zu mildern, Bewegung in die versteinerten Verhältnisse zu bringen?".

DER SPIEGEL, 9/1992

Wir können und wollen hier nicht „die Wahrheit ans Licht bringen", es geht also nicht darum, was Manfred Stolpe nun genau getan oder nicht getan hat. Es geht uns um die Maßstäbe, die Richard v. Weizsäcker einfordert, und um die Frage, ob immer klar ist, was die Pflicht des einzelnen im Umgang mit diktatorischen Machthabern ist.

– *Welche Frage ist für Richard Schröder entscheidend bei der Bewertung des Handelns Stolpes? Lassen sich aus dieser Frage Maßstäbe bzw. Maximen ableiten? Klärt sie, was die Pflicht des einzelnen ist?*

Weizsäcker und Schröder fragen noch nach den Maßstäben. Für andere scheint der Maßstab klar zu sein.

Judas oder Wohltäter im Sumpf?

(...) „Der Streit um Manfred Stolpe ist zu einem narrenden Hin und Her, zu einem peinlichen Pro und Contra, zu einem bloßen Entweder-Oder verkommen. Für die in den Vordergrund gestellten Fragen, hat er mehr geholfen oder geschadet, war er mehr ein Mann der Kirche oder der Stasi, ein Opportunist und Verräter oder ein Mann des raffinierten und geschickten Widerstandes, werden sich immer wieder solche und solche Argumente finden lassen, das Zünglein an der Waage wird nicht zur Ruhe kommen. Von einer bestimmten Perspektive her läßt sich natürlich sagen, daß durch Stolpes Wirken die Kirche geschützt und menschliche Erleichterungen erreicht worden seien, aber was bleibt dabei noch von dieser Kirche und den Menschen übrig? Es ist eine Hilfe, die entwürdigt und entehrt, die konspirativ ausbaldowert und ausgeschachert wird, die Menschen in Not zu Objekten „höherer" Interessen und unveräußerliche Ideale zu Strategien kurzlebigen politischen Kalküls herabwürdigt. Es ist die Moral des Judas, die da wirkt.

(...) Für sehr bedenklich halte ich, daß die konspirative „Drecksarbeit" praktisch kritiklos als notwendiger Einsatz für menschliche Erleichterungen und kirchliche Freiräume gepriesen wird.

(...) Daß durch Ausreise und Freikauf [von DDR-Oppositionellen] wesentliche Energien für tiefere Erkenntnisse und Chancen für eine neue politische Kultur geschmälert werden und im Konfliktmanagement auch ganz wichtige Protestsignale vertuscht und die Formierung oppositionellen und alternativen Ideengutes erschwert werden, muß unbedingt mit bedacht sein, wenn vom „Helfer der Mühseligen und Beladenen" die Rede ist. (...)

Maaz, Hans-Joachim, Chefarzt der Psychotherapeutischen Klinik im Evangelischen Diakoniewerk Halle, DER SPIEGEL, 42/1992

Wer etwas für die Menschen tun wollte, mußte kollaborieren (sowohl West-Politiker als auch Ost-Kirchenmänner). Andernfalls wäre die DDR wirtschaftlich und politisch auf den Stand von Rumänien abgesunken. Ein wenig gesunder Realismus täte den moralinsauren Ansichten von Herrn Maaz ganz gut.

Kaufbeuren, Otfried Czaika

Wer – wie Stolpe – eine Aufgabe hatte und im Sumpf saß, mußte sich im Sumpf bewegen können und konnte sich eine andere Umgebung nicht suchen, sosehr er sie sich auch gewünscht hätte. Es ist müßig, darüber Erörterungen anzustellen, wer Stolpe wann und wo ein inflationäres Blechstück ausgehändigt hat, solange nicht erwiesen ist, daß er dafür seine Pflicht verletzt und seine Auftraggeber oder Schutzbefohlenen verraten hat. Die Kirche Ost fühlt sich offensichtlich nicht geschädigt.

Hodenhagen (Nieders.), Wilhelm Mestwertd
DER SPIEGEL, 45/1992

Auch Bischöfe sind unterschiedlicher Ansicht

Zwei SPIEGEL-GESPRÄCHE mit Bischof Christoph Stier und Altbischof Gottfried Forck

Nie!

(...) SPIEGEL: Die wichtigste Dimension ist sehr einfach zu benennen: Manfred Stolpe sagt, seine langjährige Kooperation mit der Stasi sei notwendig gewesen, um der Kirche Freiräume zu erhalten und um den vom Regime bedrängten Menschen helfen zu können. An dieser Haltung scheiden sich die Geister.

STIER: Ich jedenfalls teile die Auffassung nicht, daß Kontakte zwischen Stasi und Kirche notwendig waren. Manche reden im Blick auf ihre Kontakte mit der Stasi sogar von Partnerschaft. Ich halte dieses Wort für unmöglich und skandalös. Die Stasi war für uns kein Partner. Das war für mein Denken, Reden und Handeln außerhalb jeder Möglichkeit. (...) *DER SPIEGEL, 33/1992*

Nein, aber ...

(...) SPIEGEL: Wie hätten Sie reagiert, wenn Sie von Stolpes Stasi-Kontakten gewußt hätten?

FORCK: Dann hätte ich wahrscheinlich gesagt, daß ich das nicht für so gut halte. Auch wenn man meint, gänzlich frei zu sein, geht man doch, unbewußt oder unkontrolliert, gewisse Abhängigkeiten ein. Zumindest hätte ich ihm gesagt, daß er die Kirchenleitung über seine Gespräche informieren muß.

SPIEGEL: Hat Stolpe Sie vielleicht nicht informiert, weil er wußte, daß Sie diesen Weg für falsch hielten?

FORCK: Das halte ich für denkbar. Aber er war eben der Meinung, daß man, wenn sich Menschen hilfesuchend an einen wenden, alle Wege gehen muß. (...)

DER SPIEGEL, 5/1992

- *Wie argumentiert Maaz?*
- *Welche Maxime läßt sich aus seiner Argumentation ableiten?*
- *Welcher Maxime folgte Stolpe? Ist diese Maxime im Interesse aller vernünftiger Wesen?*
- *„Dagegen wenn er sich fragt, was hier die Pflicht sei, so ist er sich über die sich selbst zu gebende Antwort gar nicht verlegen, sondern auf der Stelle gewiß, was er zu tun habe." Gilt dieser Gedanke Kants auch für die problematische Situation Stolpes?*
- *Was wäre für Sie die Pflicht Stolpes gewesen?*

WARUM-Spiel

Ein Schüler vertritt seinen Standpunkt zum Fall Stolpe (oder zu einem ähnlichen, aktuellen Fall). Ein anderer Schüler fragt nach jeder Aussage „Warum?" Der erste Schüler muß seine Aussage dann begründen. Der zweite Schüler fragt wieder „Warum?", usw., usw.

- *Beobachten Sie, wieweit eine moralische Position begründet werden kann, ohne daß sich Wiederholungen ergeben.*
- *Vergleichen Sie Ihre Beobachtungen mit der Behauptung Ludwig Wittgensteins: „Habe ich die Begründungen erschöpft, so bin ich nun auf dem harten Felsen angelangt, und mein Spaten biegt sich zurück. Ich bin dann geneigt zu sagen: ‚So handle ich eben'."*

Ethischer Egoismus – Hobbes

Der Mensch Hobbes und seine Ethik

Wenn das Wort vom sogenannten ethischen Egoismus fällt, dann muß die Sprache unweigerlich auf *Thomas Hobbes* kommen, der die Macht des Staates dem naturgegeben ethischen Egoismus des Menschen entgegenstellen wollte.

Der englische Philosoph Thomas Hobbes (1588–1679), Sohn eines armen Landvikars, studierte seit seinem 14. Lebensjahr in Oxford Mathematik und aristotelische Philosophie. Einen Großteil seines Lebens war er Hauslehrer oder Sekretär englischer Adeliger und lernte auf diese Weise Europa kennen. Er hatte Kontakte zu den wichtigen Wissenschaftlern seiner Zeit *(Galileo Galilei, René Descartes)*. Fasziniert von der wissenschaftlichen Exaktheit der „mathematischen Methode“ suchte Hobbes in der natürlichen Vernunft des Menschen als geistigem Grund der Geometrie und Mathematik das Modell des Philosophierens. Seine Methode ist ein Konstruieren mit Erfahrungswerten. Übersinnliches und Religiöses hat in seiner Philosophie kaum Platz. Hobbes warnte seine Landsleute immer wieder vor einem drohenden Bürgerkrieg in England, das gerade auf dem Weg zur führenden Kolonialmacht der Welt war. 1640 flieht er vor Ausbruch der Revolution nach Paris, wo er Lehrer des Prinzen von Wales (und späteren Königs Karl II.) wird. Hobbes' Leben und Denken wurde geprägt von den Bürger- und Revolutionskriegen in England und Frankreich, die ihn bis zu seinem Tode beschäftigten. Ab 1651 lebte Hobbes wieder in England. Hier schrieb er seine politischen Anschauungen in seinem Hauptwerk Leviathan (was aus dem Hebräischen kommend soviel wie „gewundenes Schlangentier“ heißt) nieder. Seinen langen Lebensabend verbrachte Hobbes auf seinem Landsitz, unterstützt von König Karl II., der ihm eine damals stattliche Pension von 100 Pfund gewährte.

Thomas Hobbes

Sich mit *Thomas Hobbes* zu beschäftigen, lohnt sich nicht nur deshalb, weil dabei zu erfahren ist, wie unterschiedlich Staatstheoretiker die Welt und die sie beherrschende Politik verstanden und beurteilt haben, sondern weil dabei auch zu erkennen ist, warum und wie sie die Welt zu verändern trachteten. In seiner individualistischen Ausrichtung des neuzeitlichen Denkens wird die Idee des Staates aus der Analyse der menschlichen Natur gewonnen.

Neu wirkt bei Hobbes die Tatsache, daß er die Gesellschaft nicht mehr von Gottes Gnaden zu bestimmen versucht, womit er sich gegen die meisten Theologen seiner Zeit wendet. Der Mensch sieht sich nicht mehr einem gütigen Gott, sondern einer gnadenlosen Natur ausgesetzt – er ist praktisch auf sich selbst zurückgeworfen, was Furcht und Chance beinhaltet. Thomas Hobbes geht von der Frage aus, wie der „Krieg aller gegen alle“ überwunden werden kann, wie sich ein dauerhafter und sicherer Friede herstellen läßt. Durch seine Vertragstheorie liefert er eine Antwort, die für die moderne Staatstheorie wegweisend wird. Solche Verträge, Übereinkünfte sind zwar eine notwendige Bedingung für das Inkrafttreten von Normen in einer freien demokratischen Gesellschaftsordnung – sind sie aber eine ausreichende Bedingung für die Gültigkeit von Normen? Wie läßt sich also die Vertragstheorie von Hobbes ethisch begründen?

Der Kampf aller gegen alle

Hobbes sieht den Menschen unter dem Aspekt des radikalen Individualismus in grundsätzlicher Konkurrenz zu anderen Menschen. Jeder versucht, den anderen zu überflügeln und zu übervorteilen, um ihn hinter sich zu lassen; das Konkurrenzverhältnis reicht im Extrem bis zur Tötung. Sich zum Herrn zu machen, ist der Grundantrieb der Individuen im Naturzustand. Als taktische Mittel der unter sich gleichen Menschen kommen auch Zweckbündnisse gegen besonders starke einzelne in Betracht, wobei dem eigenen Angriff nicht der eines anderen vorhergegangen sein muß. Hobbes spricht in diesem Zusammenhang von der „Vorbeugung, das heißt mit Gewalt oder List nach Kräften jedermann zu unterwerfen". Für Hobbes überbietet der Mensch an Raublust und Grausamkeit selbst „Wölfe, Bären und Schlangen, deren Raubgier nicht länger dauert als ihr Hunger und die nur grausam sind, wenn sie gereizt sind", während den Menschen „sogar der künftige Hunger hungrig macht". (...)

Nicht getrennt werden sollen Hobbes' Auffassung vom Menschen und die historischen Bedingungen, unter denen er lebte. Bei seinem Bemühen, einen Beitrag zum Frieden – konkret auf ihn bezogen: zur Beendigung des Bürgerkriegs – zu leisten, geht Hobbes an die Wurzeln des Problems, er leistet Ursachenforschung:

„Die Natur hat die Menschen hinsichtlich ihrer körperlichen und geistigen Fähigkeiten gleich geschaffen, daß trotz der Tatsache, daß bisweilen der eine einen offensichtlich stärkeren Körper oder gewandteren Geist als der andere besitzt, der Unterschied zwischen den Menschen alles in allem doch nicht so beträchtlich ist, als daß der eine auf Grund dessen einen Vorteil beanspruchen könnte, den ein anderer nicht ebensogut für sich verlangen dürfte.

Aus dieser Gleichheit der Fähigkeiten entsteht eine Gleichheit der Hoffnung, unsere Absichten erreichen zu können. Und wenn daher zwei Menschen nach demselben Gegenstand streben, den sie jedoch nicht zusammen genießen können, so werden sie Feinde und sind in Verfolgung ihrer Absicht, die grundsätzlich Selbsterhaltung und bisweilen nur Genuß ist, bestrebt, sich gegenseitig zu vernichten oder zu unterwerfen. (...)

Und wegen dieses gegenseitigen Mißtrauens gibt es für niemand einen anderen Weg, sich selbst zu sichern, der so vernünftig wäre wie Vorbeugung, das heißt, mit Gewalt oder List nach Kräften jedermann zu unterwerfen, und zwar so lange, bis er keine andere Macht mehr sieht, die groß genug wäre, ihn zu gefährden. Und dies ist nicht mehr, als seine Selbsterhaltung erfordert und ist allgemein erlaubt. Auch weil es einige gibt, denen es Vergnügen bereitet, sich an ihrer Macht zu weiden, indem sie auf Eroberungen ausgehen, die sie über das zu ihrer Sicherheit erforderliche Maß hinaustreiben, könnten andere, die an sich gerne innerhalb bescheidener Grenzen ein behagliches Leben führen würden, sich durch bloße Verteidigung unmöglich lange halten, wenn sie nicht durch Angriff ihre Macht vermehrten. Und da folglich eine solche Vermehrung der Herrschaft über Menschen zur Selbsterhaltung eines Menschen notwendig ist, muß sie ihm erlaubt werden.

Ferner empfinden die Menschen am Zusammenleben kein Vergnügen, sondern im Gegenteil großen Verdruß, wenn es keine Macht gibt, die dazu in der Lage ist, sie alle einzuschüchtern.

So liegen also in der menschlichen Natur drei hauptsächliche Konfliktursachen: *Erstens Konkurrenz, zweitens Mißtrauen, drittens Ruhmsucht.*

Die *erste* führt zu Übergriffen der Menschen des Gewinnes, die *zweite* der Sicherheit und die *dritte* des Ansehens wegen. Die ersten wenden Gewalt an, um sich zum Herren über andere Männer und deren Frauen, Kinder und Vieh zu machen, die zweiten, um dies zu verteidigen und die dritten wegen Kleinigkeiten wie ein Wort, ein Lächeln, eine verschiedene Meinung oder jedes andere Zeichen von Geringschätzung, das entweder direkt gegen sie selbst gerichtet ist oder in einem Tadel ihrer Verwandtschaft, ihrer Freunde, ihres Volks, ihres Berufs oder ihres Namens besteht.

Daraus ergibt sich klar, daß die Menschen während der Zeit, in der sie ohne eine allgemeine, sie alle im Zaum haltende Macht leben, sich in einem Zustand befinden, der Krieg genannt wird, und zwar in einem Krieg eines jeden gegen jeden."

Der „Mensch im Naturzustand" darf nicht von vornherein als von Grund auf böses, aggressives Wesen gedacht werden. Seine Grundleidenschaften sind Selbsterhaltung und Glücksverlangen, nicht Feindschaft, Haß u. dgl. Über die Folgen des „Krieges aller gegen alle" schreibt Hobbes:

„Eine weitere Folge dieses Krieges eines jeden gegen jeden ist, daß nichts ungerecht sein kann. Die Begriffe von Recht und Unrecht, Gerechtigkeit und Ungerechtigkeit haben hier keinen Platz. Wo keine allgemeine Gewalt ist, ist kein Gesetz, und wo kein Gesetz, keine Ungerechtigkeit. Gewalt und Betrug sind im Krieg die beiden Kardinaltugenden. Gerechtigkeit und Ungerechtigkeit gehören weder zu den körperlichen noch zu den geistigen Tugenden. Eine weitere Folge dieses Zustandes ist, daß es weder Eigentum noch Herrschaft, noch ein bestimmtes Mein und Dein gibt, sondern daß jedem nur das gehört, was er erlangen kann, und zwar so lange, wie er es zu behaupten vermag. (...)

Die *Leidenschaften,* die den Menschen friedfertig machen, sind Todesfurcht, das Verlangen nach Dingen, die zu einem angenehmen Leben notwendig sind, und die Hoffnung, sie durch Fleiß erlangen zu können. Und die *Vernunft* legt die geeigneten Grundsätze des Friedens nahe, auf Grund derer die Menschen zur Übereinstimmung gebracht werden können. Diese Gebote sind das, was sonst auch Gesetze der Natur genannt wird."

- *Wie begründet Hobbes seine Behauptung, daß alle Menschen von Natur aus stets nach Macht und der Erweiterung ihrer Macht streben?*
- *Warum kann für Hobbes im Kampf aller gegen alle nichts ungerecht sein? Können Sie dem zustimmen?*

Das Ziel der Selbsterhaltung

„Ein Gesetz der Natur, lex naturalis, ist eine von der Vernunft ermittelte Vorschrift oder allgemeine Regel, nach der es einem Menschen verboten ist, das zu tun, was sein Leben vernichten oder ihn der Mittel zu seiner Erhaltung berauben kann, und das zu unterlassen, wodurch es seiner Meinung nach am besten erhalten werden kann. . . .

Und weil sich die Menschen (. . .) im Zustand des Krieges eines jeden gegen jeden befinden, was bedeutet, daß jedermann von seiner eigenen Vernunft angeleitet wird, und weil es nichts gibt, das er nicht möglicherweise zum Schutze seines Lebens gegen seine Feinde verwenden könnte, so folgt daraus, daß in einem solchen Zustand jedermann ein Recht auf alles hat, selbst auf den Körper eines anderen. Und deshalb kann niemand sicher sein, solange dieses Recht eines jeden auf alles besteht, die Zeit über zu leben, die die Natur dem Menschen gewöhnlich einräumt, wie stark und klug er auch sein mag. Folglich ist dies eine Vorschrift oder allgemeine Regel der Vernunft: *Jedermann hat sich um Frieden zu bemühen, solange dazu Hoffnung besteht. Kann er ihn nicht herstellen, so darf er sich alle Hilfsmittel und Vorteile des Kriegs verschaffen und sie benützen.* (. . .)

Das erste Gut ist für jeden die Selbsterhaltung. Denn die Natur hat es so eingerichtet, daß alle ihr eigenes Wohlergehen wünschen. Um das erlangen zu können, müssen sie Leben und Gesundheit wünschen und für beide, soweit es möglich ist, Gewähr für die Zukunft. Auf der anderen Seite steht unter allen Übeln an erster Stelle der Tod, besonders der Tod unter Qualen; denn die Leiden des Lebens können so groß werden, daß sie, wenn nicht ihr nahes Ende abzusehen ist, uns den Tod als ein Gut erscheinen lassen."

Das grundlegende Bestreben des Menschen ist es also, sich selbst zu erhalten. Eine Hemmung des Selbsterhaltungsstrebens stellt in gewisser Weise den Tod dar, den es daher unter allen Umständen zu vermeiden gilt. Selbsterhaltungsstreben und Todesfurcht bilden damit die Grundlage der Staatslehre Hobbes.

Wo keine allgemeine Gewalt sei, neige der Mensch zu Gewalt und Haß; solange er nur seinen eigenen Interessen folge, ist er also ständig der Gefahr des Krieges ausgesetzt, was ja seinem Grundverlangen – dem Streben nach freier Selbsterhaltung und Glück – widerspricht. Hobbes geht davon aus, daß die menschliche Vernunft, die moralisch neutral zu verstehen ist, im menschlichen Selbstinteresse rät, die Willkür zur Selbsterhaltung einzuschränken. Ausgangspunkt seiner Vertragstheorie ist die Erkenntnis, daß ohne diese Einschränkung des „Naturrecht auf alles" zu einem „Recht auf nichts" werde; der Mensch gelangt durch Einsicht zum Gesellschaftsvertrag. Der Bucheinband der Originalausgabe von Hobbes' „Leviathan" versucht seine Theorie bildlich darzustellen. (Vgl. S. 92)

Gewaltsames Im-Zaum-Halten des Bösen – Hobbes Staatslehre

Das Wesen des Staates

Hobbes leitet den Staat aus der Naturzustandstheorie her und zeigt, daß die höchsten Ziele, nämlich freie Entfaltung und Glück, eine alleinige Gewalt, den Staat, notwendig machen:

„Der alleinige Weg zur Errichtung einer solchen allgemeinen Gewalt, die in der Lage ist, die Menschen vor dem Angriff Fremder und vor gegenseitigen Übergriffen zu schützen und ihnen dadurch eine solche Sicherheit zu verschaffen, daß sie sich durch eigenen Fleiß und von den Früchten der Erde ernähren und zufrieden leben können, liegt in der Übertragung ihrer gesamten Macht und Stärke auf einen Menschen oder eine Versammlung von Menschen, die ihre Einzelwillen durch Stimmenmehrheit auf einen Willen reduzieren können. (...) Dies ist mehr als Zustimmung oder Übereinstimmung: Es ist eine wirkliche Einheit aller in ein und derselben Person, die durch Vertrag eines jeden mit jedem zustande kam, als hätte jeder zu jedem gesagt: *Ich autorisiere diesen Menschen oder diese Versammlung von Menschen und übertrage ihnen mein Recht, mich zu regieren, unter der Bedingung, daß du ihnen ebenso dein Recht überträgst und alle ihre Handlungen autorisierst.* Ist dies geschehen, so nennt man diese zu einer Person vereinte Menge *Staat,* auf lateinisch *civitas.* Dies ist die Erzeugung jenes großen *Leviathan* oder besser, um es ehrerbietiger auszudrücken, jenes *sterblichen Gottes,* dem wir unter dem *unsterblichen Gott* unseren Frieden und Schutz verdanken. Denn durch diese ihm von jedem einzelnen im Staate verliehene Autorität steht ihm so viel Macht und Stärke zur Verfügung, die auf ihn übertragen worden sind, daß er durch den dadurch erzeugten Schrecken in die Lage versetzt wird, den Willen aller auf den innerstaatlichen Frieden und auf gegenseitige Hilfe gegen auswärtige Feinde hinzulenken. Hierin liegt das Wesen des Staates, der, um eine Definition zu geben, *eine Person ist, bei der sich jeder einzelne einer großen Menge durch gegenseitigen Vertrag eines jeden mit jedem zum Autor ihrer Handlungen gemacht hat, zu dem Zweck, daß sie die Stärke und Hilfsmittel aller so, wie sie es für zweckmäßig hält, für den Frieden und die gemeinsame Verteidigung einsetzt.*

Wer diese Person verkörpert, wird *Souverän* genannt und besitzt, wie man sagt, *höchste Gewalt,* und jeder andere daneben ist sein *Untertan.*"

Das Strafrecht des Staates

Mit den Leitzielen geben die Individuen dem Staat eine Blankovollmacht, eine Art Ermächtigung – mit allen Folgen:

„Eine Strafe ist ein Übel, das die öffentliche Autorität demjenigen auferlegt, der getan oder unterlassen hat, was diese Autorität als Gesetzesübertretung beurteilt, und zwar zu

Titelblatt aus Willms, B.: Thomas Hobbes, 1987, S. 19 (Sign.: PH 53-5871)

dem Zweck, den menschlichen Willen zum Gehorsam anzuhalten. (. . .) Bei der Schaffung eines Staates gibt jeder das Recht auf, einen anderen zu verteidigen, aber nicht das Recht der Selbstverteidigung. Auch verpflichtet er sich, dem Inhaber der Souveränität bei der Bestrafung eines anderen beizustehen, nicht aber bei der eigenen Bestrafung. Aber einen Vertrag abschließen, dem Souverän bei der Schädigung eines anderen beizustehen, heißt nicht, ihm das Strafrecht zu geben, es sei denn, der Vertragsschließende hätte das Recht, dies selbst zu tun. Es ist deshalb klar, daß das Strafrecht des Staates – das heißt dessen oder derer, die ihn vertreten – auf keinem Zugeständnis oder einer Überlassung der Untertanen beruht. Aber ich habe gezeigt, daß vor Errichtung des Staates jedermann ein Recht auf alles und zur Vornahme alles dessen hatte, was ihm zu seiner Selbsterhaltung notwendig schien, nämlich diesem Zweck, jeden zu unterwerfen, zu verletzen oder zu töten. Und dies ist der Grund des in jedem Staat ausgeübten Strafrechts. Denn die Untertanen gaben dem Staat dieses Recht nur dadurch, daß sie ihm durch Aufgabe ihres Rechtes die Machtstellung einräumten, sein eigenes Recht nach seinem Gutdünken zum Schutz aller anzuwenden. So wurde es allein ihm überlassen – nicht übertragen –, und zwar so vollständig, wie es im reinen Zustand der Natur und des Kriegs eines jeden gegen seinen Nachbarn bestand (von den ihm durch das natürliche Gesetz gezogenen Grenzen abgesehen)."

- *Versuchen Sie, mit Hilfe der bildlichen Darstellung (Titelblatt von „Leviathan") die Funktion des Staates bei Hobbes zu bestimmen.*
- *Inwiefern kann der „Kampf aller gegen alle" in diesem System überwunden werden?*
- *Wie verträgt sich die unumschränkte Herrschaft des Staates bei Hobbes mit dem Prinzipien von Selbstentfaltung, Selbsterhaltung und Glück (also den Prämissen von Hobbes)?*
- *Kann es in der Staatslehre Hobbes Gewissens- und Religionsfreiheit geben? Begründung!*
- *Ist ein Widerstandsrecht im System von Hobbes logisch enthalten? Wenn nicht – welche Folgen könnte das für die Individuen haben?*
- *Wo liegen die Grenzen jeder Herrschaft, und wer kontrolliert die Herrschaft des Staates?*

Die Staatslehre Hobbes

– egoistische Triebstruktur des Menschen im **Naturzustand**
– jeder Mensch hat gleiches Recht auf alles

↓

Kampf aller gegen alle

↓

Recht auf alles droht zum Recht auf nichts zu werden

↓

Todesangst – Sehnsucht nach Frieden

↓

instrumentelle, strategische **Vernunft**
1. natürliches Gesetz: Suche Frieden und halte ihn

↓

2. natürliches Gesetz: **Gesellschaftsvertrag** durch Rechtsverzicht

↓

3. natürliches Gesetz: Geschlossene Verträge sind zu halten – Kontrolle durch den Staat

↓

Setzung von Recht durch den Staat

↓

Einschränkung der Freiheit der Bürger

Nachwirkungen Hobbes

Thomas Hobbes hatte den ökonomischen, religiösen und politischen Konkurrenzkampf im revolutionären England vor Augen, als er den staatsfreien Zustand als einen solchen beschrieb, in dem jeder des anderen Wolf ist. Seine Frage war daher, wie ein Staat beschaffen sein muß, wenn man einerseits von den konkurrierenden Interessen der einzelnen Individuen ausgehen muß und andererseits einen Bürgerkrieg und damit die Auflösung des Staates vermeiden möchte. Der Staat garantiert gewissermaßen eine Minimalethik. Es gibt für Hobbes keine universell gültigen Normen oder Wertvorstellungen. Er erkennt daher keine Normen außer den durch den souveränen Staat gegebenen an.

Hobbes radikale Staatslehre hatte in England zunächst wenig direkten Einfluß und wurde bald durch die Staatslehre *John Lockes* (1632–1704) verdrängt. Mit dem Zeitalter der Aufklärung jedoch machte sich Hobbes Einfluß, vor allem seine antikirchliche Einstellung, immer stärker bemerkbar. Seitdem ist die Auseinandersetzung um Hobbes in Gang geblieben. Erinnert seien in diesem Zusammenhang noch einmal an die in seinem Gesellschaftsvertrag aufgegriffene Prämisse, das abgeschlossene Verträge schon aus egoistischen Gründen einzuhalten sind. Es ist demnach vernünftig, sich an eine sogenannte *Goldene Regel (vgl. S. 104 u. S. 142 f.)* zu halten, wie sie sich in mancher volkstümlichen Ethik findet und etwa auch im Alten und Neuen Testament: „Was du nicht willst, das man dir tu, das füg auch keinem anderen zu“ oder „Behandle andere so, wie auch du von ihnen behandelt werden willst.“

- *Läßt sich Hobbes Annahme der natürlichen Konkurrenz zwischen den Menschen so ohne weiteres auf unser heutiges (kapitalistisches) Wirtschaftssystem übertragen? Suchen Sie nach entsprechenden Beispielen aus dem heutigen Wirtschaftsleben.*
- *Mit welchen Argumenten würde Hobbes soziale Ungerechtigkeiten in einem Staate kritisieren?*
- *Das Selbsterhaltungsstreben gilt auch für die Beziehungen zwischen den Staaten. Nehmen Sie vor diesem Hintergrund Stellung zum Problem des Wettrüstens bzw. zur militärischen und ökonomischen Bündnisbildung zwischen den Staaten (z.B. NATO, EU).*
- *Gelegentlich ist von einer „Null-Bock-Generation“ oder von einem immer stärkeren Egoismus von Jugendlichen die Rede. Wo finden sich Gemeinsamkeiten, und wo liegen Unterschiede zwischen der philosophischen Position Hobbes und einem ethischen Egoismus, verstanden als ein ständiges Vorteil-Suchen des einzelnen?*

Utilitarismus – Bentham/Mill

Der Mensch Bentham

Das England Benthams

Unveräußerliches Glück als Menschenrecht
„Folgende Wahrheiten betrachten wir als selbstverständlich, daß alle Menschen gleich geschaffen sind, daß sie von ihrem Schöpfer mit gewissen unveräußerlichen Rechten ausgestattet sind; daß dazu Leben, Freiheit und das Streben nach Glück gehören ..." *Declaration of Independence, 4. 7. 1776*

Wer war Jeremy Bentham?

Im England der industriellen Revolution versuchten verschiedene Gruppierungen die Folgen eines hemmungslosen Kapitalismus für die betroffenen Menschen zu mildern. Die Partei der „Utilitarier" vertrat seit *Jeremy Bentham* (1748–1832) die Ziele der sogenannten „Radikalen“ im englischen Parlament. Sie drang auf juristische, soziale und wirtschaftliche Reformen, versuchte die Strafgesetzgebung und die Armengesetzgebung zu verbessern und die Privilegien der Besitzenden zu brechen. „Jeder zählt als einer und keiner als mehr für einen!“ (Bentham). Dahinter stand eine Position der Moralphilosophie, wie sie durch Bentham und später durch *John Stuart Mill* klassisch formuliert wurde. In veränderter und verfeinerter Form hat diese „utilitaristische Ethik“ des späten 18. und 19. Jahrhunderts bis heute überlebt. In der angelsächsischen Welt bildet sie noch immer den meistdiskutierten moralphilosophischen Standpunkt.

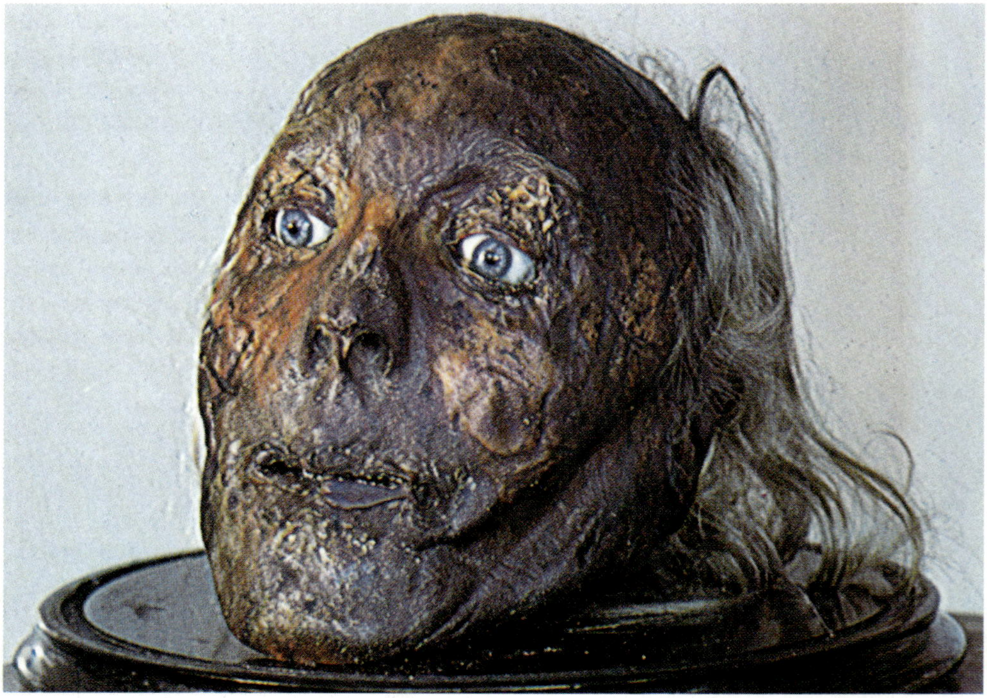

Bentham studierte schon mit 12 Jahren in Oxford Jura und kritisierte scharf das englische Rechtssystem. 1792 wurde er zum Ehrenbürger der französischen Republik erklärt. Politisch trat er für mehr Demokratie, für Sozialreformen und gegen die Privilegien der Oberschicht ein. Wie viele Aufklärer setzte er große Hoffnungen auf eine verbesserte Erziehung, die unabhängig von den finanziellen Möglichkeiten des einzelnen sein sollte. 1825 war er Mitbegründer der Londoner Universität, an der erstmals in England auch der studieren konnte, der nicht der anglikanischen Kirche angehörte oder gar, wie Bentham selbst, Atheist war. Sein Skelett steht, gemäß seinem letzten Willen, ausgestopft und mit einem Wachskopf versehen, in einem Schaukasten der Universität. Sein Totenschädel liegt konserviert zu seinen Füßen.

– *Was empfinden Sie bei Betrachtung des Kopfes von Bentham? Sprechen Sie darüber mit Ihrem Tischnachbarn oder in der Kleingruppe.*

Lust und Lebensglück als Beurteilungsprinzip des Handelns

Wie ist der Mensch?

Die Natur hat die Menschheit unter die Herrschaft zweier souveräner Gebieter – Leid (pain) und Freude (pleasure) – gestellt ... Die Menschen suchen die Lust und vermeiden den Schmerz ... *J. Bentham (1748–1832)*

– *Beschreibt Bentham im obigen Text, wie der Mensch ist?*

– *Betrachten Sie dazu die Bilder und beziehen dabei eigene Erfahrungen und Erlebnisse mit ein.*

Die zwei Gebieter Benthams

„Die Natur hat die Menschheit unter die Herrschaft zweier souveräner Gebieter – *Leid* und *Freude* – gestellt. Es ist an ihnen allein aufzuzeigen, was wir tun sollen, wie auch zu bestimmen, was wir tun werden. Sowohl der Maßstab für Richtig und Falsch als auch die Kette der Ursachen und Wirkungen sind an ihrem Thron festgemacht. Sie beherrschen uns in allem, was wir tun, was wir sagen, was wir denken. Jegliche Anstrengung, die wir auf uns nehmen können, um unser Joch von uns zu schütteln, wird lediglich dazu dienen, es zu beweisen und zu bestätigen. Jemand mag zwar mit Worten vorgeben, ihre Herrschaft zu leugnen, aber in Wirklichkeit wird er ihnen ständig unterworfen bleiben. Das *Prinzip der Nützlichkeit* erkennt dieses Joch an und übernimmt es für die Grundlegung jenes Systems, dessen Ziel es ist, das Gebäude der Glückseligkeit durch Vernunft und Recht zu errichten.“ *Otfried Höffe*

Die verschiedenen Bedürfnisse Maslows

Abraham Maslow war 1962 einer der Gründer dessen, was heute „Humanistische Psychologie“ genannt wird. Er entwarf „eine positive Theorie der menschlichen Motivationen“, die von einer hierarchischen Abfolge von fünf abwechselnd auftretenden Bedürfnissen organisiert sind. Jedes Motiv wächst, bis es zum beherrschenden Bedürfnis des Organismus geworden ist, dann verringert es sich wieder entsprechend dem Grad seiner Befriedigung. So muß der junge und noch nicht voll entwickelte menschliche Organismus zuerst die Bedürfnisse nach Nahrung, Trinken und Bewegung befriedigen, bevor irgendwelche andere Interessen auftreten können. Sobald die *physiologischen Bedürfnisse* bis zu einem gewissen Grad befriedigt sind, entwickelt sich das nächste, das Bedürfnis nach *Sicherheit,* Ordnung und Schutz. Das erinnert an das Lied „Wär’ das nicht wunderschön“ der Eliza Doolittle in „My Fair Lady“, als sie von einem Zimmer mit einem Kamin, einem Lehnstuhl und einer Menge zu essen träumt. Im gleichen Lied phantasiert sie später über ein drittes *Bedürfnis nach Zugehörigkeit und Liebe,* nach einem freundlichen Menschen, der einen umsorgt und verwöhnt. Im vierten Stadium taucht das *Bedürfnis nach Selbstachtung, Ansehen, Status und Anerkennung* auf, all die Bedürfnisse, an die appelliert wurde, als man Eliza lehrte, wie eine Lady zu sprechen.

Die Bedürfnispyramide nach Maslow

Schließlich, auf der letzten Stufe, suchen wir *Selbstverwirklichung.* Das ist der Wunsch, unsere Fähigkeiten und Möglichkeiten voll und ganz zu entwickeln.

- *Informieren Sie sich in einem Geschichtsbuch über die industrielle Revolution und die Lage der arbeitenden Bevölkerung in England. Sehen Sie einen Zusammenhang zu Benthams Philosophie?*
- *Vergleichen Sie die Menschenbilder Benthams und Maslows!*
- *Erörtern Sie, ob sich aus diesen Menschenbildern Maßstäbe für richtiges Handeln ableiten lassen!*

Wie werden alle glücklich?

Benthams Ethik

Benthams Ethik ist einfach. Alle menschlichen Handlungen haben ihr Motiv im Wunsch nach Lust und in der Vermeidung des Leids. Eine Moraltheorie wird versuchen, menschliche Handlungen in bezug auf dieses Prinzip widerspruchsfrei und effektiv zu machen.

Damit der einzelne nicht amoralisch seine eigene Lusterfüllung auf Kosten anderer verfolgt, muß er die Lust und das Leid anderer berücksichtigen. Dazu wird er durch vier „Sanktionen" gebracht:

1. **die physische Sanktion**
   Lust und Leid, die wir als direkte Konsequenz unseres Handelns erfahren.
2. **die politische (juristische) Sanktion**
   Der Einfluß von Politik und Rechtssprechung auf des einzelnen Lust und Leid.
3. **die moralische Sanktion**
   Die Beurteilung unseres Handelns durch die anderen.
4. **die religiöse Sanktion**
   Der Einfluß auf unsere Handlungen, der durch den Glauben an göttliche Belohnung und Strafen entsteht.

Aufgabe des Gesetzgebers (Politikers) ist es, die Sanktionen so einzusetzen, daß das größtmögliche Glück für alle erreicht wird. Richtlinie für alle soll beim Handeln das Prinzip der Nützlichkeit (utility) sein.

Das Prinzip der Nützlichkeit bei Bentham

„2. Unter dem Prinzip der Nützlichkeit ist jenes Prinzip zu verstehen, das schlechthin jede Handlung in dem Maß billigt oder mißbilligt, wie ihr die Tendenz innezuwohnen scheint, das Glück der Gruppe, deren Interesse in Frage steht, zu vermehren oder zu vermindern, oder das gleiche mit anderen Worten gesagt, dieses Glück zu befördern oder zu verhindern …

4. Das Interesse der „Gemeinschaft" ist einer der allgemeinsten Ausdrücke, die in den Redeweisen der Moral vorkommen können; kein Wunder, daß sein Sinn oft verlorengeht. Wenn er einen Sinn hat, dann diesen: Die Gemeinschaft ist ein fiktiver Körper, der sich aus den Einzelpersonen zusammensetzt, von denen man annimmt, daß sie sozusagen seine Glieder bilden. Was also ist das Interesse der verschiedenen Glieder, aus denen sie sich zusammensetzt …

10. Von einer Handlung, die mit dem Prinzip der Nützlichkeit übereinstimmt, … kann [man] auch sagen, es sei richtig zu sagen, daß sie getan werden sollte; es sei zum mindesten nicht falsch zu sagen, daß sie getan werden sollte … So verstanden haben die Wörter ‚sollen', ‚richtig' und ‚falsch' sowie andere Wörter dieser Art einen Sinn; werden sie anders verstanden, haben sie keinen Sinn …

12. Aufgrund der natürlichen Beschaffenheit der menschlichen Verfaßtheit machen sich im allgemeinen die Menschen dieses Prinzip in den meisten Augenblicken ihres Lebens zu eigen, ohne darüber nachzudenken; wenn nicht zur Leitung ihrer eigenen Handlungen, so doch zur Prüfung sowohl ihrer eigenen Handlungen als auch derer anderer Menschen." S. 58 bei Höffe

J. Bentham

– *Kann Benthams Ethik eine Grundlage für politisches Handeln sein?*
  Überlegen Sie dabei: Ist Glück ein Staatsziel? Sollen Politiker diese Sanktionen handhaben? Sind „richtig" und „falsch" wie bei Bentham zu verstehen, ist also das Nützlichkeitsprinzip ein sinnvolles Prinzip?

Läßt sich Glück messen?

Bentham verstand Ethik als eine Wissenschaft von der Moral, die nach dem Vorbild der Naturwissenschaften Lust und Unlust, d. h. Glück, empirisch untersucht und objektiv auswertet, und so zu eindeutigen Aussagen kommt, welche Handlung und wessen Glück im Konfliktfall vorzuziehen sei.

Ein Maßstab fürs Glück

– *Tragen Sie Handlungen aus Ihrem Erfahrungsbereich auf einen Maßstab ein. Fällt Ihnen das schwer? Gibt es eine klare Reihenfolge? Könnte Ihnen so ein Maßstab bei Entscheidungen helfen?*

Ein klarer Fall?

Wessen Glück?

– *Wenden Sie Benthams Maßstab auf die beiden Karikaturen an. Welche Schwierigkeiten ergeben sich?*

Ein exaktes Verfahren für die Wissenschaft von der Moral
oder
Das hedonistische Kalkül

Bentham schreibt:

„4. Für eine *Anzahl* von Personen wird der Wert einer Freude oder eines Leids, sofern man sie im Hinblick auf jede von ihnen betrachtet, gemäß sieben Umständen größer oder kleiner sein: das sind die sechs vorigen,
nämlich
a) die *Intensität,*
b) die *Dauer,*
c) die *Gewißheit* oder *Ungewißheit,*
d) die *Nähe* oder *Ferne,*
e) die *Folgenträchtigkeit,*
f) die *Reinheit* einer Freude *oder eines* Leids.

Hinzu kommt ein weiterer Umstand, nämlich
g) das *Ausmaß,* das heißt die Anzahl der Personen, auf die Freude oder Leid sich *erstrecken,* oder (mit anderen Worten) die davon betroffen sind.

5. Wenn man also die allgemeine Tendenz einer Handlung, durch die die Interessen einer Gemeinschaft betroffen sind, genau bestimmen will, verfahre man folgendermaßen. Man beginne mit einer der Personen, deren Interesse am unmittelbarsten durch eine derartige Handlung betroffen zu sein scheinen, und bestimme:

a) den Wert jeder erkennbaren *Freude,* die von der Handlung in erster Linie hervorgebracht zu sein scheint;
b) den Wert jeden *Leids,* das von ihr in erster Linie hervorgebracht zu sein scheint;
c) den Wert jeder Freude, die von ihr in *zweiter* Linie hervorgebracht zu sein scheint. Dies begründet die *Folgenträchtigkeit* der ersten *Freude* und die *Unreinheit* des ersten *Leids;*
d) den Wert jeden *Leids,* das von ihr in zweiter Linie anscheinend hervorgebracht wird. Dies begründet die *Folgenträchtigkeit* des ersten *Leids* und die *Unreinheit* der ersten Freude.
e) Man addiere die Werte aller *Freuden* auf der einen und die aller *Leiden* auf der anderen Seite. Wenn die Seite der Freude überwiegt, ist die Tendenz der Handlung im Hinblick auf die Interessen dieser *einzelnen* Person insgesamt *gut;* überwiegt die Seite des Leids, ist ihre Tendenz insgesamt *schlecht.*
f) Man bestimme die *Anzahl* der Personen, deren Interessen anscheinend betroffen sind, und wiederhole das oben genannte Verfahren im Hinblick auf jede von ihnen. Man *addiere* die Zahlen, die den Grad der *guten* Tendenz ausdrücken, die die Handlung hat und zwar in bezug auf jedes Individuum, für das die Tendenz insgesamt *gut* ist; das gleiche tue man in bezug auf jedes Individuum, für das die Tendenz insgesamt *schlecht* ist. Man ziehe die *Bilanz;* befindet sich das Übergewicht auf der Seite der *Freude,* so ergibt sich daraus für die betroffene Gesamtzahl oder Gemeinschaft von Individuen eine allgemein *gute Tendenz* der Handlung; befindet es sich auf der Seite des *Leids,* ergibt sich daraus für die gleiche Gemeinschaft eine allgemein *schlechte Tendenz.*

Es kann nicht erwartet werden, daß dieses Verfahren vor jedem moralischen Urteil und vor jeder gesetzgebenden oder richterlichen Tätigkeit streng durchgeführt werden sollte. Es mag jedoch immer im Blick sein, und je mehr sich das bei solchen Anlässen tatsächlich durchgeführte Verfahren diesem annähert, desto mehr wird sich ein solches Verfahren dem Rang eines exakten Verfahrens annähern.

7. Das gleiche Verfahren läßt sich ebenso auf Freude und Leid wenden, ganz gleich, in welcher Gestalt sie auftreten ..."

– *In der Karikatur 2 ist der Liegestuhl ein knappes Gut, über dessen Verteilung entschieden werden muß. Klären Sie mit Benthams Kalkül, welche Überlegungen bei seiner Zuteilung wichtig wären.*

Bentham behauptet, daß wir meistens, wenn auch unbewußt, nach so einem Kalkül verfahren, wenn wir Handlungsalternativen prüfen. Es gäbe dann die Möglichkeit, politischen Streit (Auf die Frage „Welches von beiden?" ist die Antwort „Beides!" meistens nicht möglich.) um die Verteilung knapper Güter, z. B. Geld, objektiv zu lösen.

– *Lassen sich Verteilungsprobleme mit Benthams Kalkül lösen? Begründung!*
– *Diskutieren Sie diese Frage anhand aktueller politischer Fragen. Wäre es z. B. richtig, daß jeder Einwohner der Bundesrepublik 5% seines Einkommens für die Hungernden der Dritten Welt abgeben sollte?*

Der Mensch Mill

Benthams wichtigster Mitstreiter für eine Umsetzung des Utilitarismus war der Historiker und Nationalökonom James Mill (1773–1836). Dessen Sohn, *John Stuart Mill* (1806–1873), entwickelte den Utilitarismus entscheidend weiter. Er schrieb bereits mit 12 Jahren sein erstes Buch, mit siebzehn gründete er eine „utilitaristische Gesellschaft". Sein Buch „Utilitarismus" (1861) wurde eine der meistgelesenen philosophischen Schriften überhaupt. 1865–1868 war Mill Mitglied des britischen Unterhauses und trat dort als Abgeordneter nachdrücklich für das allgemeine Wahlrecht und für die Emanzipation der Frau ein.

John Stuart Mill

Qualitative Differenzen und Stufen des Glücks

„Es ist besser, ein unzufriedener Mensch zu sein, als ein zufriedenes Schwein."

J. S. Mill

Mill verändert den Utilitarismus dort, wo er durch Kritiker am meisten angreifbar ist, seinem puren Hedonismus (= Streben nach Lust und Genuß). Für Bentham ist das Glückskalkül ausschließlich durch die Quantität, also dem Mehr oder Weniger, der Lust bestimmt. So wäre beispielsweise nach Bentham die Befriedigung, die ein Pornofan durch ein exklusives Pornoheft erlebt, vergleichbar mit der Befriedigung eines Mozartverehrers bei einer grandiosen Aufführung der Zauberflöte. Mill bezieht demgegenüber auch die Qualität, das Besser oder Schlechter, der Lust mit ein. Das heißt, neben der Dauer und der Intensität der Lust tritt jetzt auch die Differenz zwischen der niederen sinnlichen und der höheren geistigen Lust in den Vordergrund. Mill ist der Ansicht, daß Wesen mit geistigen Fähigkeiten immer das Gefühl haben werden, daß das Glück, das ihnen die Welt bietet, unvollkommen ist. Doch gleichwohl – so sein berühmter Ausspruch – ist es besser, ein unzufriedener Mensch zu sein, als ein zufriedenes Schwein.

Freuden sind in der Qualität verschieden

Anzunehmen, daß das Leben kein höheres Ziel kennt als Lust, nichts Besseres und Edleres wünscht, ergibt eine Lehre, die nur eines Schweines würdig wäre.

Zeitgenössische Kritiker an Bentham

„Wer nun sagt, es gäbe keine Kriterien der Rangordnung, der irrt. Es gibt nämlich ein sehr präzises Kriterium, und das ist die Intensität der Freude, die sich zum Beispiel bei der Lektüre bestimmter Bücher einstellt. Es kann sein, daß jemand keine Freude an Shakespeare hat, sondern nur an Kriminalromanen. Der kann natürlich nicht mitreden. Ebenso wenig ein anderer, der noch nie mit Vergnügen einen Kriminalroman gelesen hat. Aber jeder, der sowohl an Kriminalromanen als auch an Shakespeare Freude hat, der hat die Erfahrung gemacht, daß die eine Freude von größerer Intensität, Tiefe, Dauer und Wiederholbarkeit ist als die andere, obgleich sie zugleich anspruchsvoller ist, weniger aufdringlich und nicht in jedem Augenblick greifbar und abrufbar. …

Gerade deshalb bedarf es einer gewissen Selbstdisziplin, um der höheren [Freuden], das heißt derer, die die größere Freude machen, überhaupt ansichtig zu werden. Sie bedürfen erhöhter Aufmerksamkeit. Aufmerksamkeit aber ist Selbsttätigkeit. Alles aber, was mit Selbsttätigkeit verbunden ist, macht die tiefere und dauerhaftere Freude. So bedeutet zum Beispiel Fernsehen minimale Selbsttätigkeit. Sehr klug eingefädelte statistische Untersuchungen haben daher ergeben, daß Menschen, die viel fernsehen, in ihren allgemeinen Äußerungen über ihr Lebensgefühl einen freudloseren Eindruck machen als Menschen, die eher geneigt sind, ein Buch zu lesen.“

R. Spaemann

- *Erläutern Sie Spaemanns Unterscheidung zwischen höheren und niederen Freuden.*
- *Beurteilen Sie seine Beispiele für diese Freuden.*

Was ist Utilitarismus für Mill?

Höhere Fähigkeiten

„Die Menschen haben höhere Fähigkeiten als bloß tierische Gelüste und vermögen, sobald sie sich dieser einmal bewußt geworden sind, nur darin ihr Glück zu sehen, worin deren Betätigung eingeschlossen ist. Es wäre unsinnig anzunehmen, daß der Wert einer Freude ausschließlich von der Quantität abhängen sollte, wo doch in der Wertbestimmung aller anderen Dinge neben der Quantität auch die Qualität Berücksichtigung findet. Nur wenige Menschen würden darin einwilligen, sich in eines der niederen Tiere verwandeln zu lassen, wenn man ihnen verspräche, daß sie die Befriedigungen des Tieres im vollen Umfang auskosten dürften. Kein intelligenter Mensch möchte ein Narr, kein gebildeter Mensch ein Dummkopf, keiner, der feinfühlig und gewissenhaft ist, selbstsüchtig und niederträchtig sein – auch wenn sie überzeugt wären, daß der Narr, der Dummkopf oder der Schurke mit seinem Schicksal zufriedener ist, als sie mit dem ihren. Es ist unbestreitbar, daß ein Wesen mit geringerer Fähigkeit zum Genuß die besten Aussichten hat, voll zufriedengestellt zu werden; während ein Wesen von höheren Fähigkeiten stets das Gefühl haben wird, daß alles Glück, das es von der Welt, so wie sie beschaffen ist, erwarten kann, unvollkommen ist.

Die utilitaristische Norm – das größte Glück insgesamt

… denn die Norm des Utilitarismus ist nicht das größte Glück des Handelnden selbst, sondern das größte Glück insgesamt; und wenn es vielleicht auch fraglich ist, ob ein edler Charakter durch seinen Edelmut glücklicher wird, so ist doch nicht zu bezweifeln, daß andere durch ihn glücklicher sind und daß die Welt insgesamt durch ihn unermeßlich gewinnt. Der Utilitarismus kann sein Ziel daher nur durch die allgemeine Ausbildung und Pflege eines edlen Charakters erreichen, selbst wenn für jeden einzelnen der eigene Edelmut eine Einbuße an Glück und nur jeweils der Edelmut der anderen einen Vorteil bedeuten würde.

Goldene Regel – der wohlwollende Zuschauer

Der Utilitarismus fordert von jedem Handelnden, zwischen seinem eigenen Glück und dem der andern mit ebenso strenger Unparteilichkeit zu entscheiden wie ein unbeteiligter und wohlwollender Zuschauer. In der goldenen Regel, die Jesus von Nazareth aufgestellt hat, finden wir den Geist der Nützlichkeitsethik vollendet ausgesprochen. Die Forderungen, sich dem andern gegenüber so zu verhalten, wie man möchte, daß er sich einem selbst gegenüber verhält, und den Nächsten zu lieben wie sich selbst, stellen die utilitaristische Moral in ihrer höchsten Vollkommenheit dar. Um sich diesem Ideal so weit wie möglich anzunähern, fordert das Nützlichkeitsprinzip erstens, daß Gesetze und gesellschaftliche Verhältnisse das Glück oder – wie man es in der Praxis auch nennen kann – die Interessen jedes einzelnen soweit wie möglich mit dem Interesse des Ganzen in Übereinstimmung bringen; und zweitens, daß Erziehung und öffentliche Meinung, die einen so gewaltigen Einfluß auf die menschlichen Gesinnungen haben, diesen Einfluß dazu verwenden, in der Seele jedes einzelnen eine unauflösliche gedankliche Verknüpfung herzustellen zwischen dem eigenen Glück und dem Wohl des Ganzen…"

Die utilitaristische Moral kann also definiert werden als die Gesamtheit der Handlungsregeln und Handlungsvorschriften, durch deren Befolgung ein Leben der angegebenen Art für die gesamte Menschheit im größtmöglichen Umfange erreichbar ist; und nicht nur für sie, sondern, soweit es die Umstände erlauben, für die gesamte fühlende Natur."

John Stuart Mill

- *Stellen Sie in einer Übersicht zusammen, wie Mill Utilitarismus versteht und wie sich sein Verständnis von dem Benthams unterscheidet.*
- *Wie begründet Mill seine Forderung, daß die Qualität neben der Quantität bei der Bestimmung von Lust (Freude) eine besondere Rolle spielen müsse?*
- *Kann auch Mills Utilitarismus als eine „exakte Wissenschaft" verstanden werden, so daß ein Maßstab qualitativer Freuden erstellbar wäre?*

Nachwirkungen des Utilitarismus

Utilitaristische Strömungen des 20. Jahrhunderts

Folgende Übersicht gibt die Hauptströmungen des Utilitarismus wieder:

Utilitarismus

Nützlichkeit als Prinzip des Lebens

– Antike

Individueller Utilitarismus im Eudämonismus: Sittlich gut ist jenes Handeln, das uns beglückt.

(Aristoteles, Epikur u.a.)

– Jeremy Bentham

Alle menschlichen Handlungen haben ihr Motiv im Wunsch nach Lust und in der Vermeidung des Leids. Dabei sind Lust und Leid anderer zu berücksichtigen.

– John Stuart Mill

„Es ist besser, ein unzufriedener Mensch zu sein, als ein zufriedenes Schwein.“
Die Norm ist das größte Glück für die Allgemeinheit.

– Henry Sidgwick

Lust und Unlust sind nicht die einzigen Bestimmungsgründe menschlichen Handelns.
Nicht nur dem allgemeinen Wohlergehen, sondern auch der Gerechtigkeit ist moralisches Handeln verpflichtet.

– Marxismus-Leninismus

Alles menschliche Tun geschieht im Dienst und zum Nutzen der sozialistischen Gesellschaft.

– Amerikanischer Pragmatismus

„Wahr ist, was nützlich ist.“ Der praktische Nutzen wird zum Kriterium für wahres Denken.

– Moderner Regelutilitarismus

Ziel ist die Aufstellung optimaler Regeln, die den Nutzen menschlicher Handlungen maximiert.

(Brandt u.a.)

– Moderner Interessenutilitarismus

„Mein ganz natürliches Bestreben, daß für meine Interessen gesorgt wird, muß auf die Interessen anderer ausgedehnt werden. Handle so, daß es die Interessen aller Betroffenen maximiert.“

(P. Singer u.a.)

„Im Gegensatz zum geringen Ansehen in der deutschen Diskussion ist der Utilitarismus im englischsprachigen Raum die einflußreichste und am lebhaftesten diskutierte Richtung der Ethik. Darüber hinaus ist der Utilitarismus für die Entwicklung ... der Wohlfahrtsökonomie, sowie für eine Vielzahl von gesellschaftlichen und politischen Reformen mitverantwortlich." (Höffe)

Aus der vielfältigen Zahl weiterentwickelter utilitaristischer Positionen sollen Sie in erster Linie zwei kennenlernen: den *Regelutilitarismus* und den *Interessenutilitarismus:*

Regelutilitarismus

„Es gibt eine Variante des Utilitarismus, den sogenannten Regelutilitarismus, der ... Schwierigkeiten [des Utilitarismus] auf einen Schlag zu beheben versucht.

Das erste Problem besagt, daß jede faktische utilitaristische Nutzenrechnung durch erhebliche Unsicherheiten beeinträchtigt ist, mit unzulänglichen Informationen arbeiten und so zu unzuverlässigen Ergebnissen führen muß. Außerdem braucht jede derartige Berechnung Zeit, und die Gewohnheit, sie in jedem Falle vorzunehmen, kann zu einer psychologischen Disposition führen, durch die utilitaristisch wünschenswerte Dinge, wie z.B. entschlossenes Handeln, u. U. faktisch unmöglich gemacht werden. Es wäre insofern günstiger, wenn man nicht die Folgen jeder einzelnen Handlung berechnen müßte, sondern gewisse Regeln aufstellte, die ohne umständliche Kalkulation im Einzelfall angewendet werden könnten. Es sind dann diese Regeln, die den Ansprüchen des Prinzips vom größten Glück der größten Zahl genügen müssen, nicht mehr die einzelnen Handlungen.

Die gleiche Idee wird dann dazu benutzt, eine andere Schwierigkeit zu beheben, die ansonsten beträchtliche Probleme aufgeben würde: nämlich daß es unschwer möglich ist, Fälle zu konstruieren, z.B. den, wo die Verurteilung eines Unschuldigen notwendig und hinreichend ist, um einen großen Schaden für die Allgemeinheit zu vermeiden, wo das Ergebnis des utilitaristischen Kalküls mit dem in Konflikt gerät, was die meisten von uns für das moralisch richtige Verhalten halten würden. Neben dem eben genannten Beispiel zur Gerechtigkeit kann unter anderem auch das Einhalten von Versprechen und die Pflicht zur Wahrhaftigkeit bei einer handlungsutilitaristischen Interpretation der Sachlage zu Konflikten führen. Diesen Schwierigkeiten will der Regelutilitarismus mit dem Nachweis begegnen, daß die Regeln oder Praktiken bei der Ausübung von Gerechtigkeit, dem Einhalten von Versprechen und der Wahrhaftigkeit einen positiven Nutzen haben, der den möglicher Alternativen überwiegt." *Bernard Williams*

- *Stellen Sie fest, welche Schwierigkeiten des Utilitarismus der Regelutilitarismus beheben will.*
- *Warum könnte die „Verurteilung eines Unschuldigen ... um großen Schaden zu vermeiden" mit einem handlungsutilitaristischen Ansatz möglich sein und mit einem regelutilitaristischen Ansatz (Denken Sie dabei auch an Kant!) unmöglich sein?*

Interessenutilitarismus

Peter Singer, ein australischer Philosoph, vertritt einen Interessenutilitarismus, in dem wohl erwogene Interessen der Betroffenen im Mittelpunkt stehen.

„Der universale Aspekt der Ethik, so behaupte ich, versieht uns mit einem überzeugenden, wiewohl nicht endgültigen Grund dafür, eine utilitaristische Position im weiteren Sinne einzunehmen.

Mein Grund für diese Behauptung ist folgender: Indem ich akzeptiere, daß moralische Urteile von einem universalen Standpunkt aus getroffen werden müssen, akzeptiere ich, daß meine eigenen Interessen nicht einfach deshalb, weil sie *meine* Interessen sind, mehr zählen als die Interessen von irgend jemand anders. Daher muß, wenn ich moralisch denke, mein ganz natürliches Bestreben, daß für meine Interessen gesorgt wird, ausgedehnt werden auf die Interessen anderer. (...) Würden wir „Interessen" weit genug definieren, so daß wir alles, was Menschen wünschen, als ihre Interessen auffaßten (...), dann kann wohl in diesem vormoralischen Zustand *nur* das je eigene Interesse für die Entscheidung (zu einer Handlung) relevant sein.

Angenommen, ich beginne dann so weit moralisch zu denken, daß ich erkenne, daß meine eigenen Interessen nicht einfach aus dem Grund, weil sie meine eigenen sind, mehr zählen als die Interessen anderer. Anstelle meiner eigenen Interessen habe ich nun die Interessen aller zu berücksichtigen, die von meiner Entscheidung betroffen sind. Dies erfordert von mir, daß ich alle diese Interessen abwäge und jenen Handlungsverlauf wähle, von dem es am wahrscheinlichsten ist, daß er die Interessen der Betroffenen maximiert. Also muß ich den Handlungsverlauf wählen, der per saldo für alle Betroffenen die besten Konsequenzen hat. Dies ist eine Form von Utilitarismus. Sie unterscheidet sich vom klassischen Utilitarismus dadurch, daß „beste Konsequenzen" das bedeutet, was nach reiflicher Erwägung die Interessen der Betroffenen fördert, und nicht bloß das, was Lust vermehrt und Unlust verringert. (Es wurde behauptet, klassische Utilitaristen wie Bentham und J. St. Mill hätten „Lust" und „Schmerz" in einer weiten Bedeutung verwendet, die auch die Erreichung dessen, was man als eine „Lust" wünscht, einzuschließen gestattete. Ist diese Interpretation korrekt, so verschwindet der Unterschied zwischen klassischem Utilitarismus und dem Utilitarismus, der auf Interessen gründet.)

Was zeigt uns das? Es zeigt uns nicht, daß der Utilitarismus vom universalen Aspekt der Ethik hergeleitet werden kann. Es gibt andere ethische Ideale – individuelle Rechte, die Heiligkeit des Lebens, Gerechtigkeit, Reinheit usw. –, die im erforderlichen Sinne universal und zumindest in manchen Fassungen mit dem Utilitarismus unvereinbar sind. (...) Die utilitaristische Position ist eine minimale, eine erste Grundlage, zu der wir gelangen, indem wir den vom Eigeninteresse geleiteten Entscheidungsprozeß universalisieren. Wollen wir moralisch denken, so können wir uns nicht weigern, diesen Schritt zu tun. Will man uns überzeugen, daß wir über den Utilitarismus hinausgehen und nichtutilitaristische moralische Regeln oder Ideale akzeptieren sollten, so muß man uns gute Gründe für diesen weiteren Schritt liefern. Bevor solche Gründe vorgebracht werden, haben wir einigen Grund, Utilitaristen zu bleiben."

- *Was versteht Singer unter Interessen? Wie geht der Utilitarismus über vormoralische Erwägungen hinaus?*

- *Könnten mit Hilfe utilitaristischer Prinzipien klassische Interessenkonflikte, z.B. Tarifverhandlungen, moralisch „besser" gelöst werden? Lesen Sie dazu auch „Der Kern des Utilitarismus".*

Der Kern des Utilitarismus

Obwohl er längst nicht mehr eine einzige, gleichförmige Theorie ist, läßt sich doch als gemeinsamer Kern ein Moralprinzip herausfiltern, das sich aus vier Teilmaßstäben zusammensetzt.

Das erste Element ist das *Folgenprinzip:* Im Utilitarismus werden Handlungen bzw. Handlungsregeln (Normen) nicht für sich selbst oder aus ihren Eigenschaften heraus als richtig oder falsch beurteilt; ihre Richtigkeit bestimmt sich von den Folgen her.

Das zweite ist das *Nutzenprinzip:* Maßstab für die Beurteilung der Folgen ist deren Nutzen, deren Utilität; daher die Bezeichnung Utilitarismus. Entscheidend ist (...) der Nutzen für das an sich oder schlechthin Gute.

Das dritte Element heißt *Lustprinzip:* Zwar kann die Begründung des an sich Guten eigenen philosophischen Überlegungen überlassen bleiben, die als höchsten Wert etwa gesellschaftliche Anerkennung, Vitalität, Schönheit, Erkenntnis oder eine Verbindung dieser und anderer Sinnbestimmungen auffassen. Sofern man jedoch Bentham und Mill als den klassischen Vertretern des Utilitarismus folgt, gilt als höchster Wert die Erfüllung der menschlichen Bedürfnisse und Interessen, das menschliche Glück. Das letzte Ziel liegt in der höchstmöglichen Bedürfnis- und Interessenbefriedigung bzw. im geringstmöglichen Versagen der Befriedigung, der geringsten Frustration. Dabei hat insbesondere Bentham geglaubt, das Maximum an Lust und Minimum an Unlust lasse sich mit Hilfe eines hedonistischen Kalküls berechnen.

Der vierte Teilmaßstab heißt *Sozialprinzip:* Es kommt nicht auf Lust und Unlust für den Handelnden allein an. Das würde nur einen rationalen Egoismus begründen, der dem Utilitarismus genau entgegengesetzt ist. Ausschlaggebend ist auch nicht das Wohlergehen der eigenen Gruppe, Gesellschaft oder Kultur allein, sondern das Wohl *aller* von der Handlung Betroffenen. Dabei sind nicht bloß die lebenden, sondern auch die künftigen Generationen zu berücksichtigen, was etwa für die Staatsverschuldung, auch für eine nichtfinanzielle Verschuldung beispielsweise für Umweltprobleme bedeutungsvoll ist.

Überblickt man die vier Teilmaßstäbe, so erscheint der Utilitarismus als eine philosophische Ethik im Sinne einer wissenschaftlichen Sozialpragmatik, die das menschliche Handeln auf das allgemeine Wohlergehen verpflichtet und diese Verpflichtung soweit wie möglich methodisch einzuholen sucht. Die vier Leitgesichtspunkte: das Folgenprinzip und das Nutzenprinzip, das Lust- und das Sozialprinzip, lassen sich in das eine utilitaristische Prinzip, das Prinzip der Nützlichkeit, zusammenfassen: „Die Handlung bzw. Handlungsregel ist im sittlichen Sinn gut bzw. richtig, deren Folgen für das Wohlergehen aller Betroffenen optimal sind.“ *Otfried Höffe*

– *Finden Sie zu jeder der 8 Strömungen des Utilitarismus (siehe Abb. S. 105) ein aktuelles Beispiel?*

Zur Bewertung des Utilitarismus

Was macht den Utilitarismus attraktiv?

Über den Utilitarismus wird ausgesprochen kontrovers diskutiert, Höffe verweist auf sein geringes Ansehen in Deutschland, wo manche von einer Buchhalter-Moral sprechen. Nachdem Sie die Grundlagen des Utilitarismus kennengelernt haben, sollen ihnen in einer Pro-und-Contra-Weise Bewertungen des Utilitarismus vorgestellt werden, damit sie sich ein eigenes Urteil bilden können.

Es wäre sinnlos, ganz voraussetzungslos (...) zu diskutieren, was im einzelnen unter dem Begriff Utilitarismus zu fassen ist und was nicht. Näher kommt man der Sache, wenn man sich fragt, welche *Pointe* die utilitaristische Denkweise in der Moral hat, und das entdeckt man nicht ausschließlich und nicht einmal hauptsächlich, indem man Bentham, John Stuart Mill und die übrigen Klassiker liest, sondern indem man sich fragt, inwiefern dieser Standpunkt für das Denken über Moral so besonders attraktiv ist. Soweit ich sehe, spielen hier hauptsächlich *vier Faktoren* eine Rolle (und mit ihrer Aufzählung soll nicht etwa bestritten werden, daß sie in einem inneren Zusammenhang stehen, dem nachzugehen sich lohnen würde):

Zuerst ist dieser Standpunkt nichttranszendent, d. h., er (der Utilitarismus) beruft sich auf nichts, das außerhalb des menschlichen Lebens liegt, vor allem nicht auf religiöse Überzeugungen. Dadurch kommt er der durchaus vernünftigen Forderung entgegen, daß die Moral sich heutzutage offen vom Christentum emanzipieren sollte.

Zweitens scheint das oberste Gut der Utilitaristen, das Glück, kaum irgendwelche Probleme aufzuwerfen: wie sehr sich die Menschen auch sonst unterscheiden mögen, sie möchten doch wenigstens alle glücklich sein; und welche anderen Ziele dabei auch aufgegeben werden müssen, das Streben nach einem Maximum an Glück muß sicherlich eine vernünftige Zielsetzung sein. Allerdings ergibt sich an dieser Stelle ein notorisches Problem, nämlich der Übergang von dem vermeintlich unbestreitbaren Ziel, das eigene Glück anzustreben, zu dem nicht ganz so unbestreitbaren Ziel, das Glück anderer anzustreben; und der unglückliche Mill ist von seinen Kritikern ziemlich heftig dafür gebeutelt worden, daß er diesen Übergang angeblich deduktiv herzuleiten gesucht hat. Ich bezweifle, ob er dies tatsächlich versucht hat; aber so oder so läßt sich daraus kein Argument gegen den Utilitarismus machen, es gibt nicht den mindesten Grund, warum ausgerechnet der Utilitarismus über eine Zauberformel verfügen sollte, mit der man den Amoralisten von seinem Standpunkt abbringen könnte.

Der dritte (Faktor) besteht darin, daß moralische Fragen durch die Berechnung ihrer empirischen Konsequenzen entscheidbar sind. Das moralische Denken wird empirisch und damit alle entscheidenden Fragen der Gesellschaftspolitik eine Sache der Sozialwissenschaft. Häufig wird dies als eine der Hauptattraktionen des Utilitarismus betrachtet. Es wird nicht behauptet, daß die erforderlichen Berechnungen leicht oder auch nur in jedem Falle praktisch möglich wären; der Reiz liegt vielmehr in der Versicherung, daß, wenn Schwierigkeiten auftreten, diese nichts Geheimnisvolles an sich haben.

Und *viertens* führt der Utilitarismus in das moralische Denken gleichsam eine allgemein gängige Währung ein: Die unterschiedlichen Ziele verschiedener Personen und die unterschiedlichen Ansprüche, denen jeder einzelne ausgesetzt ist, können (im Prinzip) in Glückseinheiten gegeneinander verrechnet werden. Eine wichtige Konsequenz hieraus ist, daß eine bestimmte Art von moralischem Konflikt, die anderen Moralauffassungen große Schwierigkeiten macht, unmöglich wird – nämlich, daß zwei legitime Ansprüche einander entgegenstehen. Von anderen moralischen Standpunkten aus scheint es so, als ob man in einer solchen Situation in jedem Falle so oder so falsch handeln muß. Aber auf der Basis des Utilitarismus ist das schlechterdings unmöglich. Unterschiedliche Ansprüche werden nach dem Prinzip des größten Glücks gegeneinander aufgerechnet, und was richtiges oder falsches Handeln ist, bestimmt sich einzig und allein danach, welche Handlung, *aufs Ganze gesehen,* die beste ist. Wenn zwei mögliche Handlungen sich in ihrem Beitrag zum allgemeinen Glück nicht unterscheiden, ist es gleichgültig, zu welcher man sich entschließt.

Bernard Williams

- *Welche „Pointen“ hat nach Williams der Utilitarismus?*
- *Machen diese „Pointen“ moralisches Leben und moralische Entscheidungen leichter als z. B. der kategorische Imperativ Kants (vgl. dazu S. 76)?*

Was spricht gegen den Utilitarismus?

Freilich sprechen viele Gründe dagegen, man bräuchte nur Lust und Unlust berechnen, um das menschliche Glück endgültig zu verwirklichen.

Einwenden läßt sich gegen den Utilitarismus auch, daß er sittliche Probleme des Menschen nur im Verhältnis zu seinen Mitmenschen, aber nicht im Verhältnis der Mitmenschen zu sich selbst kennt. Probleme von Selbstverstümmelung oder Selbstmord, vielleicht schon eine Maßlosigkeit im Essen und Trinken müssen wir nicht für sittlich gleichgültig erklären, sofern sie nicht eine gesellschaftliche Bedeutung erlangen. Wir können sie ebenso als Verbindlichkeiten betrachten, deren Anerkennung der Menschen nicht nur seinen Mitmenschen, sondern auch sich selbst als sittlichem Wesen schuldet. Dasselbe gilt für andere Verbindlichkeiten, so etwa für die Verbote zu lügen, zu betrügen und zu töten.

Gegen den Utilitarismus spricht ferner, daß er Fragen der Gerechtigkeit nicht angemessen lösen und die Idee unveräußerlicher Menschenrechte nicht begründen kann. Denn nach dem Utilitarismus ist es nicht ausgeschlossen, daß unter bestimmten, wenn auch vielleicht nicht sehr wahrscheinlichen Randbedingungen eine Sklaven- oder eine Feudalgesellschaft, auch ein Polizei- oder Militärstaat sittlich nicht bloß erlaubt, sondern sogar geboten sind – vorausgesetzt, daß das Gesamtwohl gesteigert wird. Der Utilitarismus stellt eine Art von Kollektivegoismus dar, dem eine Unterdrückung oder Benachteiligung von Minderheiten, selbst eine Verletzung unveräußerlicher Menschenrechte erlaubt ist, sofern sie sich mit einer größeren Besserstellung der Mehrheit verbindet und die kollektive Glücksbilanz positiv ist.

Außerdem sind für den Utilitarismus zwei öffentliche Entscheidungen, die zum gleichen gesellschaftlichen Gesamtnutzen führen, sittlich gleichwertig, auch wenn die eine Entscheidung den Nutzen auf wenige, die andere ihn auf viele oder alle verteilt.

Gewiß, so ist einzuräumen, sind utilitaristische Erwägungen gegenüber Verteilungsproblemen nicht völlig neutral. Denn wenn man zum Beispiel einhundert Äpfel auf einhundert Personen verteilen soll, so ist der gesellschaftliche Gesamtnutzen sehr wohl davon abhängig, ob jede Person einen Apfel, jede fünfte zwanzig oder eine alle hundert Äpfel erhält. Denn nach dem Gesetz des abnehmenden Grenznutzens wird das Verspeisen des ersten Apfels mehr Freude machen als das des dritten oder vierten Apfels; bei einer bestimmten Menge schlägt der positive Wert sogar in einen negativen um: je nach Obstmangel und Hunger wird der fünfte, zehnte oder zwanzigste Apfel zur Qual.

Der Gegensatz von Utilitarismus und Verteilungsgerechtigkeit mildert sich also bei näherer Betrachtung ab. Unter bestimmten empirischen Annahmen folgt aus dem Utilitarismus sogar eine strenge Gleichbehandlung: jedem dieselbe Menge, also genau einen Apfel. Doch gilt diese Gleichbehandlung nicht als eine grundsätzliche sittliche Forderung; sie ist von den mehr oder weniger zufälligen empirischen Gegebenheiten abhängig. (...) Weiterhin kommt es dem Utilitarismus nicht auf die Frage an, aus welchen Gründen und Motiven man das Wohlergehen aller Betroffenen befördert, etwa nur um seinen guten Ruf zu bewahren und ein angesehener Bürger zu sein. Solche Gründe wären aber letztlich nichts anderes als versteckte Spielarten von Selbstinteresse. So ist vom Standpunkt der Sittlichkeit aus gesehen die Relativierung des Selbstinteresses, die der Utilitarismus fordert, nicht radikal genug.

So bietet der Utilitarismus bei näherer Untersuchung weder einen zureichenden noch einen hinreichend genauen Maßstab des Sittlichen an." *Otfried Höffe*

- *Was kritisiert Höffe am Utilitarismus? Was muß für ihn ein sittlicher Maßstab beinhalten?*
- *Vergleichen Sie Höffes Position mit der Willams. Welche überzeugt Sie mehr? Warum?*
- *Überprüfen Sie ihr kritisches Verständnis des Utilitarismus, indem Sie den Fall Stolpe (vgl. S. 84f.) mit utilitaristischen Prinzipien angehen. Kommen Sie zu einer befriedigenden Lösung?*

Ethik des Mitleids – Schopenhauer

Der Mensch Schopenhauer

Arthur Schopenhauer (1788–1860) wurde als Sohn eines Großkaufmanns in Danzig geboren. Er machte schon in seiner Jugend mit seinen Eltern ausgedehnte Reisen nach England und Frankreich. Nach dem Tod seines Vaters (möglicherweise Selbstmord) gibt Schopenhauer 1808 den zunächst erlernten kaufmännischen Beruf auf, holt in Weimar die höhere Schule nach und beginnt gründliche Studien der griechischen und lateinischen Sprache und Literatur. In Göttingen und Berlin studiert er zunächst Medizin, Chemie, Physik und später Philosophie. Sein Studium schließt er dann 1813 in Jena mit der Promotion zum Doktor der Philosophie ab. 1814 überwirft er sich mit seiner Mutter, deren lockerer Lebenswandel ihn empört, und übersiedelt nach Dresden. Nach einer ausgedehnten Italienreise habilitiert sich Schopenhauer an der Universität Berlin und will dort 1820 Philosophiedozent werden. Er versucht hier mit *Hegel* zu konkurrieren – jedoch ohne jeden Erfolg. Aus Verbitterung hierüber entschließt er sich das Leben eines Privatgelehrten zu führen. 1831 flieht Schopenhauer vor der Cholera aus Berlin nach Frankfurt am Main, wo er sehr zurückgezogen als Privatgelehrter lebt und zahlreiche Schriften verfaßt. Schopenhauer stirbt 1860 überraschend an einer Lungenembolie. Anfangs nur wenig beachtet, wurde Schopenhauers Philosophie seit etwa 1850 zunehmend bekannt und fand Anerkennung in ganz Europa.

Der Misanthrop

Von Schopenhauer wird berichtet, daß er argwöhnisch und jähzornig gewesen sei. „Menschenverächter“ nannte er sich selbst. Seine Mutter, eine einstmals berühmte Schriftstellerin klagte, sein ewiges „Lamentieren über die dumme Welt und das menschliche Elend“ ginge ihr auf die Nerven. Angeblich hatte Schopenhauer andauernd den Eindruck, daß seine Mitwelt ihm Böses antun wolle. Deshalb hatte er in seinem Schlafzimmer immer eine Waffe bereit und seine Wertgegenstände in seiner Wohnung sorgfältig versteckt. Leicht reizbar, konnte er sogar tätlich werden. Eine Näherin, die ihn durch ihr Geschwätz störte, soll Schopenhauer heftig zu Boden geworfen haben, was der Näherin bleibende Schäden und Schopenhauer eine lebenslängliche Rentenverpflichtung für diese Frau einbrachte. Stets hatte er Ärger mit seinen Verlegern, denen er vorwarf, sie täten nicht genug für die Verbreitung seiner Bücher. So verbrachte Schopenhauer auch die letzten Lebensjahre in trotziger Zurückgezogenheit, nur mit seinem Pudel als Hausgenossen.

Schopenhauer hatte demzufoge eine durch und durch pessimistische Grundeinstellung. Dennoch oder vielleicht gerade deshalb hat er eine „Ethik des Mitleids“ begründet.

Schopenhauers Menschenbild

Die Stachelschweine

„Eine Gesellschaft Stachelschweine drängte sich an einem kalten Wintertage recht nahe zusammen, um durch die gegenseitige Wärme sich vor dem Erfrieren zu schützen. Jedoch empfanden sie die gegenseitigen Stacheln; welches sie dann wieder voneinander entfernte. Wenn nun das Bedürfnis der Erwärmung sie wieder näher zusammenbrachte, wiederholte sich jenes zweite Übel, so daß sie zwischen beiden Leiden hin- und hergeworfen wurden. Bis sie eine mäßige Entfernung voneinander herausgefunden hatten, in der sie es am besten aushalten konnten."

So treibt das Bedürfnis der Gesellschaft, aus der Leere und Monotonie des eigenen Inneren entsprungen, die Menschen zueinander; aber ihre vielen widerwärtigen Eigenschaften und unerträglichen Fehler stoßen sie wieder voneinander ab. Die mittlere Entfernung, die sie endlich herausbilden und bei welcher ein Zusammensein bestehen kann, ist die Höflichkeit und feine Sitte. „Dem, der sich nicht in dieser Entfernung hält, ruft man England zu: „Keep your Distance!" (Wahre deinen Abstand!) Vermöge derselben wird zwar das Bedürfnis gegenseitiger Erwärmung nur unvollkommen befriedigt, dafür aber der Stich der Stacheln nicht empfunden. – Wer jedoch viel innere Wärme hat, bleibt lieber aus der Gesellschaft weg, um keine Beschwerde zu geben oder zu empfangen."

Arthur Schopenhauer

Die „Stachelschweine" heute

„Da droht das Stachelschwein-Syndrom"

Professor *Horst W. Opaschowski* leitet das B.A.T. Freizeitforschungsinstitut und lehrt Freizeitpädagogik. Mit CHIP sprach er über virtuelle Kommunikation, Freizeitverhalten und das Geschäft mit der Einsamkeit.

CHIP: Warum begeben sich die Menschen in einer Zeit, in der es ein riesiges reales Freizeitangebot gibt, in virtuelle Kunstwelten?

Opaschowski: Der Konsument befindet sich auf einer Art Gratwanderung. Einmal bewegt er sich auf dem Feld dessen, was zum Leben unbedingt notwendig ist. Er muß also abwägen, wie weit er Geld ausgeben kann. Auf der anderen Seite bewegt er sich in einem Reich der Illusion, in dem, was das Leben schöner macht. Der Mensch lebt in zwei Gebäuden: im eisernen Käfig der wirtschaftlichen Notwendigkeit und im illusionären Schloß romantischer Träume. Beides gehört zum Leben, aber die meisten wissen, daß man aus den Träumen auch wieder in die Realität zurückkehren muß . . . Ende der siebziger Jahre gab es in den USA Prognosen, daß die Einsamkeit zu einem der wichtigsten Wirtschaftsfaktoren der Zukunft wird. Gemeinschaft gibt es künftig vielleicht nur noch spontan anläßlich von Krisen, Krankheit oder Katastrophen. Und die Menschen werden sich dann notgedrungen mit der Einsamkeit arrangieren. Sie werden auf staatliche oder kommerzielle Kontaktdienste hoffen, ob das nun die Telefonseelsorge, Telefonkontakt-Anzeigen oder das Psychophon (Telefontherapie gegen Geld) ist. Für jedes Problem gibt es die passende Telefonnummer . . .

CHIP: Tendieren die Menschen zum virtuellen Erleben: der digitalisierte Südseestrand, Cybersex mit der Traumfau?

Opaschowski: Sicherlich ist das reale Erleben tausendmal besser. Aber in Anbetracht der ökologischen Probleme ist es besser für mich und die Umwelt, wenn ich zu Hause bleibe. Oder eben bei sexuellen Erlebnissen, bei der Aids-Angst angefangen bis zur Dauerbindung – Cybersex ist nicht so folgenreich. Doch die Sehnsucht nach wirklich echten Bindungen wird immer größer, je mehr die Menschen diesen Dingen entfliehen. Da droht das Stachelschwein-Syndrom: Sie spreizen die Stacheln, sobald man ihnen zu nahe kommt, und dann ziehen sie sich zurück. Der Wunsch nach Nähe ist da und wenn sie kommt, haben sie Angst vor der eigenen Courage. *Chip 9/94*

- *Stimmen Sie der Beschreibung von Schopenhauer bzw. Opaschowski zu?*
- *Halten Sie „Keep your distance!" für eine richtige Lebenseinstellung? Begründen Sie Ihre Antwort!*

Emotionale Betroffenheit als Voraussetzung philosophischen Fragens

Schopenhauer beobachtete das mannigfache Leid in dieser Welt und kommt zu dem Schluß „Die Welt ist die schlechteste aller möglichen Welten". Leiderfahrung wird zum Ausgangspunkt seiner Ethik:

„Die Welt ist die Hölle, und die Menschen sind einerseits die gequälten Seelen und andererseits der Teufel darin." *A. Schopenhauer*

Aus Schopenhauers Tagebuch

Nach dem Besuch des Kerkers im französischen Toulon schrieb der Sechzehnjährige am 8. April 1804 in sein Tagebuch:

„Alle schweren Arbeiten im Arsenal werden durch die Galeeren-Sklaven verrichtet, (...). Das Los dieser Unglücklichen halte ich für bei weitem schrecklicher wie Todes-Strafen. Die Galeeren, die ich von außen gesehen habe, scheinen der schmutzigste, ekelhafteste Aufenthalt, der sich denken läßt. Die Galeeren gehn nicht mehr zur See: es sind alte kondemnierte (seeuntaugliche) Schiffe. Das Lager der Forçats (Gefangenen) ist die Bank, an die sie gekettet sind. Ihre Nahrung bloß Wasser u. Brot: u. ich begreife nicht, wie sie, ohne eine kräftige Nahrung u. von Kummer verzehrt, bei der starken Arbeit, nicht eher unterliegen; (...) läßt sich eine schrecklichere Empfindung denken, wie die eines solchen Unglücklichen, während er an die Bank in der finsteren Galeere geschmiedet wird, von der ihn nichts wie der Tod mehr trennen kann! (. . .)

Als Dreißigjähriger faßt Schopenhauer seine bisherigen Lebenserfahrungen folgendermaßen zusammen:

Wenn man nun endlich noch jedem die entsetzlichen Schmerzen und Qualen, denen sein Leben beständig offen steht, vor die Augen bringen wollte, so würde ihn Grausen ergreifen: und wenn man den verstocktesten Optimisten durch die Krankenhospitäler, Lazarette und chirurgischen Marterkammern, durch die Gefängnisse, Folterkammern und Sklavenställe, über Schlachtfelder und Gerichtsstätten führen, dann alle die finstern Behausungen des Elends, wo es sich vor den Blicken kalter Neugier verkriecht, ihm öffnen und zum Schluß ihn in den Hungerturm des Ugolino blicken lassen wollte, so würde sicherlich auch er zuletzt einsehen, welcher Art diese beste der möglichen Welten ist. Woher denn anders hat Dante den Stoff zu seiner Hölle genommen, als aus dieser unserer wirklichen Welt?"

Ist sonach der Charakter der ersten Lebenshälfte unbefriedigte Sehnsucht nach Glück, so ist der der zweiten Besorgnis vor dem Unglück. Denn mit ihr ist mehr oder weniger die Erkenntnis eingetreten, daß alles Glück chimärisch (trügerisch), hingegen das Unglück real sei. Jetzt wird daher, wenigstens von den vernünftigen Charakteren, mehr Schmerzlosigkeit und ein unangefochtener Zustand als Genuß angestrebt. – Wenn, in meinen Jünglingsjahren, es an meiner Tür schellte, wurde ich vergnügt: denn ich dachte, nun käme es. Aber in späteren Jahren hatte meine Empfindung bei demselben Anlaß vielmehr etwas dem Schrecken Verwandtes: ich dachte: „Da kommt's."

Schopenhauer

Der universale Wille

Schopenhauer betrachtet die gesamte Welt als Ausdruck eines mächtigen Urwillens, der alles treibt, „die Pflanze ebenso wie den Stein der zu Boden fällt" (Koesters).

Der universale Wille strebt auf den verschiedenen Stufen des Seins nach der größtmöglichen Objektivierung seiner selbst. (...) Auf all den verschiedenen Stufen äußert sich der Wille als Trieb zur Erhaltung der jeweiligen Eigenart; aber dieser Selbsterhaltungsdrang treibt die Stufen in einen Gegensatz zueinander, der wiederum höhere Stufen von Willensobjektivationen erzeugt. Als ein Glied dieses Selbsterhaltungstriebs entsteht auch das Bewußtsein: Damit beginnt der Kampf der Tiere und später der Menschen untereinadnder, der letztlich bloßen Ausdruck für das universale Streben des Weltwillens ist. Die Liebe z. B., die gewöhnlich als etwas Gutes angesehen wird, muß als Mittel im Versuch des blinden Willens gelten, die Gattung und damit das eigene Streben zu erhalten. Zwar gibt es momentane Lustgefühle, aber auf sie folgen immer Ermüdung, noch verweifeltere Langeweile und dadurch noch größeres Luststreben. S. formuliert hier eine durchgängig pessimistische Metaphysik. Nicht einmal der Selbstmord schafft Abhilfe, weil der Selbstmörder doch sterben will und also den Willen nie verneint. Im Augenblick des Todes geht er nur in eine andere Form des objektivierten Willens über. Immer ist der Mensch von der Maya gefangen. (Diesen Begriff der „Maya" entlehnt S. der indischen Philos., um den Scheincharakter der Erscheinungwelt auszudrücken.) Für S. gibt es jedoch drei Wege, die – mehr oder weniger weit – zur Befreiung vom Willen führen.

Den ersten Weg geht die ästhetische Kontemplation. Das interessenlose Betrachten von Kunst befreit den Menschen kurzzeitig aus seiner Abhängigkeit vom blinden Willen, indem es ihn aus seinem Besitztrieb heraushebt, einer der stärksten Willensobkjektivationen. Die höchste Form der Kunst stellt die Musik dar, weil der Wille hier seinen höchsten Ausdruck findet, wie aber zugleich am wenigsten an ihn gebunden sind.

Eine tiefere Befreiung als die ästhetische des Augenblicks leistet die Ethik. Als ethisches Grundphänomen faßt S. das Mitleid auf. Gewöhnlich gilt uns der Nächste als Objekt unserer Begierde, z. B. als Objekt ökonomischer oder sexueller Ausbeutung. Über diese Begierde trägt aber das Mitleid hinweg. Es erzeugt die Einsicht, daß die Leiden des Nächsten identisch sind mit den eigenen Leiden, da der Nächste ebenso wie das eigene Ich bloß individuierter Ausdruck des universalen Weltwillens ist.

Der vollkommenste Weg besteht jedoch in einer asketischen Gleichgültigkeit der Welt gegenüber, im völligen Resignieren und Aufgeben allen Strebens. Hier ist das Subjekt vollständig aus seinem Verhältnis zum Objekt befreit und daher auch aus seiner Bindung an die Subjekt-Objekt-Beziehung, die in der Erscheinungswelt die Individuierung des Weltwillens ausdrückt. In der Askese löst sich die Individualität des Subjekts auf, indem das Individuationsprinzip als solches überschritten wird. Dadurch verliert „der Schleier der Maya" seine Macht, und es gelingt die äußerste Befreiung (das Nirwana).

Philosophielexikon

- *Was ist der Wille für Schopenhauer?*
- *Wie reagieren Sie, wenn Ihnen jemand sagt, Sie seinen von ihrem Willen getrieben?*
- *Welche Wege zur Befreiung vom Willen sieht Schopenhauer? Wie beurteilen Sie diese Wege?*

Den naheliegenden Gedanken, sich dem alles umfassenden Leid durch Selbstmord zu entziehen, verwirft Schopenhauer. Begründung: Durch den Freitod vernichtet man nur eine Existenzform des Willens, nicht aber den Willen selbst. Schopenhauer glaubt, ähnlich wie die Buddhisten, an eine Wiedergeburt. Der Wille bildet sofort eine neue Form für seine Existenz. *Paul-Heinz Koesters*

Mitleid als moralische Triebfeder

Die antimoralische Triebfeder – Der Egoismus als Haupt- und Grundtriebfeder

Die Haupt- und Grundtriebfeder im Menschen wie im Tiere ist der Egoismus, d.h. der Drang zum Dasein und Wohlsein. Dieser Egoismus, im Tiere wie im Menschen, mit dem innersten Kern und Wesen desselben aufs genaueste verknüpft, ja, eigentlich identisch … Der Egoismus ist, seiner Natur nach, grenzenlos: der Mensch will unbedingt sein Dasein erhalten, will es von Schmerzen, zu denen auch aller Mangel und Entbehrung gehört, unbedingt frei, will die größtmögliche Summe von Wohlsein und will jeden Genuß, zu dem er fähig ist, ja, sucht womöglich noch neue Fähigkeiten zum Genusse in sich zu entwickeln. Alles, was sich dem Streben seines Egoismuses entgegenstellt, erregt seinen Unwillen, Zorn, Haß: Er wird es als seinen Feind zu vernichten suchen. Er will womöglich alles genießen, alles haben; da aber dies unmöglich ist, wenigstens alles beherrschen: „Alles für mich, und nichts für die andern", ist sein Wahlspruch. Der Egoismus ist kolossal: Er überragt die Welt. Denn wenn jedem einzelnen die Wahl gegeben würde zwischen seiner eigenen und der übrigen Welt Vernichtung, so brauche ich nicht zu sagen, wohin sie bei den Allermeisten ausschlagen würde.

Demgemäß macht jeder sich zum Mittelpunkt der Welt, bezieht alles auf sich. Dies beruht zuletzt darauf, daß jeder sich selber unmittelbar gegeben ist, die andern aber ihm nur mittelbar, durch die Vorstellung von ihnen in seinem Kopfe. Und die Unmittelbarkeit behauptet ihr Recht. Nämlich infolge der jedem Bewußtsein wesentlichen Subjektivität ist jeder sich selber die ganze Welt: Denn alles Objektive existiert nur mittelbar, als bloße Vorstellung des Subjektes, so daß stets alles am Selbstbewußtsein hängt. Die einzige Welt, welche jeder wirklich kennt und von der er weiß, trägt er in sich, als seine Vorstellung, und ist daher das Zentrum derselben. Deshalb eben ist jeder sich alles in allem: Er findet sich als den Inhaber aller Realität, und es kann ihm nichts wichtiger sein als er selbst. *Arthur Schopenhauer*

– *Wie Hobbes (vgl. S. 88f.) geht auch Schopenhauer vom Egoismus des Menschen aus. Wie begründet er diese Annahme?*

Die allein moralische Triebfelder –

Mitleid, welches das fremde Wohl will

Als eine seltsame Ausnahme kommt ein Mensch vor, der weniger, als sonst geschieht, einen Unterschied macht zwischen sich und anderen; sondern das Leiden, welches er an anderen sieht, geht ihn fast so nahe an wie sein eigenes: er sucht daher das Gleichgewicht zwischen beiden herzustellen, versagt sich Genüsse, übernimmt Entbehrungen, um fremde Leiden zu mildern. Er wird inne, daß der Unterschied zwischen ihm und anderen, welcher dem Bösen eine so große Kluft ist, nur einer vergänglichen täuschenden Erscheinung angehört: er erkennt unmittelbar und ohne Schlüsse, daß das an sich seiner eigenen Erscheinung auch das der fremden ist, nämlich jener Wille zum Leben, welcher das Wesen jeglichen Dinges ausmacht und in allem lebt; ja, dieses sich sogar auf die Tiere und die ganze Natur erstreckt: daher wird er auch kein Tier quälen.

Er ist jetzt so wenig imstande, andere darben zu lassen, während er selbst Überflüssiges und Entbehrliches hat, wie irgend jemand einen Tag Hunger leiden wird, um am folgenden mehr zu haben, als er genießen kann. (...)

Das Gegenteil der Gewissenspein ... ist das gute Gewissen, die Befriedigung, welche wir nach jeder uneigennützigen Tat verspüren. (...) Dadurch fühlt sich das Herz erweitert, wie durch den Egoismus zusammengezogen. (...) *Arthur Schopenhauer*

– *Warum sind Menschen mitunter bereit, fremde Leiden zu mildern?*

Das alltägliche Phänomen des Mitleids:

Wenn nun aber meine Handlung ganz allein *des Andern wegen* geschehn soll; so muß *sein Wohl und Wehe unmittelbar mein Motiv* sein: so wie bei allen andern Handlungen das *meinige* es ist. Dies bringt unser Problem auf einen engern Ausdruck, nämlich diesen: wie ist es irgend möglich, daß das Wohl und Wehe *eines Andern*, unmittelbar, d.h. ganz so wie sonst nur mein eigenes, meinen Willen bewege, also direkt mein Motiv werde, und sogar es bisweilen in dem Grade werde, daß ich demselben mein eigenes Wohl und Wehe, diese sonst alleinige Quelle meiner Motive, mehr oder weniger nachsetze? – Offenbar nur dadurch, daß jener Andere *der letzte Zweck* meines Willens wird, ganz so wie sonst ich selbst es bin: also dadurch, daß ich ganz unmittelbar *sein* Wohl will und *sein* Wehe nicht will, so unmittelbar, wie sonst nur *das meinige*. Dies aber setzt nothwendig voraus, daß ich bei *seinem* Wehe als solchem geradezu mit leide, *sein* Wehe fühle, wie sonst nur meines, und deshalb sein Wohl unmittelbar will, wie sonst nur meines. (...) Der hier analysirte Vorgang aber ist kein erträumter, oder aus der Luft gegriffener, sondern ein ganz wirklicher, ja, keineswegs seltener: es ist das alltägliche Phänomen des *Mitleids*, d.h. der ganz unmittelbaren, von allen anderweitigen Rücksichten unabhängigen *Theilnahme* zunächst am *Leiden* eines Andern und dadurch an der Verhinderung oder Aufhebung dieses Leidens, als worin zuletzt alle Befriedigung und alles Wohlseyn und Glück besteht. Dieses Mitleid ganz allein ist die wirkliche Basis aller *freien* Gerechtigkeit und aller *ächten* Menschenliebe. Nur sofern eine Handlung aus ihm entsprungen ist, hat sie moralischen Werth: und jede aus irgend welchen andern Motiven hervorgehende hat keinen. Sobald dieses Mitleid rege wird, liegt mir das Wohl und Wehe des Andern unmittelbar am Herzen, ganz in der selben Art, wenn auch nicht stets in dem selben Grade, wie sonst allein das meinige: also ist jetzt der Unterschied zwischen ihm und mir kein absoluter mehr. Allerdings *ist* dieser Vorgang erstaunenswürdig, ja mysteriös. Er ist, in Wahrheit, das große Mysterium der Ethik, ihr Urphänomen und der Gränzstein, über welchen hinaus nur noch die metaphysische Spekulation einen Schritt wagen kann. *Arthur Schopenhauer*

- *Wie argumentiert Schopenhauer? Von welchen Voraussetzungen geht er aus?*
- *Was macht für ihn moralisches Handeln aus? Kann er es erklären?*

Mitleid: einzige Gegenkraft der Grausamkeit

Das Mitleid ist ein *unmittelbares Verhalten. Es ist* ein Gefühl, das direkt einsetzt beim Anblick des Leidens anderer. Man kann es insofern in Gegensatz zur Vernunft setzen, die als Überlegung des Allgemeinen sich (...) wesentlich auf die Gestaltung der großen Ordnungen bezieht. Gleichwohl wäre es vollkommen inadäquat, das Mitleid auf das Verhalten innerhalb kleiner Gruppen einzuschränken (...). Das Mitleid muß daher von vornherein als ein von persönlichen Bedingungen entschränktes Verhalten angesehen werden, und dementsprechend kann es nicht auf den Bezug zu Menschen, die mir als Vertraute im Nahhorizont begegnen, eingegrenzt werden.

Die Universalität kommt auch dem entsprechenden Gegensatz zum Mitleid, nämlich der *Grausamkeit*, zu. Auch die Grausamkeit ist jedenfalls in ihren radikalen Formen ein apersonales Verhalten. Der andere wird zum *reinen Objekt* der zerstörenden Lust freigesetzt, das heißt, er wird entpersönlicht, sei es in psychischer oder physischer Hinsicht. Das Ziel ist es, seine Menschlichkeit zu negieren. (...)

Fälle solcher extremer Grausamkeit mögen zu ihrer Aktualisierung Ausnahmesituationen voraussetzen. Aber gerade Ausnahmesituationen zeigen im Negativen und Positiven Möglichkeiten menschlichen Verhaltens, die der Mensch sich im allgemeinen verdeckt. Um den Sachverhalt beispielhaft zu verdeutlichen: in sogenannten reguläen Kriegshandlungen ist der Feind nicht als bestimmte Person gemeint. Man tötet ihn als Angehörigen einer gegnerischen Gruppe, die unter Umständen nicht einmal nach der Sündenbockthese zum Träger des Bösen hochstilisiert werden muß. Wenn aber einmal der für solche Kriegshandlungen geforderte und als notwendig erachtete Wille zur Vernichtung freigesetzt ist, dann kann er sich steigern zu Formen der Vernichtung, wie sie etwa das Foltern darstellt. Diese Formen werden gegenüber einem Gegner angewandt, der gerade wehrlos ist. Der Übergang von den sogenannten regulären Kriegshandlungen zu solchen Vollzugsformen der Grausamkeit aber geschieht in eigentümlich gleitender Weise. Er ist durch keine äußere oder innere Sanktion im vorhinein zu verhindern.

Das gegensätzliche Pendant zur Grausamkeit ist nun, wie wir sagten, das Mitleid. Auf den einzelnen bezogen: Grausamkeit und Mitleid kämpfen im einzelnen *unmittelbar* gegeneinander, und der Ausgang des Kampfes ist ungewiß, insofern auch im Einzelnen die Bereitschaft zur Grausamkeit latent vorhanden ist. Gleichwohl scheint uns das Mitleid die *einzige* Instanz und Gegenkraft gegen mögliche Perversionen, wie sie das Böse in seinen extremen Formen darstellt, zu sein. Um noch einmal an den vorhin dargelegten Befund zu erinnern: Mitleid setzt Nähe voraus, nämlich das anschauliche Leiden eines Gegenübers. Angesichts dieses Leidens erwacht der unmittelbare Wille zu helfen, gleichgültig, woher das Leiden kommt, ob durch unverschuldete Umstände oder durch menschliche Grausamkeit. Dieser unmittelbare Wille zu helfen ist der Wesenscharakter des Mitleids. Von hier aus läßt sich sagen, das Mitleid ist die äußerste und letzte Möglichkeit, den Menschen in seiner „nackten Existenz" zu retten angesichts der unmittelbaren Negation dieser Existenz.

(...) Im Mitleiden vollzieht sich, so sagt *Schopenhauer*, eine Identifikation von Ich und Du, oder vorsichtiger: die Schranken der Individualität und damit des Egoismus fallen. Dieser Vorgang ist, so sagt Schopenhauer, ein Mysterium, denn indem ich mit dem anderen mitempfinde, sein Leid als meines fühle, wird meine Identität und die des anderen aufgehoben. Die Universalität des Mitleids ist also keine quantitative, sondern eine qualitative.

W. Schulz

- *Welches Verhältnis sieht Schulz zwischen Mitleid und Grausamkeit? Was macht für ihn den Wesenscharakter des „Mit-Leids" aus?*
- *Versuchen Sie, Schulz' Gedankengang durch Beispiele zu verdeutlichen.*

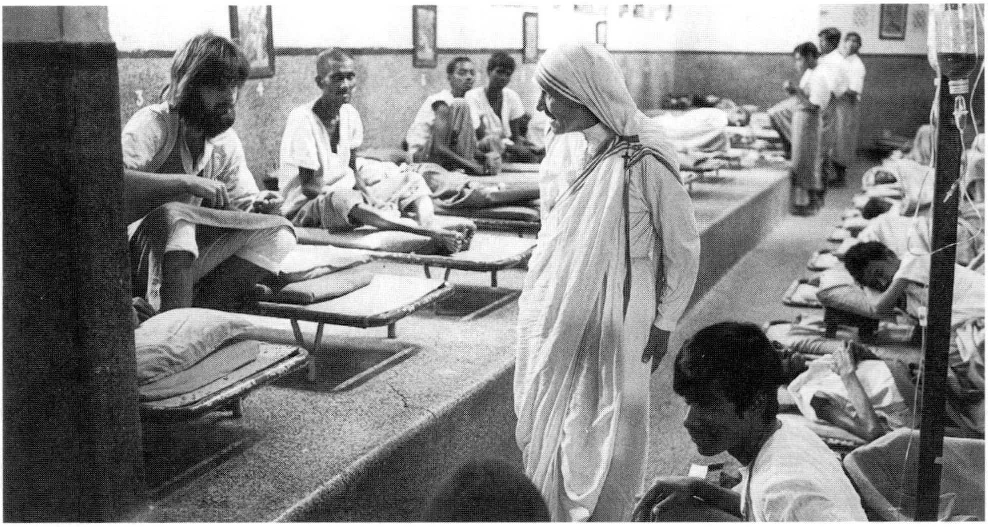

Im überbevölkerten Tempelbezirk Kalkuttas liegt das „Haus der reinen Herzen", ein Sterbehaus. Dort pflegen Schwestern aus Mutter Teresas Orden und freiwillige Helfer die kranken Menschen, die aus den Gossen der Stadt hergebracht werden, damit sie in Würde sterben können, wenn ihnen ein solches Leben schon nicht gegeben war.

- *Sind Sie mit Schopenhauer der Meinung, daß eine Handlung nur dann moralischen Wert hat, wenn sie aus Mitleid entsprungen ist?*
- *Listen Sie jene Personen, Gruppen oder Institutionen Ihrer Heimatstadt/-gemeinde auf, die das Leid ihrer Mitmenschen lindern. Aus welchen Gründen tun sie dies?*

Nachwirkungen Schopenhauers

Der Schopenhauer-Biograph *Karl Pisa* hat in den achtziger Jahren folgendes Weltbild gezeichnet:
In dieser Stunde nimmt so wie in jeder Stunde zuvor und nachher die Weltbevölkerung und ein zu ihrer Vernichtung ausreichendes Waffenarsenal in atemberaubendem Tempo zu. Zu Beginn der achtziger Jahre vermehrte sich die Weltbevölkerung pro Stunde um mehr als 8000 Menschen, und gleichzeitig wurden über 50 Millionen Dollar für Rüstungszwecke ausgegeben. Ein Ende des Rüstungswettlaufes ist, obwohl über Rüstungsbegrenzung verhandelt wird, nicht abzusehen.

Wir rotieren und kreisen im Weltall nach einem bildhaften Vergleich von Kenneth Boulding auf einem „Raumschiff Erde", dessen Besatzung und dessen Sprengstoffvorrat ständig größer wird.

Auch wenn in den neunziger Jahren Atomwaffen, die nie eingesetzt wurden, verschrottet werden, wurden nicht zuletzt durch die Verminung ganzer Landstriche auch Zivilisten und Kinder getötet oder verstümmelt.

Dem ungebrochenen Willen zur Vermehrung menschlichen Lebens steht der unbelehrbare Wille gegenüber, immer mehr zur möglichen Vernichtung und relativ zu wenig zur Erhaltung dieses Lebens auszugeben. (...) *Karl Pisa*

„Atombombe auf Hiroschima". Die Besatzung des B-29-Bombers der US-Luftwaffe wirft am 6.8.45 auf Befehl von Präsident Truman über der japanischen Stadt Hiroschima eine Atombombe ab. Etwa 200 000 Menschen sterben. Einige Besatzungsmitglieder der Bomberstaffel nahmen sich später das Leben. Andere beteuerten: „Ich habe nie bereut und mich nie geschämt, weil ich meine patriotische Pflicht tat".

- *Informieren Sie sich über die Atombombenabwürfe von Hiroschima und Nagasaki. Wie ist die derzeitige Situation um die Atomwaffen? Erklären Sie am Beispiel der Atombombe die „Ethik des Mitleids von Schopenhauer“.*
- *Wie stehen Sie zu der Analyse von Pisa? Gibt es heute Gründe dafür, das Bild der Welt optimistischer zu sehen oder nicht? Machen Sie Ihre Argumentation an aktuellen Beispielen fest! (z.B. zunehmende Umweltsensibilisierung der Menschen, Diskussion über Atomkraft . . .)*

Aspekte Schopenhauers Ethik

Die moralische Verantwortung ist nicht auf die Zukunft zu vertagen

Zum ersten Aspekt wäre zu sagen, daß wir nach Schopenhauer „als die einzige Form, in welcher der Wille sich erscheint, die *Gegenwart* zu erkennen“ haben. In diesem Sinne gibt es gar keine Flucht aus der Gegenwart! (…) Er (Schopenhauer) läßt nicht zu, daß wir unsere moralische Verantwortung auf die Zukunft vertagen, durch ein „Prinzip Hoffnung“ in das „Noch nicht“ und „Nirgendwo“ einer idealen Gesellschaft und Weltordnung flüchten. Er läßt uns aber auch nicht in die Vergangenheit eines verlorenen Paradieses flüchten und versperrt uns meiner Meinung nach auch den Fluchtweg eines nostalgischen Eskapismus (Flucht vor der Wirklichkeit), auf dem Einzelne exklusiv die Muße des Biedermeier und die Fortschritte der modernen Medizin ohne die Nachteile der technischen Zivilisation genießen möchten.

Transparenz des Leids auch in einer hochkomplexen Welt

Wer Schopenhauer liest, dem werden, wo immer ihm die persönliche Erfahrung fehlt, die Augen für alle Formen menschlichen Leides geöffnet. Heimatlosigkeit, Revolutionsfolgen und Galeerensklaverei gehörten zu den tiefsten Eindrücken der Kindheit und der Wanderjahre Schopenhauers. In seinem 17. Lebensjahr erfaßte sein Blick wie Buddha „Krankheit, Alter, Schmerz und Tod“. (…) Die Zustände seiner Zeit machten ihn betroffen, ob es nun die „3 Millionen europäischer Weber“ oder die „6 Millionen Negersklaven“ Amerikas waren. Er kannte die Probleme der Ausbeutung und der Fließbandarbeit, sah aber auch schon die Grenzen des Wohlfahrtsstaates, des Wachstums und der Freizeitgesellschaft voraus. (…)

Mitleid als zeitlos und global gültige ethische Motivation

Die Geschichte lehrt uns, daß Staaten die Solidarität ihrer Bürger immer auch gegen andere Staaten, Religionsgemeinschaften die Solidarität ihrer Gläubigen immer auch *gegen* andere Religionsgemeinschaften und Ideologien als Ersatzreligionen die Solidarität ihrer Anhänger überhaupt systemimmanent *gegen* ein Feindbild, z.B. einer Rasse oder Klasse, begründet haben. Gegen jeden solchen Reduktionismus sind wir durch Schopenhauer gefeit, weil er ohne Unterschied der Rasse, Klasse, Staatszugehörigkeit und Bildung mit dem „Bösen“ in jedem Menschen rechnet – nämlich „durch Verursachung des fremden Leidens, dem Übel, dem Leiden des eigenen Individuums, zu entgehn“, auf der anderen Seite aber auch ohne solchen Unterschied jedem Menschen die Chance der Erkenntnis zubilligt, daß der „Quäler und der Gequälte Eines sind“.

Elend

Schopenhauer stellt folgende Regel auf:

Bei jedem Menschen, mit dem man in Berührung kommt, unternehme man nicht eine objektive Abschätzung desselben nach Werth und Würde, ziehe also nicht die Schlechtigkeit seines Willens, noch die Beschränktheit seines Verstandes und die Verkehrtheit seiner Begriffe in Betrachtung; da Ersteres leicht Haß, Letzteres Verachtung gegen ihn erwecken könnte: sondern man fasse allein seine Leiden, seine Noth, seine Angst, seine Schmerzen ins Auge: – da wird man sich stets mit ihm verwandt fühlen, mit ihm sympathisieren und, statt Haß oder Verachtung, jenes Mitleid mit ihm empfinden, welches allein die agápe (griech.: Nächstenliebe) ist, zu der das Evangelium aufruft. (...)

Ein an sich unabwendbares Leid aber kann durch Mitleid wenigstens gerechter verteilt werden. Das klingt angesichts hochfliegender Weltverbesserungspläne bescheiden. Was aber in der Welt von heute nicht nur mit Worten, sondern durch die *Tat* geschieht – Hilfe für Hungernde, Hilfe für Flüchtlinge, Hilfe für politische Gefangene, und das vielfach durch private Spenden und persönliches Engagement –, das geschieht nach den Worten, die Schopenhauer schon 1815 in seinen frühen Manuskripten wählte:

Wen der Anblick *fremder Leiden schmerzt so gut als seine eigenen, wer dadurch bewegt wird, jene Leiden zu heben mit Aufopferung der Mittel, durch die er seinen eigenen Willen befriedigen, seine eigene Existenz erhalten kann: der ist seelig, ist tugendhaft.* *Karl Pisa*

- *Welches sind für Sie die Vor- und Nachteile der modernen Zivilisation?*
- *Begründen Sie Schopenhauers Forderung, daß moralische Verantwortung nicht auf die Zukunft vertagen ist!*
- *Wird Ihr Mitleid am Leiden der Welt durch die modernen Massenmedien angeregt oder ist eher das Gegenteil der Fall? Begündung!*
- *Welche Erfahrungen haben Sie mit dem Leid anderer Menschen? Sprechen Sie darüber mit dem Tischnachbarn oder in der Kleingruppe.*
- *Halten Sie Schopenhauers „Ethik des Mitleids" für einen brauchbaren Ansatz, der das Leid auf dieser Welt reduzieren kann? Begründen Sie Ihre Antwort!*

„Der Schopenhauer wohnt Wand an Wand mit dem Christentum. Nur daß die Wand keine Tür hat". *Wilhelm Busch*

- *Erläutern Sie das Zitat von Wilhelm Busch!*

Ethische Fragestellungen und ihre Lösung aus religiöser Sicht

Religiosität in der Welt

In Europa leben wir in jüdischer und christlicher Tradition. Die Ethik ist immer in Gestalt von Gesetzen oder Geboten entfaltet worden, so daß die Frage aufkommt, welche Leitideen von Judentum und Christentum uns überliefert wurden und wie sie zu beurteilen sind.

Immer mehr gewinnen auch bei uns Gründzüge ostasiatischer Welterhaltung und Ethik an Bedeutung und beeinflussen die religiösen Weltanschauungen vieler Menschen. Der verbreitete Glaube an die Wiedergeburt und das weite Feld der Esoterik sind Beispiele hierfür.

Von den derzeit etwa 6 Milliarden Menschen auf der Welt bezeichnen sich etwa 80% zu einer der fünf großen Weltreligionen zugehörig. Doch auch die übrigen Menschen sind in ihrem Denken und Handeln zu einem großen Teil von religiösen Wertvorstellungen beeinflußt.

Deshalb ist es wichtig, sich mit ethischen Fragestellungen verschiedener Religionen auseinanderzusetzen. Ebenso wie aus der Philosophie, so lernen wir aus den unterschiedlichen ethischen Positionen von Religionen unsere eigene kritische Urteilsfähigkeit zu stärken und einen eigenen ethischen Standpunkt zu entwickeln. Die Auseinandersetzung mit religiösen Fundamenten erweitert unsere Wirklichkeit. Sie kann unser Leben reicher und vielfältiger machen. Sie weckt ein Verständnis für unterschiedliche Werthaltungen und kann eigene ethische Positionen vertiefen.

Der steile Anstieg bei allen Religionen (mit Ausnahme des Judentums) während der letzten 30 Jahre spiegelt die Bevölkerungsexplosion ebenso wie den Gewinn neuer Anhänger wider.

Es ist bezeichnend, daß Christentum und Buddhismus ihren Aufstieg verlangsamt haben und einen kleineren prozentualen Anteil an der Weltbevölkerung aufweisen, während Muslime und Hindus ihren Prozentsatz stetig gesteigert haben. Die Zahl der Nichtgläubigen ist stärker als alle anderen angestiegen.

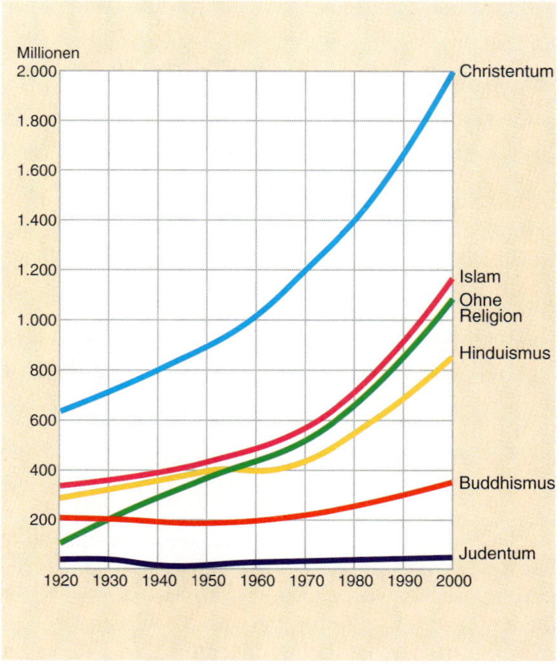

- *Welche unterschiedlichen Religionen und Konfessionen sind in Ihrer Klasse vertreten?*
- *Kennen Sie ethische Grundsätze aus der jüdisch-christlichen Tradition, auf die sich alle in der Klasse einigen könnten, auch wenn sie sich einer anderen oder keiner Religion zugehörig fühlen?*
- *Welche Einflüsse fernöstlichen Denkens sind bei uns feststellbar?*

Ethik im Alten Testament

Grundlinien alttestamentlicher Ethik

Die Normen und Richtlinien für das Verhalten des gläubigen Juden werden in erster Linie an den Texten aus der Thora (1.–5. Buch Mose) abgelesen. Dabei spricht man insbesondere dem Dekalog (Zehn Gebote) eine herausragende Bedeutung zu.

Das alttestamentliche Ethos darf aber nicht als Gesetzesethik in dem Sinne verstanden werden, daß sie dem Menschen einfach autoritär vorschreibt, was er zu tun und zu lassen hat. Es ist vielmehr so, daß die Schriften des Alten Testaments von einer wichtigen Voraussetzung ausgehen: Gott will, daß das menschliche Leben gelingt; deshalb schützt er es durch Regeln und Gebote und gibt entsprechende „Wegweisung".

Das **„Alte Testament"** ist die Bibel von Jesus und den Urchristen. Sie ist eine Bibliothek von verschiedenen einzelnen Büchern in überwiegend hebräischer Sprache (39 Bücher sind es für die evangelische Kirche, 45 Bücher für die Katholiken, die noch Bücher aus der sogenannten jüdischen Diaspora in das Alte Testament aufgenommen haben). Am Anfang der Entstehungsgeschichte des Alten Testaments stehen mündliche Überlieferungen. Diese wurden später niedergeschrieben und zu größeren Erzählungen zusammengefaßt. Daneben gibt es die prophetische Überlieferung. Große Einzelpropheten wie Jesaja oder Jeremia haben ihre Botschaft zunächst mündlich verbreitet und erst später selber aufgeschrieben. Manche Inhalte des Alten Testaments wurden auch von Anfang an schriftlich festgehalten, z.B. Gesetzessammlungen und einige Geschichtsberichte.

Die ältesten Traditionen des Alten Testaments stammen aus dem 12. Jahrhundert v. Chr. Demgegenüber wurde z.B. das Buch Daniel erst um 165 v. Chr., also fast tausend Jahre später, verfaßt. Für Juden und Christen offenbart sich im Alten Testament Gottes Wort.

Der Begriff „Altes Testament" hat nichts mit dem letzten Willen eines Sterbenden zu tun: Das hebräische Wort „berit" (im Deutschen „Bund") ist der Ausdruck, mit dem das Verhältnis Gottes zu Israel im Alten Testament bezeichnet wird. Gott hat sich verpflichtet für sein Volk dazusein, und er verpflichtet das Volk, seine Gebote zu halten. Ganz gewiß ist dieser alte Bund kein Vertrag zwischen gleichwertigen Partnern, es macht aber die Würde des Menschen aus, daß gerechter und liebender Gott ihn zum Bundespartner erwählt hat. Im Lateinischen wurde „berit" mit „testamentum" übersetzt. Daher kommt die Bezeichnung „Altes Testament".

Demgegenüber kommt der Ausdruck **„Bibel"** von dem griechischen Wort „biblion" (Buch), das nach dem Exporthafen für ägyptischen Papyrus, Byblos (im heutigen Libanon), benannt ist.

„Das Volk Israel verstand sich als familiäre Gemeinschaft, als „Verwandtschaft Jahwes": „Wir sind das Volk Jahwes; unser Gott Jahwe hat uns erwählt und uns herausgeführt aus Ägypten; *Jahwe ist unser Vater,* wir sind seine Söhne (und Töchter) und so auch alle untereinander ‚verwandt'; wir sind alle ‚Geschwister'".

Die Verhaltensregeln innerhalb der Volksgemeinschaft hängen nun aufs engste mit eben diesem Selbstverständnis Israels („Verwandtschaft Jahwes") zusammen. Die Mitglieder dieser „Verwandtschaft" sind vor Gott (als „Vater") alle gleich. Folgerichtig ist die prinzipielle Gleichwertigkeit aller Israeliten gleichsam die Basis aller ethischen Überlegungen bzw. Ermahnungen. Die Regelungen des Zusammenlebens untereinander sind nach verwandtschaftlichen Grundsätzen gestaltet; dabei ist es das Ziel, das Leben in der von Jahwe gewährten Freiheit zu schützen. Jahwe will, daß sein Volk auf „Recht und Gerechtigkeit" achtet und so zu einem „guten Leben" findet.

Die Verantwortung des Jahwe-Gläubigen für Welt und Gesellschaft ist letztlich in zwei grundlegenden Glaubenssätzen begründet:

- Jahwe ist der Schöpfer der Welt; ihm gehört die ganze Welt, und ihm sind alle Bereiche des menschlichen Lebens unterstellt.
- Jahwe hat das Volk Israel gewählt zu seinem Volk, zur „Verwandtschaft Jahwes", in der selbstverständlich *alle* gleichberechtigt sind.

Von diesen beiden Grundsätzen her ist dem Alten Testament die Unterscheidung oder gar Trennung von Jahwe-Glauben und gesellschaftlichem (Zusammen-)Leben, die Trennung von Glaube und Politik nicht möglich (...)." *Karl Friedrich Haag*

Nicht nur die Thora, sondern auch die anderen Schriften des Alten Testaments geben ein farbiges Bild sittlichen Lebens, wie es dem Jahweglauben entsprach und noch heute entspricht. Vom Glauben an Jahwe geprägte Lebenserfahrungen und Lebensweisheiten haben hier ihren schriftlichen Niederschlag gefunden:

Beispiele für Richtlinien und Lebensweisheiten aus den Lehrbüchern:

- „Gehe hin zur Ameise, du Fauler, sieh an ihr Tun und lerne von ihr! Obwohl sie keine Obrigkeit besitzt und keinen Ordner, keinen Herrscher, sucht sie im Sommer schon sich ihre Nahrung, ihr Futter sammelt sie zur Erntezeit." (Spr 6, 6-8)
- Weigere dich nicht, dem Bedürftigen Gutes zu tun, wenn deine Hand es vermag. Sprich nicht zu deinem Nächsten: Geh hin und komm wieder; morgen will ich dir geben –, wenn du es doch hast.
  Trachte nicht nach Bösem gegen deinen Nächsten, der arglos bei dir wohnt. Geh nicht mutwillig mit jemand vor Gericht, wenn er dir kein Leid getan hat. Sei nicht neidisch auf den Gewalttätigen und erwähle seiner Wege keinen. (Spr 3, 27-31)
- Ein jegliches hat seine Zeit, und alles Vorhaben unter dem Himmel hat seine Stunde: geboren werden hat seine Zeit, sterben hat seine Zeit; pflanzen hat seine Zeit, ausreißen, was gepflanzt ist, hat seine Zeit; töten hat seine Zeit, heilen hat seine Zeit; abbrechen hat seine Zeit, bauen hat seine Zeit; weinen hat seine Zeit, lachen hat seine Zeit; klagen hat seine Zeit, tanzen hat seine Zeit; Steine wegwerfen hat seine Zeit, Steine sammeln hat seine Zeit; herzen hat seine Zeit, aufhören zu herzen hat seine Zeit; lieben hat seine Zeit, hassen hat seine Zeit; Streit hat seine Zeit, Friede hat seine Zeit.
  Man mühe sich ab, wie man will, so hat man keinen Gewinn davon.
  Ich sah die Arbeit, die Gott den Menschen gegeben hat, daß sie sich damit plagen. Er hat alles schön gemacht zu seiner Zeit, auch hat er die Ewigkeit in ihr Herz gelegt; nur daß der Mensch nicht ergründen kann das Werk, das Gott tut, weder Anfang noch Ende. Da merkte ich, daß es nichts Besseres gibt als fröhlich sein und sich gütlich tun in seinem Leben. Denn ein Mensch, der da ißt und trinkt und hat guten Mut bei all seinem Mühen, das ist eine Gabe Gottes. (Pred 3, 1-5.8-13)

- *Informieren Sie sich genauer im Alten Testament über dessen Aufbau und Inhalt.*
- *Suchen Sie nach weiteren Normen und Richtlinien im Alten Testament, besonders in Exodus (2. Buch Mose) in den Sprüchen, in Prediger und im Buch Hiob.*

Die Thora

Für die Ethik des Alten Testaments scheint eine Vielzahl von Einzelgeboten und Vorschriften charakteristisch zu sein, denn das menschliche Leben wird in weiten Teilen peinlich genau zu regeln versucht. Diese Regeln kann man insbesondere in der Thora nachlesen. Die Thora ist das Kernstück des jüdischen Glaubens und besteht aus den fünf Büchern Moses des Alten Testaments (Genesis, Exodus, Leviticus, Numeri und Deuteronomium). Hier wird zum Beispiel die Schöpfungsgeschichte und die Errettung des Volkes Israel aus Ägypten erzählt. Hier finden wir auch die Darstellung vom Leben und Wert des Moses und eine Auflistung der Zehn Gebote.

Man hat das hebräische Wort Thora oft mit „Gesetz" übersetzt und deshalb die Ethik des Alten Testaments als „Gesetzesethik" bezeichnet. Das ist so nicht richtig. Thora bedeutet vielmehr Weisung, Anweisung und Unterrichtung. Es geht also um die Wegweisung für ein gutes und richtiges Leben. Für die Juden ist die Thora die Offenbarung der göttlichen Weisheit an die Kinder Israels.

Sie umgreift das ganze Leben des Juden, also nicht nur das religiöse, sondern auch das bürgerliche Leben. In der Bibel finden wir für die intensive Beziehung zwischen Gott und seinem Volk das Bild von der Hochzeit. In Abwandlung dieses Bildes begreifen die Juden die Thora als Braut des Bräutigams Israel. Der gläubige Jude sieht die Thora nicht als Zwang an, sondern hat „Freude am Gesetz". Um dies zu bekräftigen, wird in jedem Jahr das Fest „Simchat Torah" (Fest der Thorafreude) gefeiert.

Arbeit an einer Torarolle. Auf den Regalen im Hintergrund werden rund 80000 Torafragmente aus zerstörten Synagogen aufbewahrt. Eine neue Tora muß nach strengen Regeln mit der Hand und stets auf Pergament geschrieben werden, eine alte Tora darf wegen des in ihr enthaltenen Gottesnamens, der in der jüdischen Lehre als Schriftzug an sich schon heilig ist, nie vernichtet werden, sondern wird in der „Genisa" aufbewahrt.

Gottesdienst in einer Synagoge

Der Rabbiner betete nach Osten gewandt. Vor der Ostwand, die mit einem roten Vorhang verhängt war, machte er immerfort kleine Verbeugungen, so daß es aussah, als ob er vor und zurückwippe.

Dieser Vorhang war mit goldenen hebräischen Schriftzeichen bestickt. Sonst gab es im ganzen Raum kein Bild, keinen Schmuck, nur große vielarmige Leuchter mit Kerzen. Von einem seitlichen Rang her schauten die Frauen dem Gottesdienst unten im Raum zu.

Während ich noch das Innere der Synagoge betrachtete, vereinigten sich die Stimmen der Gemeinde mit der des Rabbiners. Der Gesang wurde lauter und einheitlicher.

Der Rabbiner schritt gemessen zum Vorhang hin.

Ein Synagogendiener zog den roten Samt beiseite.

Darunter erschien eine kleine Tür in der Wand.

Der Rabbiner öffnete die Tür. Er gab den Blick in die Lade frei.

„Die Thora!“ erklärte mir Friedrich.

Die Thora war in einen Umhang gehüllt, mit einer silbernen Krone und einem silbernen Schild verziert.

Der Rabbiner hob sie aus der Lade. In feierlichem Umzug trug er die schweren Rollen durch den ganzen Raum. Überall, wo er vorüberkam, verließen die Gläubigen ihre Plätze. Sie führten ihren Tallith an die Thora und dann zu den Lippen.

„Jetzt kommt die Überraschung!“ verriet mir Friedrich. Er schien sehr aufgeregt.

Herr Schneider zog ihn beruhigend an sich. Er klopfte ihm auf die Schulter und strich ihm über das Haar.

Am Betpult nahm man der Thora die Krone, den Schild und den Umhang ab. Die mächtige handgeschriebene Pergamentrolle wurde auf das Pult gelegt. Nacheinander lud der Rabbiner sieben Männer aus der Gemeinde an sein Pult. Als letzten rief er Friedrich auf.

Herr Schneider legte Friedrich beide Hände auf die Schultern. Stolz blickte er seinem Sohn in die Augen, dann schickte er ihn zum Rabbiner.

Auch der Rabbiner begrüßte Friedrich viel feierlicher als die übrigen Männer.

„Er ist zum erstenmal in seinem Leben zum Wochenabschnitt aufgerufen!“sagte Herr Schneider stolz zu mir. „Nachher darf er auch noch den Propheten-Abschnitt lesen.“

Wie die andern berührte auch Friedrich die Thorastelle, die der Rabbiner ihm wies, mit dem Tallith und küßte den Tallith. Dann sang er die Einleitung. Aber während bei den andern der Vorbeter den eigentlichen Thora-Abschnitt gesungen hatte, übernahm Friedrich den silbernen Stift, führte ihn von rechts nach links die Zeilen entlang und sang seinen Thora-Abschnitt allein. . . .

Dann kehrte er zu uns an seinen Platz zurück. Wie zu Beginn übernahm der Rabbiner wieder die Thorarolle und zog mit ihr durch den Raum. Und wieder drängten sich die Gläubigen zu dem Heiligtum hin . . .

Der Rabbiner hob die Rolle in die Lade, betete noch vor der Lade und verschloß dann die kleine Tür.

Danach trat der Rabbiner vor die Gemeinde und hielt eine kleine Predigt . . .

Diese Predigt galt nur Friedrich; sie zeichnete ihn vor allen Anwesenden aus.

Immer wieder schauten einzelne Männer zu Friedrich hin. Sie nickten ihm lachend und glückwünschend zu.

„Heute, eine Woche nach deinem dreizehnten Geburtstag“, sagte der Rabbiner, „bist du zum erstenmal in deinem Leben aufgerufen worden, vor der Gemeinde einen Abschnitt aus der Thora zu verlesen. Für jeden Juden ist es eine ganz besondere Ehre, die Heilige Schrift verkünden zu dürfen. Der Tag aber, an dem dies zum erstenmal geschieht, ist ein besonderer Tag. Damit beginnt ein neuer Abschnitt deines Lebens. Fortan bist du allein vor dem Herrn für dein Tun verantwortlich. Bis heute hat dein Vater diese Verant-

Die wiedergeweihte Synagoge in Leipzig

Leipzig, 22.5.93: Blick in die Synagoge der Jüdischen Gemeinde Leipzig, die am 22. Mai nach sechsmonatiger Rekonstruktion wiedergeweiht wurde. Das im Jahre 1904 eingeweihte Haus im Zentrum der Stadt ist die einzige von ehemals 13 Leipziger Synagogen und vier Betstuben, die die Nazizeit überstanden hat. Die derzeit 72 Mitglieder zählende Jüdische Gemeinde der Stadt ist wieder im Wachsen begriffen, nachdem man 1989 bereits an ihre Auflösung dachte.

wortung getragen, aber von heute an stehst du als gleichwertiges Mitglied der Gemeinde unter uns. Bedenke das!

Befolge die Gebote des Herrn! Niemand kann dir die Schuld abnehmen, wenn du gegen sie verstößt.

In einer schweren Zeit nimmst du eine schwere Pflicht auf dich. Wir sind von Gott auserwählt, dereinst vom Messias in unsere Heimat zurückgeführt zu werden und das Königtum des Messias aufzurichten zu helfen. Aber Gott hat uns auch das schwere Schicksal auferlegt, bis zu jenem Tage verfolgt und gepeinigt zu werden.

Immer wieder müssen wir uns daran erinnern, daß der Herr uns dieses Schicksal bestimmt hat. Wir dürfen und können ihm nicht ausweichen, selbst dann nicht, wenn wir glauben, darunter zusammenbrechen zu müssen. Bedenket, die heilige Thora fordert …", und der Rabbiner beendete seine Predigt mit einem Satz in hebräischer Sprache.

Bald danach schloß der Gottesdienst mit einem gemeinsamen Lied.

Hans Peter Richter

Der Talmud

Die Thora ist die Grundlage des Lebens der Juden. Die Juden haben durch die Jahrhunderte immer versucht, diese Gesetze besser zu verstehen, um ihnen besser gehorchen zu können. Sie sprachen über die biblischen Texte, sie suchten den Sinn für ihr Leben ganz zu erfassen, sie lernten weiter, um besser lehren zu können.

Dieses Erzählen und Erklären wurde über tausend Jahre gesammelt und von zahllosen Gelehrten und weisen Männern niedergeschrieben.

So entstand das große Sammelwerk, der Talmud. „Talmud" heißt lehren und lernen.

Im Talmud erfährt man alles über das jüdische Leben, denn jedes Gebot wird in allen Einzelheiten erklärt, damit das Gebot in allen Lebenslagen erfüllt werden kann. So sind diese Gebote immer lebendig geblieben.

Alles, was das Leben ausmacht, steht im Talmud:

Alles, worauf man nicht gefaßt ist, alles, woran man nicht gedacht hat.

Im Talmud stehen die Sorgen und Freuden des jüdischen Menschen. Das kann auf dem Markt sein, zu Hause, im Geschäft, im Gericht, in der Küche, in der Synagoge, auf dem Feld, am Sterbebett, in Zeiten des Friedens und in Zeiten der schrecklichen Bedrängnis.

Alles steht im Talmud: Wie das Feld zu bestellen ist, wo die Sterne am Himmel stehen, was Mathematik ist oder wie man einen Menschen heilt.

Für die Juden war und ist die ganze Welt in den Worten der Heiligen Schrift zu finden.

Der Talmud ist das erweiterte und erklärte Wort Gottes.

Der Kern des Talmuds bleibt die Thora.

Jede Generation hat zunächst mündlich, dann schriftlich ihre Erfahrung eingebracht, um den Sinn des Gesetzes zu deuten, besser zu erklären, zu erweitern und den Entwicklungen des Lebens anzupassen.

- *Feste gehören zum Judentum elementar hinzu. Welche weiteren Feste gehören neben dem „Fest der Thorafreude" (Simchat Torah) zum jüdischen Jahreskalender?*
- *In welchen Kernpunkten unterscheidet sich ein jüdischer Gottesdienst von einem christlichen, und wo liegen die Gemeinsamkeiten?*
- *Der Glaube der Juden steht in engem Zusammenhang mit ihrer Geschichte. Machen Sie dies – einerseits – durch Bibelstellen im Alten Testament deutlich; finden Sie – andererseits – dafür Beispiele aus der Gegenwart, also dem 20. Jahrhundert.*

Die Zehn Gebote

Herausragende Bedeutung im Rahmen alttestamentlicher Ethik spricht man den Zehn Geboten, dem sogenannten Dekalog, zu. (Zu finden in: Exodus 20 und Deuteronomium 5.)

Was weiß man über die Entstehung des Dekalogs und die ursprüngliche Bedeutung seiner Forderungen?

Nach der Sinaiüberlieferung (Ex 20) empfing *Mose* den Dekalog von Jahwe auf zwei Steintafeln. Man darf aber natürlich nicht annehmen, daß Gebote wie „Du sollst nicht töten" oder „Du sollst nicht stehlen" nicht schon längst vorher als gültige Normen für das Zusammenleben in den Nomadensippen akzeptiert waren. Unter historischem Blickwinkel wird man Mose selbst kaum als „Übermittler" des Dekalogs verstehen können.

Vermutlich war es so, daß wichtige Normen, die sich schon längst im Alltag der Nomadensippe bewährt hatten, relativ spät als „Jahwe-Gebote" übernommen worden sind: man wollte ihnen dadurch einen absoluten Geltungsanspruch garantieren.

Die Zehn Gebote sind wohl erst *allmählich* zu einer Einheit zusammengewachsen. Ein wichtiges Motiv dürfte dabei der Wunsch gewesen sein, für wesentliche Bereiche menschlichen Lebens und Zusammenlebens verbindliche Grundnormen zu formulieren. (...)

Ihren „Sitz im Leben" hatte die allmählich zusammengewachsene Gebotsreihe wohl zum einen in religiösen Festen (deutliche liturgische Elemente!), zum andern in der häuslichen Unterweisung: der Familienälteste, der ja durchaus auch religiöse Funktionen wahrzunehmen hatte, belehrte die Großfamilie. (Man wird an die Zeit ab dem 7. Jahrhundert v. Chr. denken können.)

Der Dekalog könnte, einem damals verbreiteten Stil- und Formgesetz entsprechend (Reihungen mit parallelen, knappen, einprägsamen Formulierungen, vgl. z.B. Ex 13,14-26; Leviticus 18), folgendermaßen gelautet haben:

I Du sollst keinen ‚anderen' Gott haben.
II Du sollst dir kein Gottesbild machen.
III Du sollst den Jahwenamen nicht zu Nichtigem aussprechen.
IV Gedenke des Sabbattages.
V Ehre deinen Vater und deine Mutter.
VI Du sollst nicht töten.
VII Du sollst nicht ehebrechen.
VIII Du sollst nicht stehlen.
IX Du sollst nicht als Lügenzeuge gegen deinen Nächsten aussagen.
X Du sollst nicht nach dem Haus deines Nächsten trachten.

Als der Dekalog in die Sinai-Geschichte eingearbeitet wurde (wohl erst im oder nach dem Babylonischen Exil, also frühestens im 6. Jahrhundert v. Chr.), war seine Bedeutung schon unbestritten. Durch diese Einbindung verbindet sich mit den „Geboten" nun der Anspruch, Jahwe-Rede zu sein.

Karl Friedrich Haag

Die Zehn Gebote: Befehl, Gesetz oder Lebensregel?

Das Jüdische Sündenverständnis

Der jüdische Sündenbegriff ist weithin durch das Gesetz bestimmt. Die Übertretung einzelner Gebote der Tora ist Sünde, da die Tora die Offenbarung des Willens Gottes enthält. Jede Übertretung trägt religiösen Charakter, ist Auflehnung gegen den Bundesgott. Auch kultische Vergehen zählen als Sünden gegen Gott ebenso wie Verbrechen gegen die Mitmenschen. Zu den Sünden zählen Missetaten, aufrührerische Handlungen und unwissentliche Verstöße (vgl. Lev 16, 21). Die Schwere einer Sünde hängt ab von der Kenntnis des Gesetzes. Man unterscheidet besonders schwere Sünden wie Götzendienst, Unzucht und Blutvergießen, die auf keinen Fall begangen werden dürfen und nur mit dem Tode gesühnt werden, von anderen Sünden, für die es Reinigungsriten oder gute Werke als Sühne gibt ... Im Judentum ist man davon überzeugt, daß alle Menschen sündig sind; auch die Heiden sind dieser Sündhaftigkeit als einer religiösen Schuldverhaftung vor Gott verfallen.

Johannes Gründel

Alles hat innerhalb dieser Grenze zu geschehen.

Das Dritte, was zu beachten ist, ist dies, daß die Zehn Gebote genau besehen keinen einzigen direkten Befehl, sondern lauter Verbote – man sagt wohl besser, lauter Abgrenzungen – enthalten. Die Heiligkeit Gottes und die dadurch bedingte Heiligung des Menschen meint ja eben: Abgrenzung, Aussonderung, Ausscheidung, so wie sie der göttlichen Erwählung und der dadurch bedingten Stellung des Erwählten zukommt.

Es ist dem Glied des Volkes, dem hier Lebensanweisung, Rechtsordnung und Kultusordnung gegeben wird, unmöglich, neben Jahwe, seinem Gott, dem Gott, der Israel aus Ägypten geführt, noch einen anderen Gott zu haben. Es ist ihm unmöglich, sich von diesem seinem Gott Bilder zu machen und ihn in solchen zu verehren. Es ist ihm unmöglich, den Namen dieses seines Gottes zu profanen Zwecken zu mißbrauchen – unmöglich, an dem Tag, an dem er geruht, zu arbeiten, statt ebenfalls zu ruhen – und darum unmöglich, seinen Eltern ehrfurchtslos zu begegnen (sie zu schlagen oder ihnen zu fluchen) – unmöglich zu morden – unmöglich in fremde Ehen einzubrechen und damit die Rechtmäßigkeit der Nachkommenschaft seines Nächsten zu bedrohen – unmöglich zu stehlen – unmöglich zu verleumden, unmöglich nach fremdem Gut zu trachten. Was in Wirklichkeit zu geschehen hat, das ist eine Frage für sich. Aber was immer zu geschehen hat, es hat auf alle Fälle innerhalb dieser Grenze zu geschehen; es darf auf keinen Fall etwas von all diesem Unmöglichen sein. Es kann *in concreto* auch noch viel Anderes, was durch diese Grenzen nicht ausgeschlossen ist, nicht geschehen dürfen. Aber was durch diese Grenzen ausgeschlossen ist, das darf auf keinen Fall geschehen. Wie und worin Gott von seinem Volk unter allen Umständen geehrt sein will, davon reden die vier ersten Gebote, und wie und worin Gott sein Volk unter allen Umständen von der gegenseitigen Vernichtung seiner Glieder und also vor einer Zerstörung seiner selbst bewahrt wissen will, davon reden die sechs letzten Gebote. Alle miteinander stecken offenbar den Bereich ab, in welchem sich Gottes Handeln mit seinem Volk und dann auch seines Volkes Handeln vor ihm und mit ihm abspielen soll. Sie bilden eine Ortsangabe. Auch die auf die Zehn Gebote folgenden Ergänzungen und Erweiterungen ergänzen und erweitern offenbar nur diese Ortsangabe. *Karl Barth*

Wir sprechen von den Zehn Geboten, könnten aber nicht sagen: die zehn Gesetze.

Der Grund dafür ist, daß ein Gebot auf einem mündlichen Vorgang beruht, zu dem ein Gebietender und ein Hörender gehört. So ist der Ort des Dekalogs nicht das Strafgesetzbuch und der Gerichtssaal, sondern die Heilige Schrift, die im Gottesdienst als Wort Gottes vorgelesen wird. Das Gebot ergeht in der persönlichen Anrede der zweiten Person und betrifft – auch in den Konsequenzen seiner Übertretung – in erster Linie das Verhältnis zweier Personen. Heil und Unheil des menschlichen Lebens hängt daher zunächst nicht von der strikten Einhaltung eines göttlichen Gesetzes ab, sondern von der Gnade und Liebe Gottes. Altes und Neues Testament sind sich aus chistlicher Sicht darin einig, daß das Gebot an die zweite Stelle gehört: Der Rettung der Israeliten aus Ägypten folgt die Übergabe der Gebote am Sinai. Beides zusammen ergibt den Bund, der Gott und Mensch zusammenschließt. So kann das alttestamentliche Gesetz nicht als ein Heilsweg verstanden werden, den der Mensch selbständig beschreiten könnte und an dessen Ende Gott nur noch als Richter Erfolg oder Mißerfolg feststellt. Der Gott, der einen Bund mit dem Menschen eingeht, ist eben gerade kein neutral-unbeteiligter Richter, sondern Begleiter, Helfer, Tröster und Mitleidender. *Max W. Richardt*

- *Die ethischen Gebote im Alten Testament verlangen eine scheinbar bedingungslose Erfüllung, andernfalls droht das Gericht. Welche Rolle spielt hier die persönliche Entscheidungsfreiheit des einzelnen? Beziehen Sie sich dabei auf die Texte von Gründel, Barth und Richardt.*
- *Warum unterwerfen sich Menschen freiwillig solchen religiösen Normen?*
- *Was ist der Unterschied zwischen Sünde und Schuld?*

„Wenn man die Dekalog-Gebote als „Grundrecht“ der Gemeinschaft der Jahwe-Gläubigen versteht, dann wird vor allem die Schutzfunktion des Rechts deutlich: Auf Rechte bzw. auf die Einhaltung von Rechten ist im allgemeinen nicht der Starke, sondern der

Schwache, der Schwächere angewiesen. Damit nicht der Stärkere sich – nur deshalb, weil er der Stärkere ist – rücksichtslos über den Schwächeren hinwegsetzen kann, sind Regelungen nötig, die den Schwächeren schützen. So will der Dekalog die Arbeitenden vor Ausbeutung schützen (indem er ihnen, auch den Sklaven!, einen arbeitsfreien Tag zusichert); er will die alt und gebrechlich gewordenen Eltern schützen (indem er die erwachsenen Söhne und Töchter auffordert, sich den Eltern gegenüber ehrerbietig zu verhalten) usw. Recht soll auch denen widerfahren, die sich ihr Recht nicht „nehmen" können."

K. F. Haag

- *Übertragen Sie die Zehn Gebote in ihrer Bedeutung vom „Schutz der Schwachen vor dem Starken" auf heute. Finden Sie dazu Beispiele aus dem heutigen Gesellschaftsleben (z.B. die Diskussion über Sonntagsarbeit, über die Treue in der Ehe . . .).*
- *Können Sie sich eine Gesellschaft vorstellen, die allein auf den Zehn Geboten gründet? Worin würde sie sich von unserer heutigen Gesellschaft unterscheiden?*
- *Im heutigen Israel ist eine Trennung zwischen Religion und Staat nicht eindeutig. Informieren sie sich darüber, inwiefern die Gebote des Alten Testaments den Alltag israelischer Staatsbürger beeinflussen.*

Jüdischer Friedhof Prag

Ethik im Neuen Testament

Grundlinien neutestamentlicher Ethik

Weder die Evangelien noch die Briefe liefern eine einheitliche oder gar eine systematische neutestamentliche Ethik. Es geht vielmehr entweder um konkrete ethische Probleme und Fragen (mit konkreten Weisungen) oder um sehr allgemeine Anleitungen zur Orientierung, um *Orientierungshilfen* für ein Verhalten, das durch den Glauben, durch das Vertrauen auf Gott und auf seine „Herrschaft" geprägt ist. Dabei wird dem einzelnen zugemutet, kritisch zu prüfen, was zu tun ist, und eigene Verantwortung zu übernehmen.

Jesus hat zwar sehr konsequent einige für ihn charakteristische ethische Grundprinzipien vertreten, sich aber (was die inhaltlichen Weisungen betrifft) nicht als Lehrer einer neuen Ethik verstanden. Er hat zunächst einmal die Grundlinien der alttestamentlichen Ethik aufgenommen und in gewisser Hinsicht weitergeführt. So ist es durchaus verständlich, daß sich die neutestamentlichen Orientierungshilfen für Fragen der Lebensgestaltung durchaus im Rahmen des Normen- und Wertegefüges der damaligen Zeit bewegen.

Paulus konnte als ethische Regel formulieren:

„Paßt euch nicht einfach dieser Welt an, sondern laßt euer Denken und Streben neu (erneuert) werden, damit ihr prüfen könnt, was Gottes Wille ist, nämlich das Gute und Wohlgefällige und Vollkommene."

(Rö 12,2)

Ethik hat es also mit „prüfen", mit „nachdenken", mit Reflexion zu tun: Prüfet alles! Meidet das Böse! Das Gute behaltet!

(Vgl. 1. Thess 5,21f.)

Bei Jesus sind die ethischen Aussagen eingebunden in sein Gesamtverständnis menschlichen Lebens: Der in dieser Welt lebende Mensch erlebt sich – gemessen an dem, was als „Leben in der Gottesherrschaft" verkündigt wird – als „unvollkommen", als „bedürftig". Denn Gott will ein Reich der Liebe, des Friedens und der Gerechtigkeit. Aber Menschen, die versuchen, ihr Leben selbst in die Hand zu nehmen und durch ihr eigenes Tun und Lassen ihr „Glück" zu schaffen, scheitern; sie werden bzw. sind in ihrem Bemühen egozentrisch und können so gerade nicht (nach dem Willen Gottes) „menschlich" leben.

Gott wird von Jesus aber gerade nun nicht als strafender Gott verkündigt, sondern als der, der den Menschen liebt. Insofern ist Jesu Verkündigung zunächst und primär eine „frohe Botschaft" (Evangelium als Zusage der Gottesherrschaft) [= Indikativ]. Der Mensch, der sich in seiner „Unvollkommenheit" und „Bedürftigkeit" erkennt, darf darauf vertrauen, daß ihm Gottes Liebe gilt; dies kann ihn von der Sorge um sich selbst befreien. Dadurch wird er dazu befreit, auch seinen Nächsten (in seiner Bedürftigkeit) wahrzunehmen, für ihn dazusein und ein Leben in gegenseitigem Geben und Nehmen zu führen.

Karl Friedrich Haag

Neutestamentliches Verständnis der Zehn Gebote

Jesus hat mitunter auf die Zehn Gebote verwiesen (z.B. in Markus 10,19ff.; Matthäus 5,21ff.). Er hat sie aber offenbar auch radikalisiert und relativiert (vgl. z.B. Markus 2, 27), denn Normen und Gebote haben für Jesus in erster Linie eine dem menschlichen Leben dienende Funktion.

Jetzt bricht die „Gottesherrschaft“ an, sagt Jesus, und das bedeutet für die Christen, daß nun die „Herrschaft der Liebe“ beginnt. So hat Jesus konsequent das Gebot der Gottesliebe und das Gebot der Nächstenliebe zum „Doppelgebot der Liebe“ zusammengefaßt und als das „vornehmste Gebot“ herausgestellt. Dabei hat er das Liebesgebot noch erheblich erweitert zum Gebot der Feindesliebe (z.B. Lukas 6,27–35).

Im frühen Christentum spielte der Dekalog zunächst eine nur untergeordnete Rolle. Die altkirchliche Ethik hat sich eher mit der von der griechischen Philosophie geprägten Tugendlehre beschäftigt. In Auseinandersetzung mit dieser hat sich die christliche Ethik entwickelt, die nicht so sehr eine Gesetzes-Ethik, sondern vielmehr eine Gesinnungsethik darstellte. Erst im Mittelalter kam den Zehn Geboten eine für die christliche Ethik gestaltende Kraft zu. Die Rückbesinnung auf den Dekalog hatte hier vor allem ein missionarisches und erzieherisches Anliegen. Insbesondere durch *Martin Luther* (1483–1546) wurden die Zehn Gebote zu einem Kernstück christlicher Ethik.

Für die Christen hat Gott seinem Volk mit den Zehn Geboten gewissermaßen eine gute, soziale und religiöses Leben ermöglichende Hausordnung gegeben:

„Das *erste* Gebot fordert die alleinige Verehrung Jahwes durch Israel. Das *zweite* Gebot verbietet das Fertigen eines Götzenbildes und dessen Verehrung. Dieses Gebot ließ Luther weg, weil zu seiner Zeit die Götzenverehrung kein Problem mehr war. Es wäre angesichts der modernen Götzen (Geld, Stars, Statussymbole usw.) wieder sehr aktuell. Die reformierte Tradition hat es immer beibehalten. Das *dritte* Gebot verlangt heilige Vorsicht beim Gebrauch des Jahwenamens. Das *vierte* Gebot entzieht dem Menschen das Verfügungsrecht über den Sabbat. Das *fünfte* Gebot bezieht sich auf das Verhalten gegen die alten Eltern in Achtung, Versorgung und Familienrecht. Das *sechste* Gebot markiert den Übergang von der Blutrache zu einer geordneten Rechtspflege: Es verhindert Blutrache und private Rechtshilfe. Der hebräische Begriff „razach“ (= willkürlich töten) erlaubt es nicht, das Gebot ohne weiteres auf Todesstrafe und Wehrdienst zu beziehen. Das *siebte* Gebot meint den objektiven Schutz der Ehe als Institution. Das *achte* Gebot verbot ursprünglich den Menschenraub, jetzt schützt es auch das Eigentum. Das *neunte* Gebot schützt des Menschen Ehre und Unschuld in einem Rechtsverfahren. Das *zehnte* Gebot verbietet alle Machenschaften gegen fremden Besitz, meint also nicht die Gesinnung des Begehrens.“

Almut und Klaus Glatz

Bildnisverbot

Nach dem neutestamentlichen Verständnis der Zehn Gebote wurde das Bildnisverbot aufgehoben. Für die Juden hat es aber nach wie vor zentrale Bedeutung.

Wegen des Bildnisverbotes (Du sollst Dir kein Gottesbild machen) finden wir in Synagogen (ähnlich wie auch in Moscheen) keine Bilder. Im Alten Testament beugt dieses Verbot der Gefahr vor, daß die Menschen mit Hilfe magischer Praktiken und Götzenverehrung Gott beeinflussen oder gar bestechen könnten. Irdische Dinge oder Menschen können keinen göttlichen Rang haben. Vor allem aber zeigt dieses Verbot die Transzendenz Gottes an: Gott wird mit allen Bildern und Vergleichen niemals endgültig erfaßt.

Max Frisch:
„Du sollst Dir kein Bildnis machen, heißt es von Gott. Es dürfte auch in diesem Sinne gelten: Gott als das Lebendige in jedem Menschen, das, was nicht erfaßbar ist. Es ist eine Versündigung, die wir, so wie sie an uns begangen wird, fast ohne Unterlaß wieder begehen. – Ausgenommen wenn wir lieben."
(Tagebuch 1946–49, Frankfurt 1958, S. 35f.)

Bertolt Brecht:
„Was tun Sie", wurde Herr K. gefragt, „wenn Sie einen Menschen lieben?" „Ich mache einen Entwurf von ihm", sagt Herr K., „und sorge, daß er ihm ähnlich wird." „Wer? Der Entwurf?" „Nein", sagte Herr K., „der Mensch".
(Kalendergeschichten, Hamburg 1953, S. 129)

- *Wie ist es zu erklären, daß das Bildnisverbot im Christentum aus den Zehn Geboten herausgenommen wurde?*
- *Wie lauten die Zehn Gebote heute? In welchen weiteren Punkten unterscheiden Sie sich von der frühen alttestamentlichen Fassung (vgl. S. 130), und was könnte der Grund dafür sein?*
- *„Man kann doch nicht jungen Menschen einer modernen Industrie- und Leistungsgesellschaft mehr als dreitausend Jahre alte Gebote von orientalischen Nomaden und Bauern als Lebenshilfe zumuten!" Diskutieren Sie diesen Satz!*

Die Zehn Gebote heute, Normen für alle Menschen?

Zwischen Marlboro und Punk

Ein Jugendlicher schreibt:

In meinem Zimmer habe ich acht elektrische Gitarren. Wo du hinsiehst, Gitarren, außer meinem Bett und einem Stuhl nur die Gitarren. Ich habe sie mir selbst angeschafft. Ich brauch mich bei niemandem dafür zu bedanken. Ich hasse es, mich für etwas zu bedanken. Ich bin unheimlich gern allein mit meinen Gitarren. Ich nehm dann eine nach der anderen in die Hand und spiel darauf, Punk. Ich bin ziemlich gut. Es nervt mich, wenn meine Mutter reinkommt und fragt, was ich mache, wie es mir geht, wie es in der Schule war [. . .]

Ich habe auch keine wirklichen Freunde, nur oberflächliche Bekanntschaften, aber keine Freunde, zu denen ich offen reden würde. Denen zeige ich nur meine Maske, und sie mir ihre. Nur meine Freundin, sie ist der einzige Mensch, der mich kennt. Mit ihr bespreche ich alles. Andere Leute interessieren mich nicht wirklich, wir sind am liebsten zu zweit.

Vor zwei/drei Jahren hab ich mich noch für Atomkraft interessiert. Ich bin sogar noch mitmarschiert in Brokdorf und so. Ich hab mich wahnsinnig informiert über all diese ökologischen Fragen. Wenn ich jetzt die Leute seh, die das immer noch machen, kommen die mir total lächerlich vor. Du kannst ja doch nichts machen. Es ist ganz egal, wofür oder wogegen du dich einsetzt, die Entscheidungen fällen andere, wir haben gar keinen Einfluß. Die ganze Politik ist mir egal, die machen doch, was sie wollen, alle wie sie da sind.

Heute interessiert mich, Geld zu verdienen. Du kannst alles bei mir kaufen, was du willst. Ich vermittel das Geschäft. Ich verschaff dir ein günstiges Auto, Motorrad, Stereoanlage, Lederhose [. . .] Was du willst. Kürzlich hab' ich auch mal ein Grundstück vermittelt. Da sind dann schon ein paar Scheine mehr drin. Dabei verdien ich ziemlich gut. Im Sommer bin ich viel in den Bars bei uns an der Küste. Morgens geh ich dann meist mit irgend 'ner Urlauberin nach Hause.

Von Beruf werd ich mal Manager im Holzgeschäft in den USA. Ich flieg dann immer nach Kanada, prüf die Hölzer, such die besten aus und kauf sie auf. Das ist ein guter Job, gutes Leben, gutes Geschäft. Hier hängt mir alles zum Hals raus, ist mir alles zu eng. Es bringt nichts, sich für andere oder für irgendwelche Ziele einzusetzen, du kriegst doch nur eins drauf. Im Holzgeschäft kannst du noch frei sein und Kohle machen [. . .]

- *Welche Werte werden von dem Jugendlichen angesprochen?*
- *Wie bewerten Sie das Verhalten des Jugendlichen?*

Wertwandel und Zehn Gebote

In den letzten Jahrzehnten hat sich – wie eine Reihe sozialwissenschaftlicher Untersuchungen übereinstimmend gezeigt hat – unter der jüngeren Generation fast unmerklich ein Wertwandel vollzogen. Dieser läßt sich vereinfacht als ein Übergang von mehr „materiell“ bestimmten Werten der Nachkriegsjahre zu sogenannten „postmateriellen“ Werten einer COMPUTER-Gesellschaft beschreiben.

Während die „materiellen Werte“ vorrangig Leistung und Besitzstandswahrung, Sicherheit und Ordnung umfassen, lassen sich die „postmateriellen Werte“ mit der Kurzformel „menschlich leben“ umschreiben, wobei dieses Ideal eine aktive Komponente (Selbstverwirklichung, Unabhängigkeit, Mitsprache und Mitgestaltung) und eine passiv-aufnehmende Seite hat (Erfahrung von Zärtlichkeit, von befriedigenden emotionalen Beziehungen, Geborgenheit in der Gruppe, Sehnsucht nach Gemeinschaft mit vielen, auch persönlich unbekannten Menschen sowie Ehrlichkeit im Sinne von „sich nichts vormachen“).

An großen, von der Vätergeneration übernommenen Problemen werden genannt: Arbeitslosigkeit, Umweltzerstörung, Hunger und Ungerechtigkeit in den armen Ländern und die atomaren Gefahren. Diese Probleme werden von jungen Menschen oft viel intensiver als von Erwachsenen wahrgenommen. Bei Jugendlichen, die erleben, wie halbherzig diese Probleme von politischer Seite angegangen werden, macht sich vielfach eine resignative Haltung breit; andere wollen Spaß haben, ihr Leben genießen und viel erleben, während viele Jugendliche auf der Suche nach einer neuen Verläßlichkeit alte Werte und Traditionen wiederentdecken und neu beleben.

Die Frage ist, ob sich in dieser Situation die Zehn Gebote als ein Leitfaden für junge Menschen erweisen können. Ein Leitfaden, der die Sehnsucht nach einem menschlichen Leben mit den Erfahrungen und Werten vorangegangener Generationen zusammenbringt. Derzeit lehren Erzieher und Bildungspolitiker in den technologisch aufstrebenden asiatischen Staaten wie Korea, Taiwan, Singapur und auch China die jugendlichen vermehrt die traditionellen Werte einer konfuzianischen Ethik (z.B. Gemeinschaftsbewußtsein, Selbstdisziplin, Achtung vor dem Gesetz). Auch bei uns in Europa ist seit einigen Jahren verstärkt die Diskussion um sogenannte „Grundwerte" entbrannt, die ihre Wurzeln in der christlichen Tradition, nämlich in den Zehn Geboten, haben sollen. Ein gemeinsamer Wertekonsens in der Gesellschaft wird gesucht. Aber können die Zehn Gebote hierzu wirklich die Basis sein, die auch Lösungen der großen gesellschaftlichen und ökologischen Probleme unserer Zeit einschließt? *Rudolf Mack/Dieter Volpert*

– *Welche Kernaussagen enthält der obige Text? Nehmen Sie dazu Stellung.*

„Wenn wir sonntags nicht arbeiten, machen die Japaner das Rennen!"

Die Zehn Gebote stellen so etwas wie eine „kommunikative Ethik“ dar. Sie bieten Gesprächsanlässe für zentrale Fragen des privaten und gesellschaftlichen Zusammenlebens. Sie lösen kommunikative Prozesse aus, in denen sich ethisches Bewußtsein bilden kann:

Gebot	*Problemstellung*
1. Du sollst keine fremden Götter neben mir haben.	Moderne Götzen: Geld, Macht, Statussymbole (Auto, Kleidung), Karrieresucht, Drogen, Okkultismus, Alberglaube, Computer-Gläubigkeit, Popstars, totalitäre Staatsapparate . . .
2. Du sollst den Namen Gottes nicht verunehren.	Toleranz gegenüber religiösen Sitten und Gebräuchen; Fluchen, Beschwörungen, Weltanschauungen . . .
3. Gedenke, daß du den Sabbat heiligst.	Sonn- und Feiertagsarbeit, Nachtschicht, Freizeitwahn; Zeit für den Partner, die Kinder, die Großeltern . . .
4. Du sollst Vater und Mutter ehren.	Generationenkonflikt – Konflikte zwischen Eltern und Kindern, Pflege der Eltern bzw. Großeltern oder „Abschiebung“ ins Altersheim . . .
5. Du sollst nicht töten.	Todesstrafe, Abtreibung, Tierversuche, Verkehrsunfälle, Sterbehilfe, Organspende, Krieg, Wehrdienstverweigerung, Umweltschutz, Hunger in der sog. Dritten Welt . . .
6. Du sollst nicht ehebrechen.	Auseinanderleben in der Partnerschaft, Scheidung, Sex-Tourismus, Prostitution . . .
7. Du sollst nicht stehlen.	Jugendkriminalität, Steuerhinterziehung, Eigentum an Sachwerten, geistiges Eigentum, Ausbeutung, Schwarzarbeit und Schwarzfahren, Wirtschaftskriminalität . . .
8. Du sollst nicht lügen.	Meineid, Notlüge, Entschuldigung für Unterrichtsversäumnis, Manipulation, Rufmord, Selbstbetrug, Wahrheit, Vertrauen . . .
9. Du sollst nicht begehren deines Nächsten Weib (und Mann).	Seitensprung, „Ausspannen“ des Freundes/der Freundin, Treue . . .
10. Du sollst nicht begehren deines Nächsten Hab und Gut.	Neid, Mißgunst, Habgier, Lebensstandard ...

- *Sammeln Sie zu den aufgeführten Problembereichen zusätzliche Informationen und diskutieren Sie in Gruppen über das zugehörige Gebot als generelle ethische Norm für menschliches Zusammenleben in unserer Gesellschaft.*
- *Erstellen Sie dann ein Rollenspiel, eine Collage, einen Videofilm etc. zum jeweiligen Problembereich.*

Die Anzahl von zehn Geboten oder Gesetzen ist uns auch außerhalb der christlich-jüdischen Tradition nicht fremd. Überall findet sich die Zehn als Richtzahl, wohl auch deswegen, damit man sich die Verhaltensregeln an den Fingern abzählen und sich dadurch leichter einprägen kann:

Hierzulande bekannt sind unter anderem:
- *Verhaltensregeln verschiedener Sportverbände* (beispielsweise die zehn FIS-Regeln für Skifahrer; z.B.: 1. Jeder Skifahrer muß sich so verhalten, daß er keinen anderen gefährdet oder schädigt,... 9. Bei Unfällen ist jeder Skifahrer zur Hilfeleistung verpflichtet).
- Die *zehn Pfadfindergesetze* (nach *Baden-Powell;* z.B. 1. Auf das Wort eines Pfadfinders ist immer Verlaß,... 9. Der Pfadfinder ist sparsam und einfach und behandelt fremdes Gut sorgfältig ...).

Erinnern können wir uns auch noch an:
- Die *zehn Gebote sozialistischer Moral* (siehe „Neues Deutschland 12.6.58, z.B. 4. Du sollst gute Taten für den Sozialismus vollbringen, denn der Sozialismus führt zu einem besseren Leben für alle Werktätigen, ... 8. Du sollst deine Kinder im Geiste des Friedens und des Sozialismus zu allseitig gebildeten, charakterfesten und körperlich gestählten Menschen erziehen).

In vielen weiteren Religionen, Weltanschauungs- oder Interessengruppen auch außerhalb unseres Kulturkreises finden sich als Lebensregel Zehn Gebote. So z.B. bei den Papua auf Neuguinea. Folgende Gebote wurden der heidnischen Papuajugend in einer Art Unterweisung vor der Jugendweihe eingeschärft.

Zehn Gebote der Papua

1. *Du sollst dich fürchten! Am Tag sollst du dich besonders vor den Geisterplätzen, Geisterhöhlen, Geisterwassern, Geisterbäumen ... und überhaupt vor allem, was mit Geistern zusammenhängt, fürchten. Noch viel mehr sollst du dich aber in der Nacht fürchten, wo die Geister umgehen.*
2. *Du sollst niemals und in keiner Weise den Pfad der Ahnen verlassen, sondern alles genauso halten und weiterführen, wie es von ihnen überliefert worden ist.*
3. *Du sollst dich vor den Zauberern hüten. Laß nie einen Speiserest liegen, spucke nur ins Feuer oder Wasser aus, deinen Nasenschleim schmiere ans Bein, damit niemand deiner Seele habhaft werde. ... Vor allen Dingen aber mußt du für jeden Menschen, der aus deiner Verwandtschaft stirbt, jemand von der Sippe des Zauberers totschlagen.*
4. *Du sollst dich vor allem Fremden, insbesondere vor jedem fremden Menschen hüten, denn jeder Fremde ist ein Feind, der dir gefährlich werden kann. Die Berührung mit ihm schadet immer. Freund ist nur der Sippengenosse.*
5. *Du sollst die Alten und Großen, die Häuptlinge und Krieger ehren und ihnen nie widersprechen, denn sie haben die Macht, dir zu schaden.*
6. *Du sollst deinem Sippengenossen in jeder Lage und in jedem Falle helfen und für ihn Partei ergreifen, ob er recht oder unrecht hat; aber deinem Feind und jedem Fremden sollst du jederzeit und in jeder Weise schaden.*
7. *Alles, was dir gehört, was du erwirbst oder erbeutest, sollst du mit deinem Sippengenossen teilen und nichts für dich allein behalten, sei es auch nur eine Maus oder ein Vogelei.*
8. *Du sollst stets deiner Sippe Nutzen im Auge haben; denn er kommt auch dir zugute. Als Glied deiner Sippe bist du für sie verantwortlich und haftbar, wie auch deine Sippe für dich verantwortlich und haftbar ist.*

9. *Du sollst dir dein Weib durch Kauf ehrlich erwerben oder es bei den Feinden rauben, nicht aber deinem Sippengenossen entführen, denn daraus folgt Sippenstreit und Blutvergießen.*

10. *Du Mann, wenn dir deine Frau nicht folgt oder dir nichts zu essen kocht, dann schlage sie; denn ihr Sinn steht gewiß nach einem andern Mann.*
Du Frau, folge deinem Mann und koche ihm stets das Essen, sonst schlägt er dich, und es kommt zu Unfrieden und Sippenstreit.

Diese und ähnliche Gebote wurden der heidnischen Papuajugend in einer Art Unterweisung vor der Jugendweihe zum Teil unter harten Drohungen eingeschärft.

- *Formulieren Sie aus den Zehn Geboten der Papua eine „Ethik der Papua". Worin unterscheidet sie sich im wesentlichen vom christlichen Dekalog?*
- *Finden Sie weitere zehn Regeln oder Gebote von Verbänden und Interessengruppen. Worin unterscheiden sie sich von den Zehn Geboten der Bibel und worin haben sie gemeinsame Kernpunkte?*

Natürlich wird der alttestamentliche Dekalog für jede christliche Ethik seine Bedeutung als „Ordnung zum Schutz menschlichen Lebens und Zusammenlebens" behalten, gleichwohl läßt sich die christliche Ethik nicht auf das Zitieren und Interpretieren der Zehn Gebote reduzieren: „Dadurch, daß man grundlegende Normen anerkennt, sind die konkreten ethischen Probleme und Herausforderungen nicht gelöst." Christliche Ethik will (und muß) mehr sein als eine allgemein gehaltene Normenethik. Christliche Ethik fragt auch danach, wie vom christlichen Glauben her menschliches Leben ermöglicht wird. Sie lebt dabei von der Hoffnung, von der Hoffnung auf die Auferstehung der Menschen.

Die Bergpredigt

„In vielfacher Hinsicht beruft man sich auf die Bergpredigt. Die Strategie der Gewaltlosigkeit *(Mahatma Gandhi, Martin Luther King u.a.)* versteht sich als Anwendung der Bergpredigt. Andere nehmen die Bergpredigt als Entwurf einer Gesellschaftsordnung *(Leo Tolstoi)*. Wieder andere legen an die Geschichte des Christentums die Meßlatte der Bergpredigt an und finden dann in der Christentumsgeschichte nur Abfall, Verrat und Versagen (*Joachim Kahl,* Das Elend des Christentums). Es ist also durchaus lohnend, sich mit der Bergpredigt zu befassen." *A. u. K. Glatz*

„Die Bergpredigt (Mt 5–7) ist eine Sammlung von vielen vermutlich „echten" (aus dem Munde Jesu stammenden), aber wohl ursprünglich isolierten Aussprüchen Jesu . . .

Matthäus hat die von ihm gestaltete Bergpredigt als eine Art urchristlichen Katechismus, als endgültige und vollkommene Verkündigung des Gotteswillens verstanden. Als eine Zusammenstellung urchristlicher Lehre enthält sie Zuspruch, Gebote, Ermahnungen, Gleichnisse und eine Anleitung zum Beten. Vielleicht war die Bergpredigt speziell für die Unterweisung von Judenchristen bestimmt; wohl deshalb spielt die Auseinandersetzung mit dem alttestamentlichen Gesetz (= Thora) eine so wichtige Rolle.

Nach Matthäus wollte Jesus durch seine kritische Auseinandersetzung mit der alttestamentlichen Thora (und ihrer gängigen Interpretation) diese nicht „aufheben" (5,17), sondern sie „erfüllen" . . .

Jesu ethische Weisungen sind zu sehen im Horizont *der* Erwartung, daß Gott *jetzt* endgültig zur Herrschaft kommt, daß er jetzt sein Reich aufrichtet und vollendet. Die ethischen Weisungen der Bergpredigt sind ethische Weisungen im Vorgriff auf dieses endgültige Handeln Gottes. So soll das Verhalten der Jünger Jesu jetzt schon ein Zeichen des Neuen sein, das inmitten des Alten angebrochen ist."

Am Anfang der Bergpredigt stehen die *Seligpreisungen.* Diese sprechen vor allem jenen Menschen Mut zu, die in dieser Welt leiden müssen:

Text Matthäus 5 (1–12)

1 Als er die Scharen sah, stieg er auf den Berg, und nachdem er sich gesetzt hatte, traten seine Jünger zu ihm,
2 und er tat seinen Mund auf, lehrte sie und sprach:
3 „Selig, die arm sind in ihrem Geist, denn ihrer ist das Himmelreich.
4 Selig die Trauernden, denn sie werden getröstet werden,
5 Selig die Machtlosen, denn sie werden das Land erben.
6 Selig, die hungern und dürsten nach der Gerechtigkeit, denn sie werden gesättigt werden.
7 Selig die Barmherzigen, denn sie werden Erbarmen finden.
8 Selig, die rein sind im Herzen, denn sie werden Gott schauen.
9 Selig die Friedenstifter, denn sie werden Söhne Gottes genannt werden.
10 Selig, die Verfolgung leiden um der Gerechtigkeit willen, denn ihrer ist das Himmelreich.
11 Selig seid ihr, wenn sie euch schmähen und verfolgen und lügnerisch alles Böse gegen euch sagen um meinetwillen.
12 Freut euch und frohlockt, denn euer Lohn ist groß im Himmel. Ebenso nämlich haben sie die Propheten verfolgt, die vor euch waren."

„Behandelt die Menschen so, wie ihr selbst von ihnen behandelt werden wollt – das ist der Inhalt des Gesetzes und die Lehre der Propheten." (Goldene Regel Mt 7,12)

Die Bergpredigt. Szene aus dem Film „Jesus von Nazareth". Die Menschen sind ganz Ohr für Jesu Botschaft.

Neben den *Seligpreisungen* und der *Goldenen Regel* sind in der Bergpredigt besonders die sogenannten *Antithesen* wichtig (Mt 5,22–48). Sie heißen deswegen so, weil Jesus hier seine Auslegung in aller Deutlichkeit mit den Worten „Ich aber sage euch . . .“ der Auslegung durch die Rabbiner gegenüberstellt. Somit sind die Antithesen eine Neuordnung von Geboten des Dekalogs:

– Ihr habt gehört, daß gesagt wurde zu den Alten: „Du sollst nicht töten“. Ich aber sage euch: Schon wer auf seinen Bruder zornig ist, gehört vor Gericht. (Mt 5,21–22).
– Ihr habt gehört, daß gesagt wurde: „Du sollst nicht ehebrechen“. Ich aber sage euch: „Ein jeder, der eine Frau anblickt mit begehrlicher Absicht, hat schon die Ehe gebrochen in seinem Herzen“ (Mt 5,27–28).
– Es wurde auch gesagt: „Wer seine Frau entläßt, gebe ihr einen Scheidungsbrief“. Ich aber sage euch: Ein jeder, der seine Frau entläßt, obwohl sie ihm nicht untreu war, macht sie zur Ehebrecherin, und wer eine Geschiedene heiratet, bricht die Ehe (Mt 5,31–32).
– Ihr habt gehört, daß gesagt wurde: „Auge um Auge, Zahn um Zahn“. Ich aber sage euch: Streitet nicht mit dem Bösen, sondern wer dich auf deine rechte Wange schlägt, dem halte auch die andere hin! (Mt 5,38–39).
– Ihr habt gehört, daß gesagt wurde: „Du sollst deinen Nächsten lieben und deinen Feind hassen“. Ich aber sage euch: Liebt eure Feinde und betet für sie, die euch verfolgen.

– *Lesen Sie die Bergpredigt im Neuen Testament (Matthäus Kapitel 5–7, Lukas 6,17–49) und fertigen Sie eine Übersicht über Inhalt und Struktur der Bergpredigt an.*
– *Arbeiten Sie dann die für Sie wesentlichen Normen und Werte der Bergpredigt heraus.*
– *Was versteht man unter der „Goldenen Regel“ in der Bergpredigt? Vergleichen Sie die Goldene Regel aus dem Matthäus-Evangelium mit dem kategorischen Imperativ von Kant (S. 76 f).*
– *In welchen Punkten weicht Jesus in der Bergpredigt vom überlieferten jüdischen Gesetz ab?*

Die Wahrheitsfrage in der Bergpredigt

Sie fragen mich, ob ich die Bibel lese, und was mir diese Lektüre bedeutet.

Ich glaube, ich sollte zuerst sagen, daß mir als Kind, ich war etwa elf Jahre alt, die Bibel zu etwas sehr Wichtigem geworden ist. Ich hatte ein kleines Neues Testament geschenkt bekommen und habe angefangen, darin zu lesen. So bin ich an die Bergpredigt geraten. Ich wuchs in einer liberalen, aber christlich-frommen Familie auf und glaubte also, daß, was in diesem Text steht, *wahr* ist. Und das hat mich dann ungeheuer erschreckt. Denn ich mußte die Folgerung ziehen: Wenn das, was da steht, wahr ist, dann ist mein Leben falsch. Dann ist das Leben, das in meiner Umwelt geführt wird, auch falsch. Woran in unserer Welt soll ich mich dann orientieren? (...)

Als ich Kind war, war Krieg. Meine erste Erinnerung ist, daß die Männer im Krieg sind. Es war ein paar Jahre nach dem Ersten Weltkrieg, als ich die Bergpredigt las. Damals sollte ich einmal einen Aufsatz über meine Berufswahl schreiben. Ich schrieb darin: „Es gibt sehr viele Berufe, die ich wählen könnte; am liebsten würde ich Astronom. Es gibt aber auch einige Berufe, die ich nicht ergreifen möchte. Ich möchte zum Beispiel nicht Soldat werden, denn ich möchte niemanden töten." Meine Mutter, die aus einer Offiziersfamilie stammt, las das und war darüber sehr beunruhigt. Sie versuchte mir klarzumachen, daß man doch als Soldat sein Vaterland verteidigt – man sagte ja damals noch Vaterland –, und das heißt, seine Mitmenschen rettet. Ich kam in einen großen Konflikt, denn ich hatte kein Bedürfnis, Streit zu haben mit meiner Mutter, aber da stand es doch.

(...) Ich wurde vom Kinderglauben nicht dadurch gelöst, daß ich Naturwissenschaftler war. Freilich war ich das. Aber daß das Weltbild der Bibel nicht dasselbe ist wie das der modernen Naturwissenschaft, und die Wundererzählungen und dergleichen, das hat mich alles nicht sehr gestört. Wenn ich es an den Wundern erläutern soll: Da wird eine Wunderheilung berichtet, und dann lerne ich, daß es psychosomatische Medizin gibt. Das könnte doch so zugegangen sein, daß ein ungewöhnlicher Mensch eine ungewöhnliche Heilung vollbracht hat. Warum soll das überhaupt der Naturwissenschaft widersprechen? Außerdem weiß ich doch: Es gibt die Psychologie der Zeugenaussage, und dieses Wunder ist lange weitererzählt worden; wie mag das wirklich gewesen sein? Ich hatte insbesondere das Gefühl, es sei nicht besonders fromm, zu meinen, Gott sei nur dort wirksam, wo er die Naturgesetze durchbricht. Ich fand, wenn man fromm ist, dann glaubt man, daß er in den Naturgesetzen schon wirkt.

Das also war nicht mein Problem, hingegen kam das Problem aus dem geisteswissenschaftlichen, dem histologischen Argument: Ich bin in der lutherischen Kirche getauft und aufgewachsen. Ich hatte katholische Freunde. Das Faktum, daß ich zufällig Lutheraner bin, ist doch überhaupt kein Argument dafür, daß die Katholiken unrecht haben. Ich bin als Christ getauft, als Christ aufgezogen. Das Faktum, daß ich, weil ich in Europa geboren bin, Christ bin, besagt nicht das geringste darüber, daß das Christentum eher recht habe als der Buddhismus oder als der Hinduismus, von dem ich erst später etwas zu verstehen begann. Ich bin in einer religiösen Tradition aufgewachsen. Das heißt: Solange ich an Autoritäten gebunden bin, weil es die Autoritäten sind, in deren Schatten ich zufällig aufgewachsen bin, hat das mit der *Wahrheitsfrage* nichts zu tun. Ich habe also die Wahrheitsfrage gestellt. Ich konnte, ich durfte nur noch das glauben, was ich selbst erfahren hatte. Zum Erfahren gehört auch, daß ich, wenn ich den Text der Bergpredigt las und mich fragte: „Kannst du meinen, das sei nicht wahr?", antworten mußte: „Nein, das kann ich nicht meinen."

Carl Friedrich von Weizsäcker

- *Weizsäcker spricht von Wahrheit. Was von dem, was in der Bergpredigt steht, ist für Sie uneingeschränkt wahr?*
- *Was bedeutet diese Wahrheit für ein modernes, aufgeklärtes Leben von heute?*

Interpretationswege der Bergpredigt

Jesus hat in der Bergpredigt die Zehn Gebote radikalisiert. Die Frage nach der Realisierbarkeit der radikalen Bergpredigtgebote hat aber die Christenheit immer wieder in Verlegenheiten und Schwierigkeiten gebracht.

Es wurden ganz unterschiedliche Interpretationswege beschritten:

„a) Die Gebote der Bergpredigt sind als *erfüllbar* gedacht: Es gibt keinen Grund, anzunehmen, Jesus habe seine eigenen ethischen Forderungen nicht befolgt bzw. gar nicht erwartet, daß sie befolgt werden. Jesus wollte vielmehr, daß seine Jünger ihm konsequent nachfolgen *(Radikalisierung der jüdischen Ethik).*

b) Die Forderungen der Bergpredigt sind von vornherein als *unerfüllbar* gedacht: Die radikalen Gebote Jesu, die uns hier begegnen, wollen gar keine ethischen Anweisungen sein; sie wollen vielmehr deutlich machen, daß der Mensch den Willen Gottes eben gerade *nicht erfüllen kann.* Erst wenn der Mensch dies erkennt, hat er seine Situation vor Gott richtig erkannt: Der Mensch ist Sünder, und das „Gesetz", der radikale (endgültige und vollkommene) Wille Gottes, macht die Verlorenheit des Menschen und seine Unfähigkeit zum Guten deutlich. So soll der Mensch erkennen, daß er auf Gottes Gnade, Barmherzigkeit und Vergebung angewiesen ist *(Unmöglichkeit des Weges der Gesetzeserfüllung).*

c) Die Forderungen der Bergpredigt sind spezielle *Forderungen für die „perfecti"*, für diejenigen, die sich zu besonderer Frömmigkeit und besonderem Gehorsam verpflichtet haben (Asketen, Mönche). Die radikalen Gebote Jesu sind als „evangelische Ratschläge" (consilia evangelica) für diejenigen gedacht, die sich um ihres Glaubens willen aus der Welt zurückziehen, damit sie ein „vollkommenes Leben" führen können *(Ethik der „Vollkommenen").* – Für das Leben der Mehrzahl der Christen in der Welt reicht es, die Normen, die aus den Zehn Geboten abzuleiten sind, zu beachten bzw. zu erfüllen.

d) Die Forderungen der Bergpredigt stellen eine *„Ethik des Reiches Gottes"* dar, die nur für die Jünger Jesu und nur innerhalb der christlichen Gemeinde und (eventuell noch) im privaten Bereich gilt. Für die Bereiche des öffentlichen und politischen Lebens können die radikalen Forderungen Jesu nicht gelten; sonst würde man dem Phänomen des grundlegend Bösen in der Welt nicht gerecht *(Ethik innerhalb der christlichen Gemeinde).*

e) Die Forderungen der Bergpredigt sind in der Gewißheit formuliert, daß das Ende dieser („alten", „sündigen") Welt nahe bevorsteht und daß die Gottesherrschaft im Anbruch ist: Nur für die *„Zwischenzeit"*, für einen Ausnahmezustand, der zu einer außerordentlichen (sittlichen) Anstrengung befähigt, waren Jesu Bergpredigt-Gebote gedacht. – Diese *„Interimsethik"* wurde z.B. von *Albert Schweitzer* vertreten.

f) Die Forderungen der Bergpredigt machen deutlich, daß es Jesus nicht um neue Gesetze und um die Erfüllung einer Vielzahl von konkreten Anweisungen geht, sondern daß es ihm um die *Gesinnung*, um die rechte Herzenseinstellung zu tun ist. Jesus geht es um das Gute „von innen heraus", um ein „vollkommenes" Wollen, um die Gedanken und um die innere Haltung *(Gesinnungsethik).*

g) Die Forderungen der Bergpredigt sind bewußt weiter gesteckt als das, was dann tatsächlich erreicht werden kann. Bei den in der Bergpredigt proklamierten Werten und Zielen handelt es sich um *„überprägnante Normen"*, die das Wollen, die innere Haltung, die Gesinnung ausrichten sollen. „Überprägnanzen" sind notwendig, weil das Ziel immer weiter gesteckt sein muß als das, was man dann wirklich erreichen will bzw. kann.

h) Die Forderungen der Bergpredigt zielen auf eine neue, vollkommene Gesellschaft, die nur durch eine *sozialrevolutionäre Veränderung* zu realisieren ist. Die Forderungen der Bergpredigt können befolgt werden, wenn die menschliche Gesellschaft grundlegend (strukturell) verändert wird und unmenschliche Verhältnisse aufgehoben werden: Dann wird die Gottesherrschaft, die Herrschaft der Liebe, verwirklicht *(Konzept einer zu realisierenden Gesellschaftsordnung).*

Keine der (vereinfacht) skizzierten Deutungen ist völlig falsch; gegen jede gibt es aber auch gewichtige Einwände. – Kein „Interpretationsweg“ kann die Bergpredigt entschärfen: Sie war und bleibt eine Heraus-Forderung!“ *Karl Friedrich Haag*

- *Welche Einwände können Sie gegen diese unterschiedlichen Interpretationswege vorbringen? Welchen Interpretationsweg um die Erfüllbarkeit der Bergpredigt halten Sie für angemessen? Machen Sie dies an einem konkreten Problembereich deutlich (z.B. Thema „Scheidung“, „Todesstrafe“ . . .).*
- *Kann die Bergpredigt die Zehn Gebote als Leitlinie für ein menschliches Leben ersetzen?*

Die Bergpredigt als Modell zum selbständigen Weiterdenken

Weil die Bergpredigt eine Beispielsammlung radikaler Gottesforderungen ist, versteht sich ihre Unvollständigkeit von selbst. Sie kann uns heute keine direkten Antworten geben auf unsere Fragen, etwa nach Geburtenregelung, nach sexueller Befreiung und Entfaltung des Menschen, nach dem Kriegsdienst und der Berechtigung von Atomwaffen, nach der besten Gesellschaftsordnung und Staatsform, nach der Berechtigung des Leistungsdruckes in unserer modernen arbeitsteiligen Industriegesellschaft, nach einem gerechten Mitbestimmungsmodell und gerechter Güterverteilung, nach einem besseren Mietrecht und vielem anderen mehr. Sie will und kann nur ein Modell sein, das zum selbständigen Weiterdenken anregt; der Mensch selbst muß die Antworten finden auf seine Fragen; er muß sie finden aus dem Geiste der Bergpredigt, d.h. aus dem Verständnis des reinen Gotteswillens heraus, der auf absolute Gutheit, auf die Liebe des Menschen zielt.

Ein *schlimmes Mißverständnis der Bergpredigt* wäre freilich ein gesetzliches Verständnis, daß also wenigstens in den Bereichen, zu denen sie eindeutig Stellung nimmt, der Mensch nach Buchstabe und Paragraph handeln müsse. Jesus zeigt vielmehr immer wieder die Lebendigkeit und Nichtkodifizierbarkeit des Willens Gottes auf, z.B. bei der Sabbatproblematik (vgl. Mk 2,23–28; 3,1–6); er traut dem Menschen also zu, aus der Situation heraus (vgl. auch Lk 10,30–37) zu wissen, was Gottes Wille ist, was also die Liebe verlangt. Jesus stößt den Menschen aus dem sicheren Gehege eines Gesetzes, das vorgibt, den Willen Gottes ganz zu enthalten, hinaus in die Freiheit. *Bernhard Krautter*

- *„Die Bergpredigt gibt keine direkten Antworten auf unsere Fragen. Sie ist aber ein Modell, daß zum selbständigen Weiterdenken anregt.“ Machen Sie diesen Satz an Beispielen deutlich.*

Seligpreisungen in unserer Stadt

Wir können den Versuch machen, die Seligpreisungen der Bergpredigt auf unsere Lebensumwelt zu übertragen. Nach wie vor finden wir Arme, Trauernde, Gerechte . . . in unserer Umgebung:

- „Selig, die arm sind in ihrem Geist. . . .“

  Arm im Geiste meint nach christlichem Verständnis nicht blöd, schwachsinnig oder geistig zurückgeblieben. Arm meint die, die sich arm fühlen, weil sie die Grenzen ihrer Macht erkennen. Die, die nicht grenzenlos selbstsicher und intolerant sind. Die, die demütig wissen, daß sie auf Gottes Hilfe zählen können. Arm meint hier aber auch soziale Armut. Hunger und Durst, Kälte und fehlende Geborgenheit.

Armut heißt:
- materielle Armut (Hunger, keine Kleidung und Wohnung, Seuchen, Krankheit)
- geistige Armut (Mangel an Bildung, an Begabung, an Liebeszuwendung)
- politische Armut (Vorenthaltung der Menschenrechte, Rechtsunsicherheit usw.)
- innere Armut (Depression, Schuld des Menschen . . .)

- *Wen bezeichnen Sie in Ihrer Stadt als arm und warum?*
- *Inwiefern würden Sie sich selbst als arm bezeichnen?*
- *Wie kann der Armut Abhilfe geschaffen werden und ist dies überhaupt anstrebbar?*

- „Selig die Trauernden . . .“
  Es gibt vielfältige Gründe menschlicher Trauer. Trauer über den Tod eines lieben Menschen, über die Trennung von einem Menschen, über das Unrecht in der Welt, über den Mangel an Liebe und Zuneigung, über den Verlust eines Gegenstandes... Die Seligpreisungen versprechen hier Trost, der nach christlichem Verständnis von Gott kommt.

- *Hat die Trauer einen Wert, ist sie wichtig?*
- *Warum ist es wichtig, Trauernden Mut zuzusprechen?*
- *Gibt es auch ohne den Glauben an einen Gott Trost für den Tod eines Freundes oder Verwandten? Begründung!*
- *Bearbeiten Sie in ähnlicher Weise die weiteren Seligpreisungen. Verwenden Sie dazu aktuelle Beispiele aus Ihrer Region und stellen Sie diese der Klasse vor. Nehmen Sie dabei den Lokalteil Ihrer Tageszeitung zu Hilfe:*

- Selig die Machtlosen . . .

  (Situation der Unterdrückten, die sich nicht selbst helfen können; Behinderte; Kranke; Pflegefälle; alle ausgebeuteten Menschen; alle ihrer Gesinnung nach Benachteiligten; Gruppen und Institutionen, die sich für solche Menschen einsetzen ...)
- Selig, die hungern und dürsten nach Gerechtigkeit ...

  (Situation der Arbeitslosen; Grenzen oder gar „Ungerechtigkeiten“ von Gesetzen und Bestimmungen; „Gerecht handeln“ im Lebensalltag; sozial und ökologisch verantwortlich handeln ...)
- Selig die Barmherzigen ...

  (Hilfeleistung für Menschen in der Stadt; Zeit für andere investieren; notwendige und mögliche Hilfe für Lernbehinderte, für ausländische Mitbürger, für einsame Menschen, für Kranke ...)
- Selig, die rein sind im Herzen ...

  (Komplimente, Versprechungen, die nicht ernst gemeint sind; Spenden, die nicht von Herzen kommen; Aufrichtigkeit und Rechtschaffenheit; der „ehrbare Kaufmann“...)

- Selig die Friedenstifter . . .
  (Einsatz für Frieden und Versöhnung; örtliche Friedensgruppen; Partnerschaften mit anderen Städten; Schlichter bei Auseinandersetzungen, z.B. Streit zwischen Mitschülern, zwischen Parteien, zwischen Tarifpartnern etc.;
- Selig, die Verfolgung leiden . . .
  (Verfolgung oder Unterdrückung aufgrund der Herkunft, der Familie, der [kriminellen, beruflichen oder politischen] Vergangenheit, der Staatszugehörigkeit, der Religion, . . .)

- *Inwiefern kann – insgesamt betrachtet – eine Orientierung an den Seligpreisungen auch für einen Nichtchristen sinnvoll sein?*

Feindesliebe und Gewaltverzicht

Feindesliebe heute

„Selig sind die Friedfertigen, denn sie werden Söhne Gottes genannt werden“

Schlagzeilen aus nur zwei Ausgaben einer sächsischen Tageszeitung:

- *„In der heutigen Zeit von Feindesliebe zu sprechen, ist utopisch, ist Träumerei.“ Nehmen Sie zu diesem Satz Stellung.*
- *Sammeln Sie aus zwei Ausgaben Ihrer Tageszeitung die für Sie „positiven Schlagzeilen“. Kann man anhand jener Schlagzeilen von „Feindesliebe“ sprechen oder handelt es sich eher um eine Form der „Nächstenliebe“?*

In der Bergpredigt führt Jesus weiter aus:

„Wer dich auf deine rechte Wange schlägt, dem halte auch die andere hin!" (Mt 5,39)

„Liebet eure Feinde, tut Gutes denen, die euch hassen!" (Lk 6,27)

Mit dem Gebot der Feindesliebe radikalisiert Jesus das Gebot der Nächstenliebe. Selbst diejenigen, die der Christenheit allgemein und dem einzelnen Menschen im besonderen feindlich gegenüberstehen, soll man lieben. „Es wird also der Feind in seiner Feindschaft ernst genommen: gerade als Feind soll man ihn lieben."

Noch in der *Goldenen Regel* finden wir ein Handeln nach dem Gesetz der Gegenseitigkeit. „Behandelt die Menschen so, wie ihr selbst von ihnen behandelt werden wollt" (Mt 7,12), oder wie es ein Deutsches Sprichwort ausdrückt: „Was du nicht willst, das man dir tu', das füg' auch keinem andern zu." Jesu Gebot der Feindesliebe geht hier noch wesentlich weiter, es fordert ein Ethos der Einseitigkeit. „Halte dem, der dich schlägt, auch noch die andere Wange hin!" Die christliche Botschaft lautet hier: „Feindschaft wird durch Feindesliebe überwunden, so wie die Welt die Gottes Liebe mißachtet, durch die Liebe Gottes gewandelt wird." Doch das ist eine Erwartung auf die Zukunft hin. Daß Liebe die Feindschaft überwindet, kann man erfahren. Die Ethik des Neuen Testaments ist sich aber auch im klaren darüber, daß Feindesliebe scheitern kann. Die Liebe kann auch ins Leid führen, denn auch Jesus endete seiner Verkündigung und seines Verhaltens wegen am Kreuz. Das Gebot der Feindesliebe ist also letztlich an Glauben, Vertrauen und Hoffnung gebunden.

Der Aufruf und die Idee des Gewaltverzichts ist keine Erfindung Jesu. Seit dem Altertum gab es auch immer wieder Beispiele von gewaltlosem Widerstand. Das Wort von der Feindesliebe wurde daher schon zur Zeit Jesu keineswegs nur als unsinniges Wort empfunden, sondern konnte als durchaus sinnvoller Aufruf zu einer erfolgversprechenden Verhaltensstrategie verstanden werden.

Sowohl in der jüdischen als auch in der außerjüdischen Tradition finden wir daher immer wieder den Gedanken der Feindesliebe:

- Sei nicht rachsüchtig, und trage den Söhnen deines Volkes nichts nach, sondern liebe deinen Nächsten wie dich selbst: ich bin der Herr. (Leviticus [3. Buch Mose] 19,18).
- Hungert dein Feind, so speise ihn mit Brot, dürstet ihn, so tränke ihn mit Wasser. (Sprüche 25,12).
- An deinem Widersacher handle nicht böse. Wer dir Böses tut, dem vergilt mit Gutem. (Babylonische Weisheit)
- Vergilt Groll mit Tugend. (Laotse)
- Es ist besser, Unrecht zu leiden als zu tun. (Platon)

Wir sind das Volk!

Erinnerung an die Montagsdemos: Leipzig auf der Straße am 9. Oktober 1989.

Wer aber praktiziert Feindesliebe konsequent? Wer kann hier den ersten Stein werfen? Fast alle Menschen sind innerlich zerrissen, bestehen aus Gutem und Bösem, wollen eigentlich Frieden und schaffen häufig Unfrieden. Unsere einzige Chance ist: die Zerrissenheit erkennen, das Böse in uns nicht auf andere projizieren, sondern bescheiden an seiner Überwindung arbeiten. Menschsein heißt Menschwerden. (...)

Feindesliebe ist nicht der Versuch, Streit und Aggression aus der Welt zu schaffen. Aber Feindesliebe ist der Versuch zu streiten, ohne daß Blut fließt und ohne daß gedroht wird. Feinesliebe heißt nicht, Gegensätze zu übertünchen, sondern Gegensätze zu überbrücken, damit man zueinander kommen kann. Streit zivilisiert auszutragen – das ist nicht nur eine politische, sondern auch eine religiöse Aufgabe. (...)

Die Feindesliebe steht auch im Zusammenhang mit dem Vorschlag, bescheiden zu sein: „Richtet nicht, damit ihr nicht gerichtet werdet.“ Jesu Appell geht an alle, die ihre weiße Weste zur Schau stellen. Spielt euch nicht zu selbsternannten Richtern auf! Baut eure Vorurteile ab! Auschwitz und Dachau, Treblinka und Sobidor waren nur möglich auf dem Fundament festgemauerter Vorurteile. Was damals *die* Juden waren, das sind heute *die* Kommunisten oder *die* Ausländer. *Franz Alt*

– *Was ist für Sie Feindesliebe? Machen Sie dies an aktuellen Beispielen deutlich.*

– *„Feindesliebe ist der Versuch zu streiten, ohne daß Blut fließt.“ Finden Sie Beispiele für gewaltlosen Widerstand in der jüngeren Geschichte (z.B. Gandhi, Martin Luther King, Dalai Lama, Oppositionsgruppen in der DDR, . . .).*

„Ihr Kleingläubigen! Was kümmert ihr euch um den morgigen Tag?!“

Formen und Mittel ohne Gewalt

Gewalt ist eines der ältesten Phänomene der Menschheit. Sie ist allgegenwärtig, das wissen wir. Was wir oft nicht wissen, ist, was Gewalt eigentlich ist, wo Gewalt anfängt.

Wer handelt denn hier gewalttätig?

1 ein Eishockeyspieler, der seinen Gegner gegen die Bande drängt?
2 ein Tierschützer, der Pelze mit Farben besprüht, um sie wertlos zu machen?
3 ein Autofahrer, der andere durch die Lichthupe zum schnelleren Fahren bewegen möchte?
4 ein junger Mann, der seine Freundin in rasantem Tempo nach der Disco heimfährt, obwohl er Alkohol getrunken hat?
5 eine Mutter, die ihrem Kind einen Klaps auf den Hintern gibt, weil es nicht essen will?
6 ein Schüler, der seine Freundin dazu überreden möchte, mit ihm zu schlafen, obwohl sie schon mehrfach nein gesagt hat?
7 ein Firmenchef, der Müll ins Ausland bringen läßt?
8 ein Friedensdemonstrant, der sich an einem Sitzstreik beteiligt?
9 ältere Schüler, die zuschauen, wie ihre kleineren Mitschüler an andere Jugendliche eine Art Schutzgeld zahlen müssen, damit sie weiter im Bus ungestört mitfahren können?
10 Jungen, die Mädchen nachpfeifen?

– *Bei welchen Beispielen fällt Ihnen die Einordnung leicht – bei welchen eher schwer? Begründung! Halten Sie fest, welche Kriterien Sie dabei verwendet haben. Versuchen Sie, „Gewalt“ nach bestimmten Gesichtspunkten zu ordnen.*

Die Gewalt

Die Gewalt fängt nicht an
wenn einer einen erwürgt
Sie fängt an
wenn einer sagt:
„Ich liebe dich:
Du gehörst mir!"

Die Gewalt fängt nicht an
wenn Kranke getötet werden
Sie fängt an
wenn einer sagt:
„Du bist krank:
Du mußt tun was ich sage"

Die Gewalt fängt an
wenn Eltern
ihre folgsamen Kinder beherrschen
und wenn Päpste und Lehrer
und Eltern
Selbstbeherrschung verlangen

Die Gewalt herrscht dort
wo der Staat sagt:
„Um die Gewalt zu bekämpfen
darf es keine Gewalt mehr geben
außer *meiner* Gewalt"

Die Gewalt herrscht
wo irgendwer
oder irgend etwas
zu hoch ist
oder zu heilig
um noch kritisiert zu werden

oder wo die Kritik nichts *tun* darf
sondern nur reden
und die Heiligen oder die Hohen
mehr tun dürfen als reden

Die Gewalt herrscht dort wo es heißt:
„Du darfst Gewalt anwenden"
aber oft auch dort wo es heißt:
„Du darfst *keine* Gewalt anwenden"

Die Gewalt herrscht dort
wo sie ihre Gegner einsperrt
und sie verleumdet
als Anstifter zur Gewalt

Das Grundgesetz der Gewalt
lautet: „Recht ist was *wir* tun.
Und was die *anderen* tun
das ist Gewalt"

Die Gewalt kann man vielleicht nie
mit Gewalt überwinden
aber vielleicht auch nicht immer
ohne Gewalt

Erich Fried

- *Erläutern Sie, was der Lyriker Erich Fried unter Gewalt versteht!*
- *Wie beurteilen Sie die einzelnen Aussagen?*
- *Beachten Sie dabei auch die letzte Strophe!*

Gewalt oder Gewaltverzicht?

Feindesliebe und Gewaltverzicht hängen eng zusammen. Wenn der „den Feind Liebende" bei einem Konflikt nicht den Anfang macht, gibt es aus dem Teufelskreis von Gewalt und Gegengewalt kein Entrinnen. Feindesliebe heißt nicht Trottelhaftigkeit, sondern Klugheit. Feindesliebe bedeutet innere Souveränität und nicht ängstliche Berechnung oder egoistische Rechthaberei.

Aber wenn es dem Menschen schon so unendlich schwer fällt, seine Mitmenschen zu lieben, ist es nicht geradezu unmöglich, seine Feinde zu lieben? Was haben wir denn davon?

Drei Beispiele:

Weiblicher Schlägertrupp mißhandelte Mädchen

(SZ) Eine Straßenbahnfahrt mit Schrecken erlebten zwei Mädchen im Alter von 16 und 17 Jahren Donnerstag in der Linie 2. Nach gestrigen Polizeiangaben fuhren sie gegen 20 Uhr zwischen Reick und Prohlis im letzten Wagen, in dem sich eine Gruppe von rund zehn Mädchen im Alter zwischen 14 und 15 Jahren befand. Da die beiden Mädchen ihnen nicht Gesellschaft leisten wollten, wurde der 16jährigen der Rucksack weggenommen und daraus Gegenstände aus der fahrenden Bahn geworfen. Anschließend wurden die beiden Mädchen bespuckt und mit Füßen getreten. Als sie an der Haltestelle Jacob-Winter-Straße aussteigen wollten, wurden sie festgehalten, gewürgt und mit Fußtritten aus der Bahn gestoßen. Die 16jährige erlitt u.a. Hüftprellungen, die 17jährige mußte mit Beckenprellung und Gehirnerschütterung ins Krankenhaus.

Die kräftige Haupttäterin, ungefähr 1,65 Meter groß, trug eine schwarze Lederjacke, helle Jeans und Springerstiefel. Die Polizei nahm die Ermittlungen auf.

Sächsische Zeitung

(Du mußt ein) Schwein sein

Ich war immer freundlich lieb und nett,
kriegte nie irgend 'ne Frau ins Bett
und dann auf Macho cool und arrogant,
plötzlich kamen sie angerannt.

Und wieder seh' ich wie's im Leben läuft,
wer hart ist, laut und sich besäuft
kommt bei Frauen besser an,
wer will schon gern 'nen lieben Mann.

Daraus ziehst Du Konsequenzen
und Du schaltest um auf schlecht.
Die Welt ist ein Gerichtssaal
und die Bösen kriegen Recht.

Du mußt ein Schwein sein in dieser Welt.
Schwein sein.
Du mußt gemein sein in dieser Welt.
Gemein sein.
Denn willst Du ehrlich durchs Leben geh'n,
ehrlich,
kriegst'n Arschtritt als Dankeschön,
gefährlich.

Weil ich weiß, daß ich's mir leisten kann,
stell' ich mich überall vorne an.
Und ist einer sanft und schwach
hör' mal wie ich drüber lach.
Bei den freundlichen Kollegen
halt ich voll dagegen.
Obwohl mich keiner mag,
sitz' ich bald im Bundestag.

Du mußt ein . . .

Die Prinzen (1995)

„Wenn man Haß mit Haß vergilt, wird sich das Böse in der Welt nur vermehren. Haß erzeugt Haß; Gewalt erzeugt Gewalt; Widerstand erzeugt größeren Widerstand. Wir müssen den Mächten des Hasses mit der Macht der Liebe begegnen; wir müssen körperlicher Kraft mit seelischer Kraft begegnen. Unser Ziel darf nie sein, den weißen Menschen zu erniedrigen oder zu vernichten, sondern seine Freundschaft und sein Verständnis zu gewinnen." „Die größte Schwäche der Gewalt liegt darin, daß sie gerade das erzeugt, was sie vernichten will. Statt das Böse zu verringern, vermehrt sie es. Durch Gewalt kann man den Lügner ermorden; aber man kann weder die Lüge ermorden noch die Wahrheit aufrichten. Durch Gewalt kann man den Hasser ermorden, aber man tötet den Haß nicht. Gewalt verstärkt nur den Haß. Das ist der Lauf der Dinge. Gewalt mit Gewalt zu vergelten, vermehrt die Gewalt und macht eine Nacht, die schon schwarz ist, noch dunkler. Dunkelheit kann die Dunkelheit nicht vertreiben, das kann nur das Licht. Haß kann den Haß nicht vertreiben, das kann nur die Liebe ..."

Martin Luther King

Martin Luther King (Mitte) demonstriert für die Bürgerrechte Farbiger. Montgomery, USA, 1965

- *Vergleichen Sie die drei vorangegangenen Texte. Aus welchen Beweggründen oder Grundhaltungen heraus wird hier einmal Gewalt angewendet, einmal zur Härte geraten und einmal von Gewalt abgeraten?*
- *Zeichnet der Song der „Prinzen" ein stimmiges Bild der vorherrschenden Weltanschauung in unserer Gesellschaft? Begründen Sie Ihre Antwort.*
- *Informieren Sie sich genauer über Leben und Werk des Bürgerrechtlers Martin Luther King.*
- *Überzeugt Sie die Position von Martin Luther King? Welche Gegenargumente könnten Sie anführen? Verwenden Sie dazu Beispiele aus der jüngeren Geschichte (z.B. Hitler-Diktatur, Bosnien-Krieg, Wettrüsten, Greenpeace-Aktivitäten).*

Wir halten fest:

Die Bibel ist kein Handbuch christlicher Ethik. Sie bietet kein ausgewogenes System von Normen und Werten, kein eindeutiges System von Verhaltensmustern, das man einfach übernehmen könnte. Erkennbar sind allerdings einige Grundstrukturen ethischen Denkens und einige Leitlinien für die Gestaltung menschlichen Lebens. Dies sind in erster Linie die Forderungen nach Nächstenliebe, Gerechigkeit, Friede und Feiheit.

Die ethischen Weisungen im Neuen Testament richten sich zunächst einmal an Menschen, die sich Christen nennen. Es werden keine allgemeinen Sittengesetze verkündigt. Dennoch ist zu fragen, ob die ethischen Grundlinien des Neuen Testaments für unsere gesamte Gesellschaft Gültigkeit besitzen sollen, weil sie uns „vernünftig" erscheinen. Wenn wir konkrete biblische Gebote als „ethisch gut" oder „moralisch einwandfrei" erachten, dürfen wir sie nicht absolut setzen, weil sich Ethik dann zum Sklaven einer Moral macht. Letztlich bestimmt nicht vernünftige Einsicht das Handeln derer, die sich Christen nennen, sondern das Vertrauen und die Hoffnung auf Christus.

Grundlagen christlicher Ethik

Katholischer Ansatz

Gibt es Normen, die für alle Menschen verpflichtend sind?

Wenn man davon ausgeht, daß der Mensch, biologisch gesehen (im Vergleich zum Tier), ein „unfertiges" und (deshalb) auf „Schutz" angewiesenes Wesen ist, das sich z.B. nicht auf regulierende und letztlich Sicherheit gewährende Instinkte verlassen kann, dann kann man „Normen" verstehen als Schutz gewährende Regelungen, Normen als Regelungen, die fehlende „Instinktunsicherheit" kompensieren.

Solange die überlieferten Normen gelten und man mit ihnen zufrieden sein kann, solange die sozialen Gewohnheiten funktionieren, gibt es keinen Legitimationsbedarf. Wenn aber die traditionelle Moral versagt, wenn sie in eine Krise gerät und nicht mehr plausibel erscheint, dann bricht die Frage auf, *wie* man derzeitig geltendes Recht, wie man weitgehend akzeptierte Moral kritisieren und *neue* moralische Forderungen begründen kann.

Zugespitzt könnte diese Frage lauten: Unter welchen Bedingungen gibt es ein (ethisch begründetes) *Recht zum Widerstand* (gegen traditionelle und z.T. noch geltende Moral bzw. gegen Anordnungen und Forderungen, die sich auf geltendes Recht berufen)? Worauf kann sich eine Kritik an einem mehrheitlich akzeptierten Ethos berufen?

Griechische Philosophen sahen sich (etwa vom 5. Jh. v.Chr. an), als die griechische Polis mit ihren Ordnungen in eine tiefe Krise geriet, vor die Frage gestellt, wie man Normen begründen kann. Sie kritisierten die griechische Gesellschaft samt ihren traditionellen Grundlagen und stellten dem „überlieferten Recht" (den „nomoi") das *Naturrecht"* gegenüber. Die dem „überlieferten Recht" entstammenden „Gesetze" hatten zu Ungleichheit (Ungerechtigkeit) geführt; demgegenüber sollte nun die Gleichheit aller („alle Menschen sind von Natur aus gleich") geltend gemacht werden. (Damit stand als Problem zur Debatte: „Naturrecht" oder „positives Recht"?)

Freilich liegt der Widerspruch auf der Hand: In der „Natur" setzt sich grundsätzlich der Stärkere durch. Unter Berufung auf „die Natur" kann man also keineswegs einfach Gleichheit, Hilfsbereitschaft (oder gar „Opfer") fordern; „naturrechtlich" läßt sich auch das „Recht des Stärkeren" begründen.

Was leistet also ein Rückgriff auf „die Natur" als Normierungsquelle?

Sind die „Menschenrechte" naturrechtlich begründbar? *Karl Friedrich Haag*

- *„Normen sind Regelungen, die fehlende „Instinktunsicherheit" kompensieren". Dieser Satz hat lange Tradition. Erklären Sie diesen Satz. Nehmen Sie dabei auch Rückgriff auf Aristoteles und Hobbes.*

Das Naturrecht

Für den katholischen Glauben ist es grundlegend, daß Gott als Schöpfer der Natur bestimmte Normen und Prinzipien, also eine natürliche Ordnung gestiftet hat. Wir nennen dies *Naturrecht.* Kraft seiner Vernunft kann jeder Mensch diese Normen und Prinzipien gesellschaftlichen Zusammenlebens erkennen bzw. einsehen.

Für die katholische Kirche ist das Naturrecht eine Grundlage christlicher Ethik und damit das Fundament, auf dem die christliche Soziallehre ruht.

Das Naturrecht meint ein System von Normen und Werten, die für jeden Menschen „natürlicherweise" gültig sind (z.B. das Recht auf Leben oder das Recht auf Nahrung). Das Naturrecht gilt – so die christliche Gesellschaftslehre – für jeden Menschen, gleichgültig ob es in der Moral und im geltenden Recht der Gesellschaft anerkannt ist oder nicht.

> *Gewisse Rechte sind dem Menschen mit seiner Natur unverlierbar zu eigen.* Das Naturrecht setzt nicht bei der konkreten, geschichtlichen Natur dieses oder jenes Menschen an, sondern bei der Natur als dem Wesenskonstitutiv des Menschen als solchem, d.h. bei dem, was zu allen Zeiten und in allen Kulturkreisen den Menschen metaphysisch als Menschen bestimmt, wozu Leiblichkeit und Geistigkeit, Personalität und Sozialität sowie die Geschöpflichkeit gehören. Der Mensch besitzt natürliche Rechte, weil Gott ihn als Person erschaffen hat, z.B. das Recht auf Leben, auf Unversehrtheit des Leibes, auf Gewissensfreiheit. Solche natürlichen Rechte des Menschen sind in der „Allgemeinen Erklärung der Menschenrechte vom 10. Dezember 1948" von den Vereinten Nationen umschrieben worden: „Jeder hat das Recht auf Leben, Freiheit und Sicherheit der Person. Niemand darf in Sklaverei oder Abhängigkeit gehalten werden ... Jeder hat Anspruch darauf, überall als Rechtspersönlichkeit anerkannt zu werden." Das alles könnte selbstverständlich oder gar „inhaltlos" *(Stammler)* klingen. Aber welch gewaltiger Inhalt dem Naturrecht innewohnt, dürfte angesichts des Massenmordes an Millionen von Juden, auch jüdischen Kindern, durch das nationalsozialistische Terrorregime offenkundig geworden sein. Auch heute ist das Lebensrecht des Menschen bedroht, da die Abtreibung verharmlost wird und man offen darüber spricht, ob unheilbar kranken oder siechenden Menschen eine Todesspritze gegeben werden dürfe.
>
> *Kardinal Joseph Höffner*

- *Was versteht man unter Naturrecht? Beschreiben Sie dies mit Ihren eigenen Worten.*
- *Naturrecht umfaßt auch das Recht auf Leben. Für Kardinal Höffner ist dieses Naturrecht heute beispielsweise durch Abtreibung und Sterbehilfe massiv bedroht. Können Sie sich der Argumentation Höffners anschließen? Begründen Sie Ihre Antwort!*

Wichtig ist die Unterscheidung zwischen *Naturrecht* auf der einen und dem *positiven Recht*, also der in einem Staate erlassenen Gesetzgebung, auf der anderen Seite. Das Naturrecht ist kein Vernunftsrecht, sondern ein Wesensrecht des Menschen. Es macht die positive Gesetzgebung nicht überflüssig. Naturrecht enthält die immer gültigen obersten und allgemeinen Grundnormen. Diese sind aber alleine nicht ausreichend für die Ordnung des menschlichen Zusammenlebens. Deshalb bedarf es des positiven Rechts (z.B. Verfassungs- und Verwaltungsrecht, Zivil- und Strafrecht, bürgerliches Recht, Handelsrecht usw.).

- *Gibt es Ihrer Meinung nach Beispiele aus Geschichte und Gegenwart, bei denen geltende Gesetze dem Naturrecht widersprechen und damit (nach naturrechtlichem Standpunkt) ungültig sind?*
- *Sehen Sie einen Unterschied zwischen der „Idee des Naturrechts" und der „Idee der Menschenrechte"?*

Argumente gegen das Naturrecht

1. Der *atheistische Existentialismus* leugnet die gemeinsame Menschennatur. *Jean Paul Sartre* behauptet: „Es gibt keine gemeinsame Menschennatur, weil es keinen Gott gibt, der sie hätte entwerfen können.“ „Der Mensch ist nichts anderes, als was er aus sich macht.“
2. Der *Rechtspositivismus* ist der Überzeugung, daß es keine Handlung geben kann, die unabhängig vom positiven Gesetz rechtswidrig ist, und daß andererseits jedes positive Gesetz, auch das niederträchtigste, Recht schaffe. Nur die gesetzgebende Macht kann etwas zur verpflichtenden Norm des Staates erklären.
3. Der *Rechtssoziologismus* ist dem Rechtspositivismus verwandt. Er erkennt zunächst an, daß es in den verschiedenen Kulturkreisen allgemeine Rechtsauffassungen gibt, denen positives Recht nicht widersprechen dürfe. Er behauptet aber dann, daß diese Rechtsauffassungen nicht unwandelbar und allgemeingültig seien, sondern an das „Gesamtgefüge der jeweiligen Kultur“ gebunden seien. Gesprochen wird von der Soziologie als Naturrechtslehre der modernen Zeit. So hätten bestimmte Normen heute bei uns keine Gültigkeit mehr, obwohl sie in früheren Jahrhunderten aus dem Normensystem der Gesellschaft nicht wegzudenken gewesen waren.

– *Machen Sie die drei Argumentationen gegen das Naturrecht jeweils an Beispielen deutlich!*

Naturrecht und Offenbarung als Erkenntnisquellen christlicher Ethik

Die Naturrechtslehre hat ihre Wurzeln in der Antike. Schon Aristoteles definierte das natürliche Recht als jenes, „das überall die gleiche Kraft besitzt, unabhängig davon, ob es anerkannt ist oder nicht“ (Nikomachische Ethik). *Thomas von Aquin* (1225–1274) hieß der berühmte Kirchenlehrer, der den Versuch unternommen hat, die antike Tugendlehre (vgl. S. 32ff.) und christliche Ethik zu verbinden. Er erklärte: Dem Menschen ist durch seine Vernunft die Erkenntnis des „Naturrechts“ möglich. Aber was die Menschen „vernünftigerweise“ wissen müßten, wurde durch die Sünde (bzw. den Sündenfall) verdunkelt. Trotzdem ist der Mensch noch in der Lage, Gut und Böse zu unterscheiden und grundlegende ethische Maßstäbe aus der Natur zu erkennen. Jedoch fehlt ihm die von Gott gewollte „Vollkommenheit“. Um diese zu erlangen, ist er auf die göttliche Offenbarung angewiesen. Deshalb hat Gott durch seine Offenbarung, also durch die Verkündigung der göttlichen Lehre (vor allem durch Jesus Christus), sein Gesetz (vgl. z.B. den Dekalog) neu zur Geltung gebracht.

Das traditionelle katholische Modell zur Begründung ethischer Normen kann damit als „Modell der doppelten Begründung“ bezeichnet werden, denn als Erkenntnisquellen für das, was als sittlich „gut“ verkündet wird, gelten sowohl die „Natur“ als auch die „Offenbarung Gottes“. Vernunft und Offenbarung, d.h. „natürliche“ und „übernatürliche“ Sittlichkeit wirken zusammen.

– *Wer war Thomas von Aquin?*

– *Was sind für Sie persönlich die „Erkenntnisquellen“ für das was ethisch „gut“ und ethisch „schlecht“ ist?*

– *In welchen Punkten unterscheidet sich die christliche Naturrechtslehre von der aristotelischen Tugendlehre (vgl. S. 32).*

Evangelischer Ansatz

Ethische Diskussionen werden oft mit erbitterter Leidenschaft geführt. Man hat den Eindruck, es gehe bei der Frage nach dem ethisch richtigen Handeln gleich „ums Ganze". Sicher geht es bei ethischen Fragestellungen häufig um das ganz grundsätzliche Verständnis von Mensch und Welt. Aber aus Sicht des christlichen Glaubens kann der Mensch sein Leben gerade nicht endgültig sichern und letztgültig rechtfertigen. Das bedeutet, nach christlichem Verständnis ist der Mensch zwar das Subjekt seiner Lebensführung, aber nicht der Schöpfer seiner selbst.

Das ethische Handeln des Menschen ist damit in seiner Bedeutung relativiert. Sein fehlerhaftes Handeln ist nicht unmittelbar identisch mit endgültiger Zerstörung und Vernichtung. Der Glaube an Gott beinhaltet für den Christen die Möglichkeit, immer wieder neu zu beginnen. Auch wenn das Verhalten „ungut" war, geht es weiter. Es darf immer ein neuer Anfang gemacht werden. Umkehr ist möglich.

Das bedeutet nicht, daß es gleichgültig wäre, wie der Mensch sich verhält. Aber der christliche Glaube eröffnet einen Raum für abwägende und vernünftig argumentierende ethische Besinnung. Gott gewährt dem Menschen Freiheit und Selbstbestimmung. Diese sollte er nach Auffassung der evangelischen Ethik nutzen und sich immer wieder aufs Neue fragen, ob sein Handeln in einer bestimmten Situation wirklich das dem Gottesglauben gemäße Verhalten ist.

Ethik ist für den Christen nicht einfach nur die Anwendung christlicher Gebote oder Glaubenslehren. Man kann nämlich bei unterschiedlichen Glaubenslehren zu denselben ethischen Überzeugungen und Urteilen kommen; und man kann bei gleichen Glaubenslehren zu unterschiedlichen ethischen Urteilen kommen. Die oft völlig unterschiedliche Einstellung von Christen etwa zu den Streitfragen der Atomenergie oder der Sterbehilfe belegen dies deutlich.

– *Zu verschiedenen gesellschaftlichen und politischen Problemfeldern gibt es kirchliche Stellungnahmen (z.B. zur Frage der Verhütung, zur Frage der Ausländerpolitik ...). Gehören diejenigen, die einer öffentlichen ethischen Stellungnahme der Kirche nicht folgen können, aufgrund ihrer Ablehnung nicht mehr zur Kirche? Begründung!*

Der protestantischen Ethik wird eine besondere Nähe zur *Pflichtethik* nachgesagt. Die Rechte „Gesinnung" des Menschen spielt hier eine zentrale Rolle. Da aber christliche Ethik sich nicht einfach nur auf die christliche Gesinnung berufen kann, sondern auch die Folgen der ethischen Entscheidungen berücksichtigt werden müssen, ist die *Verantwortungsethik* zweites zentrales Element evangelischer Ethik. Dabei ist die Situation, in der der einzelne Mensch handelt, ein wesentliches Element der ethischen Entscheidung *(Situationsethik)*.

Gesinnungsethik

Auf die rechte Gesinnung kommt es an! Entscheidend ist, die gute Absicht, das gute Gewissen! So könnte man den Kern der Gesinnungsethik umschreiben.

Dies erinnert an die Pflichtethik, die wir von *Kant* her kennen (vgl. S. 65ff.). In der Tat spielen Elemente aus Kants Moralphilosophie innerhalb der evangelischen Ethik eine zentrale Rolle. Die Handlung eines Menschen wird nicht danach beurteilt, ob sie dem Ziel dienlich ist, sondern ob sie dem Willen Gottes entspricht. Entscheidend ist es, bedingungslos Gutes zu tun (etwa gemäß den Geboten der Bergpredigt), egal welche Folgen hieraus erwachsen. Denn für die Folgen des Handelns ist man nicht selbst, sondern die Welt verantwortlich. Der Erfolg wird Gott anheimgestellt. Die Pflichten des einzelnen sind durch die göttlichen Gebote einigermaßen vorgegeben. Wichtig ist dann, daß man sich den überlieferten Werten verpflichtet fühlt und „in bester Absicht" zu handeln versucht.

- *Vergleichen Sie genauer den Gedanken der Gesinnungsethik mit den Ausführungen zur Pflichtethik nach Kant (vgl. S. 67).*
- *„Wären die politisch Verantwortlichen Gesinnungsethiker, würde das Land im Chaos versinken; Gesinnungsethik ist nur etwas für Heilige." Erläutern Sie diesen Satz.*

Verantwortungsethik

Was heißt Verantwortung?

Der Begriff Verantwortung wird in der ethischen Diskussion auffallend häufig gebraucht. Redewendungen, wie: „Das wäre unverantwortlich", „Dafür werden Sie sich verantworten müssen", „Er ist ein verantwortungsbewußter Mensch", sind Beispiele dafür.

In der christlichen Ethik hat sich insbesondere im Mittelalter die Vorstellung entwickelt, daß das ganze menschliche Leben verantwortet werden müßte, daß der Mensch einmal vor Gott Rechenschaft über seine gesamte Lebensführung ablegen müsse, und zwar spätestens vor dem „jüngsten Gericht".

In dem Maße, in dem im neuzeitlichen Denken die Vorstellung einer „jenseitigen Gerichtsinstanz" immer unbestimmter wird, wandelt sich auch die Bedeutung von Verantwortung in der christlichen Ethik. Zwar ist die Vorstellung vom letzten Gericht nicht einfach verschwunden, aber sie wurde teilweise ergänzt durch die Vorstellung, daß der Mensch *selbst* die Instanz ist, vor der er sich verantworten muß. Verantwortung wird zur Selbstverantwortung, zur Verantwortung vor dem eigenen Gewissen. Verantwortung bedeutet immer, für die Folgen seines Handelns einzustehen; vor sich selbst, vor den Mitmenschen oder vor Gott.

- *Was heißt für Sie Verantwortung?*
- *Der Mensch ist vor sich selbst verantwortlich. Wer kann ihm im Falle des „Schuldig-Gewordenseins" Vergebung zusprechen? Er selbst, der Mitmensch, dem gegenüber er schuldig geworden ist, oder ist dafür eine göttliche Instanz notwendig?*
- *Das Geflecht von Zuständigkeiten und Abhängigkeiten in der Welt ist so komplex, daß es oft schwierig oder gar unmöglich ist, herauszufinden, wer nun wirklich „der Verantwortliche" ist. Wer ist Ihrer Meinung nach verantwortlich für die sozialethischen Problemfelder unserer Zeit (z.B. die Umweltverschmutzung, die hohen Arbeitslosenzahlen ...)? Diskutieren Sie dies in Kleingruppen!*

> Christliche Verantwortungsethik betont die Verantwortung des Menschen gegenüber dem Gegebenen (Verantwortung für die Welt als Schöpfung Gottes, Verantwortung für das Leben als Gabe Gottes); und sie betont ebenso die Verantwortung des Menschen im Hinblick auf die Zukunft. In der Erwartung des Handelns Gottes vertrauen die Christen darauf, daß sich Gott als Herr der Zukunft erweist. Diese Hoffnung des Glaubens ist für eine christliche Verantwortungsethik von grundlegender Bedeutung. *Karl Friedrich Haag*

Der Kern der Verantwortungsethik

Wir leben in einer Welt, in der zukünftige Entwicklungen unseres jetzigen Handelns vorhersehbar sind. Besonders augenfällig wird dies an der Umweltproblematik: Wenn wir heute Atomkraftwerke bauen, wissen wir, daß wir zukünftig strahlenden Atommüll lagern müssen. Wenn wir heute ozonschädigende Stoffe verwenden, wissen wir, daß die Ozonschicht immer dünner wird und die Menschen mit mehr ultravioletter Strahlung leben müssen.

Im Rahmen der Verantwortungsethik ist immer die Dimension der Zukunft einbezogen. Die künftigen Folgen des Verhaltens gewinnen immer mehr an Bedeutung, weshalb eben diese Folgen bei ethischen Entscheidungen berücksichtigt werden müssen. Deshalb kann sich die christliche Ethik nicht nur auf die christliche Pflicht (z.B. das Liebesgebot) bzw. eine christliche Gesinnung berufen, sondern muß auch zur Verantwortungsethik werden.

> Der ideologisch Handelnde sieht sich in seiner Idee gerechtfertigt, der Verantwortliche legt sein Handeln in die Hände Gottes und lebt von Gottes Gnade und Gunst.
>
> Es gehört weiter zur Begrenztheit verantwortlichen Lebens und Handelns, daß er mit der Verantwortlichkeit der anderen ihm begegnenden Menschen rechnet. Eben darin unterscheidet sich Verantwortung von Vergewaltigung, daß sie im anderen Menschen den Verantwortlichen erkennt, ja daß sie ihm seine eigene Verantwortlichkeit bewußt werden läßt. Die Verantwortung des Vaters oder des Staatsmannes ist begrenzt durch die Verantwortlichkeit des Kindes oder des Staatsbürgers, ja es besteht die Verantwortung des Vaters oder des Staatsmannes eben darin, die Verantwortlichkeit der ihm Anbefohlenen ins Bewußtsein zu erheben, zu stärken. Niemals also kann es eine absolute Verantwortung geben, die nicht an der Verantwortlichkeit des anderen Menschen ihre wesenhafte Grenze fände.
>
> *Dietrich Bonhoeffer*

- *Kann Verantwortung der Ausgangspunkt (das Prinzip) ethischen Handelns sein, oder ist Verantwortlichkeit das Ergebnis ethischer Besinnung bzw. ethischer Bildung eines Menschen?*
- *„Niemals kann es eine Verantwortung geben, die nicht an der Verantwortlichkeit des anderen Menschen seine Grenze findet.“ Machen Sie diesen Satz Dietrich Bonhoeffers (vgl. auch S. 172) an aktuellen Beispielen deutlich.*
- *Der Mensch hat Verantwortung zum Erhalt der Schöpfung. Der jüdische Philosoph Hans Jonas etwa sieht die Umwelt durch den technisch-wissenschaftlichen Fortschritt akut gefährdet. Kritiker von Jonas wenden häufig ein, daß der Mensch immer die Natur bearbeitet und verändert hat und daß dies angesichts einer ständig wachsenden Menschheit für deren Überleben notwendig ist. Inwiefern können Sie sich einer der beiden Argumentationen anschließen?*

> Vor aller Ethik der Verantwortung gibt es eine Verantwortung zur Ethik im Sinne eben der Pflicht, sich um die notwendige ethische Einsicht zu bemühen. Kurzum, das, was wir wissen oder wissen könnten, macht uns als Handelnde und möglicherweise zur Einflußnahme Fähige mitverantwortlich für das, was geschieht. *Johannes Fischer*

Situationsethik

Wir leben in einer sich ständig wandelnden Umwelt. Werte und Normen, die in einer Gesellschaft „gestern" noch Gültigkeit hatten, sind „morgen" möglicherweise schon wieder umstritten. Die Situationen, in der eine ethische Entscheidung von Menschen verlangt wird, sind nicht immer vergleichbar, erst recht, wenn die Menschen aus unterschiedlichen Kulturkreisen stammen. Jede Situation hat etwas Einmaliges an sich.

> Wie man einer Verantwortung – im Unterschied zu einer fest umrissenen Pflicht – gerecht werden kann, wird sich immer erst im Vollzug einer Situationsanalyse und einer ethischen Besinnung über die spezifischen Herausforderungen der jeweiligen Situation ergeben.
>
> Die Wirklichkeit, die zu einem ethischen Verhalten bzw. einer ethischen Entscheidung herausfordert, ist immer die Wirklichkeit einer ganz bestimmten konkreten Situation. Grund-Normen (wie beispielsweise das Liebesgebot) können zwar im Sinne einer generellen Ausrichtung das Handeln bestimmen; aber was dann in der Situation konkret getan werden muß und kann, das hängt ganz von der Situation selbst ab; insofern ist die Situation bzw. die Wahrnehmung der Situation ein ganz wesentliches Element der ethischen Entscheidung. *Karl Friedrich Haag*

Die Beispielgeschichte vom barmherzigen Samariter (Lk 10,35ff.) – so sagen „Situationsethiker" – macht deutlich, daß auch Jesus einen situationsethischen Ansatz im Blick hat; nicht Normen sind für Jesus das Entscheidende, sondern konkrete Menschen in konkreten Situationen.

Rudolf Bultmann versteht die Ethik Jesu als eine radikale Gehorsamsethik (Gehorsam gegenüber dem Willen Gottes), die sich in jeder Situation immer wieder neu bewähren muß:

> *Handeln als solches ist Gehorsam oder Ungehorsam:*
>
> Jesus lehrt überhaupt keine Ethik als eine allgemein für den Menschen einsichtige Theorie über das, was man tun und lassen soll . . .
>
> Jesus sieht den Menschen und seine Existenz ganz anders, nämlich in einer absoluten Unsicherheit gegenüber dem, was ihm begegnet. Der Mensch kann nicht vorher verfügen über die Möglichkeiten dessen, was es zu tun gilt; er kann sich nicht im Augenblick der Entscheidung auf Grundsätze, auf eine allgemeine ethische Theorie zurückziehen, die ihn der Verantwortung der Entscheidung enthöbe; sondern jeder Moment der Entscheidung ist wesenhaft neu . . . der Gehorsam ist nur aktuell da, nur im Moment des Handelns. *Rudolf Bultmann*

- *Was beinhaltet das Gleichnis vom barmherzigen Samariter?*
- *Rudolf Bultmann erklärt, daß der Mensch sich nicht in jeder Situation auf allgemeine ethische Grundsätze zurückziehen kann. Gibt es Ihrer Meinung nach nicht durchaus „vergleichbare" ethische Situationen, in denen dann auch vergleichbare ethische Handlungen (nach allgemeingültigen Regeln und Normen) erwartet werden können? Welche Situationen könnten dies sein?*
- *Verdeutlichen Sie den Grundgedanken der Situationsethik anhand der Zehn Gebote und den damit zusammenhängenden Problemstellungen (vgl. Übersicht Seite 139).*

Zum Verhältnis von Gesinnungs- und Verantwortungsethik – Max Weber

Die Unterscheidung von Gesinnungs- und Verantwortungsethik führte der Sozialökonom und Sozialphilosoph *Max Weber* (1864–1920) ein.

Max Weber wurde 1864 als erstes von acht Kindern in Erfurt geboren. Sein Vater war ein wohlhabender Rechtsanwalt und national-liberaler Parlamentarier zu Zeiten Bismarcks. Seine Mutter, eine tiefreligiöse Frau. Beide Denkweisen widerstrebten *Weber* zutiefst. Es wird berichtet, daß *Weber* ein „frühreifer" und von seinen Altersgenossen isolierter Schüler war, der bereits mit 13 Jahren historische Aufsätze verfaßte. Mit dem Besuch der Universität schloß er sich dem burschenschaftlichen Leben mit Trinkgelagen, Mensuren und einer derben Fröhlichkeit an und entwickelte sich von einem gehemmten zu einem zeitweise hochtragenden und arroganten Mann. Mit seiner Promotion und Habilitation wandelte sich seine Lebensführung wiederum hin zu einem der bedeutendsten deutschen Soziologen. Er hatte später Professuren in Berlin, Freiburg und Heidelberg inne und wurde zum großen politischen Intellektuellen des Kaiserreichs. Was sein umfangreiches wissenschaftliches Werk betrifft, so hätte er ebenso eine Professur für Philosophie, Geschichte, Musikwissenschaft, Politologie und besonders der Religionswissenschaft erhalten können. *Max Weber* wird vor allem verehrt als Stammvater der deutschen Demokratie, dessen Verantwortungsethik in das Handgepäck eines jeden Politikers gehört. Er starb im Alter von 56 Jahren an einer verschleppten Lungenentzündung.

Max Weber – die Stirn vom Hut beschattet, gekleidet mit nachlässiger Eleganz – im Dialog mit der Moderne: Gebannt heftet der barhäuptige Ernst Toller (Bildmitte) den Blick auf den bedeutendsten politischen Intellektuellen des Kaiserreiches.

Der Gegensatz zwischen Gesinnungsethik und Verantwortungsethik

Wir müssen uns klarmachen, daß alles ethisch orientierte Handeln unter *zwei* voneinander grundverschiedenen, unaustragbar gegensätzlichen Maximen stehen kann: es kann „gesinnungsethisch" oder „verantwortungsethisch" orientiert sein. Nicht daß Gesinnungsethik mit Verantwortungslosigkeit und Verantwortungsethik mit Gesinnungslosigkeit identisch wäre. Davon ist natürlich keine Rede. Aber es ist ein abgrundtiefer Gegensatz, ob man unter der gesinnungsethischen Maxime handelt – religiös geredet: „Der Christ tut recht und stellt den Erfolg Gott anheim" – *oder* unter der verantwortungsethischen, daß man für die (voraussehbaren) Folgen seines Handelns aufzukommen hat. (...) Wenn die Folgen einer aus reiner Gesinnung fließenden Handlung üble sind, so gilt ihm (dem Gesinnungsethiker) nicht der Handelnde, sondern die Welt dafür verantwortlich, die Dummheit der anderen Menschen oder – der Wille des Gottes, der sie so schuf. Der Verantwortungsethiker dagegen rechnet mit eben jenen durchschnittlichen Defekten der Menschen, – er hat (...) gar kein Recht, ihre Güte und Vollkommenheit vorauszusetzen, er fühlt sich nicht in der Lage, die Folgen eigenen Tuns, soweit er sie voraussehen konnte, auf andere abzuwälzen. Er wird sagen: diese Folgen werden meinem Tun zugerechnet. „Verantwortlich" fühlt sich der Gesinnungsethiker nur dafür, daß die Flamme der reinen Gesinnung, die Flamme z.B. des Protestes gegen die Ungerechtigkeit der sozialen Ordnung, nicht erlischt. Sie stets neu anzufachen, ist der Zweck seiner, vom möglichen Erfolg her beurteilt, ganz irrationalen Taten, die nur exemplarischen Wert haben können und sollen.

Aber auch damit ist das Problem noch nicht zu Ende. Keine Ethik der Welt kommt um die Tatsache herum, daß die Erreichung „guter" Zwecke in zahlreichen Fällen daran gebunden ist, daß man sittlich bedenkliche oder mindestens gefährliche Mittel und die Möglichkeit oder auch die Wahrscheinlichkeit übler Nebenerfolge mit in Kauf nimmt, und keine Ethik der Welt kann ergeben: wann und in welchem Umfang der ethisch gute Zweck die ethisch gefährlichen Mittel und Nebenerfolge „heiligt". Für die Politik ist das entscheidende Mittel: die Gewaltsamkeit . . .

Hier, an diesem Problem der Heiligung der Mittel durch den Zweck, scheint nun auch die Gesinnungsethik überhaupt scheitern zu müssen. Und in der Tat hat sie logischerweise nur die Möglichkeit: *jedes* Handeln, welches sittlich gefährliche Mittel anwendet, zu *verwerfen*. Logischerweise. In der Welt der Realitäten machen wir freilich stets erneut die Erfahrung, daß der Gesinnungsethiker plötzlich umschlägt in den chiliastischen[1] Propheten, daß z.B. diejenigen, die soeben „Liebe gegen Gewalt" gepredigt haben, im nächsten Augenblick zur Gewalt aufrufen, – zur *letzten* Gewalt, die dann den Zustand der Vernichtung *aller* Gewaltsamkeit bringen würde, – wie unsere Militärs den Soldaten bei jeder Offensive sagten: es sei die letzte, sie werde den Sieg und dann den Frieden bringen. Der Gesinnungsethiker erträgt die ethische Irrationalität der Welt nicht. (...) Es ist nicht möglich, Gesinnungsethik und Verantwortungsethik unter einen Hut zu bringen oder ethisch zu dekretieren[2]: welcher Zweck *welches* Mittel heiligen solle, wenn man diesem Prinzip überhaupt irgendwelche Konzessionen[3] macht. *Max Weber*

In der Ethik kennen wir die Begriffe deontologische Ethik und teleologische Ethik. *Deontologische Ethik* beurteilt das menschliche Verhalten nach den Motiven bzw. Prinzipien des Handelns. *Teleologische Ethik* beurteilt das menschliche Verhalten danach, inwieweit es dem gesteckten (sittlichen) Ziel dienlich war.

[1] Chiliastisch: in Erwartung des Tausendjährigen Reiches Christi
[2] verordnen
[3] Zugeständnisse

Gesinnungs- und Verantwortungsethik in der Politik

Der Zusammenhang zwischen Gesinnungs- und Verantwortungsethik wird exemplarisch auch an der oft gestellten Frage deutlich: Dürfen Politiker lügen? Wird beispielsweise die unbedingte Wahrheitspflicht gefordert, dann muß in Kauf genommen werden, daß gelegentlich das Land belastende Informationen an die Öffentlichkeit gelangen, was Folgen haben könnte, die über Jahre nicht wieder gutzumachen sind. Dies gilt insbesondere für den Krisenfall. Aber nach den „Folgen" fragt eben die Gesinnungsethik nicht. Doch wer kann überhaupt entscheiden, ob diese Informationen für die Allgemeinheit schädlich oder nur für den Politiker oder seine Partei belastend sind?

Und gibt es nicht andererseits auch Dinge, die jenseits dessen liegen, was noch von Menschen verantwortbar ist und deshalb der individuellen Verantwortung von Politikern entzogen werden müßte? Nukleare oder chemische Gefährdungen und die Zerstörung der Atmosphäre könnten Beispiele dafür sein.

Für die Praxis einer politischen Moral kann aber dennoch die (Gesinnungs-)Ethik des Neuen Testaments keine Grundlage sein. Denn religiöse Glaubenssätze und politische Wahrnehmung von Interessen sind unvereinbar. Für *Max Weber* ist das entscheidende Mittel der Politik die Gewaltsamkeit. Politik ist immer eine Auseinandersetzung zwischen Kontrahenten. Der politische Mensch verfolgt seine Interessen, opfert sich aber nicht für andere auf. Das genau ist aber der Kern der christlichen Ethik.

- *Worin liegt für Max Weber der entscheidende Unterschied zwischen Gesinnungs- und Verantwortungsethik?*
- *„Keine Ethik der Welt kommt um die Tatsache herum, daß die Erreichung guter Zwecke in zahlreichen Fällen daran gebunden ist, daß man sittlich bedenkliche oder mindestens gefährliche Mittel in Kauf nimmt." Machen Sie diesen Satz an aktuellen Beispielen deutlich.*
- *Warum sind für Max Weber „Gesinnungsethiker" für die Politik ungeeignet? Machen Sie dabei auch deutlich, an welchem Punkt – für Max Weber – der Gesinnungsethiker scheitert.*
- *Max Weber erklärt, das entscheidende Mittel für Politik sei Gewaltsamkeit. Vergleichen und kritisieren Sie diese Position mit dem christlichen Gebot von Feindesliebe und Gewaltverzicht (vgl. S. 148).*
- *„Gesinnungsethik und Verantwortungsethik sind keine absoluten Gegensätze." Erläutern Sie diesen Satz.*

Das Verhältnis von Kirche und Staat – Sozialethische Aspekte

Was wir heute gesellschaftliche oder sozialethische Probleme nennen, hat Jesus nicht als Probleme besonderer Art gesehen. Sein Eintreten für die an den Rand der Gesellschaft Gedrängten und für Kranke führte nicht zu einem gezielten sozialpolitischen Engagement. Jesus wollte nicht primär gesellschaftspolitische Strukturen verbessern. Er war kein Sozialrevolutionär. In seinem Blickfeld stand der einzelne (notleidende) Mensch. Die gesellschaftspolitische Bedeutung Jesu besteht gerade darin, daß er sich in besonderer Weise an die Deklassierten wendet und gerade sie einlädt, jetzt schon die neue Gemeinschaft zwischen Gott und den Menschen zu erfahren; eine Gemeinschaft, in der das Zusammenleben durch Liebe, Frieden und Gerechtigkeit gekennzeichnet ist. Jesus spricht in diesem Zusammenhang von „Gottesherrschaft".

Für die Christen ist diese Gottesherrschaft noch nicht verwirklicht. Ein gläubiger Christ wird sich daher nicht mit Verhältnissen abfinden, in denen Menschen unterdrückt, geknechtet und ausgebeutet werden. Somit drängt sich die Frage auf, ob die Aufforderung Jesu, sich dem Nächsten zuzuwenden, nicht konsequenterweise doch auch den Aufruf zur Veränderung gesellschaftlicher Strukturen einschließt. Heißt dies auch, daß der Mensch gehalten ist, sich politisch einzumischen?

Die Meinungen der Christen um die Einmischung oder Nichteinmischung in die Politik sind geteilt, denn die Interpretation entsprechender Bibelstellen ist umstritten. Das Neue Testament kennt den sogenannten *Zinsgroschenspruch* (Mk 12, 13–17; Mt 22, 15–22; Lk 20, 20–26): „Gebt dem Kaiser, was des Kaisers ist; gebt Gott, was Gottes ist". Heißt dies, daß der Bereich des Politischen und der Bereich des Religiösen sich nicht berühren, also säuberlich zu trennen sind? Oder ist der Zinsgroschenspruch ein Aufruf, sich politisch zu engagieren (eben durch die Bezahlung der Steuern seinen Beitrag zur Staatserhaltung zu leisten)?

Jahrhundertelang steht diese Frage im Mittelpunkt christlicher Ethik: Wie sollen sich Christen gegenüber der Gesellschaft, gegenüber dem Staat, in dem sie leben, verhalten?

Zwei Alternativen drängen sich auf:

- Sollen die Christen auf eine „Verchristlichung der Gesellschaft" hinarbeiten, indem sie christliches Ethos möglichst umfassend durch ihr Engagement in politischen und gesellschaftlichen Gremien zur Geltung zu bringen versuchen? Wir kennen alle christliche Verbände, Parteien, Gewerkschaften, die aus dieser Haltung heraus entstanden sind.
- Oder sollen sie sich aus der Politik fernhalten, weil man sich mit Politik nur „die Hände schmutzig macht"? Mutter Teresa etwa sagt: „Ich mische mich nicht in Politik. Krieg ist die Frucht von Politik, und da lasse ich mich nicht hineinziehen. Wenn ich mich in die Politik verstricke, höre ich auf zu lieben, weil ich Partei ergreifen muß".

Die Antwort hierauf ist deshalb so schwierig, weil das Neue Testament auf diese Fragen unterschiedliche Antworten bietet. Sie stehen einerseits im Römerbrief des Apostels Paulus (Kapitel 13, 1–7) und andererseits in der Offenbarung des Johannes (Kapitel 13).

Im Römerbrief heißt es:
„Jedermann unterwerfe sich den vorgesetzten Obrigkeiten; denn es gibt keine Obrigkeit außer von Gott, und die bestehenden sind von Gott angeordnet. Wer sich daher der Obrigkeit widersetzt, der widersetzt sich der Anordnung Gottes." (Römer 13, 1–2)

Paulus betont aber auch, daß der Christ in einer Welt lebt, in der es notwendigerweise bestimmte Ordnungen und damit auch Unterordnung gibt. Damit das menschliche Leben nicht im Chaos endet, entspricht es dem Willen Gottes, daß man den Staat akzeptiert und unterstützt, indem man zum Beispiel seine Steuern zahlt.

Als Gegenposition kann man Offenbarung 13 heranziehen. Hier wird die Staatsmacht als „Tier" dargestellt, dem der „Drache" (als Symbol des Bösen) Macht verleiht.

> In der Offenbarung heißt es:
> „Sie beteten den Drachen an, weil er dem Tier die Gewalt verliehen hatte, und auch das Tier beteten sie an ... Und anbeten werden es alle Bewohner der Erde, deren Namen nicht eingeschrieben sind im Lebensbuch des geschlachteten Lammes ... Wer in die Gefangenschaft soll, der gehe in die Gefangenschaft, wer durch das Schwert sterben soll, der muß mit dem Schwert getötet werden. Hier zeigt sich die Standhaftigkeit und der Glaube der Heiligen."
> (Offenbarung 13, Vers 4, 8, 10)

Wahrscheinlich wurde die Offenbarung des Johannes um das Jahr 100 verfaßt und ist damit etwa 40 Jahre älter als der Römerbrief (aus dem Jahr 58). Es war die Zeit der beginnenden großen und blutigen Christenverfolgungen. Die Offenbarung sprach hier Trost zu.

In der Offenbarung wird ganz deutlich: Für den Widerstand gegen die Obrigkeit muß notfalls auch das Martyrium in Kauf genommen werden („in Gefangenschaft gehen oder vom Schwert getötet werden").

- *Welche der beiden Interpretationen (von Römer 13 oder Offenbarung 13) halten Sie für vernünftiger und warum?*
- *„Mit meinen Steuern geht der Staat fahrlässig um. Er kauft damit z.B. Waffen, baut unnötige Autobahnen und bezahlt seinen Beamten zu hohe Gehälter. Damit bin ich nicht einverstanden. Deshalb betrüge ich den Staat bei meiner Steuererklärung wo es nur geht. Das ‚gesparte' Geld verwende ich dann für soziale Zwecke, die mir am Herzen liegen." Beurteilen Sie diese Aussage!*
- *Sollen sich die Christen und christlichen Kirchen in die Politik einmischen und für die Veränderung gesellschaftlicher Strukturen eintreten? Begründen Sie Ihre Antwort!*
- *Was halten Sie davon, wenn Pfarrer ein politisches Mandat übernehmen? Begründen Sie Ihre Antwort!*
- *Inwiefern sind in Deutschland Kirche und Staat verstrickt?*

Zwei-Reiche-Lehre Luthers

Zur Entwicklung des Zwei-Reiche-Modells

Im Anschluß an die Konstantinische Wende (im Jahr 313) begann sich das Christentum in immer mehr Ländern der Welt durchzusetzen. Immer mehr Christen begannen, öffentliche Ämter zu begleiten und damit unmittelbare gesellschaftspolitische Verantwortung zu übernehmen. Die Frage drängte sich auf, ob Gebote der Bergpredigt – z.B. Böses nicht mit Bösem zu vergelten, also unrechtes Tun nicht zu bestrafen – auch für jene galt, die für Ruhe, Frieden, Sicherheit und Ordnung in einem Staatswesen verantwortlich waren?

Schon in anderen Zusammenhängen griff man auf die Unterscheidung von „zwei Bereichen" zurück: Im griechischen Kulturbereich unterschied man – vor allem unter dem Einfluß Platons – eine materielle (körperliche) Welt und eine geistige Welt (Reich der Ideen, vgl. S. 23). Im Judentum und im Urchristentum unterschied man „zwei Äonen", also zwei

Weltzeitalter (Man lebte – noch – im alten „Äon“, also Zeitalter, und man hoffte sehnsüchtig auf das neue Weltzeitalter, das für die Christen mit Jesus angebrochen war).

Später unterschied man im Christentum zweierlei Bürgerschaften: Man unterschied einerseits zwischen der Zugehörigkeit zur „Bürgerschaft Gottes“ (civitas Dei) und andererseits zur „Bürgerschaft des Teufels“ (civitas diaboli). Doch für die Frage, wie die Christen ihr Verhältnis zur staatlichen Ordnungsmacht gestalten sollten, erwies sich diese Vorstellung als nicht besonders zweckmäßig. In der Folgezeit trennte man dann die beiden Bereiche nicht mehr, sondern setzte sie zueinander in Beziehung. Neben der „Bürgerschaft Gottes“ (civitas Dei) existiert noch eine Bürgerschaft derer, die dem Irdischen angehören“ (civitas terrana). Neben dem Christentum bzw. der Kirche existiert damit notwendigerweise noch ein Staatswesen. Diesem wurde die Aufgabe zugeschrieben, für Frieden und Gerechtigkeit zu sorgen und somit gar der Helfer der „Bürgerschaft Gottes“ zu sein. Seit dem 5. Jahrhundert wurde immer wieder diese „Zwei-Gewalten-Lehre“ unterschieden. Die Kirche (als Stellvertreter des „himmlischen Staates“) auf der einen Seite und der weltliche Staat auf der anderen. Dabei war aus Sicht der Kirche die staatliche Gewalt der kirchlichen bzw. priesterlichen Gewalt untergeordnet. Doch genau darüber gab es in der Geschichte, insbesondere im Mittelalter, immer wieder Streit. Es kam häufiger zu einer Kraftprobe zwischen den beiden Gewalten: Dem Kaiser oder König auf der einen und dem Papst auf der anderen Seite.

Diese Situation beschäftigte auch Martin Luther. In seiner Schrift „Von weltlicher Obrigkeit, wie weit man ihr Gehorsam schuldig sei“ (1523) entwickelte er seine „Zwei-Reiche-Lehre“, welche die Folgezeit nachhaltig beeinflußte.

Ausgangspunkt

Martin Luther (1483–1546) schlug 1517 seine berühmten 95 Thesen an der Schloßkirche zu Wittenberg an und leitete damit die Reformation ein. Er beklagte darin den Mißbrauch und die Entartung des sogenannten „Ablaßwesens“, also des Nachlasses zeitlicher Sündenstrafe, vor allem der Fegefeuerstrafe. Damit eröffnete Luther seinen öffentlichen Konflikt mit der Amtskirche. Mit seiner Bannung durch den Papst war der kirchliche Bruch vollzogen. Auch mit der weltlichen Obrigkeit geriet Luther vielfach in Konflikt.

Luther als Mönch (Kupferstich von L. Cranach d. Ä., 1520, Dresden, Staatl. Kupferstichkabinett)

Der *Herzog Georg von Sachsen* hatte 1521 den Verkauf und Besitz von Luthers Übersetzung des Neuen Testaments verboten. Deshalb schrieb Luther in der Einleitung seiner Schrift „Von weltlicher Obrigkeit, wie weit man ihr Gehorsam schuldig sei“ (1523):

> *... Gott der Allmächtige hat unsere Fürsten toll gemacht, daß sie nicht anders meinen, als sie könnten ihren Untertanen tun und gebieten, was sie nur wollen; und auch die Untertanen irren, wenn sie meinen, sie seien verpflichtet, dem allen so ganz und gar zu folgen. ...*

Luther wollte keine theologische Ethik des Politischen verfassen, auch keine systematisch durchdachte Lehre von „zwei Reichen“. Aufgrund seiner persönlichen Situation ging es ihm schlicht um Antworten auf so grundlegende Fragen wie:

- Muß ein Christ allen staatlichen Anordnungen Folge leisten?
- Soll man die Kirche dem Staat unterordnen oder den Staat der Kirche?
- Kann ein Christ ein staatliches Amt übernehmen, in welchem er Gewalt einsetzen muß?
- Darf er Personen bestrafen, die Gesetze des Staates gebrochen haben?

Kern der Zwei-Reiche-Lehre:

Wir müssen Adams Kinder, d.h. alle Menschen, in zwei Teile teilen: die einen zum Reich Gottes, die andern zum Reich der Welt gehörig.

Die zum Reich Gottes Gehörenden, das sind alle, die als wahrhaft Glaubende in Christus und unter Christus sind. Denn Christus ist der König und Herr im Reiche Gottes. Diese Leute brauchen kein weltliches Schwert oder Recht, und wenn alle Welt aus rechten Christen, d.h. aus wahrhaft Gläubigen bestände, so wäre kein Fürst, König oder Herr, kein Schwert und kein Recht nötig.

Zum Reich der Welt oder unter das Gesetz gehören alle, die nicht Christen sind. Es sind ja nur wenige gläubig und nur der kleinere Teil verhält sich nach Christenart, daß er dem Übel nicht widerstrebt, ja daß er nicht gar selber Übel tut. Deshalb hat Gott für diese Nichtchristen neben dem Christenstand und Gottes Reich ein andres Regiment geschaffen und hat sie dem Schwert unterworfen. Sie sollen doch nicht tun können, was ihrer bösen Art entspricht.

Darum hat Gott die zwei Regimente angeordnet: das geistliche, welches Christen und rechtschaffene Leute schafft durch den Heiligen Geist unter Christus, und das weltliche, welches den Unchristen und Bösen wehrt, daß sie äußerlich Frieden halten und still sein müssen wider ihren Willen.

Darum muß man diese beiden Regimente sorgfältig unterscheiden und beide in Kraft bleiben lassen: das eine, das rechtschaffen macht, das andre, das äußerlich Frieden schafft und bösen Werken wehrt. Keines genügt in der Welt ohne das andere.

Nun fragst du, ob dann auch ein Christ das weltliche Schwert führen und die Bösen strafen dürfe.

Antwort: Du hast zwei Stücke gehört. Das eine ist, daß unter den Christen das Schwert nicht sein kann. Deshalb mußt du deine Frage aufwerfen mit Bezug auf den Haufen der andern, die nicht Christen sind, ob du es dort christlich brauchen könntest. Da gilt das andere Stück: daß du dem Schwert zu dienen verpflichtet bist und daß du es fördern sollst, womit du kannst. Wenn du darum sähest, daß es an einem Henker, Büttel, Richter, Herrn oder Fürsten fehlt, und du fändest dich dazu geeignet, so müßtest du dich dazu anbieten und dich darum bewerben, damit ja die Amtsgewalt, die so nötig ist, nicht verachtet würde oder unterginge. Denn die Welt kann und mag sie nicht entbehren. *Martin Luther*

- *Welche Antworten gibt Luther hier auf die oben gestellten grundlegenden Fragen nach dem Verhältnis von Staat und christlichem Gehorsam?*
- *Weshalb hat Gott – so Luther – die Nichtchristen „dem Schwert unterworfen“? Nehmen Sie zu dieser Aussage Stellung.*

Zwei-Reiche-Lehre als Orientierungshilfe

Martin Luther ging es vor allem um die Lehre von der Rechtfertigung vor Gott allein aus dem Glauben. Gerade diese Lehre führte ihn konsequenterweise zur Unterscheidung von Person und Amt, von Glaube und Werken, von christlicher Freiheit und politischer Freiheit. Die „Zwei-Reiche-Lehre“ Luthers will keine „Glaubenslehre“, sondern eine Art Orientierungshilfe und Ortsbestimmung für den Christen in der Welt sein. Die Welt in der wir leben ist nicht in einer Perspektive, sondern nur durch zwei unterschiedliche Perspektiven angemessen zu erfassen.

Deshalb hat Luther bei den sich ihm stellenden Problemen und Fragen immer entsprechende Unterscheidungen eingeführt:

Der Christ muß staatlichen Anordnungen Folge leisten:

- Bei Fragen, in denen es um Frieden, Gerechtigkeit, Ordnung und Sicherheit geht.
- Aber nicht im Bereich religiöser Fragen und religiösen Lebens.

Staat und Kirche stehen nicht in einem Rivalitätsverhältnis zueinander:

- Der Staat soll mit staatlicher Gewalt das Übel eindämmen. Das ist der Wille Gottes.
- Aber daneben existiert das Reich der Kirche. Sie hat die Aufgabe, das Evangelium zu verkünden, das Glaube und Liebe bewirkt.

Der Christ darf ein staatliches Amt übernehmen:

- Die weltliche Ordnungsmacht ist nötig. Deshalb müssen auch Christen diese unterstützen, politisch tätig werden und unter Umständen auch Böses mit Strafe vergelten.
- Aber wo es um die eigene Person des Christen geht, da gebietet das Liebesgebot, zu verzeihen, zu verzichten, nachzugeben und auch für andere Opfer zu bringen.

- *Inwieweit spielt die Zwei-Reiche-Lehre noch heute in der politischen Diskussion der Bundesrepublik eine Rolle? Denken Sie hier besonders an Auseinandersetzungen um kirchliche Stellungnahmen zu gesellschaftspolitischen Streitfragen (z.B. Abtreibung, Ausländerpolitik, Religionsunterricht / Ethikunterricht . . .).*
- *Darf sich ein Staat in die religiösen Angelegenheiten seiner Bürger einmischen? (Vgl. z.B. das sog. „Kruzifix-Urteil“, „Moslemische Schülerinnen mit Kopftüchern oder Schleier“ . . .) Sollte er ermächtigt sein, religiöse Gruppierungen (z.B. Scientology) zu verbieten? Stellen Sie hier Pro- und Contra-Argumente gegenüber (z.B. in einer Diskussionsrunde, einem Rollenspiel)!*

Mädchen wegen Kopftüchern der Schule verwiesen

LILLE (dpa). Die Kontroverse um ein Verbot für moslemische Mädchen, in französischen Schulen Kopftücher zu tragen, hat zu ersten Konsequenzen der Behörden geführt. In der nordfranzösischen Stadt Lille verwies die Schulleitung nach Angaben vom Mittwoch insgesamt 17 moslemische Schülerinnen des Gymnasiums. Mehrere Mädchen der Schule waren zuvor aus Protest gegen das Verbot in einen Hungerstreik getreten. Das französische Kultusministerium hat die Zurschaustellung aller Kennzeichen religiöser Zugehörigkeit an staatlichen Schulen verboten.

Demonstration gegen Kruzifix-Urteil

München. Bei einer in Deutschland bislang beispiellosen Massendemonstration von Christen haben am Samstag rund 30 000 Menschen gegen das Karlsruher Kruzifix-Urteil protestiert. Nach einem Urteil des Bundesverfassungsgerichts verstößt das Anbringen von Kruzifixen in den Klassenräumen der öffentlichen Schulen gegen die grundgesetzlich geschützte Religionsfreiheit. Kinder in staatlichen Schulen können nicht gezwungen werden, „unter dem Kreuz" zu lernen. Damit ist die Vorschrift der bayerischen Volksschulordnung, wonach in jedem Klassenzimmer ein Kruzifix anzubringen ist, verfassungswidrig.

Aus allen Teilen Deutschlands sind Gläubige nach München gereist, um ihrem Unmut über das Urteil kräftig Luft zu machen. Schulter an Schulter stehen ältere Gläubige und junge Familien. Überall sind Holzkreuze und Transparente zu sehen; Flugblätter der Münchener Schüler-Union mit der Forderung „Das Kreuz bleibt" werden verteilt. Die Kreuze, so heißt es, seien nicht Ausdruck eines Bekenntnisses zu einem konfessionell gebundenen Glauben, sondern wesentlicher Gegenstand der allgemein christlich-abendländischen Tradition.

Der bayerische Ministerpräsident, der Erzbischof von München und Freising sowie der evangelische Landesbischof versicherten, sie nähmen das Urteil des Bundesverfassungsgerichts nicht ohne Widerstand hin. Der deutsche Richterbund kritisierte unterdessen zunehmenden „politischen Druck" auf die Karlsruher Richter.

Wirkungsgeschichte der Zwei-Reiche-Lehre

In den Jahrzehnten nach Luther wurde das Verhältnis von Kirche und politischer Obrigkeit in Grundzügen neu geordnet („landesherrliches Kirchenregiment"). Die Zuordnung und das Zusammenwirken von *„Thron und Altar"* wurde dabei nicht als problematisch empfunden. (…)

Erst als im 19. Jh. – im Gefolge der Aufklärung – die *Trennung von Kirche und Staat* zu einem brennenden Thema wurde, griff man wieder auf Luthers „Unterscheidungs-Lehre" zurück. Man interpretierte sie vorwiegend im Sinne einer Unterscheidung von „Innerlichkeit des Glaubens" und „Äußerlichkeit der weltlichen Gegebenheiten": Sofern die weltlichen Gegebenheiten – etwa im Bereich von Wirtschaft und Politik – gewissen Gesetzmäßigkeiten und Sachzwängen („Eigengesetzlichkeiten") unterliegen, entziehen sie sich einer christlich-ethischen Beurteilung. – Schlagwortartig formuliert kann man sagen: Die *Unterscheidung* der beiden „Regimente Gottes" führte zu einer *Trennung* von Glaube und Politik.

Karl Friedrich Haag

Kirche im Dritten Reich

Nur ein kleinerer Teil der christlichen Bevölkerung verstand *Adolf Hitler* als den von Gott gesandten Führer zur Rettung des deutschen Volkes. Die Mehrheit der Christen verhielt sich dennoch ruhig, ganz im Sinne einer schiedlich-friedlichen Trennung von Religion und Politik. Man hielt den vom christlichen Glauben her begründeten Widerspruch gegen staatliche Verordnungen für unangebracht.

Nur selten regte sich innerkirchlicher Widerstand, denn es fehlte an theologischen Denkmustern, mit denen man ihn hätte legitimieren können. Zu dominierend war das konservativ verstandene Modell der Zwei-Reiche-Lehre.

Widerstand evangelischer Christen:

In dieser Situation war es der Bonner Theologie-Professor *Karl Barth*, der bereits 1934 erklärte: Man kann als Christ nicht einen Bereich des Lebens ausklammern (z.B. den Bereich politischer Verantwortung). Ganz im Gegenteil. Dem Totalitätsanspruch des (nationalistischen) Staates muß der Totalitätsanspruch Christi entgegengestellt werden.

Aus diesem Denken heraus entstand die sogenannte „Bekennende Kirche“ (1934). Der Berliner Gemeindepfarrer *Martin Niemöller* gründete den „Pfarrernotbund“, dem sich bald ein großer Teil der protestantischen Pfarrerschaft anschloß. In verhältnismäßig kurzer Zeit entstand daraus die „Bekennende Kirche“ als Gegenorganisation zur offiziellen „Deutschen Evangelischen Kirche“, die wesentlich durch Mitglieder der nationalsozialistisch eingestellten Gruppe der „Deutschen Christen“ (DC) bestimmt war.

Insgesamt sind während der NS-Herrschaft etwa 900 evangelische Christen – Pfarrer und Laien – wegen ihres aus dem Glauben motivierten Widerstands verhalftet und bestraft worden (zwölf wurden zum Tode verurteilt).

Sportpalastkundgebung Deutscher Christen, Berlin 1933

– *Was empfinden Sie bei Betrachtung des obigen Bildes? Äußern Sie sich über Ihren ersten Eindruck!*

Dietrich Bonhoeffer (1906–1945) war der bekannteste Vertreter des protestantischen Widerstands im 3. Reich. Pfarrer Bonhoeffer war von Beginn an aktives Mitglied der Bekennenden Kirche. 1936 wurde ihm die Lehrbefähigung an der Universität entzogen. Schreibverbot und schließlich die Ausweisung folgten bald darauf. Kurz vor Kriegsbeginn kehrte Bonhoeffer dennoch nach Deutschland zurück und schloß sich der politischen Widerstandsbewegung an. Er wurde im April 1943 verhaftet und zwei Jahre später, kurz vor Kriegsende, im KZ Flossenburg als Widerstandskämpfer hingerichtet.

„Zweifellos ist die reformatorische Kirche nicht dazu angehalten, dem Staat in sein spezifisch politisches Handeln direkt hineinzureden. Sie hat staatliche Gesetze weder zu loben noch zu tadeln, sie hat vielmehr den Staat als Erhaltungsordnung Gottes in der gottlosen Welt zu bejahen, sie hat sein – vom humanitären Gesichtspunkt aus gesehen: gutes oder schlechtes – Ordnungschaffen anzuerkennen und zu verstehen als begründet in dem erhaltenden Willen Gottes mitten in der chaotischen Gottlosigkeit der Welt. (...)

Die Kirche kann primär nicht unmittelbar politisch handeln; (...)

Aber das bedeutet nicht, daß sie teilnahmslos das politische Handeln an sich vorüberziehen läßt; sondern sie kann und soll, gerade weil sie nicht im einzelnen Fall moralisiert, den Staat immer wieder danach fragen, ob sein Handeln von ihm als legitim staatliches Handeln verantwortet werden könne, d.h. als Handeln, in dem Recht und Ordnung, nicht Rechtlosigkeit und Unordnung geschaffen werden. Sie wird diese Frage mit allem Nachdruck dort zu stellen aufgerufen sein, wo der Staat gerade in seiner Staatlichkeit, d.h. in seiner mit Gewalt Recht und Ordnung schaffenden Funktion bedroht erscheint. Sie wird diese Frage heute in bezug auf die Judenfrage in aller Deutlichkeit stellen müssen. Sie greift damit gerade nicht in die Verantwortlichkeit des staatlichen Handelns ein, sondern schiebt im Gegenteil dem Staat selbst die ganze Schwere der Verantwortung für das ihm eigentümliche Handeln zu. (...)

Hierzu sieht sie den Staat nun freilich in doppelter Begrenzung. Sowohl ein Zuwenig an Ordnung und Recht als auch ein Zuviel an Ordnung und Recht zwingt die Kirche zum Reden. (...)

Bonhoeffer im Wehrmachtsuntersuchungsgefängnis Tegel, 1943

Der Staat, der die christliche Verkündigung gefährdet, verneint sich selbst. Das bedeutet eine dreifache Möglichkeit kirchlichen Handelns dem Staat gegenüber: *erstens* (wie gesagt) die an den Staat gerichtete Frage nach dem legitim staatlichen Charakter seines Handelns, d.h. die Verantwortlichmachung des Staates. *Zweitens* der Dienst an den Opfern des Staatshandelns. Die Kirche ist den Opfern jeder Gesellschaftsordnung in unbedingter Weise verpflichtet, auch wenn sie nicht der christlichen Gemeinde zugehören. „Tut Gutes an jedermann.“ (...) Die *dritte* Möglichkeit besteht darin, nicht nur die Opfer unter dem Rad zu verbinden, sondern dem Rad selbst in die Speichen zu fallen. Solches Handeln wäre mittelbar politisches Handeln der Kirche und ist nur dann möglich und gefordert, wenn die Kirche den Staat in seiner Recht und Ordnung schaffenden Funktion versagen sieht, d.h. wenn sie den Staat hemmungslos ein Zuviel oder ein Zuwenig an Ordnung und Recht verwirklichen sieht.

Ein Staat, der sich eine vergewaltigte Kirche eingliedert, hat seinen treuesten Diener verloren. Aber auch dieses dritte Handeln der Kirche, das gegebenenfalls in den Konflikt mit dem bestehenden Staat führt, ist nur der paradoxe Ausdruck ihrer letzten Anerkennung des Staates, ja die Kirche selbst weiß sich hier aufgerufen, den Staat als Staat vor sich selbst zu schützen und zu erhalten. In der Judenfrage werden für die Kirche heute die beiden ersten Möglichkeiten verpflichtende Forderungen der Stunde.“ *Dietrich Bonhoeffer*

Bei einem Rundgang im Gefängnishof (Berlin-)Tegel wurde *Dietrich Bonhoeffer* von einem Mitgefangenen gefragt, wie er es als Christ und Theologe verantworten könne, am aktiven Widerstand gegen *Hitler* teilzunehmen. In der Kürze der Zeit und unter den Augen der Aufseher antwortete er mit einem Bild: Wenn ein betrunkener Autofahrer mit hoher Geschwindigkeit den Kurfürstendamm herunterrase, könne es nicht seine, des Pfarrers einzige oder vornehmliche Aufgabe sein, die Opfer des Wahnsinnigen zu beerdigen und deren Angehörige zu trösten; wichtiger sei es, dem Betrunkenen das Steuerrad zu entreißen.

- *Die Kirche ist aufgerufen, den „Staat als Staat vor sich selbst zu schützen und zu erhalten“. Erläutern Sie diese Aussage Bonhoeffers.*
- *Inwiefern halten Sie Bonhoeffers Auffassung vom Widerstand im christlichen Sinne für legitim?*

Widerstand katholischer Christen:

Aufgrund eines Abkommens zwischen dem Deutschen Reich und dem Vatikan, dem sogenannten „Reichskonkordat“ (1934) war von den *deutschen Katholiken* zunächst nur wenig Widerstand gegen den Nationalsozialismus zu spüren. In diesem Vertrag wurde den deutschen Katholiken von *Hitler* Schutz des kirchlichen Eigentums, Sicherung von Konfessionsschulen und theologischen Fakultäten sowie von Religionsunterricht etc. gewährt. Erst massive Verstöße gegen das Konkordat (Verbot von Schulen, Enteignungen, Verhaftungen von Geistlichen etc.) und die päpstliche Enzyklika „Mit brennender Sorge“ (1937) führten die katholische Kirche in immer größer werdende Opposition zum Staat.

Auf katholischer Seite waren es vor allem der Münsteraner *Bischof Graf Galen* und der Münchener *Bischof Faulhaber,* die in öffentlichen Predigten massiv die Unrechtsmaßnahmen des nationalsozialistischen Staates anprangerten.

Etwa 500 Pfarrer wurden aufgrund kirchlicher Proteste vom NS-Regime verhaftet. Besonders engagierten Widerstand leisteten beispielsweise auch der Priester *Max Josef Metzger* und der Jesuitenpater *Alfred Delp.* Beide wurden hingerichtet.

Insgesamt betrachtet blieb auch auf katholischer Seite der aus dem Glauben motivierte Widerstand gegen den NS-Staat, insbesondere von den sogenannten Laien, die Ausnahme.

- *Wo liegen für Sie die Grenzen weltlicher Obrigkeit?*
- *Hat sich, in Kenntnis der Wirkungsgeschichte der Zwei-Reiche-Lehre, Ihr Standpunkt zur Trennung von Kirche und Staat geändert?*
- *Wurden die führenden Kirchenvertreter für Ihre Begriffe „schuldig“, weil sie sich im Dritten Reich nicht entschiedener gegen den Nationalsozialismus aufgelehnt haben?*
- *Welche Konsequenzen hatte die Verfolgung der evangelischen und katholischen Kirche in der NS-Zeit für das Verhältnis der Konfessionen zueinander?*

Theologie der Befreiung

Die Befreiungstheologie hat ihre Wurzeln in Lateinamerika. Dort wächst in den Gemeinden der armen Bauern oder Tagelöhnern und der Gelegenheitsarbeiter aus den Elendsvierteln der Großstädte eine neue Form des Glaubens heran. *Jesus* war arm und verfolgt. In der Leidensgeschichte Jesu erkennen diese Menschen ihre eigene Leidensgeschichte wieder und auch die Geschichte ihrer Befreiung.

Die Theologie der Befreiung wendet sich besonders der gesellschaftlichen Situation der Menschen zu und deckt soziale Ungerechtigkeiten auf.

Sie kann es sich nicht leisten, einem Menschen unvermittelt zu sagen: Gott liebt dich! ... Dieser Satz hat nur Sinn, wenn er eine Bewegung der Veränderung des Status quo bedeutet. Angenommen, er wird zu einem Menschen gesagt, der seit fünfzehn Jahren in den Slums unserer Städte wohnt. Die Verachtung, die er erfahren hat, macht ihm diesen Satz unglaubhaft, läßt ihn nicht an die Liebe Gottes glauben. Er hat erfahren, daß er keine Arbeit bekommt, weil er aus einer Obdachlosensiedlung kommt, daß seine Kinder, obwohl begabt wie andere, in Sonderschulen geschickt werden. Die Gesellschaft, die ihn nicht angenommen hat, sich ihm durch die Erfahrung seiner Lebensgeschichte als ein großer Feind aufgebaut, daß die Situation nicht durch ein Wort übersprungen werden kann ... er kann nicht zum Glauben, Hoffen oder Lieben kommen, er muß erst gesund gemacht werden.

Dorothee Sölle

Ziel der Befreiungstheologie ist die Befreiung von allen persönlichen und gesellschaftlichen Knechtschaften, von allem, was dem Menschen und der Gesellschaft schadet. Es geht dabei besonders um die Beziehung zwischen Glauben und sozialer Wirklichkeit. Gefordert wird eine Verbindung zwischen Glaubensverkündigung und dem Kampf um Befreiung aus den gegebenen sozialen und politischen Verhältnissen der (südamerikanischen) Länder, welche die Armen noch immer ärmer und die Reichen reicher werden läßt. Es wird davon gesprochen, daß die Mehrheit der Menschen in Lateinamerika in einer Situation ständiger Verletzung ihrer Menschenrechte leben. Bezeichnet wird dieser Zustand als „institutionalisierte Gewalt“ oder als „soziale Sünde“.

Die Befreiung des Armen

Arm und nackt werden wir zwar alle geboren, aber die einen werden reich gemacht, die andern arm gehalten. Wer reich gemacht wird durch das wirtschaftliche, soziale und kulturelle System, in das eingebunden er sich vorfindet, hat es leicht, sich selbst zum Subjekt seines reichen Menschseins zu machen. Der arm Gehaltene kann dagegen nicht durch seinen Besitz und nicht durch seine Anpassung an die ihn bereichernde Umwelt zum Subjekt werden. Er muß auf seine bloße Menschlichkeit pochen, um anerkannt zu werden. Der Reiche begründet sein Recht auf Fortschritt durch seinen Besitz – dem Armen wird durch den Fortschritt sein Besitz genommen. Dafür wird ihm das abstrakte Menschenrecht zuerkannt …

Zwei Perspektiven sind deshalb zu unterscheiden: die Perspektive, in welcher der Reiche den Armen und seine Befreiung definiert und der Kampf des Armen um Befreiung selbst. Der Reiche definiert die Armut als Mangel an Gegenständen, als Fehlen von dem, was er selber hat, als Gegenteil seiner Position, und er begründet diesen Mangel durch einen Defekt im System des Armen selbst, als einen Defekt *seines* Wirtschaftssystems, *seiner* Kultur, *seiner* Natur oder gar *seiner* Rasse. (…) Die Befreiung, die dem Armen zusteht, kann deshalb nur die Angleichung an ihn, den Reichen und sein wirtschaftliches und politisches System, seine Kultur und Religion sein. Und diese Angleichung wird aus der Sicht des Reichen durch quantitative Geldhilfe, durch politische Systemhilfe, kulturelle Missionierung, wirtschaftlichen und notfalls auch militärischen Druck erreicht. Dagegen erkennt der Arme seine Armut als einen Unterdrückungsprozeß, als permanente Herstellung des Elends, als produziertes Leid … Er vermag im Reichen aber auch den zu sehen, der er selber ist: den Armen, der nichts anderes besitzt als seinen Hunger nach Menschlichkeit. So heißt *für ihn* Befreiung auch die Lösung des Reichen aus seiner Herrschaftsrolle, in der er so verfangen ist, daß er gar nicht anders kann als andere wirtschaftlich, kulturell, politisch und religiös gefangenzunehmen.

Peter Eicher

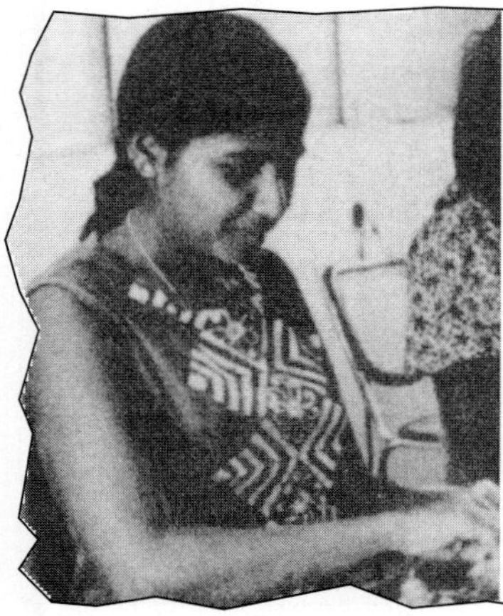

Jetzt noch mehr Arbeitskraft für Ihre DM

Für nur 1,– US-Dollar

arbeitet sie gerne für Sie 8 Stunden, und viele, viele hundert ihrer geschickten Freundinnen warten auf Sie.

Sie haben außerdem:
Steuer- und Zollfreiheit – freien Transfer – gute Luftfrachtverbindungen – ruhiges Arbeitsklima – naher US-Markt –Baugelände für eigene Investitionen oder freie Kapazitäten für Lohnveredelungs-Aufträge – Bauelemente – Sportartikel – Spielwaren – Bekleidung – Handarbeiten usw. Schreiben Sie an:

HAITI + THIRD WORLD INVESTMENT-BUREAU
P.O.B. 287 – Port-au-Prince/Haiti WI

Der Amtskirche wird der Vorwurf gemacht, hier nicht eindeutig für die Armen Stellung zu beziehen. Sie habe sich in hohem Maße den wirtschaftlichen, sozialen und politischen Strukturen der hochindustrialisierten Länder verpflichtet und sich dabei weit von der von ihr verkündeten Seligpreisung der Armen entfernt. Die von der (reichen) Kirche gepredigte Hoffnung auf das nahekommende Reich des Friedens, der Liebe und Gerechtigkeit wird von den Armen und Unterdrückten, die oft jede Hoffnung auf ein menschenwürdiges Dasein aufgegeben haben, als Illusion empfunden.

- *Was heißt Armut? Denken Sie dabei auch an Begabung, Gesundheit, Bildung . . .*
- *Sollen sich die Kirchen in Deutschland entschiedener für die Armen in der Gesellschaft einsetzen? Wie könnte das geschehen?*
- *Gibt es Bereiche, in denen auch bei uns die Rede von „institutionalisierter Gewalt" oder „sozialer Sünde" zutreffend wäre? Wenn ja, welche sind dies?*
- *„Die Theologie der Befreiung läßt sich nicht nur auf den lateinamerikanischen Kontinent beschränken." Finden Sie dafür Beispiele! Denken Sie dabei nicht nur an materielle Armut, sondern auch an Schlagworte wie „Befreiung vom Reichtum", „Befreiung von hierarchischen Strukturen in der Kirche", „Befreiung von der Unterdrückung der Frau"...*
- *Viele Befreiungstheologen sind der Meinung, daß der Kapitalismus die Hauptursache für die Unterdrückung ist. Der Theologe Leonardo Boff geht noch weiter und erklärt: „Der Wohlstand der reichen Länder wird mit dem Blut und dem Leben unserer Armen bezahlt" (Boff 1990), denn die ertragreichsten Firmen der 3. Welt gehörten westlichen Industrieunternehmen. Können Sie sich dieser Argumentation anschließen?*

„Befreiung" und „Kampf"

Der brasilianische Theologieprofessor und Franziskanermönch *Leonardo Boff* (geb. 1938) ist einer der bekanntesten Vertreter der Befreiungstheologie. Er fragt: „Wie soll man an die Frohe Botschaft vom Angebrochensein des Reiches Gottes glauben können, solange einen nur Menschenverachtung umgibt?"

Die Frage ist, ob und inwiefern die Kirche bei diesem Befreiungsprozeß mithelfen soll? Soll sie sich eindeutig einer politischen Richtung zuneigen?

Das politische Engagement der Basisgemeinden in Lateinamerika ist den Mächtigen im Lande ein Dorn im Auge. Allgemeine Benachteiligungen, Ausweisungen, Inhaftierungen, ja sogar Folterungen und Ermordungen sind Zeichen der Verfolgung und längst keine Seltenheit mehr. Viele Christen in Lateinamerika sind der Meinung, daß sie der faktischen Gewalt von Großgrundbesitzern, Militär und Staatswesen mit Gegengewalt antworten müßten, um den elenden Verhältnissen ein Ende zu setzen. Die Amtskirche solidarisiert sich inzwischen zwar mit der im Elend lebenden Bevölkerung, lehnt die Anwendung von Gewalt aber strikt ab.

Das besondere Verhältnis und Verständnis von „Befreiung" und „Kampf" wird anhand eines Liedtextes aus den Basisgemeinden deutlich. Am Befreiungskampf wird hier hoffnungsvoll festgehalten:

Unsere Freude

Unsere Freude besteht darin, zu wissen,
dieses Volk wird sich eines Tages befreien,
denn Jesus Christus ist der Herr der Welt,
unsere Hoffnungen wird er wahr machen.

Jesus läßt die Armen sich befreien,
Christ sein heißt ein Befreier sein.
Wir sind frei geboren, um im Leben zu wachsen,
doch nicht, um arm zu sein, noch in Schmerzen
zu leben.

Sag nicht, daß Gott schuld ist,
wenn das Leiden kommt.
Wir werden kämpfen, damit das Leiden vergeht,
denn Jesus Christus kämpfte auch und litt.

Langsam geht die Zeit vorbei,
und wir warten auf die Befreiung.
Kämpfen wir, dann kommt sie,
hören wir auf mit dem Kampf,
dann kommt sie nicht.

Brasilien 1986

- *Die Theologie der Befreiung setzt sich mit der Frage der Gewaltanwendung auseinander. Offen wird vom „Kampf" gesprochen. Halten Sie die Anwendung von Gewalt angesichts der schwierigen Situation lateinamerikanischer Christen für legitim? Begründung!*
- *Inwiefern widerspricht der Liedtext „Unsere Freude" dem christlichen Gebot der Feindesliebe?*
- *Wo sehen Sie Schnittpunkte zwischen der Theologie der Befreiung und der Zwei-Reiche-Lehre Luthers?*
- *Läßt sich Befreiungstheologie oder Befreiungsethik mit Verantwortungsethik (Verantwortlichkeit fürs Ganze) vereinbaren? Begründen Sie Ihre Antwort!*

Spezifische Merkmale katholischer Soziallehre

Gemeinwohl und Personenwürde

Die katholische Soziallehre will grundsätzlich keine Sozialethik nur für Christen, sondern eine Sozialethik für alle Mitglieder einer Gesellschaft sein. Deshalb ist sie um ein Konzept bemüht, das für Menschen verschiedenen Glaubens und unterschiedlicher Weltanschauungen (normativ) verbindlich sein kann. Es muß sich also um ein Konzept handeln, das ohne unmittelbaren Bezug auf die „Offenbarung" (= auf die christliche Tradition) begründbar ist. *K. F. Haag*

Als Basis für ein solch allgemein einsichtiges Konzept gilt in der (traditionellen) katholischen Soziallehre das Naturrecht" (vgl. S. 155).

Die katholische Kirche und die reformatorischen Kirchen haben eine etwas unterschiedliche Staatsauffassung.

Nach lutherischer Auffassung ist der Staat eine Setzung Gottes (vgl. S. 168). Damit die (von Gott abgefallenen) Menschen nicht ins Chaos abstürzen, hat Gott irdische Mächte und Gewalten (insbesondere die staatliche Obrigkeit) eingesetzt, die der Erhaltung der Menschlichkeit in der Welt dienen sollen. Christen tragen im Staat Verantwortung, aber sie glorifizieren ihn nicht, zerstören ihn andererseits aber auch nicht durch staatsfeindliches Verhalten. Nach neuerer protestantischer Auffassung handelt der Staat zwar nach göttlicher Anordnung, ist aber selbst keine göttliche Ordnung. Seine Stärke besteht in erster Linie in der Möglichkeit, die Bürger und ihre Interessen zu integrieren.

Im Vergleich dazu geht die katholische Soziallehre davon aus, daß der von Gott geschaffene Mensch Ursprung und Ziel des gesellschaftlichen Lebens ist. Der Mensch ist ein gemeinschaftsbezogenes Wesen, das auf Gemeinschaft verwiesen und angewiesen ist. Sein Leben kann nur gelingen, wenn er mit anderen zusammenwirkt. Deshalb ist es notwendig, daß sich die Menschen über kleinere gesellschaftliche Gruppen (wie Familien und Vereine) hinaus zu einem größeren Ganzen zusammenschließen. Die höchste Gemeinschaftsform ist der Staat, dessen vordringlichste Aufgabe es ist, das Gemeinwohl seiner Bürger sicherzustellen. Gemeinwohl schafft die gesellschaftlichen Voraussetzungen für die Werte, die von den einzelnen Personen zu verwirklichen sind. Die Gemeinwohlautorität oder Staatsautorität ist also deshalb erforderlich, damit ein Mindestbestand von Werten im gesellschaftlichen Leben durchgehalten und durchgesetzt werden kann. Der

Staat wird damit Garant dafür, daß der Mensch seine persönlichen Rechte und Pflichten wahren kann, das also die „freie Entfaltung der Persönlichkeit“ gewährleistet ist. Dies ist nicht der Fall, wenn die Gesellschaft in widerstreitende Interessengruppen zerfällt oder der Staat die Geltung der Grundwerte in Frage stellt und die Würde des Menschen verletzt wird.

Leitprinzip des Staates ist somit die *Personenwürde als Grundprinzip* und das *Gemeinwohl als Zielprinzip*. Um diese Leitprinzipien zu gewährleisten, sind für die katholische Soziallehre zwei Ordnungsprinzipien grundlegend: das *Solidaritätsprinzip* und das *Subsidiaritätsprinzip.*

– *„Der Staat dient dazu, einen Mindestbestand an Werten im gesellschaftlichen Leben durchzusetzen“. Welche Werte gehören für Sie unbedingt dazu?*

Solidaritätsprinzip

Der Mensch ist wesenhaft auf das Du angelegt, er ist ... ein soziales Wesen ... Erst in der Begegnung mit dem Du des anderen Menschen und mit der Gemeinschaft kommt er zur vollen Entfaltung seiner physischen Fähigkeiten und seiner personalen Anlagen ... Das Kleinkind, das nicht die nötige Pflege, menschliche Zuwendung und sprachliche Mitteilung erfährt, bleibt sowohl in der physischen als auch in der geistigen Entwicklung zurück, kann für das ganze Leben geschädigt sein ... Ohne Familie kein Leben, ohne die Gemeinschaft kein zivilisatorischer Fortschritt.

Für das Funktionieren des gesellschaftlichen Lebens und das friedliche Miteinander der verschiedenen Menschen und der unterschiedlichsten Interessengruppen kommt der Bereitschaft aller zur gegenseitigen Solidarität eine unverzichtbare Aufgabe zu. Eine Gesellschaft ohne ein Mindestmaß an Bereitschaft zu gegenseitiger Solidarität ist nicht lebensfähig ...

Soziale Gerechtigkeit und gesellschaftlicher Friede basieren auf der solidarischen Verbundenheit der Gesellschaftsglieder. Ohne das solidarische Miteinander zerfällt die Gesellschaft in Einzelgruppen und Sonderinteressen. Der einzelne Mensch ist zu seiner Existenzsicherung und zur personalen Entfaltung auf die Gemeinschaft angewiesen. Wir müssen deshalb die Solidarität als ein Grundsatz des menschlichen Lebens und jeder Gesellschaft bezeichnen ...

Wer sich für eine freiheitliche Grundordnung entscheidet, muß auch ein Ja sagen zur gesellschaftlichen Vielfalt und zur Pluralität der Meinungen, der gesellschaftlichen Lebensformen und der weltanschaulichen Orientierungen. Das schließt die Bereitschaft zur gegenseitigen Toleranz ein ... Darüber hinaus benötigt jede Gesellschaft – auch und gerade eine pluralistische – eine gemeinsame Basis von Überzeugungen, Werten und Lebenshaltungen. *Theodor Herr*

Man könnte das Prinzip der Solidarität auch – überspitzt – mit dem Satz beschreiben: „Liebe Deinen Nächsten wie Dich selbst.“ Die Menschen sind darauf angewiesen, in einer Gemeinschaft zu leben. Alle Menschen sind füreinander verantwortlich.

Subsidiaritätsprinzip

Man könnte das Prinzip der Subsidiarität ganz kurz mit dem Satz „Hilfe zur Selbsthilfe“ charakterisieren. Größere und übergeordnete Gemeinschaften (z.B. der Staat) sollen die Aktivitäten und Arbeiten von kleineren, untergeordneten Gemeinschaften (z.B. von Vereinen) anerkennen bzw. ihnen beistehen und nicht als Konkurrenten gegen sie agieren. So wird Eigeninitiative und selbstverantwortliche Mitarbeit der Menschen gefördert. Subsidiarität heißt Delegation von Kompetenz und Macht, also Gewaltenteilung und Kontrolle der Macht.

> Eines der wichtigsten Strukturprinzipien freiheitlicher und menschenwürdiger Gesellschaftsordnungen ist das Sozialprinzip der Subsidiarität. Die Subsidiarität ist im besten Sinne des Wortes ein demokratisches Prinzip. Eine echte demokratische Gesellschafts- und Staatsordnung ist ohne subsidiäre Struktur, Organisation und Kompetenzverteilung nicht denkbar.
>
> Das Subsidiaritätsprinzip wird gern als das klassische Sozialprinzip der Katholischen Soziallehre bezeichnet, und es ist in der Tat charakteristisch für dieselbe. Das Wort „Subsidiarität", vom lateinischen „subsidium", bedeutet soviel wie Hilfestellung oder Hilfeleistung. Der Staat und die Gesellschaft, aber auch jede andere übergeordnete Autorität sollen nur dann subsidiär, das heißt im Sinne einer Hilfestellung, in den Zuständigkeitsbereich kleinerer und untergeordneter Gemeinschaften (etwa der Familie) eingreifen, wenn diese aus eigener Kraft nicht in der Lage sind, ihren Aufgaben voll gerecht zu werden ...
>
> Demnach ist es nicht die Aufgabe des Staates und der öffentlichen Hand, möglichst alle Kompetenzen an sich zu ziehen und das gesamte gesellschaftliche Leben dirigistisch und zentral zu verwalten. Das Subsidiaritätsprinzip verlangt vielmehr, daß sie soweit wie möglich delegieren und die private Initiative fördern und unterstützen. Dasselbe gilt für jede gesellschaftliche Organisation, zum Beispiel auch für die Kirche, was dort gern überhört wird. Das Subsidiaritätsprinzip ist ein allgemeines gesellschaftliches Strukturprinzip einer freiheitlichen, menschenwürdigen Gesellschaft. *Theodor Herr*

- *Inwieweit fungiert das Prinzip der Personalität als Leitmotiv für das Solidaritäts-, Subsidiaritäts- und Gemeinwohlprinzip?*
- *Welche Gefahr besteht, wenn Solidaritätsprinzip einerseits und Subsidiaritätsprinzip andererseits zu sehr betont werden?*
- *Ist die in weiten Teilen unseres Landes durchgeführte Gebietsreform ein Verstoß gegen das Prinzip der Subsidiarität?*
- *Vergleichen Sie das Solidaritätsprinzip mit der Staatslehre von Hobbes und dem Utilitarismus (S. 88 ff.).*
- *Warum benötigt auch eine pluralistische Gesellschaft eine gemeinsame Basis von Werten und Lebenshaltungen?*

PERSPEKTIVE

Wir erlauben uns
das beim Namen zu nennen
was nicht in Ordnung ist
was verändert werden muß
was die Menschen ungleich macht
Wir nehmen für uns
das Recht in Anspruch
das Gewohnte
das Verordnete
das Abgesegnete
in Frage zu stellen

Wir erlauben uns
unbequem zu sein

Hugo Ernst Käufer

Weitere Sozialprinzipien

Über diese „klassischen" Grundwerte und Prinzipien katholischer Soziallehre hinaus wurden in neuerer Zeit von der katholischen Soziallehre weitere allgemeine Orientierungen und Richtlinien herausgearbeitet. Diese sind:

– *Freiheit*

Die menschliche Freiheit ist zugleich persönlich und allgemein. Der Mensch hat ein Recht auf seine in persönlicher Freiheit getroffene Entscheidung. Freiheit bedeutet aber nicht Beliebigkeit. Sie steht immer in unmittelbarem Zusammenhang mit den christlichen Pflichten. Diese soll der Mensch „von innen her" bejahen und nicht unter blindem inneren Drang oder bloß äußerem Zwang.

– *Vorrang der Arbeit*

Arbeit hat immer Vorrang vor dem Kapital, denn Kapital ist ja nichts anderes als die Frucht menschlicher Arbeit. Arbeit ist ein Wert an sich. Jeder hat ein Recht auf Arbeit. Arbeit umfaßt das gesamte menschliche Tun, das heißt geistige und körperliche, selbständige und unselbständige Arbeit. Arbeit ist mehr als nur Erwerbsarbeit zur Erlangung von Einkommen.

Die Welt muß wirklich verändert werden. Das Problem hat sich jedoch verschoben. Die Hals über Kopf veränderte Welt muß von neuem interpretiert werden, wenn sie nicht zugrunde gehen soll.
von Gardavsky

– *Option für die Armen*

Christliche Liebe soll bevorzugt in der Sorge um die Armen zum Ausdruck kommen. Dies muß Einfluß haben für den Lebensstil eines jeden Menschen und gilt auch für die entsprechenden Entscheidungen hinsichtlich des Eigentums und Gebrauchs der Güter.

– *Entwicklungshilfe*

Reiche Länder sind gegenüber den armen Ländern in der Pflicht. Es geht um die Förderung einer menschlichen Welt für alle. Das Elend ist zu bekämpfen und der Ungerechtigkeit ist entgegenzutreten. Eigentum verpflichtet.

Die Philosophen haben die Welt nur verschieden interpretiert, es kommt darauf an, sie zu verändern. *Karl Marx*

– *Strukturen der Sünde*

Unzulänglichkeiten dieser Welt sind vor allem auf die zwei „bezeichnendsten" Verhaltensweisen bzw. „Strukturen der Sünde" zurückzuführen, nämlich auf die „Gier nach Profit" und das „Verlangen nach Macht".

– *Mitbeteiligung/Partizipation*

Von der Mitbeteiligung am gesellschaftlichen und politischen Leben darf niemand wegen Geschlecht, Rasse, Hautfarbe, wegen einer sozialen Stellung, wegen Sprache oder Religion ausgeschlossen werden.

- *Halten Sie es für sinnvoll und/oder durchführbar, wenn ein Staat die Grundpinzipien der katholischen Soziallehre für allgemeingültige Werte erklären würde? Begründung!*
- *Sind einige dieser Grundwerte und Prinzipien in der Bundesrepublik Deutschland verwirklicht? Welche? Machen Sie dies an Beispielen deutlich (z.B. Subsidiaritätsprinzip: Staatliche Hilfe für den Lebensunterhalt, wenn der einzelne dazu nicht in der Lage ist; staatliches Engagement bei der Schul- und Berufsausbildung, welche die einzelne Familie überfordern würde; Eingreifen der UN-Schutztruppen in Krisengebieten ...)*
- *Ist es überhaupt möglich, alle Prinzipien zusammen zu verwirklichen oder halten Sie das für Utopie? Begründung!*

Grundzüge östlicher Welterhaltung und Ethik

Hinduismus

Den Hinduismus als Religion zu beschreiben erscheint unmöglich. Als um 1500 vor Christus Arier in Nordindien einfielen, verbanden sich ihre religiösen Vorstellungen mit den vorgefundenen und entwickelten sich weiter, ohne daß Wesentliches verloren gegangen wäre. Ein Kanon heiliger Schriften wuchs zwischen 1000 vor und 500 nach der Zeitrechnung, der höchst heterogen ist, aber einige Grundgedanken in immer wieder neuer Perspektive fortentwickelt.

Wenn Hinduismus Gegenstand deutschen Ethikunterrichts werden soll, so deshalb, weil einige seiner Gedanken immer wieder in der westlichen Welt auf reges Interesse stossen. Goethe bereits nahm sich der Parias an, Hesse war begeisterter Indienfahrer, Ghandi wurde zum Vorbild. Hare Krishna, Bhagwan und Transzendentale Meditation zogen in den letzten Jahren weiter westliche Jugendliche an. Zuletzt kandidierte für den deutschen Bundestag eine „Naturgesetzpartei“, d.h. eine Partei, die sich dem hinduistischen *dharma* verpflichtet fühlt.

Vishnu als Allgestaltiger

Da fast alle Kenntnisse über den Hinduismus durch eine christlich orientierte Religionswissenschaft vermittelt sind, tut man allerdings gut daran, sich das Bewußtsein zu erhalten, daß auch die hier vorgelegten Texte über den Hinduismus nur bedingt geeignet sind, dem Hinduismus gerecht zu werden.

Was ist Hinduismus?

Das Wort „Hindu" ist ebenso wie unser Wort „Inder" von dem Sankritwort „Sindhu" abgeleitet, dem indischen Namen des großen Flusses, den die Griechen in ihrer Sprache als „Indos" wiedergaben, während die Perser ihn (. . .) als Hindu bezeichneten.
H. Glasenapp

Es hat sich eingebürgert, mit Hinduismus die gesamte Palette religiöser Erscheinungen in Indien zu bezeichnen, die nicht ausdrücklich einer anderen Religion (z.B. Buddhismus, Islam, Jainismus, Sikhismus) zugeordnet werden können; und diese Religion soll die gesamte Religionsgeschichte Indiens von den Anfängen um oder vor der Einwanderung der Indo-Arier in Indien bis hin zur Religion des modernen Bundesstaates Indien umfassen.

Geschichte des Hinduismus

ab ca. 1500 v.Chr. Geb.	Einwanderung der Indo-Arier nach Nordindien
1500–1000 v.Chr. Geb.	Zeit der Hymnen; seit ca. 1300 entstehen – vorerst in mündlicher Überlieferung – die *Veden* (= Wissen): Gesänge, Opfer- und Zaubersprüche.
	Die Religion ist von Opferkulten für Agni bestimmt, Grundzüge des Kastenwesens und der Götterwelt werden entfaltet. Religion: Vedismus
ab 1000 v.Chr. Geb.	Zeit der Opfermystik, es entstehen die Brahmanas: der Opferkult wird komplizierter, die Stellung der Priester (Brahmanen) gestärkt, das Kastenwesen ausgebaut. Religion: *Brahmanismus*
800–600 v.Chr. Geb.	Zeit der *Upanischaden* (Kommentare zu den Veden): Geheimlehren zur Seelenwanderung und der Identität von Brahman und Atman und des Erlösungsweges. Die Bedeutung des Opferkults wird durch das Erstarken asketischer Religionspraktiken und den entstehenden Buddhismus eingeschränkt. Der Gott Brahma bekommt asketisch-meditative Züge. Ab 800 v.Chr. Geb. schriftliche Fixierung der Veden in Sanskrit.
500 v.–500 n.Chr. Geb.	Zeit der Systeme (Verschmelzung des vorarischen Volksglaubens mit der vedisch-brahmanischen Opferreligion; es entstehen wichtige (nicht heilige) Schriften: die Nationalepen Mahabharata, worin die Baghawatgita enthalten ist, und das Ramayana, die Manu (Gesetzbücher) und die Puranas (Mythensammlungen). Ab dieser Zeit wird vom eigentlichen oder jüngeren Hinduismus gesprochen. Es bilden sich die hinduistischen Hauptrichtungen *Wischnuismus, Schiwaismus, Schaktismus* und des *Tantrismus* heraus.
seit 1500	die Begegnung und Auseinandersetzung mit dem Islam führt zum *Sikhismus* und mit dem Christentum zu verschiedenen hinduistischen Reformbewegungen.

Die hinduistischen Hauptgötter

Brahma mit Sarasvati

Brahma ist als der eine Gott Nachfolger Agnis, des ursprünglich vedischen Feuergottes. Er gilt als Schöpfer der Welt, mit vier Armen und Köpfen symbolisiert er den Raum und die vier Veden. Kulturgeschichtlich ist er wohl eine Schöpfung der Brahmanen, die das Gottesbild ihren Bedürfnissen als Priesterkaste anglichen. Daß er mit seiner Frau Sarasvati auftritt, entspricht der indischen Vorstellung, daß Götter eher Kräfte oder Energien sind, die immer einen männlichen und einen weiblichen Aspekt haben. Sarasvati, ursprünglich die Göttin alles Fließenden, gilt als die Begründerin aller echten Kunst. Brahma hat seine Vormachtstellung heute an Vishnu oder Shiva abgetreten.

Vishnu auf der Weltenschlange ruhend

Vishnu ist für die Vishnuiten zum Zentralgott geworden. Er ist ein besonders gutes Beispiel, wie historisch unterschiedliche Gottheiten zu einer verschmolzen sind. Ursprünglich wurde er wohl mit dem Ozean verbunden, seit der arischen Einwanderung mit der Sonne. Seine Vielheit ist durch die Vorstellung aufgefangen worden, er manifestiere sich in verschiedenen Weltaltern in unterschiedlichen Inkarnationen *(avataras)*, z.B. als Schildkröte, die beim Milchmeerquirlen die Weltachse trug, als Zwerg, der in einem riesigen Tritt gegen das Firmament das Sonnenloch in den Himmel trat, als der Held Rama, als Krishna (wohl Hauptgott eines nordwestindischen Hirtenstammes; Krishna zeigt erstaunliche Parallelen zu Christus). Zur Zeit ist Vishnu inkarniert als Buddha. Es wird erwartet, daß Vishnu schließlich als Kalkin die Welt auf einem weißen Pferd und mit dem Flammenschwert erlösen wird. Seiner Menschlichkeit läßt sich am leichtesten die Gottesliebe *(bhakti)* entgegenbringen.

Shiva tanzend

Shiva ist der Hauptgott der Shivaiten, auch er offenbart sich in einer unendlichen Formenfülle. Sein Kennzeichen ist das dritte Auge auf der Stirn, ein Rest der Zerstörungskraft Agnis, aber auch ein Weisheitsauge. Er läßt sich eher mit dem Mond assoziieren, absorbierte den vedischen Gott Rudra, den Zerstörer. Im Gegensatz zu Vishnu zeigt er kaum menschliche Züge, ihm fühlen sich die Asketen näher. Auch als tanzender Gott zerstört er: er tanzt auf dem Rücken des Dämons „Nichtwissen", dessen Macht durch den meditativen Tanz zu brechen ist. Die fliegenden Haare sind die des asketischen Yogi, um die Brust ist die Schnur des Doppeltgeborenen gewunden, rechts hält er die Trommel, den Schlag der Zeit und Zeichen der Schöpfung, links das Feuer, Zeichen der Zerstörung. Die zweite Rechte sagt: „Fürchte Dich nicht", die zweite Linke weist auf den Fuß, dessen Haltung die Elefantgeste zeigt (= Brecher des Weges durch den Dschungel der Welt).

Dunkelblaue Kali

In *Kali* wie in Durga lebt der Kult der großen Muttergöttin fort. Damit ist sie wohl die wichtigste Göttin des Shaktismus, einer hinduistischen Richtung, die weibliche Gottheiten verehrt und zahlreiche dunkle, z.T. blutige Riten pflegt. Sowohl im Shivaismus als auch im Vishnuismus ist sie in gemäßigterer Form bekannt und verehrt. Zu Zeiten Agnis war sie noch dessen Frau, damit steht sie Shiva näher als Vishnu. Sie ist Herrin des Todes, Verkörperin der Nacht und des Weltuntergangs, hat aber auch wohlwollende mütterliche Züge.

Die Bedeutung des Hinduismus

Die hinduistische Welt ist derart komplex, farbenfroh, fröhlich und auch streng, daß ihre wichtigsten Botschaften schwer herauszuhören sind. Einige Motive kann man jedoch klar erkennen. Erstens weisen all die vielen Götter auf die eine Wirklichkeit und nähren dennoch gleichzeitig verschiedene Wünsche und Ideale in einer pluralistischen Welt. Zweitens kümmert sich der Hindu, so bewußt er sich der Geschichte und Rhythmen der Zeit auch ist, nicht sehr um den historischen Wahrheitsgehalt seiner Legenden. Ob Krishna tatsächlich diese Dinge getan hat? Die Frage stellt sich nicht ernsthaft. Wichtig ist, daß wir uns mit verschiedenen Aspekten seines Lebens identifizieren können. Drittens rührt die Fähigkeit des Hinduismus, unterschiedliche Elemente zusammenzufügen, aus der Tatsache, daß er sich als ein Verbund von Kulturen und als Vorläufer einer neuen Synthese der Welt versteht. Viertens ist der Geist des Hinduismus in Stein, Holz und Ton gebannt, eine Märchenwelt aus Bildnissen und Tempeln. Sein Beitrag zur Weltkunst ist kaum zu unterschätzen. Ureigene Themen, griechische Techniken, vor allem aber hinduistische und buddhistische Überlieferungen in Gestalt von Skulpturen und Bildnissen ergeben eine einzigartige Collage. Fünftens ist der Hinduismus geprägt durch eine inbrünstige Frömmigkeit Göttern wie Krishna und Shiva gegenüber, aber auch durch Kontemplation und Yoga. Der Gegensatz zwischen dem Gläubigen und dem Yogi bringt die schöpferische Spannung hervor, die in der gesamten Geschichte Indiens spürbar ist. Sechstens ist es der hinduistischen Gesellschaft gelungen, ein Mosaik von verschiedenen Lebensauffassungen zu tolerieren, obwohl sie teilweise sehr ungerecht ist. Aber welche Gesellschaft ist so gerecht, daß sich kein anklagender Finger gegen sie richten dürfte? Siebtens ist der Hinduismus ein Pionier des Friedens, was am anschaulichsten im Leben *Gandhis* zum Ausdruck gelangt. Selbstverständlich hat es immer auch Kriege und Aufruhr in Indien gegeben. Aber der Hinduismus hat Lehren von Jainas und Buddhisten in sich aufgenommen und die Gewaltlosigkeit wie auch die Achtung vor dem Reich der Tiere immer unterstrichen.

Dennoch stellt sich vielleicht das Gefühl für die Größe und das Erfreuende dieser Religion am klarsten an ganz bestimmten Orten ein – an einem dunstigen Abend in einem Dorf im nördlichen Bihar, wenn schlanke Männer vom Felde zurückkehren, oder in dem verfließenden Zauber des Ganges während der Morgendämmerung in Benares. *M. Smart*

- *Was erscheint auf den ersten Blick am Hinduismus so ganz anders als bei Ihnen bekannten Religionen?*
- *Suchen Sie durch Vergleiche mit Geschichte und Vielfalt des Christentums zu überprüfen, ob Sie den Hinduismus (welchen?) als „eine" Religion akzeptieren können.*
- *Ist Hinduismus eine Weltreligion? Nach welchen Kriterien wird beurteilt?*

Welt- und Menschenbild des Hinduismus

Wenn wir Hinduismus als „Religion" betrachten, sollten wir uns vor Augen halten, daß der Hindu mindestens drei Aspekte damit verbindet: Dharma, Darsana und Sadhana, d.h. daß im Hinduismus die Religion aus dem sonstigen Lebenszusammenhang nicht ausdifferenziert, sondern nur in ihm vorstellbar ist. *Dharma* ist die göttliche natürliche Ordnung, sie ist festgeschrieben in den offenbarten heiligen Schriften, den Veden, die von Priestern weitergegeben werden. Inhaltlich meint diese Ordnung die Idealnormen für die persönliche Lebensführung und die soziale Ordnung, zu der u.a. die Kasten gehören.

Darsana (wörtlich: Ansicht) ist ein Oberbegriff für die verschiedenen philosophischen Systeme, den inhaltlich-theoretischen Teil der Religion, der sich aus der Übereinstimmung mit der Tradition und seiner inneren Logik ergibt. Um 600 v.d. Zeitrechnung beginnt die Frage nach dem Träger des Lebens die Denker zu bewegen. Sie glauben an Wasser, Wind, Feuer. Schließlich kristallisiert sich die Atman-Lehre heraus: Kern allen Lebens ist ein geistiges Prinzip (*brahman*, wohl in Anlehnung an den Gott der Priesterkaste), das sich in der sogenannten realen Welt in Form unzähliger bewußter Selbste *(atmans)* konkretisiert. Diese bewußten Selbste erlösen sich durch die Erkenntnis, daß alle Realität nur Illusion *(maya)*, während das einzig Wahre die Identität von Atman und Brahman ist. Heil kommt nun nicht mehr durch öffentlichen Opferkult, sondern durch individuelle Selbstbesinnung.

Sadhana ist der religiöse Aspekt richtiger Praxis (Verwirklichung, Durchführung) und schließt die Mittel dazu ein. Gedacht ist dabei immer an einen Weg (z.B. Meditation) und ein zu erreichendes Ziel (z.B. Erlösung).

Im folgenden wird es um den mystischen Zusammenhang zwischen allumfassendem Gott und menschlichem Selbst gehen. Die Texte schreiten fort von der Erschaffung des Menschen aus dem Göttlichen über die Entstehung der vielen Dinge der Welt zum Kreislauf der Seelenwanderung und dem Weltbild, in dem sich alles vereint.

Der Mythos von der Entstehung von Mann und Frau

Einen schönen indischen Mythos finden wir in den Brihadaranyaka Upanaschad aus dem 8. Jh. vor der Zeitenwende.

„Darin ist die Rede von dem Zustand vor Anbeginn der Zeit, als diese Welt nichts weiter war als „das Selbst“ in Gestalt eines Menschen. Und dieser „Atman“, so lesen wir, „blickte um sich: da sah er nichts andres als sich selbst. Da rief er zu Anfang aus: ‚Das bin ich!‘ Daraus entstand der Name Ich.“ Und als dieses Selbst dergestalt seiner selbst als ein Ich gewahr geworden war, fürchtete es sich. Doch es bedachte sich: „‚Wovor sollte ich mich fürchten, da nichts andres außer mir da ist?‘ Dadurch entwich seine Furcht.“

Jedoch der Atman, wie uns als nächstes berichtet wird, „hatte auch keine Freude . . . Da begehrte er nach einem Zweiten.“ Er zerfällte sich in zwei Teile, und daraus wurden Mann und Frau. Der Mann begattete sich mit der Frau; „daraus entstanden die Menschen. Sie aber erwog: ‚Wie mag er sich mit mir begatten, nachdem er mich aus sich selbst erzeugt hat? Wohlan! Ich will mich verbergen!‘ Da ward sie zu einer Kuh; er aber ward zu einem Stier und begattete sich mit derselben. Daraus entstand das Rindvieh.“ Sie wurde zu einer Stute, er zu einem Hengst . . . und so weiter, bis hinab zu den Ameisen. „Da erkannte er: ‚Wahrlich, ich selbst bin die Schöpfung; denn ich habe diese ganze Welt erschaffen. So entstand der Name Schöpfung [sanskrit *srishtih*, „das Ausgegossene“]. Der, fürwahr, ist in dieser seiner Schöpfung (Schöpfer), wer solches weiß.‘“

Soweit die Sanskritfassung unserer Sage. Als nächstes die levantinische ungefähr aus der gleichen Zeit, wie sie im zweiten Kapitel des ersten Buches Mose überliefert wird: jene traurige Geschichte von unserem schlichten Urahn Adam, der von seinem Schöpfer aus Staub gebildet wurde, um einen Garten zu bebauen und zu bewahren. Doch der Mensch war einsam, und ihm zuliebe formte sein Schöpfer „alle die Tiere auf dem Felde und alle die Vögel unter dem Himmel und brachte sie zu dem Menschen, daß er sähe, wie er sie nennte“. An keinem von ihnen hatte er seine Freude. „Da ließ Gott der Herr“, so lesen wir, „einen tiefen Schlaf fallen auf den Menschen, und er schlief ein. Und er nahm eine seiner Rippen . . .“ Und als der Mensch die Frau erblickte, sprach er: „Das ist doch Bein von meinem Bein und Fleisch von meinem Fleisch.“ Wir alle wissen, was als nächstes geschah – und hier sind wir nun in diesem Jammertal.“ *J. Campbell*

– *Vergleichen Sie den Mythos von der Entstehung von Mann und Frau mit dem von Adam und Eva in der Bibel oder dem von Platons Kugelmenschen im Gastmahl. Wer schuf wen warum?*

So belehrte Uddalaka Aruni seinen Sohn Shevetakeku: „Hole mir eine Frucht von dem Feigenbaume dort." „Hier ist sie, Ehrwürdiger." „Spalte sie." „Sie ist gespalten, Ehrwürdiger." „Was erblickst du darin?" „Ganz winzige Kerne, Ehrwürdiger." „Spalte einen von diesen." „Er ist gespalten, Ehrwürdiger." „Was erblickst du darin?" „Nichts, Ehrwürdiger." Da sprach er zu ihm weiter: „Die feine Substanz, die du nicht mehr siehst, mein Lieber, aus dieser ist dieser große Feigenbaum entstanden. Glaube mir, mein Lieber, dieses Feine ist es, woraus diese ganze Welt besteht. Das ist das Wahre, das ist der Atman (Geist), das bist du." (Tschandogja Upanischad)

Die Weltseele *(brahman)* ist Kern des Selbst *(atman)*

Brahman wird, wie folgt, vorgestellt. Aus dem Nabel der Welt wächst im Weltozean die Lotusblume hervor. Lotusblume und Nabel sind Symbole für den weiblichen Aspekt des Seins: die Götter werden geboren. Auf der Lotusblume thront der Erstgeborene des Alls, der Brahman. Brahman ist vierhändig und vierarmig. Er symbolisiert damit den Raumaspekt der Wirklichkeit, die Himmelsrichtungen, und bezeichnet sich selbst dadurch als die Mitte. In den Händen hält er die vier Veden, aus seinem Odem entstammend. Auf die Raumvorstellung übertragen besagt das Bild, daß das schöpferische Wort, das im Veda lebt, weltschöpferisches Wort ist, daß der Atem in ihnen der Gottesatem ist, der die Welt durchweht. Ansatzpunkt übrigens für die Verbindung von Yoga und Atemtechnik.

Der Atem der Welt ist das brahman, der Atem in jedem Lebewesen der atman (urverwandt mit Atem), also in allem, was Odem hat. Atem und Seelenkern sind in dieser Vorstellung eins, *brahman* ist die Weltseele, der Weltgeist, *atman* ist das Göttliche in der Einzelseele, das Selbst. Oft wird das Wort *atman* aber auch für die Allseele selbst gebraucht, *brahman* und *atman* sind eins, lautet die große Formel der brahmanischen Identitätslehre. Jedes Lebewesen trägt im Kern seiner Existenz das Göttliche, das brahman, den atman. Der Mensch ist gegenüber den untermenschlichen Lebewesen dadurch ausgezeichnet, daß er in der Meditation (Yoga) zum Kern seiner Existenz, zum *atman,* vorstoßen und sich so mit dem Göttlichen, dem *brahman,* vereinigen und identifizieren kann.

Die Gleichung *brahman = atman* ist unter anderen Formulierungen in vielen Religionen ausgesprochen worden. Sie bildet die Grundlage aller Mystik. Goethe sagt in der Einleitung seiner Farbenlehre: „Hierbei erinnern wir uns der alten ionischen Schule, welche mit so großer Bedeutsamkeit immer wiederholte, nur von Gleichen werde Gleiches erkannt, wie auch der Worte eines alten Mystikers, die wir in deutschen Reimen folgendermaßen ausdrücken möchten:

Wär nicht das Auge sonnenhaft,
Wie könnten wir das Licht erblicken?
Lebt nicht in uns des Gottes eigne Kraft,
Wie könnt uns Göttliches entzücken?"

P. Schwarzenau

Geist und Materie bilden die Erscheinungen

Aus der ehemals reichen Literatur und Überlieferung des Samkhja sind uns nur 72 Lehrstrophen (Karika) erhalten, die sogenannten Samkhja-Karika des Ischwara-Krischna, die wohl in das fünfte nachchristliche Jahrhundert zurückgehen und schon um 560 n.Chr. ins Chinesische übersetzt worden sind.

Der reine Geist ist der *Puruscha*. Er entfaltet sich in unendlich vielen Individuationen, den einzelnen Puruschas. Entwicklungsgeschichtlich wird hier der Gedanke der Upanischaden wieder aufgenommen, daß Atman als Individuation des Brahman den inneren Kern, das Selbst bilde. Der Puruscha ist vollkommen untätig, ewig und allgegenwärtig. Er ist mit Bewußtsein ausgestattet. Gäbe es aber nur den Puruscha, bestände keine Welt. Denn der Geist ist untätig, er kann nichts erschaffen. Er bedarf seines Gegenspielers, der Materie, die *Prakriti* genannt wird. Die Prakriti ist ebensfalls ewig, unerschaffen und allgegenwärtig. Diese Eigenschaft ist jedoch die einzige, die sie mit dem Puruscha gemeinsam hat. Sonst stehen beide in dem denkbar schärfsten Gegensatz zueinander.

Die Materie ist eins, sie ist in ständiger Bewegung, der Ursprung allen Wirkens und aller Dinge. Da sie aber ohne Bewußtsein ihrer selbst und damit ohne jegliches Ziel ist, bedarf sie des Puruscha. Erst jetzt kann das Weltgeschehen zustandekommen. Wie ist es aber möglich, daß aus dem einen Prinzip Prakriti unter Beteiligung des Puruscha so unendlich viele Dinge und Objekte der Außenwelt entstehen? Das wird dadurch ermöglicht, daß in der Prakriti drei Entwicklungskräfte oder Eigenschaften, *Guna* genannt, wirken. Je nachdem, welche dieser Kräfte überwiegen oder gehemmt sind, entsteht die Vielzahl der Dinge. Die erste Eigenschaft wird Sattwa genannt; das ist die Güte, die mit Licht, Leichtigkeit und Freude beschrieben wird. Die zweite Eigenschaft ist Radschas; das ist die Leidenschaft, die mit Bewegung und Anregung gleichgesetzt wird. Die dritte Eigenschaft ist Tamas, die Finsternis; sie ist schwer und hemmend. Sie läßt die Dinge fallen und sich gegenseitig verdecken. Sie verhindert das Erkennen der Objekte. So ermöglicht das Zusammen- und Gegeneinanderspiel der Gunas die Vielfalt der Erscheinungen.

Nur bei der reinen Urmaterie sind alle drei Gunas im Gleichgewicht. Deshalb bewegt sich nichts; die Urmaterie besteht aus feiner Form. Es gibt keine Verschiedenheit. Zu Beginn der Schöpfung geraten jedoch die drei Eigenschaften in Bewegung und gestalten die Prakriti um.

- *Was ist das „Feine“, woraus die ganze Welt besteht?*
- *Wie stellen Sie sich vor, daß aus toter Materie Lebendiges entsteht? Vergleichen Sie Ihre Vorstellungen mit der hinduistischen.*
- *Erörtern Sie die Positionen von Idealisten und Materialisten, finden Sie eine dieser Positionen in den obigen Texten?*

Lebensbejahung und Suche nach Erlösung *(moksa)*

Der Hinduismus nennt immer wieder vier Werte, für die im Leben eines Menschen Platz sein sollte. *Kama*, d.h. Verlangen, Begierde, wird als erster aufgeführt. Vielleicht steht dahinter die Erkenntnis, daß es der Mensch nur selten schafft, höhere Ziele auf Kosten seiner fundamentalen, natürlichen Anlagen anzustreben. Alle Bereiche menschlichen Lebens haben ihren Wert, und man gesteht ihnen das Recht zu, sich auszudrücken und sich zu erschöpfen, um sie letztlich zu überschreiten und hinter sich zu lassen. Der Gedanke an den möglichen Mißbrauch einer derartigen Einstellung liegt nahe und verweist auf die Ambivalenz, die so viele hinduistische Erkenntnisse kennzeichnet. Dasselbe gilt für *Artha*, d.h. Wohlstand, Vermögen, Ansehen, Erfolg und was sonst noch alles an diesseitigen Werten darunter fallen mag. Wieder eine andere Ebene ist erreicht, wenn *Dharma*, d.h. rechtschaffenes Leben im Blick auf die Gemeinschaft und seinen größeren, nicht nur weltlichen Rahmen, die treibende Kraft für einen Menschen wird. All das aber muß zurückgelassen werden, wenn *Moksha*, Erlösung, Befreiung, erreicht werden soll.

Ein gewisser Widerspruch zwischen der durch die Suche nach Moksha bestimmten Religiosität, die mit allem brechen muß, und der durch die Erfüllung des Dharma gekennzeichneten Religiosität bleibt jedoch bestehen. Es konnte dem Hinduismus allerdings nicht schwerfallen, sie zu versöhnen, da er beide Lebensweisen und Werte im Rahmen der allgemein indischen Vorstellung von der Seelenwanderung unterbringen konnte. *P. Schreiner*

- *Was macht für Sie das Leben lebenswert? Vergleichen Sie mit den hinduistischen Werten (vgl. S. 196).*
- *Welche Gründe gibt es für Sie, sich eine bessere Welt oder ein besseres Sein nach dem Tode vorzustellen?*

Leichenverbrennung am Ganges.

Kreislauf der Seelenwanderung *(samsara)*

Die Lehre von der Seelenwanderung (Samsara).

Schon im Rigweda war es überlieferter Glaube, daß die Seelen der Menschen und Tiere nach dem Tode weiterleben. Diesen Gedanken verband man mit den Vorstellungen eines Paradieses, das sehr weltlich ausgemalt wurde. Das Weiterleben im Paradies war nichts anderes als ein vollkommenes immerwährendes irdisches Dasein.

Wenn aber das Leben im Jenseits dem irdischen Leben gleicht, muß es wohl auch wie dieses ein Ende haben. Hier zeigt sich deutlich eine tiefe Angst vor dem vollständigen Erlöschen. Man kommt so zu der Auffassung, daß auch das jenseitige Leben ein Ende haben wird. Was aber geschieht dann? Die Antwort lautet: Man muß wieder in diese Welt zurück. Dieser Vorgang geschieht nicht nur einmal, sondern unendlich oft.

Für den Inder ist es ein bedrückender Gedanke, immer wieder in diesen Kreislauf des Sterbens und Geborenwerdens verstrickt zu sein. Denn diese Welt ist eine Welt voller Leid. Diesen Gedanken des Leids und des Leidvollen betonen die Upanischaden stark. Eine Frage ist dabei aber noch offen: Wie wird die Identität der Lebewesen in ihren verschiedenen Wiederverkörperungen (Reinkarnationen) gewahrt?

Der Gedanke des Karma.

Man stellte sich vor, daß nach dem Tode eine Art feinstofflicher, unsichtbarer Körper der Träger der neuen Existenz wird. Wie diese neue Existenz aussehen wird, wird einzig und allein durch die guten und bösen Taten des jetzigen, bzw. vorhergehenden Lebens bestimmt. Wer böse Taten begangen hat, also gegen die Pflichten seiner Kaste verstoßen hat, wird in einer niedrigeren Existenzform wiedergeboren. So wird in der indischen Literatur gesagt, ein geldgieriger Brahmane, dem das Geld mehr als das Studium der Weden am Herzen liegt, würde als Schwein wiederverkörpert. Wer aber die Pflichten seiner Kaste erfüllt hat und gute Taten verübt hat, wird in einer höheren Existenzform wiedergeboren, zum Beispiel als Lehrer oder Brahmane oder gar als einer der unzähligen Götter. Aber dadurch ist er nicht erlöst. Er bleibt dem Samsara verhaftet und damit in dieser Welt des Leidens.

Die Erlösung (Mokscha).

Dem Samsara kann nur entrinnen, wer erlöst ist. Nur wer sein Karma in diesem Leben abgearbeitet hat, sich das Wissen erworben hat, daß sein Atman identisch sei mit dem Brahman, wer sich daher auch kein neues Karma (gutes oder schlechtes) angehäuft hat, der kann in die ewige Seligkeit eingehen. Sein Atman verschmilzt nach dem Tode mit dem Brahman.

- *Überprüfen Sie, ob Sie eher ein Leben nach dem Tod erstreben oder fürchten, ob Sie „Nichts" nach dem Tode als Erlösung oder Bedrohung ansehen würden.*
- *Empfinden Sie Seelenwanderung oder Höllen-/Paradies-Vorstellungen als näherliegend bzw. sympathischer? Begründung!*

Ein hinduistisches Weltbild

Nach mythischen Vorstellungen der Puranas ist das Weltall das Ei des Brahma. Die obere Hälfte umfaßt die Erde und die verschiedenen Himmel, die untere Hälfte besteht aus der unterirdischen Welt, in der die Dämonen hausen, und den verschiedenen Höllen. Den Mittelpunkt der Erde bildet der heilige Berg Meru, umgeben von sieben durch Meere getrennten Erdteilen.

Die Zeit teilt sich in vier Zeitalter (yuga), das goldene, in dem die Menschen glücklich und unsterblich sind, das silberne, in dem die Menschen das Leid kennenlernen, das bronzene, in dem Laster und Plagen erscheinen und das eiserne, in dem wir heute leben. Diese vier Yuga bilden ein Götterzeitalter (= ca. 4 Milliarden Jahre), das beendet wird durch einen kosmischen Brand mit nachfolgender Flut. Da die göttliche Urmaterie bestehen bleibt, kann nun mit einem neuen Schöpfungsprozeß das nächste Götterzeitalter beginnen. Tausend solcher Götterjahre bilden ein Brahma-Jahr.

- *Vergleichen Sie räumliches und zeitliches Weltbild mit je anderen Ihnen bekannten Weltbildern. Beziehen Sie Stellung zur linearen westlichen bzw. einer zyklischen östlichen Zeitvorstellung.*

Ethische Grundzüge des Hinduismus

Ausführungen über ethische Vorschriften des Hinduismus sind unter eine Vielzahl von Vorbehalten zu stellen: zuerst bewegen sie sich auf der Ebene theoretischer Werte und Begründungszusammenhänge, dann beziehen sie sich auf einen in sich vielschichtigen Gegenstand („richtiges Verhalten"), der zumeist nur für gesellschaftlich-religiöse Eliten beschrieben wird und schließlich mit einigem Unverständnis „von außen" betrachtet wird. Endlich ist es strittig, ob dem Hinduismus eine Ethik im Sinne einer philosophisch begründeten Verhaltensnorm überhaupt zugewiesen werden kann. Dennoch kann mit einigem Recht von einer einheitlichen Basis ausgegangen werden.

„Einige strukturelle Gründe, die Charakteristika der Theorie darstellen, lassen sich nennen:

- das hinduistische Weltbild ist durch Introspektion gewonnen, nicht durch empirische Weltbeobachtung;
- der Wahrheitsbegriff ist unhistorisch, weil die Wahrheit eine und zu allen Zeiten dieselbe ist;
- das hinduistische Erlösungsideal setzt Entsagung voraus und kann durch Handeln bestenfalls vorbereitet werden;
- wichtige Bereiche religiöser Praxis werden stellvertretend von der religiösen Elite der Brahmanen vollzogen.

(. . .) Die hinduistische Theorie als Produkt der brahmanischen Elite wollte und konnte nichts an den gesellschaftlichen Verhältnissen ändern. Und indem theologische Theorie und gesellschaftliche Praxis des Hinduismus als *vamasra-ma-dharma*, d.h. als das der Ordnung von Kasten und Lebensstadien konforme Verhalten, einander stützten und ergänzten, wurde eine Kontinuität ermöglicht, wie sie wenigen anderen Religionen gelungen ist."

Die folgenden Texte zeigen die Einbindung der hinduistischen Vorstellungen vom richtigen Verhalten in eine traditionelle Gesellschaftsordnung mit den Aspekten Kastenordnung, Lebensalter und Grundwerte. Den Abschluß bilden Aussagen über Wege religiösen Lebens.

Unter dem natürlichen Gesetz *(dharma)* leben

In Indien trägt jeder die Zeichen des Lebensbereiches, dem er angehört, an sich. Durch seine Kleidung und seinen Schmuck, durch das Zeichen seiner Kaste und seines Gewerbes ist er auf den ersten Blick erkennbar. Ein jeder trägt das Symbol seiner Schutzgottheit auf der Stirn; durch dieses Zeichen ist und bleibt er unter die Obhut des Gottes gestellt. Jungfrau, Gattin, Witwe, jede trägt ein sie kennzeichnendes Gewand. Und jeder Mensch steht in einer klar umrissenen Ordnung festgelegter und sorgfältig befolgter Normen und Tabus. Was man essen und nicht essen, was man suchen und was man meiden, mit wem man verkehren, speisen und sich verheiraten soll, all diese persönlichen Angelegenheiten sind genau geregelt, und sowohl versehentliche wie absichtliche Übertretungen werden sehr streng geahndet. Der Grundgedanke dabei ist, daß die spezifische geistige Kraft, von der die Wirksamkeit jedes Menschen als Teil einer bestimmten sozialen Gruppe abhängt, vor jeder befleckenden Berührung bewahrt werden muß.

Denn in seiner Eigenschaft als dienender Bestandteil des vielfältigen sozialen Gefüges muß der einzelne danach trachten, sich mit den Aufgaben und Interessen seiner sozialen

Rolle zu identifizieren und sowohl seine öffentliche als auch seine private Erscheinungsweise danach zu formen. Die Geamtheit gilt mehr als jeder ihrer Teile. Eine selbständige Entwicklung, wie wir sie kennen und schätzen, ist darum ausgeschlossen; denn die Vorbedingung für die Zugehörigkeit zu einer Gruppe ist nicht die Ausbildung persönlicher Neigungen und Abneigungen, sondern deren Unterdrückung. Die höchste Tugend ist, sich mit rückhaltsloser Hingabe der uralt-zeitlosen, völlig unpersönlichen Maske der traditionellen Rolle einzufügen, in die man hineingeboren wurde. Das Individuum ist also gezwungen, anonym zu werden. (. . .) Jede Lebensepisode, die wir gestalten, geht auf frühere Leben zurück; sie ist deren Folgeerscheinung – die natürliche Auswirkung vergangener Kausalfaktoren, die im Bereich ethischer Werte, menschlicher Tugenden und persönlicher Eigenschaften wirken, in Übereinstimmung mit den natürlichen Weltgesetzen von Wahlverwandtschaft und spontaner Abstoßung. Was eine Person ist und was sie erlebt, entspricht einander wie das Innere und Äußere einer Vase.

Die richtige Art, wie ein auftauchendes Lebensproblem zu behandeln ist, wird darum durch die Gesetze *(Dharma)* der Kaste *(Warna)*, der jemand angehört, und der besonderen Lebensstufe *(Aschrama)*, die seinem Alter entspricht, angegeben. Er kann nicht frei wählen; er gehört zu einer Gattung, einer Familie, einer Gilde oder Zukunft, einer Gruppe, einer Sekte. Und da dieser Umstand nicht nur bis in alle Einzelheiten sein öffentliches und privates Verhalten regelt, sondern auch, nach diesem alles umfassenden und durchdringenden starren Einordnungsschema, das eigentliche Ideal seiner gegenwärtigen Erscheinungsform darstellt, muß er sich im Urteilen und Handeln nur darum bemühen, jedem Lebensproblem so zu begegnen, wie es seiner Rolle entspricht. Dann werden die beiden Aspekte des zeitlichen Geschehens – der subjektive und der objektive – genau ineinandergreifen, und das Individuum als störender dritter Faktor wird ausgeschaltet sein. Dieses wird dann nicht die zeitliche Zufälligkeit seiner Persönlichkeit darstellen, sondern das weite, unpersönliche kosmische Gesetz, und so wird es nicht mehr ein fehlerhafter, sondern ein makelloser Spiegel sein: anonym und mit ausgelöschtem Ich.

D. Faßnacht / E. Bickelmann

Minakshi-Tempel in Madurai/Tamil Nadu

Die Kasten *(jati)*

Jati (wörtlich: Geburt) steht für Kaste, nicht zu verwechseln mit *varna* (wörtlich: Farbe), gleichbedeutend mit Stand, Klasse.

„Kaste“ ist eine auf realer Verwandtschaft basierende Gemeinschaft, in die der einzelne hineingeboren wird, die als solche anderen gleichartigen Gemeinschaften gegenübersteht und oft mit ihnen über riesige Flächen hinweg in Symbiose lebt. Der Zwang zum Zusammenleben dieser Gemeinschaften, eben der „Kasten“, hat – in einem langen Prozeß, dessen Kompliziertheit im einzelnen sich nur erahnen läßt (und der in jedem Falle älter ist als das Kastensystem selber) – eine soziale Hierarchie entstehen lassen, in der sich die einzelne Kaste, so gut es geht, einrichten muß. Nichts hat sie mehr zu fürchten als den sozialen Abstieg, da dieser zumindest die subjektiven, fast immer aber auch die objektiven Lebensbedingungen verschlechtert.

Die erste und zwangsläufige Reaktion einer Kaste ist es daher, sich nach unten abzukapseln (was einer vollständigen Abkapselung gleichkommt, denn der Weg nach oben wird durch andere versperrt). Solche Abkapselung geschieht vornehmlich mit Hilfe von Reinheitsvorschriften; sie betreffen Essen und Trinken (in viel geringerem Umfang auch anderes, z.B. Kleidung), besonders aber betreffen sie – entscheidendes Kriterium dafür, daß eine Kaste noch intakt ist – die Wahl des Ehepartners. Ein aus honorigen, meist älteren Mitgliedern bestehender Kastenrat wacht über die Einhaltung dieser Vorschriften und verhängt gegebenenfalls Sanktionen, bis hin zum Ausschluß aus der Kastengemeinschaft (der den Betroffenen seines sozialen Rückhalts beraubt).

U. Schneider

Die Stände *(varna)*

Die varna-Unterteilung ist wohl erst später von den Brahmanen den *Kasten* übergestülpt worden, um die führende Stellung der Brahmanen zu sichern. So kann man also zusammenfassen, daß sich seit frühester Zeit Kasten herausgebildet haben (heute sind es über 3000), die erst später vier Ständen zugeordnet wurden. Auffallend ist, daß nur die beiden ersten *varnas* relativ eng umgrenzte Gruppen umfassen, während die anderen eher durch Ausschluß entstandene Sammelbecken darstellen.

Arier:	1. Brahmanen (Priester)	
	2. Ksatriyas (Krieger, Herrschende)	
	3. Vaishiyas (arischer Nährstand / Kaufleute)	zus. 18%
Urbevölkerung	4. Shudras (Arbeiter/Handwerker = Dienende)	ca. 45%
Kastenlose	5. Parias, jetzt Harijans (Unberührbare)	ca. 17%
Nicht-Hindus	6. Mlecchas (Nicht-Hindus)	ca. 20%

Die Grenze zwischen 3. und 4. Stand besteht weniger in beruflichen Zuordnungen als im Zugang zum Kultus, dem vierten Stand war die zweite Geburt (religiöse Initiation) verwehrt. Als später die asketische Yoga-Bewegung erstarkte, die ohne die Priesterkaste auskam, fand sie nicht nur im 4. Stand Anhänger, so daß die Brahmanen die Lehre von den vier Lebensstadien entwarfen, um den ihnen so gefährlichen individualistischen religiösen Geist wenigstens auf das Alter zu beschränken.

Unberührbare in Kalkutta

Wir müssen uns endlich nehmen, was uns zusteht

„Der Junge sollte es einmal besser haben, als wir", sagt Sudesh leise. Verlegen stochert er in einem Haufen Stroh. (...) Seine kleine Lehmhütte steht ganz draußen am Ende des Dorfes Daha, deutlich getrennt von den Hütten der Kastenhindus sind die Hütten der Kastenlosen, der Unberührbaren.

Ganz am anderen Ende des Dorfes, an der staubigen Straße, die von der Chaussee nach Meerut abzweigt, steht ein verwahrlostes Ziegelgebäude. Dorthin, in die einklassige Schule, hatten Sudesh und Munni ihren Jüngsten, den Bittu, schicken wollen. Für ein halbes Monatseinkommen hatten sie ihm eine Schuluniform gekauft und für 30 Rupien ein Geschenk für den Lehrer. Genutzt hat es nichts. Bittu hatte keine Chance, einmal etwas Besseres zu werden. Ein Jahr lang ließ ihn der Lehrer die stinkenden Aborte in der Ecke des Schulhofs putzen. „Jeder hat seinen ganz bestimmten Platz, und da soll er auch bleiben", sagt der Lehrer. Bittu gehört zur Kaste der Bhangis, der Leute also, die die Exkremente ihrer Mitmenschen wegzuräumen haben. (...) Seinen Namen will Bittus Lehrer vorsichtshalber nicht nennen. Denn das Dorf Daha liegt in Uttar Pradesh, und da regierte bisher eine Koalition aus rückständigen Kasten und Unberührbaren, und seit einigen Tagen ist sogar eine kastenlose Frau Regierungschefin. Man kann also nie wissen. Bittus Mutter dagegen macht das Mut. „Wir müssen uns endlich nehmen, was uns zusteht", sagt sie noch einmal entschlossen. (...) Fast 50 Jahre nach der Unabhängigkeit Indiens ist es nicht gelungen, das mehr als alles andere den Fortschritt behindernde Kastensystem abzuschaffen. Im Gegenteil: Seit Kastenlose und niedrige Kasten unmißverständlich ihren Anspruch auf ihren Teil des immer kleiner werdenden Kuchens angemeldet haben, ist Kaste das alles bestimmende Element. Der einzige Unterschied zu früher: Diejenigen, die Tausende von Jahren ganz unten waren, lassen sich nicht mehr vertrösten auf eine hoffentlich bessere Wiedergeburt. Sie wollen jetzt die Macht und heute schon das schöne Leben, das ihnen das Fernsehen vorgaukelt.

Alle Premierminister Indiens kamen, bis auf den gegenwärtigen, bisher aus Uttar Pradesh. Was in Indiens größtem Staat mit 170 Millionen Menschen geschieht, hat Auswirkungen auf die ganze übrige Union. Daß ausgerechnet im stocktraditionellen feudalistischen Norden vor zwei Jahren zum erstenmal eine Allianz von Rückständigen und Kastenlosen an die Macht kam, und nun gar die Kastenlosen ganz allein regieren wollen, zeigt, daß sich auch eine jahrtausendealte scheinbar eherne Ordnung lösen kann. Denn auch im benachbarten Bihar, einem Staat mit immerhin 80 Millionen Einwohnern, ist ein Rückständiger gerade mit großer Mehrheit ins Amt zurückgewählt worden, ein Mann, der der Kaste der Yadavs angehört, der Kuhhirten und Milchmänner.

Natürlich nehmen die bisher privilegierten Kasten derart unerhörtes Aufsteigertum nicht tatenlos hin. Gegen die Untergrundverbände der Kastenlosen lassen die feudalen Großgrundbesitzer ihre Privatarmeen aufmarschieren. Doch abermals leiden die am meisten, die sich nicht wehren können und die keine Rechte haben: 62 000 Gewalttätigkeiten gegen Unberührbare allein in den Jahren 1991 bis 1993. Die Familie Bhoora erschlagen, weil sie angeblich eine goldene Kette der Patels gestohlen hatte, die 17jährige Asha Saini „ehrenhaft" erdrosselt, weil sie Manoj aus der niedrigeren Kaste der Ahirs heiraten wollte, Manoj, der dann von den Saini zerstückelt wurde. Den Unberührbaren Sangappa an einem Ochsenkarren festgebunden durchs Dorf geschleift, bis er tot war, weil er es wagte, Wasser aus dem Brunnen der Kastenhindus zu schöpfen, vier Unberührbare niedergeschossen, die im Tempel der Brahmanen beten wollten – so geht das jeden Tag. *G. Venzky*

- *Vergleichen Sie Kasten- und Ständeordnung Indiens mit früheren Familien-, Sippen-, Stände- und Dorfstrukturen bei uns und mit dem, was davon übriggeblieben ist. Was bedeutete in diesem Zusammenhang: Stadtluft macht frei?*
- *Macht Stadtluft immer noch frei (Sinndefizite durch Anonymität)? Oder gäbe es Gründe, sich nach Alternativen umzusehen? Welche Gründe könnten dies sein?*
- *Welche Rolle scheint religiöses Denken bei den Vorgängen zu spielen, die Gabriele Venzky schildert?*

Die vier Lebensstadien *(ashrama)*

Eng mit dem Kastensystem verbunden, aber noch schwerer zu verwirklichen, ist die Vorstellung von den vier Lebensstadien. Auch wenn sie in der Bhagawadgita nicht ausdrücklich zur Sprache kommt, so soll sie doch hier kurz erwähnt werden. Wie beim Kastensystem liegt auch hier die Überzeugung zugrunde, daß die Verschiedenheit und Vielfalt menschlicher Bedürfnisse und Talente nach einer Stufenordnung der Werte und Aufgaben verlangt. Angewandt auf den zeitlichen Ablauf eines menschlichen Lebens, heißt das, daß theoretisch der Mensch das erste Viertel seines Lebens als Schüler – bei einem Lehrer, Guru – verbringen soll, wo er mit der Tradition seines Volkes vertraut gemacht wird, also die Veden, Gesetze usw. lernt. Während dieser Zeit lebt der junge Mensch unter dem Gelübde der Enthaltsamkeit. Der Dharma verlangt jedoch von ihm, daß er seinen Beitrag leistet für Bestand und Wohlergehen der Gemeinschaft; er beginnt seinen zweiten Lebensabschnitt, wenn er heiratet, eine Familie gründet und einen Beruf ausübt. Niemand nimmt es ihm übel, wenn er in all der weltlichen Geschäftigkeit voll und ganz aufgeht. Er sollte sich jedoch zurückziehen, sobald der erste Enkel geboren ist. Nur die Frau kann einen Mann in diesem dritten Lebensstadium noch begleiten, das all den Beschäftigungen und Dingen gewidmet sein kann, die bisher zu kurz gekommen sind. Das vierte Stadium ist das des Einsiedlers, das in die endgültige Befreiung führen soll; zum Zeichen dafür werden alle Bande der Kaste und Familie gebrochen. *P. Schreiner*

- *Entwerfen Sie eigene Vorstellungen von einem sinnvoll erfüllten Lebenslauf, vergleichen Sie mit der Lehre von den Lebensstadien.*

„Wahrheit allein siegt" – Grundwerte

Wahrheit allein siegt, ist der Wahlspruch der Indischen Union. Diese und andere Grundwerte sind vor allem durch *Gandhis* Kampfstrategie des „Festhaltens an der Wahrheit" populär geworden:

„*Wahrheit* galt als die Größe und Kraft, an der sich auch die kosmischen Abläufe auszurichten hatten. Man hat daher das vedische Wort für Wahrheit, *rta*, oft mit „kosmische Ordnung" übersetzt, dreht damit aber die Verhältnisse um; nicht die „kosmische Ordnung" verlangt, daß man der Wahrheit treu bleibe, sondern in indischer Denkweise begründet Wahrheit, daß es so etwas wie kosmische Ordnung oder gesellschaftliche Normen *(dharma)* gibt.

Dieser Wahrheitsbegriff erklärt, warum Wahrheit in Indien nicht nur ethische Norm ist, sondern als magische Potenz angesehen werden muß. In der Neuzeit ist durch Gandhis Begriff und Kampfstrategie des *Satyagraha*, des „Festhalten an der Wahrheit" dieser hinduistische Zentralbegriff populär geworden.

Gewaltlosigkeit war ebenfalls unter den allgemeinen Normen angeführt worden. Als hinduistischer Grundwert ist Gewaltlosigkeit keineswegs von Anfang an gegeben und unumstritten. Die vedische Epoche kannte das blutige Tieropfer, und das Verbot des Fleischgenusses hat sich erst nach und nach durchgesetzt. Religionsgeschichtlich betrachtet dürfte Gewaltlosigkeit zu jenen Werten gehören, die im Zuge der für den Hinduismus zentralen Spannung zwischen weltzugewandter und weltabgewandter Lebensweise, zwischen *Dharma* und Entsagung aus den Idealen des Entsagers in die Ideale innerweltlicher Frömmigkeit übernommen wurde. Als Wert und Ideal unbestritten, wird Gewaltlosigkeit jedoch so wenig von allen Hindus praktiziert wie Vegetarismus. Der Göttin Kālī werden auch heute noch Tieropfer dargebracht.

Auch die von Gandhi als Voraussetzung für das Festhalten an der Wahrheit postulierte *Furchtlosigkeit* hat ihren Ursprung im asketischen Lebens- und Erlösungsideal. Es wurde bereits angedeutet, daß der Entsager allen Wesen Furchtlosigkeit zu versprechen hatte, daß niemand etwas von ihm zu fürchten habe; aber auch er soll sich vor nichts und niemandem fürchten. Das ist etwas anderes als die Furchtlosigkeit, die als Mittel in politischen Auseinandersetzungen der Brachialgewalt der Gegner trotzt, aber letztere hat ihre Wurzeln in einer Lebensweise, die allem entsagt hatte, daher nichts zu verlieren hatte und nichts zu fürchten hatte.

Das positive Gegenstück zur Furchtlosigkeit ist die Haltung der *„Gleichschau"*, der Ausgeglichenheit und Indifferenz. Vom Entsager wird gefordert, daß er über allen Gegensätzen stehe, daß ihm die Anfechtungen von Hitze und Kälte, von Hunger und Durst, von Respekt oder Verachtung alle „gleich" sind, daß er ein Stück Gold und einen Stein als „gleich" ansehe. Dies wird als Ausdruck erstrebenswerter Weltenthobenheit anerkannt und ist als Gegensatz zu sehen zu Handlungsweisen, die durch Begierde und Leidenschaft, durch Machthunger oder Zorn motiviert sind.

Während die bisher genannten Grundwerte am Ideal des Entsagers ausgerichtet waren, gibt es andere, die sich aus der hierarchischen Gesellschaftsstruktur erklären. *„Dienen"* wurde als einzige Verpflichtung von den Sūdras gefordert; eine dienende Haltung wird aber auch in anderen Bereichen gefordert und gepriesen. Das hinduistisch geprägte Frauenideal ist das der dienenden Gattin und aufopfernden Mutter; auch dem Lehrer hat man zu dienen, und die Verehrung des Götterbildes wird als Dienst bezeichnet. Der Gott wird wie ein Gast (und ein Gast wie ein Gott) bedient, d.h. es wird für seine leiblichen Bedürfnisse gesorgt (Waschungen, Bewirtung, Schlafstatt usw.).

Ein Wert, der fast alle Lebensbereiche betrifft und bestimmt, ist schließlich *Reinheit*. Dabei ist nicht in erster Linie an äußerliche Sauberkeit zu denken; Reinheit ist vielmehr eine innere Qualität. Bestimmte Menschengruppen (niedrige Kasten, Berufsgruppen wie Gerber, Wäscher, Ärzte), bestimmte Tiere (Hunde, Schweine, Krähen), bestimmte Zeiten (Sonnen- und Mondfinsternisse), bestimmte Nahrungsmittel (Fleisch, Alkohol), bestimmte Körperteile (linke Hand, Füße) können als unrein und verunreinigend gelten. Wasser und Waschungen spielen eine zentrale Rolle bei allen Riten der Wiedergutmachung und Entsühnung. Sünde wird gerne als Befleckung vorgestellt, die man abwaschen kann (eine Konkretisierung der Wirksubstanz von *Karman*). Metaphern wie jene von der Reinheit des Lotos, der unberührt aus dem Schlamm emporwächst, gehören zu den immer wieder angeführten Beispielen für vorbildhafte Lebensführung.“ *P. Schreiner*

- *Welches sind unsere zentralen Werte (des Grundgesetzes)?*
- *Worin liegen die grundlegenden Unterschiede zwischen unseren zentralen Werten und denen des Hinduismus begründet?*

Richtiges Verhalten

Die hinduistische Familie ist die Großfamilie, in die die Frau hineinheiratet. Alter hat Vorrang, die Lebensbereiche von Mann und Frau sind strikt getrennt, nur niedriger gestellte Frauen arbeiten außerhalb des Hauses. Die Partnerwahl erfolgt zumeist noch durch arrangierte Heiraten innerhalb des Kastensystems, zuweilen schon im Kleinkindalter. Ziel der Ehe ist es, einen Sohn zu bekommen. Die verheiratete Frau trägt einen roten Punkt auf der Stirn oder roten Puder im Scheitel. Die Frauen haben traditionell keine Rechte (etwa auf Besitz oder Erbe), sie hängen von ihren männlichen Bezugspersonen (Vater, Ehemann, Sohn) ab. Die Witwe darf nicht wieder heiraten. Die Witwenverbrennung – in der Hoffnung auf gemeinsame Reinkarnation mit dem Ehemann – ist allerdings seit 1829 verboten.

Der Rahmen der hinduistischen Gesellschaft ist die Dorfgemeinschaft, in der arbeitsteilig gewirtschaftet wird und bis in die letzten Einzelheiten Pflichten, Privilegien, Sanktionen festgelegt sind. Die Tradition äußert sich zur Staatsform kaum. Sie kennt ein Königreich, das auch zur Kriegsführung nach strengen Regeln berechtigt ist. Mit der Zunahme städtischer Bevölkerung wird sich hier einiges verändern, wie dies sich auch in Europa mit dem Übergang von der Agrar- zur Stadtgesellschaft vollzogen hat.

Die starke lokale Einbindung von Verhaltensnormen gilt auch für das religiöse Leben. Die Wichtigkeit von Sorgfalt, Regelmäßigkeit und Häufigkeit heiligen Tuns ist das Gemeinsame. Tempelbesuche finden der Verehrung von speziellen Götterbildern, gemeinschaftliche Gottesdienste sind so gut wie unbekannt. Man sieht bei heiligen Waschungen der Götterfiguren zu, bringt Speiseopfer dar, rezitiert Gebetsformeln.

- *Abgesehen davon, daß man genügend Verhaltensregeln finden könnte, die den zehn Geboten der Bibel entsprächen (vgl. S. 135ff), wodurch unterscheidet sich das hier skizzierte Normengefüge von den zehn Geboten oder einer staatlichen Gesetzgebung?*
- *Was müßte geschehen, damit sich die Vorstellungen vom „rechten Verhalten“ kurzfristig erheblich ändern könnten?*

18 Stunden Arbeit

pro Tag bei einem Monatslohn von 15 Mark sind in Indien häufig.

Frauen würden gehalten wie „moderne Sklaven", beklagt die katholische Bischofskonferenz des Landes.

Foto: KNA

Die Pflichten der Frau

Das Mädchen ist 15 Jahre alt, wenn sie das 10. Schuljahr beendet. Fast alle Frauen in Kerala erreichen diesen Schulabschluß. Sie können lesen und schreiben und sind sich über die Realität in der Umwelt bewußt. Dieser Bericht handelt von Frauen, die als ausgebildete bewußte Menschen in einer traditionell von Männern bestimmten Gesellschaft ihr Leben führen . . .

Das Alltagsleben eines 15jährigen Mädchens ist mit Haus und Hof eng verbunden. Die Frau ist zuständig für hauswirtschaftliche Aufgaben, Bedienung, Kinderhütung und Erziehung sowie für die Tierhaltung, besonders Kleintierhaltung. Hauswirtschaftliche Aufgaben bestehen im Brennholz sammeln, Tierfutter besorgen, Wäsche waschen, Wasser holen, mindestens viermal am Tag warm kochen, Reis verarbeiten (Dämpfen und Trocknen), Nahrungsmittel konservieren usw.

Freien Ausgang hat sie nur in Begleitung von Familienangehörigen zu religiösen Festen (Tempel, Kirche) oder zu Familienfeiern wie z.B. Hochzeiten, Sterbefälle etc.

Die Arbeit beginnt morgens spätestens um 5 Uhr; dann nehmen die Männer schwarzen Kaffee zu sich und legen sich wieder hin, und weil die Eltern zur Feldarbeit gehen und dafür das Mittagessen mitnehmen. Der Reis wird frisch gekocht, ein Gemüse- und ein Fischgericht (meistens Trockenfisch) sind auch schon fertiggestellt, wenn die Eltern gegen 6.30 Uhr das Haus verlassen. Dann stehen die jüngeren Geschwister auf und frühstücken. Da die Schule ganztägig ist, müssen auch sie, wie die Eltern, Mittagsproviant mitnehmen. Anschließend werden die männlichen älteren Geschwister mit Frühstück versorgt. Die Männer, ob sie Arbeit auf Tagelohnbasis haben oder nicht, befinden sich außerhalb des Hauses, im Teeladen, am Kiosk oder an Dorfecken und beschäftigen sich mit Skatspielen und plaudern.

Nun haben alle das Haus verlassen, nur die Mädchen sind noch zu Hause und können ihre persönlichen Bedürfnisse kurz erledigen. Dann müssen sie das Mittagessen vorbereiten, denn die Männer kehren pünktlich zum Essen nach Hause zurück. Sie verlangen frisch gekochten Reis, eine scharfe Soße als Geschmacksverstärker und ein Gemüsegericht. Nach dem Mittagessen und -schlaf verlassen die Männer wieder das Haus. Bevor

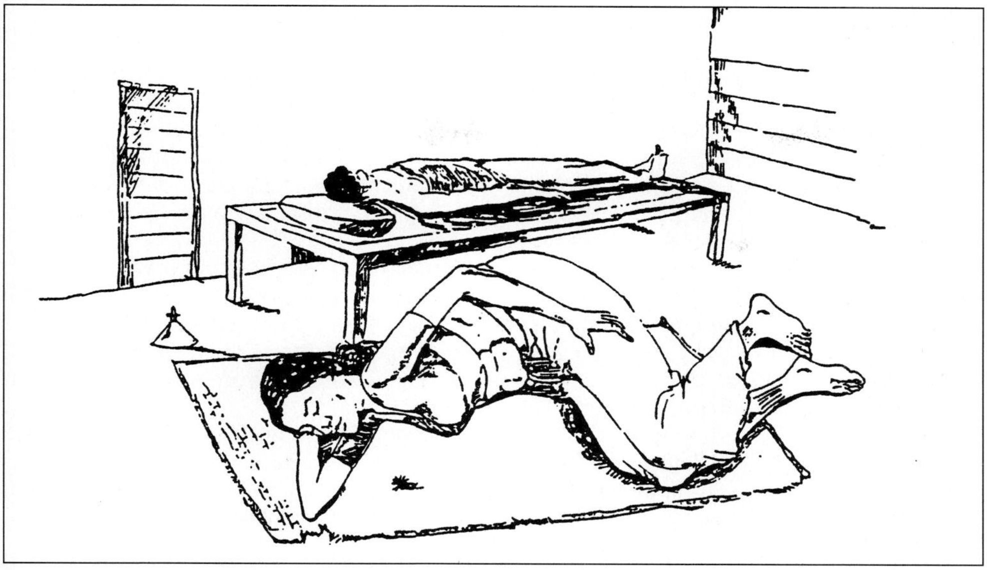

sie gehen, trinken sie noch schwarzen Kaffee. Nachmittags gegen 16 Uhr kommen die Schulkinder heim, die dann die Reste vom Mittagessen bekommen.

Anschließend werden sie für kleine Erledigungen losgeschickt. Nun müssen die Tiere versorgt, Gras geschnitten, genügend Brennholz gesucht und kleingeschlagen werden, damit gegen 18–19 Uhr, wenn die arbeitenden Familienmitglieder nach Hause kommen, alles erledigt ist. Diese bringen die eingekauften Lebensmittel für den Abend und den nächsten Tag mit, und die Frauen bereiten das Abendessen – Familienessen – vor. Zuerst essen die Männer, dann die Kinder und zuletzt die Frauen. Anschließend gehen die Männer zum Kiosk an der Ecke, treffen Freunde und trinken den landesüblichen Palmenwein (Toddy) oder Arrack (Schnaps). Die Frauen müssen nun den Kindern bei den Schulaufgaben helfen, den Reis für den nächsten Tag säubern und Wäsche waschen. Gegen 22–23 Uhr geht die Frau zu Bett, d.h. sie liegt auf geflochtenen Matten auf dem Boden und der Mann im Bett …

Die Frau ist ihrem Vater und ihren männlichen Geschwistern, später ihrem Ehemann und anschließend auch ihren Söhnen untergeordnet. Sehr erwünschte Eigenschaften einer „idealen“ Frau sind Zurückhaltung und Scheu. Sie soll keine Gäste am Hauseingang empfangen, sondern immer im Hintergrund bleiben. Freundschaftliche Beziehungen zu Männern außerhalb der Familie sind nicht erlaubt und nicht möglich, denn im öffentlichen Leben existiert eine strenge Trennung zwischen den Geschlechtern. In Tempel und Kirche, in öffentlichen Verkehrsmitteln, bei Veranstaltungen, an Fahrkartenschaltern und Bushaltestellen etc. gibt es eine Frauen- bzw. Männerseite. Schon das Reden, Lachen und Zusammenstehen mit dem anderen Geschlecht könnte den Ruf der Frau beflecken und ihre Heiratschance schmälern. Wird eine Frau schwanger, ist es immer ihre Schuld. Um die Männer auf keinen Fall zu reizen, tragen die Frauen ab dem 16.–18. Lebensjahr knöchellange Röcke oder Sarees. Die Frau lebt nicht für sich, sondern für andere. *N. Kashiwagi / A. B. Bau / M. Moozhiyil*

- *Vergleichen Sie die Stellung der Frau in anderen Religionen.*
- *Woran könnte es liegen, daß die Frau fast durchweg vom öffentlichen und religiösen Leben ferngehalten werden und ihr Leben auf den häuslichen Kreis beschränkt wird? Beachten Sie, daß niedrigere Kasten sich nicht so streng an diese Norm halten.*

Erlösungswege

Spezifisch religiöses Tun mit dem Ziel der Erlösung vollzieht sich üblicherweise auf drei Wegen:
1. Weg des Tuns (karmamarga) setzt beim Tätigsein an, meint ursprünglich die Ausübung vedischer Riten, später disziplinierte Lebensweise, d.h. dharmakonformes Verhalten als Mitglied der Gesellschaft. Ziel ist, kein schlechtes Karma anzusammeln. Dieser Weg setzt am alten brahmanischen Opferkult an, er ist Voraussetzung für Erlösung, führt aber allenfalls zu aufsteigender Wiedergeburt.
2. Weg der Erkenntnis (janamarga) ist der anspruchsvollste intellektuelle Weg, bei dem es darauf ankommt, die Welt als Illusion zu erkennen und sowohl das Göttliche in sich selbst als auch im allgemeinen wahrzunehmen. Dies erfolgt unter Anleitung von Gurus durch Meditation und Askese, also Yoga. Dieser Weg erstarkte seit ca. 500 vor der Zeitrechnung und war lange der einzige Weg, der wirklich Erlösung vom Kreislauf der ewigen Wiedergeburten versprach.
3. Weg der Hingabe (bhaktimarga) als gefühlsmäßige Ergebung in Gott, entstand wohl unter dem Einfluß von Islam und Christentum erst in der Neuzeit. Die Gläubigen – aus allen Kasten und auch Frauen – hoffen, durch liebende Hingabe an einen persönlichen Gott von diesem erlöst zu werden. Dieser Gottesliebe steht nicht – wie im Christentum – eine Nächstenliebe zur Seite.

Die Erlösungswege stehen in vielfältiger Beziehung zueinander, wie auch die Stufen des Yoga ausweisen, und ergänzen sich heute oft.

– *Welche Gottesvorstellungen scheinen den jeweiligen Erlösungswegen zugrunde zu liegen?*

Stufen des Yoga

Ursprünglich faßt man unter dem Begriff Joga eine Fülle verschiedener Richtungen des Hinduismus zusammen, die alle asketische Übungen und Meditationen zur Grundlage haben. Joga heißt Joch, in welches der Körper zum Zwecke der Erlösung eingespannt wird. (...)

Bevor man mit den Jogaübungen beginnen kann, müssen alle Hindernisse beseitigt werden: Krankheit, Müßiggang, Zweifel, Mangel an Konzentration, Egoismus und übermäßige Bindung an die Welt. Dies wird erreicht durch das Studium der Weden, das Einüben von Demut und körperliche Reinigung, die durch Diät und andere freiwillige Einschränkungen gefördert wird. Dann erst ist man fähig, die erste Stufe zu erreichen.

Stufe 1: Die Zügelung (Jama). Sie besteht in der Einhaltung der fünf Gebote Gewaltlosigkeit, Wahrheit, Keuschheit, Gleichgültigkeit gegenüber Besitz, Ehrlichkeit.

Stufe 2: Die Zucht (Nijama). Sie führt die erste Stufe weiter, indem der Übende Reinheit, Genügsamkeit, Askese, Rezitation heiliger Texte und Hingabe an den höchsten Herrn, Ischwara, übt. Diese beiden Stufen wollen dem Übenden innere Ruhe und Ausgeglichenheit geben.

Stufe 3: Der richtige Sitz (Asana). Hier ist nicht nur das Sitzen als solches gemeint, sondern die richtige Körperhaltung. Sie dient der Konzentration, die den eigenen Leib vergessen läßt.

Stufe 4: Das richtige Ein- und Ausatmen (Pranajama). Indem der Jogin seine Aufmerksamkeit auf das Atmen lenkt, konzentriert er sich auf das Bindeglied zwischen Körper und Geist. Damit verläßt man die Sphäre des Körperlichen und nähert sich dem Geistigen. In diesem Stadium sind bereits Gefühle und Affekte verschwunden.

Stufe 5: Das Zurückziehen der Sinnesorgane von ihren Objekten (Pratjahara). Hierbei schränkt man die Wahrnehmung der Außenwelt soweit wie möglich ein, um damit alle Hindernisse auf dem Weg zur Erlösung zu beseitigen. Auf dieser fünften Stufe kann der Jogin bereits so weit kommen, daß er ihm zugefügte Schmerzen nicht mehr empfindet, ein Phänomen, das wir Europäer von der Hypnose her kennen.

Stufe 6: Das Festhalten (Dharana). Hierbei handelt es sich um die Entsprechung von Stufe 5: Man konzentriert sich nunmehr auf seinen eigenen Körper (z.B. die Stirn oder einen beliebigen anderen Punkt). Nun bedarf man keiner äußeren Hilfe eines Gurus mehr.

Stufe 7: Die Meditation (Dhjana). In der ununterbrochenen Konzentration auf einen Körperpunkt erfährt man das eigene Bewußtsein. Zugleich schwindet die Aufmerksamkeit auf den einen Punkt. Die Meditation wird „leer in sich selbst".

Stufe 8: Die Versenkung (Samadhi). Der Jogin hat jetzt seine natürliche Existenz und das ihrer Bewußtwerden hinter sich gelassen. Er ist der Erlösung nahegekommen. Der Vereinigung mit dem Göttlichen steht nichts mehr entgegen. Er ist erlöst. Dies freilich nur auf Zeit, denn sein Karma macht es ihm unmöglich, in die letzte Erlösung einzugehen. Das ist dann der nächsten Existenz vorbehalten.

Gelegentlich bezeichnet man die Einsicht, die mit der Erlösung gleichgesetzt wird, auch als neunte Stufe.

In der strengen Samkhja-Joga-Lehre bedeutet die Erlösung lediglich, daß die Seele ihrer selbst innewird, daß sie erkennt, wie sie die Darbietungen der Prakriti als bare Münze nimmt, und daß sie erkennt, wie sie letztlich – geistig und frei von Materie – Ischwara ist. Erst später ist in das populäre Joga der Erlösungsbegriff der Upanischaden eingedrungen. Danach hat Joga dazu zu dienen, dem Puruscha die Identität mit Ischwara zu verdeutlichen und den eigenen Puruscha mit Ischwara zu verschmelzen.

D. Faßnacht / E. Bickelmann

- *Welche der Stufen entsprechen Ihrer Vorstellung von Yoga und Meditation?*
- *Welchen Lebensbereichen würden sie andere Stufen zuordnen?*
- *Was unterscheidet diese Praxis von christlicher religiöser Praxis mit Gemeindeleben, Gottesdienst und Sakramenten?*

Hinduismus und der Westen

Was wohl am Hinduismus am stärksten reizt, ist die scheinbare Alternative zu traditionellem westlichem Denken: zum einen scheint seine mystische Grundlage es leichter zu machen, sehr Gegensätzliches zu integrieren als die prophetischen Religionen des Judentums, des Christentums und des Islam. Wiedergeburtsvorstellungen und Erlösungswege des Hinduismus erscheinen als interessante Alternative zum lineraren Geschichtsbild mit einmaligem irdischem Leben und der Verheißung eines ewigen Lebens in einem nicht näher zu bestimmenden Himmelreich oder Paradies.

Zum andern besteht die Hoffnung, in östlichen Weltdeutungskonzepten Auswege aus den Krisen der westlichen Leistungsgesellschaft mit ihrem Fortschrittsdenken zu finden, während gleichzeitig der Hinduismus durch Auseinandersetzung mit westlichen Positionen Anschluß an die moderne Weltgesellschaft zu finden sucht.

Schließlich führen die westlichen Religionen mit ihren relativ rational untermauerten Theologien eine grundsätzliche Auseinandersetzung mit der mehr mystischen östlichen Religion, denn seit ihren Anfängen haben sie sich auch in den eigenen Reihen immer mit mystischen Positionen auseinandersetzen müssen. Und dabei ging es auch in den westlichen Religionen um die Sicherung von historisch erworbenen Positionen, wie sie auch das Brahmanentum gegen den aufkommenden neueren Hinduismus zu leisten hatte.

Die folgenden Texte gehen aus von der Begegnung mit dem Hinduismus in westlichen Sekten, die sich als Mischformen von Spiritualität und Kommerz präsentieren, suchen das spezifische Angebot für den Westen aufzuweisen und fragen nach der besonderen Toleranz des Hinduismus.

Bhagwan – Das Ego ist die falsche Lehre

In den 70er und 80er Jahren gewann die Bhagwan-Sekte aus dem indischen Poona zunehmend Anhängerschaft im Westen, besonders nach der Übersiedlung ihres Guru *Bhagwan Shree Rajneesh* in die USA im Jahre 1982. Nach dem Tode des Anführers zerstreuten sich seine Anhänger schnell wieder.

Spiegel: Sie haben gesagt, Ihre Religion sei die erste und die letzte Religion . . .

Bhagwan: Für mich sind die alten Religionen nicht authentisch. Das war doch alles Aberglaube. Keine einzige Religion hat bisher die Existenz Gottes nachweisen können oder die Existenz von Himmel und Hölle. Man kann nicht verehren, wofür es keinen Beweis gibt.

Spiegel: Ihre Religion lehrt nur, das eigene Ego zu finden?

Bhagwan: Nein, nicht das eigene Ego, sondern das eigene Sein. Das Ego ist die falsche Lehre, welche die Gesellschaft Ihnen eingepflanzt hat. Man hat Ihnen gesagt, Sie sind Jude, Sie sind Kommunist, Sie sind Nazi. Man hat Ihnen Ihr heiliges Buch, Ihren Namen gegeben. Das alles macht Ihr Ego aus. Aber Ihr Wesen bekommen Sie nicht von der Gesellschaft, von der Kirche, von Ihrer Familie, durch Ihre Erziehung. Ihr Sein bringen Sie bei der Geburt mit.

Spiegel: Deshalb sind Sie bestrebt, das Ego Ihrer Jünger zu zerstören?

Bhagwan: Richtig.

(. . .) *Spiegel:* Sie versuchen, das Gewissen Ihrer Leute zu zerstören.

Bhagwan: Ja, das Gewissen, das die Gesellschaft aufgebaut hat. Nur so läßt sich das Bewußtsein befreien.

Spiegel: Aber ist es nicht auch das Gewissen, das den Menschen davon abhält, Übles zu tun?

Bhagwan: Das Gewissen, das Sie meinen, ist für den Tod von Millionen Menschen verantwortlich. 5000 Kriege hat es in 3000 Jahren gegeben. Und nun bereiten sie den Dritten Weltkrieg vor. Das ist das Gewissen eurer Präsidenten, eurer Führer, Päpste und Priester. Ein Mensch mit Bewußtsein kann nichts Böses tun.

Spiegel: Ist Mutter Teresa eine Frau mit Gewissen in Ihrem Sinne?

Bhagwan: Fällt Ihnen kein besseres Beispiel ein?

Spiegel: Nein, Sie haben Mutter Teresa kriminell und idiotisch genannt, ausgerechnet eine Frau, die ihr Leben der Aufgabe gewidmet hat, den Ärmsten der Armen zu helfen.

Bhagwan: Die Leute, die das Elend bekämpfen, tragen dazu bei, das Elend zu konservieren. Sie beuten das Unglück anderer zu ihrer eigenen Verherrlichung aus. Natürlich läßt sich das Elend der Welt beseitigen, aber nicht mit Mutter Teresas Methoden.

(. . .)

Spiegel: Sie haben gesagt, es sei gefährlich, zu Ihrer Kommune zu gehören. Jeder trage ein hohes Risiko. Was für ein Risiko meinen Sie?

Bhagwan: Das Risiko besteht darin, daß Sie den ganzen Mist, den Sie mit sich herumschleppen und den Sie für wertvoll halten, abwerfen müssen. Wenn Sie hierher kommen, verschwindet alles – Ihre Religion, Ihre Nationalität, Ihre rassistischen Vorstellungen, Ihre politischen Ideologien. Hier sind Sie nur ein unschuldiges menschliches Wesen.

Spiegel: Sie predigen keine materialistische Ideologie, sondern Bedürfnislosigkeit. Aber Sie selbst leben im Luxus mit wer weiß wie vielen Rolls-Royce, einer diamantenbesetzten Armbanduhr . . .

Bhagwan: Nein, Sie haben eine falsche Vorstellung. Ich bin ein ausgesprochener Materialist. Denn für mich sind Geist und Materie nicht zwei verschiedene Dinge. Die Existenz ist materialistisch und spirituell.

Spiegel: Aber Sie sind Materialist auf Kosten anderer. Und das ist Ausbeutung.

Bhagwan: Nein, ich besitze absolut nichts. Ich habe noch keinen einzigen Rolls-Royce gekauft, wenn Sie darauf anspielen. Meine Leute kaufen sie für mich.

Spiegel: Aber Sie sind der einzige, der sie fährt.

Bhagwan: Meine Sanyasin erlauben mir, sie täglich für eine Stunde zu benutzen. Wenn sie das nicht erlauben würden, würde ich sie nicht anfassen.

- *Finden sich in den Äußerungen Bhagwans überhaupt hinduistische Ansätze?*
- *Könnte die Kritik an Mutter Teresa einen richtigen Kern haben? – nur aus hinduistischer Sicht oder auch aus unserer?*

FOCUS

Bhagwan-Jünger

Transzendentale Meditation (TM) – Heute ist Erleuchtung ein meßbarer Zustand

– Das Geheimnis der „Erleuchtung" –

Hamburger Abendblatt: TM will keine Sekte sein. Aber Sie haben doch mit dem Maharishi Mehesh Yogi eine prophetische Führergestalt an der Spitze ...

Michael Laukenings: TM will nicht nur keine Sekte sein, sondern TM hat mit einer Sekte absolut nichts zu tun. Ob ein Mensch nun Christ, Buddhist, Kapitalist oder Kommunist ist, das ist völlig egal. Jeder kann TM erlernen, ohne mit seinem persönlichen Glauben oder seiner Weltanschauung in Konflikt zu geraten. Niemand wird aufgefordert, seinen Glauben oder seine Weltanschauung aufzugeben. Es wird nicht einmal danach gefragt. TM ist lediglich eine geistige Entspannungstechnik mit sehr positiven Auswirkungen. (...)

Der Maharishi gilt den TM-Anhängern als „erleuchteter Meister". Was ist das eigentlich?

Früher war Erleuchtung ein geheimnisvoller, mystischer Begriff. Heute ist Erleuchtung ein technisch meßbarer Zustand. Dieser Zustand beschreibt das vollkommene Funktionieren des Nervensystems.

– Erleuchtung: ein meßbarer Zustand –

Er kann erreicht werden durch ein systematisches Reinigen des Körpers von Stressen und Verspannungen. Ein erleuchteter Meister hat sein Nervensystem nicht nur vollkommen entwickelt, sondern besitzt auch die Fähigkeit, Lernwillige in eine Technik einzuweisen, die zur Erleuchtung führt.

Sie behaupten, die Gesellschaft werde erheblich friedlicher und gesünder, wenn nur ein Prozent der Weltbevölkerung meditiert. Glauben Sie etwa im Ernst daran?

Das ist nicht eine Sache des Glaubens, sondern der Erfahrung. Wir erwarten von unserer wissenschaftlich orientierten Gesellschaft, daß sie dieses Phänomen erforscht. Die Amerikaner sind bereits dabei. In vielen wissenschaftlichen Arbeiten bestätigen sie, daß schon eine relativ kleine Gruppe von Meditierenden – etwa ein Prozent einer Stadtbevölkerung – ausreicht, um die Lebensqualität dieser Stadt wesentlich zu verbessern.

– „Maharishi-Effekt": mehr Lebensqualität –

Wissenschaftler haben diese Wirkung als „Maharishi-Effekt" bezeichnet und sogar auf regionaler Stadtteilebene nachgewiesen. Es sind Experimente in Hamburg geplant, um mit diesem Effekt die ständig steigende Kriminalität zu senken.

TM will den Leuten weismachen, daß die fortgeschrittenen Meditierenden sogar mit dem Körper vom Boden abheben und fliegen können. Das geht doch gegen alle Naturgesetze.

Vielleicht gegen alle, die wir kennen.

(...)

Wer „fliegen" kann, soll dann frei von allen Leiden und Problemen sein ...

Niemand ist wohl in der Lage, von heute auf morgen frei von Leiden und Problemen zu sein. Wir können jedoch einen Weg einschlagen, der unser Bewußtsein entwickelt und unsere Fähigkeiten vergrößert.

Wenn unser Geist schließlich so stark ist, daß er die Kraft hat, den Körper schweben zu lassen, dann besitzt er ganz sicher auch die Fähigkeit, die Ursachen für Probleme und Leiden so frühzeitig zu erkennen, daß sie gar nicht erst entstehen können.(...)

- *Ist bei TM noch ein hinduistischer Kern erkennbar?*
- *Was könnte der Grund sein, daß viele Menschen sich wegen TM Sorgen machen? Machen Sie sich in diesem Zusammenhang kundig über sogenannte Jugendsekten und den damit verbundenen Gefahren (z. B. im Rahmen einer Gruppenarbeit, eines Referats...).*

Gegenentwurf zur Leistungsgesellschaft

Die brahmanische Version der Lehre vom Karma führt dazu, daß es kaum ein Streben nach Weltverbesserung gibt. Das Lebensgefühl läßt sich durch dreierlei charakterisieren, nämlich:

„1. *Passivität* (nach außen) zeigt sich darin, daß man das Leben als ein dauerndes Herumgeworfenwerden im Geburtenkreislauf empfindet – ein Schicksal, das man erleiden muß, ohne etwas durchgreifend ändern zu können. Es sei denn, man entschließt sich, aus diesem Kreislauf des Leidens auszuscheiden. Dies ist nun aber wiederum nicht möglich etwa durch (aktive, nach außen gerichtete) Kraftanspannung, sondern es bedarf dazu letztlich eines (passiven, nach innen gerichteten) Erduldens des Leidens der Welt, verbunden mit einem allmählichen Absterbenlassen aller Emotionen: aufzugeben ist Liebe ebenso wie Haß, Sehnsucht nach dem Leben ebenso wie nach dem Sterben; ja, selbst Sehnsucht nach der Erlösung führt, solange man sie noch hat, nicht zur Erlösung.

2. *Egozentrisch* ist diese Haltung insofern, als bei diesem Anliegen, sich zu erlösen – das, wie oben gezeigt, letztlich kein (aktives) Streben sein darf –, jeder einzelne auf sich allein gestellt bleibt. (…) Eine Kollektiv-Erlösung, im Rahmen etwa einer Eschatologie, kommt überhaupt nicht ins Blickfeld.

3. Womit wir beim dritten Punkt, dem *zyklischen Denken*, wären: es gilt so allgemein, daß es – obwohl möglicherweise gar nicht in Indien, sondern im Vorderen Orient aufgekommen – eschatologische Vorstellungen, die ebenfalls aus dem Westen nach Indien eingeführt wurden, mit Leichtigkeit in das zyklische Weltbild einschmilzt. Die ewige Wiederholung auch der kosmischen Gegebenheiten (z.B. in der Sage vom Goldenen Zeitalter) schließt dabei nicht nur die prinzipielle Endlosigkeit ein (in der nur die Erlösung des einzelnen eine scheinbare Ausnahme bildet), sondern auch die Anfangslosigkeit. Letztere ist sogar besonders wichtig: den indischen Philosophen der Upanisad-Zeit, die bereits zyklisch dachten, konnte von daher die Frage nach der Entstehung der Welt gar nicht zum Problem werden.“ *U. Schneider*

- *Zu welchem Nutzen entfaltet der Hindu seine Aktivität?*
- *Welche Leistung hat er dabei zu erbringen?*
- *Vergleichen Sie diese Vorstellungen mit denen von Leistung und Nützlichkeit unseres Tuns unter Glücks-, Fortschritts- oder Heilsvorstellungen in unserer Gesellschaft.*

Wir sehen nicht das Einzelne, sondern das Ganze

„Aber wenn Sie selbst das Los der Witwen bedauern, wie können Sie dann für die Erhaltung solcher Zustände sein?“ frage ich.

„So denken alle Europäer“, erwidert der Brahmane, „schon oft wurde mir diese Frage vorgelegt. Ihr in Europa, Ihr denkt an den einzelnen Menschen, Ihr beklagt sein Schicksal, sein Los, sein Leben. Ihr bedauert die Witwe, den Paria, das verheiratete Kind, Ihr seht eine soziale Frage, wie Ihr sagt – das alles gibt es in Indien nicht. Wir sehen nicht den Einzelnen, sondern das Ganze, die Erhaltung der Ordnung unter den Menschen, die nur in der Unterordnung bestehen kann. Unsere Art zu denken ist anders, wir wollen den Staat der Götter erhalten und Ihr wollt nur gut leben. Für uns seid Ihr arm, wir aber sind reich, auch dann, wenn wir vor Armut sterben, auch dann, wenn wir als Witwen büßen, auch dann, wenn wir als Parias von allen verstoßen sind. Denn wenn wir die Gesetze halten, wenn wir das tun, was die Ordnung will, was die Gottheit fordert, dann werden wir im kommenden Leben wiedergeboren als Angehörige hoher Kasten, vielleicht als Maharadschas. Was tut also das Elend? Was tut das traurige Los? Es ist nur ein Durchgang zu einem besseren, höheren Leben. Das höchste Leben aber ist, den Zusammenhang des Lebens und der Kasten zu erkennen und sich selber einzuordnen in die Stelle, die uns die Wiedergeburt bestimmt hat.“ *H. Kuhn*

- *Versuchen Sie dem Gedanken des Brahmanen etwas Positives abzugewinnen: auch bei uns wird Egoismus kritisiert und Gemeinsinn eingefordert.*
- *Würden Sie selbst auf Ihre individuellen Rechte verzichten wollen? Wenn nicht freiwillig, was, glauben Sie, könnte Sie gezwungenermaßen dazu veranlassen?*

Radhakrishnan: Korrektur des Maja-Mißverständnisses

Nach klassischer hinduistischer Auffassung bedeutet „Maja“ Täuschung, Illusion. Die Wirklichkeit der Welt wird von dem Wissenden als Nichtigkeit erkannt. Wirklich, im Sinne ontologischer Qualität, ist nur das absolute „Brahma“. Es hat die Welt der Dinge, alles Materielle, aus sich herausgesetzt, um sich zugleich darin zu verhüllen. Wer die ihm begegnende Welt als wirklich nimmt, ist der „Maja“ – also diesem Trick, diesem Zauber – zum Opfer gefallen.

Die Identität mit dem Absoluten (Brahma) zu erkennen, heißt für den klassischen Hinduismus, das Scheinbare des vermeintlichen Seins und damit seine Nichtigkeit durchschauen. Deshalb kommt es auch entscheidend darauf an, dieser Seinsidentität inne zu werden, das heißt, den Maja-Charakter der Welt zu erkennen. Man darf sich deshalb auch in keiner Weise in dieser Wirklichkeit ernsthaft engagieren. Wer die Verhältnisse auf der Erde ernst nimmt, nimmt Schaden an seinem „Karma“ (das ist der determinierte Verlauf menschlichen Lebens, das Eingefügtsein in den Zyklus des Geschehens). Darum lautet die Devise des klassischen Hinduismus: Weltentsagung, Abkehr, Verzicht.

Dagegen sagt *Radhakrischnan:* „Der Rückzug aus der Welt ist nicht der Schlußpunkt in der Frage nach dem Geist. Es gibt eine Rückkehr in die Welt, die von der beständigen Weigerung begleitet ist, die Welt, wie sie uns begegnet, als endgültig zu nehmen.“

„Maja“ bedeutet jetzt nicht länger, daß die Welt selber eine Täuschung ist, sondern daß sich der Mensch in dieser Welt täuscht. Sie wird im Gegenteil zum Prinzip des Fortschritts. Sie soll davor bewahren, daß man sich an die Dinge, wie sie nun einmal sind, verliert. Sie ist die heilsame Beunruhigung, die die Frage nach dem Sinn des Geschehens wachhält.

Aus Weltverachtung wird nun Weltverantwortung. Die Maja-Lehre wird zum neuen „Kategorischen Imperativ“: Du kannst, denn du sollst die Welt verändern.

- *Handelt ein Hindu, der eingebettet in der Ordnung des Dharma lebt, unverantwortlich?*
- *Auch in Europa gibt es den Gedanken, daß alles nur Illusion sei: das mittelalterliche Christentum hat die Welt verneint und sich ganz dem Jenseits hingegeben, Feuerbach hat so die Religion und Gott als Illusion kritisiert, Freud das Gewissen als Erziehungsprodukt entlarvt. Wie kommt es, daß trotzdem bei uns der Gedanke, die Welt ernstzunehmen und Verantwortung zu tragen, eher zu- als abnimmt?*

Radhakrishnan: Plädoyer für religiöse Toleranz

Herzstück hinduistischer Christentumskritik ist der Vorwurf der Intoleranz. S. Radhakrishnan als philosophischer Idealist und ehemaliger Präsident Indiens sah die einzige Hoffnung für die Zukunft in der „Universalität der fundamentalen Ideen, die das Studium der Religionsgeschichte zeigt“.

„Als Beweis für die Praktikabilität dieses Toleranzverständnisses wird *Radhakrishnan* nicht müde, den jahrhundertelangen Prozeß der Hinduisierung und Sanskritisierung in Indien anzuführen. Durch ihn wurden nach der arischen Einwanderung mehr und mehr autochthone Bevölkerungsgruppen in die brahmanische Kultur und Religion integriert. Dies geschah überwiegend auf dem friedlichen Wege der Identifizierung: Lokale Gottheiten der autochthonen Religionen wurden mit arischen Gottheiten identifiziert, Formen der Verehrung nach und nach brahmanisiert. Diese Methode des „Inklusivismus“ *(Paul Hacker),* die sich gegenüber den autochthonen „Naturreligionen“ als Integrationsfaktor bewährt hat, wird von *Radhakrishnan* universal ausgeweitet und dient ihm als Modell für ein organisches Zusammenwachsen und Zusammenwirken der Religionen in einem vielstimmigen Chor, der das reiche religiöse Erbe der Menschheit zum Erklingen bringt. „Jede Religion trägt zum Reichtum des Ganzen bei, so wie jede einzelne Note zur Gesamtheit und Harmonie einer Symphonie beiträgt.“ Dies ist ein eindrucksvoller Beitrag des Neohinduismus zu dem notwendigen Dialog über ein für alle Religionen akzeptables Verständnis von religiöser Toleranz. Allerdings sind seine Grenzen unverkennbar.

Erstens repräsentiert er nur eine Stimme im ganzen des Hinduismus. Die hinduistische Tradition der Bhakti, der hingegebenen Gottesliebe, kann ein erhebliches Maß an Intoleranz entwickeln, wie es im Westen die Hare-Krishna-Bewegungn tut. (...)

Zweitens ist der Prozeß der Hinduisierung autochthoner Bevölkerungsgruppen unter anderen politischen und sozialen Bedingungen nicht wiederholbar. Die Basis der Hinduisierung war die Herrschaft der Arier und ihrer religiös begründeten Ordnung über die Unterworfenen, und der für das friedliche Nebeneinander verschiedener Religionsformen zu zahlende Preis war die Aufrichtung sozialer Barrieren zwischen ihnen, mit einem Wort: das Kastensystem. (. . .)

Drittens hat es sich herausgestellt, daß Religionen, die wie das Christentum, das Judentum und der Islam nicht dem Typus der mystischen, sondern der prophetischen Religion angehören, sich dem Versuch religiöser Integration stärker widersetzen als andere. (. . .)

Deshalb sollten wir nicht das Aufsaugen, sondern die Verbrüderung anstreben. In unserem großen Land müssen wir alle im Frieden leben und jede Gemeinschaft zweifellos auf ihrem Recht zur Propaganda und Bekehrung bestehen können. Wir können sie deshalb nicht tadeln, solange sie weder Druck noch unfaire Mittel anwenden, um ihr Ziel zu erreichen.“ Diese Einsicht geht über das von *Radhakrishnan* vertretene Toleranzverständnis hinaus und wird den Dialog über die Toleranz erleichtern, wenn sie sich durchsetzen sollte.“ *R. Hummel*

- *Was verstehen Sie unter Toleranz – Duldung, Achtung, Anerkennung, Gleichgültigkeit ...?*
- *Worin besteht das tolerante Verhalten des Hinduismus, das von Radhakrishnan hervorgehoben wird?*
- *Was wird gegen diese Form der Toleranz von christlicher Seite eingewendet?*

Grenzen der Toleranz

Hier ist bewußt ein etwas älterer Text ausgewählt worden, obwohl es reichlich Beispiele gewalttätiger Auseinandersetzungen zwischen Angehörigen unterschiedlicher Kasten und verschiedener religiöser Gruppierungen gäbe, um den Eindruck zu vermeiden, als sei dieser Text ein Beweis für fehlende Toleranz im Hinduismus. Er ist vielmehr ein weiteres Beispiel dafür, daß religiöse Ideen nie rein gelebt werden.

„Hindus rühmen sich gerne der Toleranz und der geistigen Weite des Hinduismus, der Platz für alle Philosophien, für alle Anschauungen, für alle Praktiken und Heilswege habe, und sie stellen demgegenüber das Christentum, besonders der katholischen Kirche, als eng, dogmatisch und intolerant hin. Da die westliche Geschichte besser bekannt ist als die indische, wissen die meisten nicht, was sie antworten sollen, wenn Kreuzzüge und Judenverfolgungen, Inquisition und Index zur Sprache kommen. Nicht um Gegenstimmung zu machen und Antipathie zu wecken, sondern um der Wahrheit und Gerechtigkeit die Ehre zu geben, müssen wir sagen, daß es in Indien ein gerütteltes und gehäuftes Maß von religiöser Intoleranz und Fanatismus, von Glaubenskriegen und Verfolgung aus religiösen Gründen gab wie in Europa. Bei den großen Melās, wenn sich die Vertreter verschiedener Sekten und Schulen treffen, gibt es auch heute noch ziemlich regelmäßig neben den erbitterten und unversöhnlichen Debatten Mord und Totschlag. Im 19. Jahrhundert noch gab es anläßlich der Kumbhamelās regelrechte Schlachten zwischen Vaisnavas und Saivas, bei denen Tausende ums Leben kamen. Der ganze Grund des Streites war der Vorrang, an einem ganz genau bestimmten Moment an einer ganz bestimmten Stelle zuerst zum rituellen Bad in den Fluß steigen zu dürfen. Die nackten Sādhus sind auch heute noch dafür berühmt, daß sie jedem, der ihnen widerspricht, mit dem schweren eisernen Dreizack die rechte Überzeugung beibringen. Die verschiedenen neo-hinduistischen Gruppen, die zum Teil heute in politischen Parteien organisiert sind, betreiben an vielen Stellen eine Hetz- und Schmierkampagne; ihre Zeitschriften und Zeitungen bemühen sich nicht einmal mehr, den Schein der Toleranz aufrechtzuerhalten, und rufen zum offenen Kampf auf. Die Hindu-Moslem-Massaker, die seit der Unabhängigkeit immer wieder vorkommen, sind nicht nur einseitig dem Moslem-Fanatismus zuzuschreiben. In Kerala wurden Dutzende von christlichen Kirchen von Hindus desekriert; wer es als Ausdruck der Toleranz ansieht, in einer Kirche zu urinieren, die Hostien in den Kot zu treten oder Statuen zu zertrümmern, der möge es tun. *Mahātmā Gāndhī,* selbst gläubiger Hindu, wurde von einem Hindu-Fanatiker erschossen; *V. Godse* war nicht nur ein verwirrter Einzelgänger, sondern Exponent einer Gruppe von Hindus, die immer mehr hervorteten. Während die Welt über den Verlust *Gāndhīs* trauerte, hielten die Leute der Mahāsabhā und die anderen Hüter des Dharma Freudenfeste. Die rechte Toleranz ist eine hohe und schwere Tugend – dem Hindu ebensowenig angeboren wie dem Christen. Es gibt tolerante Hindus und tolerante Christen. Auch die Theorie des Hinduismus ist nicht schlechthin ‚Toleranz'. Die einzelnen Schulen, die jeweils beanspruchen, den allein gültigen Heilsweg zu lehren, sprechen nicht gerade in den wohlwollendsten Tönen von den Schwesterschulen im selben Hinduismus." *K. Klostermaier*

- *Offensichtlich ist jene religiöse Toleranz mehr auf ein Gedankengebäude gerichtet, während der Umgang mit konkreten Menschen und deren Einrichtungen weniger tolerant verläuft. Wenn Toleranz nicht angeboren, sondern eine „hohe und schwere Tugend" ist, was gilt es dann zu tun? Kann man Toleranz erlernen? Was spricht dafür, sich um Toleranz zu bemühen?*
- *Was – konkret – hätte bei den im Text angesprochenen Fällen von Intoleranz unternommen werden müssen, um eine tolerantere Haltung vorzubereiten?*
- *Sind die aus diesem Lehrbuchkapitel gewonnenen Kenntnisse auch ein Beitrag zur Toleranzerziehung? Warum?*
- *Machen Sie sich abschließend noch einmal klar, was Ihnen am hinduistischen Denken eher fremd bleibt, und was Sie daran interessant oder gar beeindruckend finden.*

Grundzüge östlicher Welterhaltung und Ethik

Buddhismus

Die Sinnsuche führt ins Nirwana

Im Westen liegt der Buddhismus voll im Trend

Von unserem Redaktionsmitglied Rainer Lang

„Das Interesse ist sprunghaft gestiegen", weiß Gudrun Heidecke (33) vom Buddha-Haus in Uttenried (Allgäu). Der Buddhismus liegt gegenwärtig offenbar in Deutschland voll im Trend. Zumindest seit Filmbranche und Medien die östliche Religion entdeckt haben. Mit dem Hollywood-Streifen „Little Buddha", der am Donnerstag in den bundesdeutschen Kinos anläuft, hat der Boom einen ersten Höhepunkt erreicht. Starregisseur Bernardo Bertolucci läßt in märchenhaften Bildern Buddha – der die Religion mit weltweit rund 300 Millionen Anhängern vor 2500 Jahren in Indien begründete – wiederauferstehen.

Die Anziehungskraft dieses Glaubens verspüren auch immer mehr Weltstars wie der Schauspieler Richard Gere, die Rockgrößen Tina Turner und David Bowie oder der italienische Fußballer Roberto Baggio. Schwappt nach New Age und Esoterik nun eine neue Heilswelle über die westliche Welt?

Für Deutschlands bekanntesten Trendforscher Matthias Horx hat das „Buddha-Phänomen" mit der Krise westlicher Lebensformen zu tun, wachsender Orientierungslosigkeit und Wertezerfall, worin sich das Ende der Hochphase des Individualismus abzeichne. (...)

„Die Meditation ist kein Trick, mit dem sich das ganze Leben plötzlich rosa färbt", so Geist. In der geistigen Schule des Buddhismus müsse der einzelne nämlich „vollkommen die Verantwortung für sich selbst übernehmen". Als wichtigstes Werkzeug dafür gilt die „Achtsamkeit". Auch das ich ist für den Buddhismus nur eine Illusion. Erst im Erlöschen dieses Ich im Nirwana, dem positiven Nichts, sieht er das Heil. (...)

In der Geschichte hat sich der Buddhismus auch nicht durch Gewalt diskreditiert: Von ihm ist noch nie ein Krieg ausgegangen und er missioniert nicht. Wer sich für bestimmte Formen dieser östlichen Lebensweisheit interessiert braucht seinen eigenen Glauben nicht aufzugeben. So hat die buddhistische Meditation gerade im Katholizismus zum Beispiel bei den Benediktinermönchen zahlreiche Anhänger.

(Schwäbisches Tagblatt)

Die Verbreitung des Buddhismus

	absolute Zahlen	prozentualer Anteil
Afrika	50 000	0,01
Asien	400 000 000	13,0
Europa	1 000 000	0,2
GUS (ehem. Sowjetunion)	500 000	0,2
Lateinamerika	80 000	0,02
Nordamerika	1 300 000	0,5

– *Vergleichen Sie die Verbreitung des Buddhismus mit der Verbreitung der anderen vier Weltreligionen (vgl. Seite 123).*

Die buddhistische Gemeinschaft

„Mäßigung ist der goldene Mittelweg durch das Leben"

– *Eine Art „brainstorming": Äußern Sie sich zu Bildtitel und Bild.*

Nicht alle Regeln gehen auf den historischen Buddha zurück …

Nicht alle Regeln für das Zusammenleben der Mönche gehen auf den Buddha zurück, die Grundzüge wurden jedoch von ihm selbst festgelegt. Mir fünfzehn Jahren konnte ein Jugendlicher Novize werden und in die sogenannte „Hauslosigkeit“ gehen. Dazu genügte die Zufluchtsformel, daß er seine Zuflucht beim Erleuchteten, bei der Heilslehre und bei der Ordensgemeinschaft nahm. Außerdem mußte er das gelbe Gewand anlegen und sich Haar und Bart scheren lassen. Im Alter von zwanzig Jahren konnte er vollgültig ordiniert werden, indem er vor der versammelten Mönchsgemeinde vom Vorsteher zu verschiedenen Punkten befragt wurde.

Der angehende Mönch durfte keine Krankheiten haben …

Der angehende Mönch durfte keine Krankheiten haben, kein Soldat oder Leibeigener sein, und seine Eltern mußten ihre Einwilligung erteilt haben. Soldaten oder Sklaven aufzunehmen hätte einen Konflikt mit der weltlichen Macht bedeutet, mit der die Buddhisten im Einvernehmen leben wollten, was ihnen zumeist auch gelang. Dreimal wurde die Befragung wiederholt, wenn die Antworten befriedigend ausfielen, wurden die Mönche aufgefordert, etwaige Einwände gegen den Neuling vorzubringen. Falls alle schwiegen, galt dies als Zustimmung, und der Novize erhielt die Mönchsweihe.

Im Krankheitsfall nur Urin von Kühen als Arznei …

Für den Fall, daß er krank würde, hatte er sich mit dem Urin von Kühen als Arznei zu begnügen, aber auch Butter, Öl oder Honig waren gestattet. Persönliches Eigentum, das über die Habseligkeiten, die ein Mönch stets bei sich führt, hinausging, war verboten. In seinem Besitz befanden sich acht Dinge: drei Kleidungsstücke, eine Bettelschale für die Almosen, ein Messer für die Rasur, eine Nadel zum Flicken der Robe, ein Gürtel und ein feines Leintuch, um das Trinkwasser zu filtern.

Die meisten Mönche lebten für sich allein …

Zehn Jahre verblieb ein Mönch unter der Obhut eines Lehrmeisters, bevor er selbst Schüler unterweisen konnte. Gemäß der Lehre des Buddha war jeder Mönch selbst verantwortlich für sein Leben und für die Fortschritte, die er auf dem Weg zur Erleuchtung machte. Mit den anderen Mönchen stand er in keinem besonders engen Kontakt, und er war ihnen lediglich durch die Beachtung der für alle geltenden Regeln verbunden. Die meisten Mönche lebten für sich allein, zogen durch die Dörfer, unterrichteten diejenigen, die ihnen zuhören wollten, und meditierten an einsamen Orten. Wenn jemand den Wunsch verspürte, wieder ein anderes Leben zu führen, konnte er aus der Gemeinschaft austreten, ohne Sanktionen befürchten zu müssen. Nach dem Austritt war es ihm sogar möglich, als Laie weiterhin Buddhist zu bleiben.

Die Mönchsregeln …

Zweimal im Monat, bei Vollmond und Neumond, trafen sich die Mönche einer Region zu Beichtversammlungen. Alle mußten erscheinen, nur bei Kranken wurde eine Ausnahme gemacht. Der Gemeindeälteste trug die Beichtformel vor, in der die Anwesenden aufgefordert wurden, Verfehlungen zu bekennen. Die vier schwerwiegendsten waren Verstöße gegen die Mönchsregeln: Geschlechtsverkehr, Diebstahl, Schädigung von Lebewesen und die falsche Behauptung, geistige Vollkommenheit zu besitzen. Dreimal richtete der Älteste die Frage an die Versammlung, ob sich jemand einer dieser Verfehlungen schuldig gemacht habe. Schweigen bedeutete, sich keines Vergehens bewußt zu sein. Wer die Frage bejahen mußte oder von anderen überführt worden war, wurde aus der Gemeinschaft ausgeschlossen.

Über 200 Einzelvorschriften ...

Eine zeitweilige Strafe zogen geringere Verstöße nach sich. Dazu gehörten körperlicher Kontakt zu Frauen und unziemlicher Umgang mit Mönchsbrüdern, etwa Belästigungen bei der Meditation oder jähzornige Worte. Insgesamt umfaßte die Liste der Verbote über 200 Einzelvorschriften, die das gesamte tägliche Leben regelten. Da es genügte, die Übertretung eines Verbots einem anderen Mönch unter vier Augen zu beichten, konnten die Fragen des Versammlungsleiters meist mit Schweigen beantwortet werden. Schwerwiegende Fehltritte waren dadurch allerdings nicht zu verheimlichen, denn alle Mönche waren aufgefordert, auch das zu berichten, was sie über andere wußten, um die einwandfreie Aufrechterhaltung der Ordensdisziplin zu gewährleisten.

Anzahl und Form der Meditation variieren...

Ein längeres Beisammensein vieler Mönche gab es anfangs nur während des Monsuns, wenn regensichere Unterkünfte aufgesucht wurden. Später entstanden daraus feste Klöster, in denen die Mönche auf Dauer zusammenlebten. Der Tagesablauf dort ist streng geregelt. Die Mönche stehen früh auf, spätestens mit Beginn der Morgendämmerung, aber oft auch früher, und kommen zu gemeinsamen Andachten und Meditationen zusammen. Anzahl und Form der Meditationen variieren je nach Lehrrichtung. So sitzen japanische Zenmönche schweigend in stundenlanger Versenkung, während tibetische Lamas rezitieren und Bilder und Statuen als Vorstellungshilfen verwenden. Am Vormittag verlassen die Mönche das Kloster und sammeln Almosen.

Speisen sollen keinen besonderen Genuß bereiten ...

Die Hauptmahlzeit wird am Mittag eingenommen; sie besteht aus den Nahrungsmitteln, die die Laien gespendet haben. Vor allem in abgelegenen Gebieten betreiben manche Klöster auch Landwirtschaft und verfügen über eine eigene Küche. Nach dem Mittagsmahl nehmen Mönche erst am nächsten Morgen wieder etwas zu sich. Essen und Trinken sind notwendig, uns den Körper am Leben zu erhalten, besonderen Genuß sollen Speisen nicht bereiten. Meditationen, Textstudien und Arbeiten im Kloster wechseln einander ab, bis der Tag gegen 22.00 Uhr endet.

– *Nehmen Sie eine Bewertung der einzelnen Vorschriften vor.*

Buddhistische Riten

Wie in jeder anderen Religion bildeten sich auch im Buddhismus Riten heraus, die man in ihrer Gesamtheit als Kultus bezeichnet.

Regenzeit

Die wichtigste Zeit im buddhistischen Jahr ist die Regenzeit als Zeit der Besinnung und Meditation. In dieser Zeit wandert man nicht umher, damit das aufkeimende Leben in der Natur nicht zerstört wird. Im Süden und Südosten Asiens zieht man sich im Som-

Mönch in Meditation

mer drei bis vier Monate zurück. Diese Periode bildet hier die zweite der drei Jahreszeiten im buddhistischen Jahr. In anderen Ländern (vor allem in Ostasien) wird das Jahr in vier Jahreszeiten von je drei Monaten eingeteilt, weil man sich zweimal im Jahr für drei Monate zurückzieht.

Feiertage

Alle weiteren großen Feiertage fallen auf einen Vollmondtag: der Tag der Verkündigung der Mönchsregeln durch den Buddha im Februar; die Geburt des Buddha im Mai (das wichtigste Fest, weil zugleich der Erleuchtung und des Todestages des Stifters gedacht wird); die erste Predigt des Buddha im Juli und die Aussendung der ersten Missionare im Oktober. Diese Feiertage sind Volksfeste, an denen in den überwiegend buddhistischen Ländern auch die Staatsregierungen teilnehmen.

Altar

Buddhistische Familien haben einen Altar in ihrem Haus, auf dem sich ein Buddhabildnis oder eine Statue befindet. Auf dem Altar stehen außerdem Butterlämpchen, Behälter für Räucherwerk und Schalen mit Wasser, Reis und Früchten. Bei den täglichen Andachten vor dem Hausschrein werden Texte aus den heiligen Schriften rezitiert. In den Klöstern finden diese Andachten zweimal pro Tag statt, am Morgen und am Abend. Zu besonderen Anlässen, wie den Beichtversammlungen, die wie in den früheren Zeiten am Vollmond- und am Neumondtag abgehalten werden, kommen die Laien mit Spenden ins Kloster und lassen sich von den Mönchen über religiöse Dinge belehren.

Pilgerfahrten

Das Ziel von Pilgerfahrten sind besonders die Wirkungsstätten des Buddha. An erster Stelle steht Bodh-Gaya, der Ort des endgültigen Erwachens. Hier wurde ein 55 Meter hoher Tempel errichtet, aber nicht er, sondern der Feigenbaum, unter dem der Buddha meditierte, bildet den Mittelpunkt des Interesses der Gläubigen. Der Baum ist mit bunten Fahnen und Wimpeln geschmückt und wird von Mönchen gepflegt. Am Gedenktag zur Erleuchtung des Buddha finden sich Tausende von Pilgern zu feierlichen Prozessionen ein.

Stupa

Eine Woche nach dem Tod des Buddha in Kushinara wurde der Leichnam eingeäschert. Die Knochen- und Aschenüberreste wurden als Reliquien an verschiedene Orte gebracht. Zur Aufbewahrung errichtete man kuppelförmige Bauwerke (Stupa), in die eine Urne mit Teilen der Asche oder der Knochen eingemauert wurde. Im vierten Jahrhundert n. Chr. gelangte ein Zahn des Buddha nach Sri Lanka, wo er bis heute als Nationalheiligtum verehrt wird. Außer den großen Stupas gibt es auch noch unzählige kleinere.

Die Tempeltänze

Wie der Himmel der Christen von Engeln, so ist der Himmel der Buddhisten von Apsaras bevölkert. Im Gegensatz zu den Engeln können die Apsaras jedoch nicht nur singen und musizieren, sondern auch tanzen, was sie seit alten Zeiten zu einem der beliebtesten Sujets der südostasiatischen Malerei und Bildhauerei macht. Zweitausend Apsaras tanzen allein auf den Wänden des großen Tempels von Angkor, Heerscharen ihrer Schwestern zieren ungezählte andere Heiligtümer in Kambodscha, Thailand, Burma, Laos, Vietnam, Malaysia, Java, Sumatra und Bali. Sie alle wirken verführerisch, wie es sich für Wesen geziemt, die den Göttern und den glücklich Auserwählten die ewigen Freuden des Paradieses spenden dürfen.

Ikebana: viel mehr als nur Blumeneinstellen

Ikebana, die Kunst des Blumeneinstellens, hat wie fast alle asiatische Kunst einen kultischen Ursprung. Um Buddha zu ehren, stellten die Mönche besonders schöne Sträuße vor die Altäre, und daraus entwickelte sich später das Ikebana, das bereits im 7. Jahrhundert eine gewisse Bedeutung gehabt haben soll. Allgemeine Verbreitung fand die Kunst des Blumeneinstellens jedoch erst gegen Ende des 15. Jahrhunderts. Damals zog sich der Shogun Yoshimasa Ashikaga ins Privatleben zurück, um sich fortan nur noch der Beschaulichkeit, dem Furyu, zu widmen. Zu diesem Zweck ließ er außerhalb von Kioto inmitten eines herrlichen Gartens eine Villa und ein Teehaus bauen, sowie einen dreistöckigen, versilberten Pavillon, der später unter dem Namen Ginkaku oder Silberpavillon bekannt wurde. Er gilt als Ursprungsort des Ikebana, denn in seiner Andachtshalle offerierte der Fürst, der selber die Priesterweihen empfangen hatte, Buddha viele kunstvolle Blumenarrangements.

- *Vergleichen Sie die buddhistischen Riten mit dem christlichen Kult.*
- *Welche Funktionen haben solche Riten im Leben einen Menschen?*
- *Nehmen Sie dazu kritisch Stellung.*

Das Leben Buddhas (Siddharta Gautama)

Über den historischen Buddha weiß man ungefähr zehnmal mehr als über den historischen Jesus. Es gibt in den Schriften zwar keine explizite Biographie, aber zahlreiche Angaben über den Lebensweg des Siddharta Gautama (Sanskrit) oder Siddhatta Gotama (Pali), wie der Geburtsname des späteren Buddha lautete. Lange Zeit galt unter einem Großteil der Forscher die Annahme, daß Buddha in etwa 563 bis 483 v. Chr. gelebt hat. In den letzten Jahren wurde dies stark in Zweifel gezogen, es gibt Datierungen, die seinen Tod 90 bis 130 Jahre später ansetzen. Ein wissenschaftlicher Konsens existiert nicht. Für den Buddhismus als System spielt das keine allzu große Rolle, ist der historische Buddha als Person hier doch unwichtig. Nach buddhistischer Anschauung verdient allein seine zeitlose Lehre Beachtung. Der historische Buddha wird in der indischen Geschichtstheorie nicht als einmaliges historisches Geschehen begriffen, sondern im Sinne der ewigen zyklischen Wiederholung als einer von vielen Welterleuchtern angesehen. Die Schule des Mahayana-Buddhismus, eine der populärsten buddhistischen Schulen, nimmt sogar an, daß es unendlich viele Buddhas gibt. Die Lebensgeschichte des historischen Buddha ist von Legenden umrankt. Diese Legenden selbst sind Ausdruck buddhistischen Denkens.

Das Leben Buddhas

- *Erarbeiten Sie mit Hilfe des folgenden Textes und anhand des Schaubildes folgende wesentlichen Lebensabschnitte Siddharta Gautamas: Empfängnis, Geburt, Flucht in die Hauslosigkeit, Weltentsagung, Versuchung, das vollständige Erlöschen.*
- *Besprechen Sie die zentrale Legenden in der Biographie Buddhas und erläutern Sie die Bedeutung dieser Legendenbildung.*
- *Ziehen Sie Vergleiche mit anderen religiösen Führern (z.B. Jesus). Erarbeiten Sie Gemeinsamkeiten und Unterschiede.*

Historisches und Legendenbildung

In der folgenden Kurzbiographie sind die Legenden um das Leben Buddhas kursiv gedruckt.

Im Götterhimmel empfängt der zukünftige Buddha die Weisung der Götter, zur Erlösung der Menschheit auf die Erde herabzusteigen. In Gestalt eines Elefanten tritt er in den Leib seiner künftigen Mutter ein. Dort ruht der zukünftige Buddha in Meditationsstellung. „Während die Natur im herrlichsten Frühlingsschmuck prangt, gebiert Maya, stehend und nach dem Zweig eines Feigenbaumes greifend, ihren Sohn …, der zur rechten Seite, unbefleckt von aller Unreinheit, heraustritt, sich sogleich auf die Erde stellt und sieben Schritte tut, wobei er ausruft: „Ich bin der Erste in der Welt, ich bin der Größte in der Welt, dies ist meine letzte Geburt, beenden werde ich das Leiden von Geburt, Alter und Tod.“

Siddharta Gautama wuchs als Sohn des adligen Gouverneurs Suddhodana Gautama in Kapilavatthu, der Hauptstadt des Sakiya-Stammes, im südlichen Himalaya-Vorland auf. Mit 16 Jahren wurde er mit einer gleichaltrigen Kusine verheiratet, und mit 29 wurde ihnen der Sohn Rahula geboren. Im gleichen Jahr verließ Siddharta seine Familie. Das 6. Jahrhundert v. Chr. war in Indien eine Blütezeit philosophischen und religiösen Aufbruchs. Es darf angenommen werden, daß Gautama in seiner Jugend mit zahlreichen geistigen Strömungen in Berührung kam. Elemente aus verschiedenen religiösen Denkrichtungen sind in seinem späteren System zu erkennen.

„Eines Tages wird sein Vater durch einen Traum erschreckt. Er sieht seinen Sohn im gelben Asketengewande den Palast verlassen. Er bietet ihm alle Lebensfreude und läßt ihm drei Paläste für die einzelnen Jahreszeiten bauen. Zugleich befiehlt er eine strenge Abschließung. Bei der Ausfahrt ins Land ordnet er die Entfernung alles Unerfreulichen von den Straßen an. Gleichwohl begegnet der Prinz einem an einem Stab dahinwankenden, mit allen Altersgebresten behafteten Greis, dessen Gestalt ein Gott angenommen hatte. Auf die Frage, ob das Alter ein Weltgesetz (dharma) sei, antwortet ihm sein Wagenlenker bejahend, und erschüttert befiehlt der Prinz die Umkehr. Bei der nächsten Ausfahrt trifft er einen ächzenden, in seinem Unrat sich wälzenden Schwerkranken, bei der dritten Ausfahrt einen auf der Bahre liegenden Toten, der umgeben ist von seinen wehklagenden Angehörigen. Und jedesmal erfährt er, daß er selbst wie jeder Mensch diesem Schicksal unterworfen ist. Bei der vierten Ausfahrt bietet sich ihm ein erhebender Anblick: ein Bettelmönch, ohne Leidenschaft und Haß, nach der Ruhe der Seele verlangend und dem geistlichen Leben nachstrebend. Und er preist die Entsagung dieses Asketen, die nicht nur zum eigenen Heil, sondern auch zum Heil anderer Wesen führt. So faßt er selbst den Entschluß, ein solcher Bettelmönch zu werden.“

Nach seinem Weggang läßt sich Gautama zwei Jahre in Yoga unterrichten, ist aber von der Wirkung enttäuscht. Er widmet sich nun einer totalen Askese. Sechs Jahre lang legt er sich die strengsten Kasteiungen auf und fastet radikal. Dafür erhielt er den Titel Sakyamuni („Asket unter den Sakya"). Dem Tode nahe erkennt er, daß die Askese als Mittel der Befreiung untauglich ist. Als letzten Weg zur Heilserlangung wählt Gautama den Weg der Meditation. Er setzte sich in einem Wald unter einen Pappelfeigenbaum und begann zu meditieren, eine Fähigkeit, die er sich schon vor seiner Asketenzeit erworben hatte.

An diesem Ort mußte er aber den Ansturm Maras, des „Todes", bestehen. Dieser große Gott wußte, daß die bevorstehende Entdeckung des Heils, indem sie den ewigen Kreislauf der Geburten, Tode und Wiedergeburten anhielt, seinem Reich ein Ende setzen würde. Dämonen und Ungeheuer konnten Gautama ebensowenig anhaben, wie die erotischen Verführungskünste der Frauen, die Mara dem künftigen Buddha schickte. „Mara erhob daraufhin Anspruch auf den Platz unter dem Baum, unter Hinweis auf die Verdienste, die er sich einst infolge eines freiwilligen Opfers erworben hatte. Sakyamuni hatte ebenfalls im Laufe seiner früheren Existenzen Verdienste angehäuft, da er aber keinen Zeugen hatte, rief er die ‚unparteiische Mutter aller Lebewesen' an und berührte mit einer in der buddhistischen Ikonographie klassisch gewordenen Geste die Erde mit seiner rechten Hand. Die Erde kam mit ihrem Körper halb aus dem Boden hervor und bürgte für die Aussagen Sakyamunis."

Gautama konzentriert seine spirituellen Kräfte nun auf die Erlösung vom Leiden. Er durchläuft vier Stadien der Meditation, erkennt den Kreislauf der Geburten, Tode und Wiedergeburten, die vom Karma bestimmt werden, und erkennt seine unzähligen früheren Existenzen und diejenigen der anderen in ihrer Gesamtheit. Er erfaßt das Ge-

Bildliche Darstellungen des Buddha gibt es in Indien erst viereinhalb Jahrhunderte nach dessen Tod. Sie zeigen nicht den historischen Gautama, sondern den bereits ins Legendäre erhobenen Übermenschen.

setz der zwölf „Entstehungen in gegenseitiger Abhängigkeit", das den Kreislauf der Geburten und Wiedergeburten möglich macht, und er entdeckt gleichzeitig die notwendigen Bedingungen, um diese „Entstehungen" anzuhalten. Als es Tag wurde, besaß Gautama diese „vier edlen Wahrheiten" und war zum Buddha, zum „Erweckten", geworden. Buddha denkt zunächst keineswegs daran, die von ihm erkannte Heilswahrheit zu verbreiten, erst der Weltschöpfer Brahma Sahampati überzeugt ihn. Er geht nach Benares, wo er seine fünf ehemaligen Jünger bekehrt, die sich enttäuscht von ihm abgewendet hatten, als er das Fasten abbrach. Seine erste Predigt umfaßt die Charakterisierung des „mittleren Wegs" zwischen weltlicher Lust und Selbstquälerei als den richtigen. Zudem erläutert er die „vier Wahrheiten" als die Hauptpfeiler seines Systems (vgl. S. 230).

In Hunderten von Lehrreden, die Gautama in den 45 folgenden Jahren seiner Lehrtätigkeit gehalten hat, versucht er zu verdeutlichen, wie die acht Regeln dieses Weges zu verstehen sind. Der Buddha missioniert ausschließlich in Nordindien, sein Wandergebiet erstreckt sich über ein Areal von etwa 600 mal 300 Kilometer Ausdehnung. Es wird ein Mönchsorden gegründet, der unaufhaltsam wächst. Bereits zu Lebzeiten Buddhas sind auch seine Mönche als Missionare erfolgreich. Achtzigjährig stirbt Buddha in Kusinara in der Nähe der Grenze zu Nepal an einer Lebensmittelvergiftung.

Die Lehre des Buddha

In diesem Teil wollen wir die sogenannte „Lehre" des Buddha kennenlernen. Das *„Leben als Leiden"* ist die alles bestimmende Lebenseinstellung der Buddhisten, die anhand von zwei Parabeln näher betrachtet wird. Das *„Rad des Lebens"* vermittelt einen anschaulichen Einblick in buddhistische Denkstrukturen. Mit Hilfe dieser Darstellung werden wir uns wichtige Lebensvorstellungen des Buddhismus erarbeiten. Die *„Wiedergeburt als Karmapa"* führt uns zum zentralen Begriff des *„Karma",* der erläutert werden muß und dem eine Geschichte zum Weiterlesen angefügt wird. Der philosophische Text des Dalai Lama thematisiert die *„Wiedergeburt"*. Am Ende dieses Abschnitts sollen wir das Erlösungsziel *„Nirvana"* verstehen.

Leben als Leiden

Das Gleichnis vom Pfeilverwundeten

Eines Tages kam ein Mann zum Buddha. Gern würde er dessen Lehre annehmen und auch befolgen; doch zuvor müsse der Erhabene ihm einige wichtige metaphysische Fragen beantworten, wie etwa die, ob die Welt ewig oder nicht ewig sei, usw.

Es verhält sich damit so, wie wenn ein Mann von einem weit mit Gift bestrichenen Pfeil getroffen wäre, und seine Freunde und Genossen, Angehörigen und Blutsverwandten schafften einen heilkundigen Wunderarzt herbei, jener aber spräche: „Nicht eher werde ich diesen Pfeil herausziehen, bis ich jenen Mann kenne, der mich getroffen hat, ob er ein Brahmane oder ein Adliger oder ein Mann der dritten Kaste oder ein Angehöriger der vierten Kaste ist" – und er spräche: „Nicht eher werde ich diesen Pfeil herausziehen, bis ich jenen Mann kenne, der mich getroffen hat, wie er heißt, welcher Familie er angehört" – und er sprache: „Nicht eher werde ich diesen Pfeil herausziehen, bis ich jenen Mann kenne, der mich getroffen hat, ob er groß oder klein oder von mittlerer Gestalt ist" – und er spräche: „Nicht eher werde ich diesen Pfeil herausziehen , bis ich jenen

Mann kenne, der mich getroffen hat, ob seine Hautfarbe schwarz, braun oder gelb ist" – und er spräche: „Nicht eher werde ich diesen Pfeil herausziehen, bis ich jenen Mann kenne, der mich getroffen hat, in welchem Dorfe oder in welchem Flecken oder in welcher Stadt er zu Hause ist" – Und er spräche: „Nicht eher werde ich diesen Pfeil herausziehen, bis ich den Bogen kenne, durch den ich getroffen" – und er spräche: „Nicht eher werde ich diesen Pfeil herausziehen, bis ich die Sehne kenne, durch die ich getroffen bin, ob sie von Schwalbenwurz oder von Bambus, oder von einer Sehne, oder von Hanf, oder von Bast ist" – und er spräche: „Nicht eher werde ich diesen Pfeil herausziehen, bis ich den Schaft kenne, durch den ich getroffen bin, ob er von rauhem Holz oder geglättet ist" – und er spräche: „Nicht eher werde ich diesen Pfeil herausziehen, bis ich den Schaft kenne, durch den ich getroffen bin, mit was für Federn er gefiedert ist, ob mit Geierfedern oder mit Reiherfedern oder mit Falkenfedern oder mit Pfauenfedern oder mit den Federn eines Sithilahanu" – und er spräche: „Nicht eher werde ich diesen Pfeil herausziehen, bis ich den Schaft kenne, durch den ich getroffen bin, mit was für Sehnen er umwunden ist, ob mit Rindssehnen oder mit Büffelsehnen oder mit den Sehnen eines Ruru oder mit Affensehnen" – und er spräche: „Nicht eher werde ich diesen Pfeil herausziehen, bis ich den Pfeil kenne, von dem ich getroffen bin, ob es ein gewöhnlicher Pfeil ist oder ein Pfeil mit gebogener Spitze oder ein Pfeil mit Widerhaken oder ein eiserner Pfeil oder ein Pfeil aus Kalbszahn oder ein blattförmiger Pfeil": Bevor dieser Mann das alles in Erfahrung gebracht hätte, würde er das Zeitliche erfüllen.

Indische Parabel

- *Welches Rollenverhältnis des Buddha spiegelt sich in dieser Parabel wider?*
- *Was befürchtet der Buddha?*
- *Auf die meisten metaphysischen Fragen seiner Zeit verweigerte der Buddha eine definitive Antwort. Versuchen Sie, eine erste Antwort zu finden.*

Der Mann im Brunnen

Auf einer endlos langen Wanderung durch Wüsten und Einöden kam ein Mann in einen dichten, dunklen Wald. Da er matt und erschöpft war vom Sonnenbrand, freute er sich des kühlen Schattens. Aber das währte nicht lange, denn er sah, daß dieser Wald voller Dornen und Gestrüpp war, so daß er nur schwer vorwärtskam. Während er sich nun mühte, drangen von allen Seiten wilde Tiere auf ihn ein. Mit geblähten Nüstern, funkelnden Augen und blutgierigen Mäulern kamen sie näher. Voller Angst und wie von Sinnen rannte der Mann hin und her, und überall erschwerten ihm immer dichtere Dornen und Lianen den Weg. Da kam er zu einem halb zugewachsenen alten Brunnen. In seiner Angst vor den Raubtieren stürzte er sich hinein und blieb dabei mit einem Fuß oben in einer Schlingpflanze hängen. So hing er nun da kopfüber wie eine Frucht des Affenbrotbaumes. Als er, halb ohnmächtig vor Schreck und Verzweiflung, seine Augen an das Dunkel des Brunnenschachtes gewöhnt hatte, sah er auf dem Grunde des Brunnens eine Schlange sich emporringeln, die lüstern ihre Zunge nach ihm reckte. Nun blickte der Mann ängstlich wieder nach oben und gewahrte den mächtigen Kopf eines Elefanten über dem Brunnenrand. In den Zweigen des Gestrüpps, das den Brunnen bedeckte, schwärmten wilde Bienen hin und her, und ab und an stach ihn eines der Tiere. Jedesmal zuckte er zusammen, aber zugleich fielen ihm von Zeit zu Zeit winzige Honigtröpfchen ins Gesicht, die er gierig ableckte und auf deren Herunterholen sich seine ganze Aufmerksamkeit konzentrierte. Plötzlich jedoch bemerkte er, wie zwei Mäuse, eine schwarze und eine weiße, die Wurzeln der Schlingpflanze benagten, an der er hing. Es konnte nur eine Frage der Zeit sein, bis die Wurzeln der Schlingpflanze so weit durchgenagt waren, daß er mit der Pflanze zusammen in die Tiefe stürzte in den Rachen der Schlange. Aber wiederum fiel ihm ein Honigtropfen ins Gesicht, und wieder vergaß er seine aussichtslose Lage. Da kam ein erbarmendes Wesen, das ihm helfen wollte, sich aus seiner gefährlichen Stellung zu befreien. Aber der Mann sagte: „Warte nur noch einen Augenblick, bis ich diesen Honig genossen habe."

Indische Parabel

Die Geschichte „Der Mann im Brunnen" ist ein Beispiel für die leidvolle Unheilssituation des Menschen und seine verhängnisvolle Neigung, sich aufgrund seiner Begierde nicht ernsthaft zu bemühen, dem Daseinskreislauf, d.h. dem Zwang immer neuer Wiedergeburten, zu entrinnen und Nirvana zu erreichen. Dem indischen Text sind folgende Erklärungen beigegeben: Die Wüste ist eine Bezeichnung des Daseinskreislaufes der Wesen durch die Welten. Der dichte Wald ist eine Bezeichnung der jeweiligen Geburt in eine Existenz. Die Raubtiere sind eine Bezeichnung aller das Leben bedrohenden Krankheiten. Der Brunnen ist eine Bezeichnung des Körpers, aus den vier Elementen gebildet. Das Schlinggewächs ist eine Bezeichnung der Lebenshoffnung. Die Schlange ist eine Bezeichnung des Vergehens. Der Elefant ist eine Bezeichnung des Todes. Die Mäuse sind eine Bezeichnung für Tag und Nacht, Sonne und Mond. Die Bienen sind eine Bezeichnung für die Trübsale, die Nadelstiche des Schicksals. Der Honig ist eine Bezeichnung der fünf Begierdenobjekte: Formen, Töne, Düfte, Säfte, Tastungen. Das erbarmende Wesen ist eine Bezeichnung des Erwachten.

- *Welche Charaktereigenschaften werden dem Menschen in der Parabel zum Verhängnis?*
- *Vergleichen Sie diese Parabel mit dem Gleichnis vom Pfeilverwundeten.*
- *Der Buddhist versteht sein Leben als Leiden. Interpretieren Sie diese Aussage.*

Das Rad des Lebens (Bhavacakra)

Erläuterungen zum Rad des Lebens

a) Die zwölf Glieder der Formel vom Entstehen in Abhängigkeit

Das Bhavacakra versucht, in seinem äußeren Ring in bildlicher Weise als Kettenglieder die zwölf Bedingungen darzustellen, die erfüllt sein müssen, damit der Lebensstrom (Samsara), in dem alle Lebewesen gefangen sind, entstehen und bestehen kann.

(1) Das erste Bild vom Blinden und vom Blindenführer symbolisiert die *Unwissenheit* über den Ursprung des Samsara und den Weg der Befreiung daraus (Die vier edlen Wahrheiten). Wo geistige Unwissenheit herrscht, kann das Gesetz des Karman (Vergeltungskausalität) durch eine immerwährende Abfolge von Existenzen irreführen: es wird die ständige Wiederkehr von Geburt (vgl. Kettenglied 11) und Tod (vgl. Kettenglied 12) ermöglicht, die unser individuelles Sein ausmacht.

(2) Voller Unwissenheit beginnen wir zu handeln, uns eine Form (Identität) zu schaffen, so wie der Töpfer den Krug formt. Des Menschen eigenes Tun und Handeln, seine karmagestaltenden *Triebkräfte*, sind der Ton, aus dem er sich selbst zu einer illusorischen Identität formt.

(3) Wir merken: wir können formen, können etwas wollen. *Bewußtsein* entsteht. Wir haben es selbst geschaffen, es gibt es nicht als solches, es entsteht nur immer dort, wo man sich selbst als das Andere wahrnimmt. Wie ein Affe von Ast zu Ast, von Frucht zu Frucht springt, so findet der Mensch sein Selbst-Bewußtsein, wenn er von unwissendem Handeln zu unwissendem Handeln springt und sich so vormacht, er sei ein Selbst.

(4) Und so wird der Mensch – eine Fleischwerdung des Bewußtseins eines illusorischen Ichs, entstanden aus unwissendem Tun und Handeln! Ruderer und Boot bringen im Bild zwei Menschen über den Fluß. Weder der Ruderer allein noch das Boot ohne Ruderer können solches leisten. Sie bedürfen einander und sind so Sinnbild dafür, wie das Bewußtsein einer Verkörperung bedarf, einer *geistig- leiblichen Individualität*. Der Mensch ist geworden, kann sein Etwas-Anderes-Sein wahrnehmen.

(5) Seine sechs (!) Sinne befähigen ihn dazu: Hören, Sehen, Tasten, Riechen, Schmecken und Denken. Das *leere Haus der Sinne* stellt diese *Sinnesfähigkeit* bildlich dar.

(6) Der Mensch wendet seine Sinnesfähigkeit an, er sieht, er hört, er tastet, usw. So *„begreift" er seine Umwelt*, dargestellt im Bild als Zusammentreffen der Liebenden.

(7) Was der Mensch so mit seinen Sinnen erfaßt, ruft in ihm eine sinnliche Wahrnehmung hervor, eine *Empfindung*. Ein „Eindruck" entsteht, dargestellt im Bild als Getroffenwerden vom Pfeil, der in einen eindringt.

(8) Das Empfundene ruft im Menschen ein Begehren hervor nach mehr, nach erneuten Reizen der Sinne. Das erfrischende Getränk der Sinnesreize wird, im Bild, dem Manne durch die Frau gereicht. Der Mensch wird getrieben von *Lebensdurst.*

(9) Was er begehrt, will er festhalten, so wie er die Früchte des Baumes in Körben sammelt. *Der Mensch ist dem Dasein verhaftet.*

(10) Die intensivste Form des Begehrens und Verhaftetseins ist die sexuelle Vereinigung von Mann und Frau. Und sie ist zugleich die unmittelbare Ursache allen Geboren-Werdens. *Gezeugt-Werden* geht der Geburt voraus, und diese dem Tod, und dieser der Geburt ... – der nimmer endende Kreislauf des Samsara beginnt:

(11) Mit der *Geburt* beginnt ein neuer Existenzabschnitt in einer der sechs Weltensphären, die im inneren Kreis des *Bhavacakra* bildlich dargestellt sind.

(12) *Alter und Tod*: Ein Verstorbener wird zum Platz der Toten getragen (d.h. tibetischer Tradition entsprechend den Totenvögeln überlassen; oft auch als Leichenverbrennung dargestellt): Alles Leben ist Sterben, führt zum Tod, zu neuem Leben, ...

b) Lebensrad: Tragende Illusion und Befreiung

(13) Das Abbild des Gottes, der das Rad des Lebens hält, läßt sich doppelt interpretieren: *Mahakàla* (*kàla*, Sanskrit „Zeit"), *der Gott der Zeit*, der das Leben beherrscht, hält das Rad der Zeit in seiner Hand, aus dem uns Buddha den Weg der Befreiung weist. Eine andere Auslegung ist die, daß Gott Yama, Herr und Richter der Toten, uns hier das Rad des Lebens wie einen Spiegel vorhält, einen Spiegel der gesamten Wirklichkeit, in der wir leben, bis wir dem Gesetz von Ursache und Wirkung *Karman* entrinnen, dessen Kausalität im äußeren Kreis dargestellt ist. *Yamas* Spiegel des Lebens umfaßt alle Bereiche der Welt (dargestellt in sechs Segmenten des mittleren Kreises, in denen Verkörperung stattfindet.

(14) Das Rad des Lebens dreht sich um die eine große Illusion, daß dem Menschen (auch dem Gott oder jeder anderen Verkörperung in einer der sechs dargestellten Lebenswelten) ein Ich, eine Identität, eine individuelle Seele eigen sei. Die *Achse des illusorischen Ichs* zeigt im Bild drei Tiere: Schwein, Hahn und Schlange. Denn dreierlei ist die Wurzel der Ich-Illusion *Unwissenheit/Selbsttäuschung* (Schwein), *Lebensgier* (Hahn) und *Haß/Neid* (Schlange).

(15) Um die Achse schließt sich ein Ring, bestehend aus einer dunklen und einer hellen Hälfte: a) Menschen werden ins Dunkel der Tiefe niederer Existenzweisen (Geister-, Höllen- und Tierwesen) gerissen; sie folgte nicht dem Weg des Dharma und entfernten sich so immer mehr von der Selbstbefreiung aus dem Kreislauf von Geburt und Wiederverkörperung; b) Menschen steigen auf in höhere Existenzweisen (Mensch, Götter): Laien und Mönche, die den Weg des Dharma beschreiten. Ein tibetischer *Lama* (Sanskrit *Guru*, Lehrer, Meister) weist hin auf:

(16) das Ziel der Selbstbefreiung aus der Existenz: *das Erlöschen des individuellen Bewußtseins, das Nirvana, die Verwirklichung der Buddhanatur.*

c) Die sechs möglichen Existenzbereiche

(17) Die *himmlische Region der Götter* ist die höchste aller Weltensphären. Den in ihr Wiedergeborenen erwartet als Lohn ihres guten Lebens als Menschen ein Leben des göttlichen Luxus der Lust und sorglosen Lebensfreude. Allerdings bleibt dabei keine Zeit für religiöse Übungen, die *Nirvana* näherbringen; wenn so schließlich angesammeltes gutes Karma aufgebraucht ist, kommt es zu neuer Geburt in einer niedereren Lebenswelt. Der *Erobererpalast* des Gottes *Indra*, oberster Herr des vedischen (!) Götterhimmels, steht auf dem Gipfel des mythischen Berges *Meru*, im Zentrum einer Paradieswelt, deren Früchte freilich durch die *eifersüchtigen Götter* ständig streitig gemacht werden und so immer neu verteidigt werden müssen. In diesem göttlichen Paradies wiedergeboren zu werden (wo schon die Befreiung aus dem *Samsara* nicht unmittelbar erreicht werden kann), ist großer Wunsch der Gläubigen. Freilich: auch ein Leben in dieser Götterwelt ist nur vorübergehend und dem *Nirvana* nicht näher als in den übrigen Weltensphären. Der *Bodhisattva Avalokiteśvara* („der Herr, der gnädig herabblickt") weist in jeder Weltensphäre mit dem diesem entsprechenden Mittel den Weg zur Befreiung. Im Himmel der Götter wird er dargestellt mit einem Musikinstrument, Symbol seines der Welt der himmlischen Götter angepaßten Bemühens, den Weg zur Befreiung zu zeigen.

(18) Als Lohn für gutes Leben, das jedoch von Stolz geprägt war und sich überlegener Frömmigkeit brüstete, kommt man zu neuer Geburt in der *Welt der eifersüchtigen Götter*. Sie, die aus dem Himmel der Götter einst wegen ihres Stolzes Ausgestoßenen, leben in einer „Welt des Lichts", zwischen Himmel und Erde am Fuße des Berges *Meru* in befestigten Palästen. Ihr König ist *Rahu*, Gott der Sonnen- und Mondfinsternisse. Sie frönen wohl einem Leben der Lust und Lebensfreude, aber dies ist überschattet von ständigen kriegerischen Auseinandersetzungen mit den Göttern des Himmels, deren paradiesischen Luxus sie neidvoll an sich reißen wollen.

Die in der Welt der eifersüchtigen Götter Lebenden verstehen nur die Sprache der Gewalt und des Krieges; so kann die *Bodhisattva Avalokiteśvara* den Weg zur Befreiung nur zeigen, wenn er ihre Sprache spricht – Symbol dafür sind Waffenkleid und Speer, die er in Händen hält.

(19) Das Rad des Lebens stellt hier die *Lebenssphäre der Menschen* dar: Bilder des alltäglichen Lebens in Tibet – die Zelte wandernder Viehzüchter, das Haus wohlhabender Bauern, Tempel und Platz der Toten mit *Stupa*. Das Leben ist Mühe und Arbeit, ist Freude und Trauer: pflügender Bauer, lastentragende Frauen, liebendes Paar, Tote, den Geiern überlassen. Zwei Tempel versinnbildlichen des Menschen Suche nach Erlösung: Frauen (Laien) beim Gebet, Mönche vor der Statue des Buddha. In die *Welt menschlichen Lebens* wurde *Gautama Siddhartha* geboren, genannt *der Buddha*, um den Menschen den Weg zur Befreiung aus dem *Samsara* zu weisen. *Avalokiteśvara* (dargestellt in der Geste des Lehrenden und mit Bettelschale, Symbol der Weltentsagung, d.h. mit den Insignien des historischen *Buddha*) wacht darüber, daß die buddhistische Religion (*Dharma*) erhalten bleibt.

(20) Die drei in (17) bis (19) genannten Existenzen gelten als gut. Von den schlechten Wiederverkörperungen ist am schlimmsten die Geburt in einer der *Höllenregionen*, in dauernder Finsternis der Unterwelt, über die Gott Yama herrscht. Am Eingang zum *Reich der Folterungen* begegnen die Toten ihrem Richter, *Yama*, der ihnen seinen Spiegel (!) des Karman (linke Hand) vorhält und ihre Taten – gutes und schlechtes Karman – wiegen läßt; danach entscheidet er über die Art ihrer Wiederverkörperung und das Maß ihrer Höllenstrafen in den acht heißen (links) und acht kalten Höllen (rechts); welche Folterungen in den Höllen zu erwarten sind, ist in der Bildmitte dargestellt. Auch in den Höllenregionen verkündet *Avalokiteśvara* den Weg der Befreiung.

(21) Habgieriges Leben bringt Wiedergeburt im *Reich der Hungergespenster*, die rastlos unter der Erde umherziehen. Ihr Hunger ist unersättlich, ihr Durst unstillbar: Nahrung wird in ihrem Mund zu Feuer, Wasser zu Eiter und Blut, ihre Hälse sind zu dünn zum Schlucken. (Allein die rituell zubereiteten Opfergaben der Menschen, dargebracht vor allem am *Fest der Hungergeister*, können sie aufnehmen.) *Avalokiteśvara* erscheint ihnen und tränkt sie mit dem Lebenselixier der Götter.

(22) Triebhaftigkeit, bewußte geistige Unwissenheit, aber auch Überheblichkeit und das Töten von Tieren führt zur Wiederverkörperung im *Reich der Tiere* (Jede Tierart ist besonderen Vergehen des menschlichen Lebens zugeordnet). Hier herrschen allein Instinkt, Trieb, Unwissenheit. Dennoch vermittelt auch hier Avalokiteśvara in der angemessenen Weise den Weg zur Befreiung aus dem *Samsara*. *(W. Sonn)*

- *Erarbeiten Sie die Grundstrukturen des Rad des Lebens.*
- *Die Begriffe „Die vier edlen Wahrheiten", „Karma" und das Erlösungsziel „Nirvana" werden in den nachfolgenden Texten aufgegriffen und erklärt. Definieren Sie diese Begriffe.*

Karma: Heilvolles und unheilvolles Tun

Begriffsklärung: Karma

Karma ist ein zentraler Begriff, der für Buddhisten eine wichtige Rolle spielt. Karma heißt wörtlich: Tun, Tat, Handlung und bezog sich im alten Indien insbesondere auf die Opferhandlungen; darüber hinaus sind die Vorschriften für das richtige Handeln gemeint: Ganz allgemein bezeichnet Karma heute jegliches Tun des Menschen überhaupt. Nach hinduistischer und buddhistischer Anschauung ist eine Tat nicht abgeschlossen, wenn das Tun zu Ende ist. Jede vollbrachte Tat ist eine neue Größe, die von sich aus, d.h. vom Täter ungewollt und unbeeinflußt, weiterwirkt. Karma ist das Tun selbst wie auch die als Folge einer Tat automatisch einsetzende Vergeltung. Während für Juden, Christen, Muslime das eine Leben des Menschen entscheidend ist, fließt für Hindus und Buddhisten das Leben durch mehrere Existenzen hindurch. Der Gedanke des Samsara (Geburtenkreislauf) drückt dieses Fließen des Lebensstromes von der Geburt bis zum Tod und zur neuen Geburt und immer so weiter aus. Die vergangenen Taten des Menschen entscheiden über dessen zukünftigen Körper, Familie, berufliche Stellung usw. Nur der Mensch hat die Möglichkeit zu handeln. Alle übrigen Wesen (z.B. Tiere) dagegen erleiden die Auswirkungen des Karmas, können sie aber nicht aktiv beeinflussen. Es ist sinnvoller, von „heilvollem“ und „nicht-heilvollem Karma“ zu sprechen, und nicht etwa von gutem bzw. schlechtem Tun. Denn die moralische Qualität des Handelns bemißt sich an der günstigen bzw. weniger günstigen Auswirkung für den Täter. Im Buddhismus bedeutet Karma nicht nur die Tat, sondern bereits den der Tat vorausgegangenen Willensentschluß, der sich in Taten, Reden und Denken äußern kann. Unheilvolles Karma ist die Auswirkung der negativen Triebkräfte, die zum „Leiden“ (Dukkha) führen: Gier, Haß und Wahn. Heilvolles Karma dagegen ist motiviert durch Selbstlosigkeit, Freundlichkeit (Metta) und Wissen. Heilvolles Karma bewirkt keineswegs das Heil, sondern führt zu einer besseren Weiterverkörperung, z.B. als „Gottheit“. Wenn anderseits das unheilvolle Karma überwiegt, so ergeben sich daraus negative Folgen für die nächste Geburt. Endgültige „Befreiung“, d.h. Aussteigen aus dem unheilvollen Kreislauf der Weiterverkörperungen, geschieht ausschließlich durch ein Tun, welches von allen Triebkräften frei, gleichsam „von der Wurzel abgeschnitten“ ist.

- *Geben Sie die zentralen Aussagen des Textes wieder.*
- *Was unterscheidet einen Atheisten und einen Buddhisten hinsichtlich des Karmas?*

„Heute Nacht wirst Du sterben“

„Vor vielen Jahren hatte Wu Jen in seinem Heimatort den Besuch der höheren Schule abgeschlossen und wanderte nach der Kreisstadt Schen, um am folgenden Tage die Abschlußprüfung abzulegen, die dort für alle höheren Schulen eines großen Bezirkes einheitlich anberaumt war. Deshalb traf er in Schen viele Schulabsolventen aus anderen Landesteilen; die sagten sich wie er: „Was wir in den Jahren bis heute nicht gelernt haben, lernen wir bis zur morgigen Prüfung auch nicht mehr; es ist besser, wir gehen mit freiem Kopf in die Prüfung“, und so schlenderten sie gemeinsam durch die Stadt, um deren Sehenswürdigkeiten zu betrachten. Sie gingen über den Markt. Dort hatte am Rande ein Wahrsager seinen Stand aufgeschlagen. Die jungen Leute drängten sich um ihn und riefen lachend: „He Alter, sag uns, wie es morgen mit der Prüfung wird.“ Der

Wahrsager sah die jungen Leute der Reihe nach an und sagte jedem, wie es ausgehen würde. Nun war Wu Jen an der Reihe. Da erbleichte der Wahrsager und schwieg. Wu Jen fragte: „Nun, wie wird es mit mir?" Da schüttelte der Alte den Kopf: „Frag mich nicht!" Die junge Meute johlte: „Wenn du dich hier als Wahrsager hinstellst und deine Dienste anbietest, dann mußt du auch wahrsagen." Und einige besonders Übermütige drohten ihm sogar. Da sprach er: „Nun gut, wenn ihr unbedingt wollt: Dieser junge Mann wird morgen nicht geprüft werden". „Wieso denn nicht? Er hat seine Schulzeit genauso abgeschlossen wie wir", protestierten die jungen Leute. Der Wahrsager sah Wu Jen traurig an und sprach: „Er wird heute nacht sterben." Wu Jen wurde totenbleich. Seine Gefährten aber schlugen ihm auf die Schulter und lachten: „Nimm das doch nicht so ernst. Er will sich nur rächen, weil wir ihm ein wenig zugesetzt haben." Wu Jen schüttelte den Kopf: „So sieht er mir nicht aus." Und er verließ die laute, fröhliche Gruppe, die ihn vergebens zu halten versuchte, und wanderte ruhelos in bangen Gedanken durch die Gassen von Schen. Vor einem ärmlichen Häuschen drängten sich Menschen um eine wimmernde Frau. „Auch jemand, der leidet", dachte er, trat näher und fragte: „Was ist mit ihr?" Da sagten ihm die Umstehenden: „Ihr Mann konnte seine Schulden nicht bezahlen. Jetzt will der Gläubiger sie und ihre Kinder verkaufen, aber die Kinder an einen anderen Ort als sie." – „Das ist aber auch eine Grausamkeit. Warum verkauft er sie nicht zusammen?" meinte ein anderer. Wu Jen erkundigte sich nach dem Namen der Frau und des Gläubigers und nach der Höhe der Schuld, schrieb sich alles auf und fragte sich auf der Stelle zum Haus eines Geschäftsfreundes seines Vaters in Schen durch. Der begrüßte ihn erfreut, verstummte aber erschrocken, als ihm Wu Jen erklärte, ein Wahrsager habe ihm vorausgesagt, er werde in dieser Nacht sterben, und er habe nur noch einen Wunsch: jener Frau zu helfen, die verkauft und von ihren Kindern getrennt werden solle. Gern sagte der Freund zu, dem Gläubiger die Schuldsumme zu zahlen und nach Wu Jens Tode den Betrag von dessen Vater aus dem Nachlaß zu entnehmen. Wu Jen gab dem Geschäftsfreund einen entsprechenden Brief an seinen Vater und ging – von dessen innigen Wünschen begleitet – zu seinem Gasthaus zurück. Der Freund erledigte seinen Auftrag noch am selben Abend. Wu Jen legte sich auf sein Bett. Es war Nacht geworden – seine letzte Nacht dacht er. Er wartete auf seinen Tod. Plötzlich vernahm er draußen leichte Schritte. Vor seiner Veranda rief eine Frauenstimme: „Herr, Herr! Hören Sie mich? Herr!" Die Stimme klang bittend und ließ nicht nach mit Rufen. Wu Jen dachte nichts anderes als: „Auch ein Leidender wie ich!" Er wollte helfen, stand auf und trat hinaus. Es war die Frau, die er mit ihren Kindern losgekauft hatte. Sie kniete vor ihm nieder, dankte ihm unter Tränen und flehte den Segen des Himmels auf ihn herab. Wu Jen war aus dem Elternhaus der alten Sitte kundig, und so wehrte er die überschwenglichen Segensworte nicht ab – Segensworte in seiner letzten Nacht von einer Mutter, der er in tiefster Not geholfen hatte. Da ließ hinter ihm ein Krachen und Bersten das Haus erbeben: die Decke seines Zimmers war unter der Überlast darüber lagernder Waren zusammengebrochen, sein Bett war zerschmettert. Wu Jen war noch einmal davongekommen. Am anderen Tag empfingen ihn seine Gefährten johlend vor dem Prüfungsraum: „Da seht den Toten!" Wu Jen schüttelte ernst den Kopf, stellte sich der Prüfung und bestand. Danach führten ihn seine Freunde im Triumphzug durch die Stadt. Er nahm nicht teil an der lauten Freude, und mit der Hilfe für die arme Frau wollte er nicht prahlen, er blieb still. Da schleppte ihn die fröhliche Meute zu dem Wahrsager und hänselte den alten Mann: „Da kannst du sehen, was du für ein Pfuscher bist. Er lebt!" Doch der Wahrsager sah den stillen jungen Mann an und sprach: „Du hast eine gute Tat getan, mit ihr hast du dein Schicksal geändert!" Der ernste bestimmte Ton des alten Mannes ließ die jungen Leute aufhorchen. Sie drangen in Wu Jen, ihnen zu erzählen, und um den Wahrsager vor dem Spott seiner Gefährten zu bewahren, erzählte er. Da baten die jungen Männer den alten Mann und Wu Jen um Vergebung und traten nachdenklich den Heimweg an."

- *Warum ist der (buddhistische) Mensch letztlich der „Architekt seines eigenen Lebens"?*
- *Vergleichen Sie die Erzählung über Wu Jen mit der christlichen Lehre vom „heilvollen Tun".*

Der Dalai Lama zum Thema Wiedergeburt

Wenn der Buddhismus einen logischen Beweis für frühere und spätere Existenzen geben soll, so dient uns als Grundlage dafür die Natur des Geistes, in erster Linie die substantielle Ursache des Geistes. Wenn wir wissen wollen, was die Substanz des Geistes ist, dann können wir sie nur aus etwas Gleichartigem ableiten, d.h. die Ursache für einen Geist muß Geist sein. Da wir aber keinen zweiten Geist finden außer dem Geist in einem früheren Zustand, ist die Ursache des Geistes der Geist im vorhergehenden Moment. Auf diese Weise läßt sich eine Kette von Ursachen des Geistes zurück in die Vergangenheit verfolgen. Es ergibt sich eine Kontinuität von Situationen, ja von Augenblicken bis in die Kindheit und weiter bis zur Geburt. Was ist nun die Ursache für unseren Geist bei der Geburt? Die auf der Welt inzwischen unstrittige Antwort lautet: die Zeit vor der Geburt. Die Kontinuität reicht also zurück bis zur Empfängnis. Die logische Antwort für die Ursache des Geistes in dem Moment, wo Samen und Ei zusammentreffen, kann wiederum nur der Moment vor der Empfängnis sein. Auf diese Weise erkennt man die Kontinuität des Geistes, die über den ersten Augenblick des Lebens in die Vergangenheit zurückreicht. Für ein plötzliches Einsetzen des Geistes läßt sich keine rationale und logische Erklärung finden. Der Buddhismus spricht von dem anfanglosen und endlosen Geist. Dagegen hat z.B. das Sonnensystem einen Anfang und ein Ende, da alle Materie vergänglich ist; aber nicht so der Geist. Wenn man entsprechend dieser Kontinuität über das „Alter" einer Person eine Aussage machen möchte, ist sie selbstverständlich ur-uralt. Wir und alle anderen Wesen sind unendlich alt. Wir pflegen uns jedoch nur auf das Alter zwischen Geburt und Tod zu beziehen. Für uns ist dieser vergängliche Körper maßgebend. Auch die Auffassungen und Einstellungen einer Person unserer Zeit entsprechen den heutigen Ansprüchen der Gesellschaft und sind nicht etwa Ausdruck der Wahrnehmungen und Charaktereigenschaften, die sie in früheren Leben hatten. Der Grund dafür liegt darin, daß die groben geistigen Zustände eine enge Beziehung zum groben Körper haben. Eine klare Erinnerung an frühere Leben ist um so weniger möglich, je mehr unsere Auffassungen von der Orientierung am groben Körper ausgehen; diese Art von Auffassung ist in der heutigen materialistischen Epoche besonders ausgeprägt. Nur wenn man die Abhängigkeit von diesem Körper größtenteils aufzuheben vermag, kann man den feinstofflichen Zustand des Geistes erfassen, und dann sind sowohl die Erinnerung an eine Vergangenheit möglich, die weit über unser jetziges Leben hinausreicht, als auch eine bewußte Wiedergeburt. Im Normalfall aber nehmen wir, entsprechend unserem Karma, unfreiwillig Existenz an und sind in unserem Geist von diesem groben Körper geprägt. Da unser Geist von Anfang an nur in Zusammenhang mit diesem groben Körper trainiert wird, kann dieser Geist schließlich auch nichts anderes erfassen, als was dieser grobe Körper repräsentiert. *C. Kuby / U. Olvedi*

- *Gliedern Sie den Text anhand von Überschriften.*
- *Diskutieren Sie die Beweisführung des Dalai Lama.*
- *Informieren Sie sich in einem Lexikon genauer über die Person und das Leben des Dalai Lama.*

Erlösungsziel: Nirvana

Erlösung ist „Nirvana", ist „Verwehen" allen Seins: der ewige Kreislauf aus Werden und Vergehen (Samsara) kommt zu Ende und damit alles Leiden, das jeglicher Existenz eigen ist. Die treibende Kraft, die dieses „Rad der Existenz" (Bhavacakra) sich drehen läßt, entspringt dem Festhalten-Wollen, dem Anhaften-am-Leben, der Lebensgier, die allen Menschen und aller Kreatur eigen sind. Eine Vielzahl religiöser Übungen soll im Buddhismus und ebenso im Hinduismus, in dem er wurzelt, dem Ziel der Befreiung näherbringen. Nur Menschen können es erreichen; nach vielen Wiedergeburten in anderen Existenzbereichen – als Tier, als göttliches Wesen, als Totengeist (Preta) – haben sie die höchste Stufe spirituеller Entwicklung erreicht. Freilich, ein einziges menschliches Wesen genügt noch nicht, um zum Endziel religiöser Hingabe und Einübung zu gelangen. Immer neues Geborenwerden und Leben als Mensch, oft unterbrochen durch niedere Existenzformen, und dauerndes angemessenes Streben führen zum Ziel. Erlösung ist also nicht ein Jetzt-oder-Nie, sie ist das Ende eines langen Prozesses. Und der Tod ist nicht das Ende aller Handlungs- und Entscheidungsmöglichkeiten, er ist Übergang zu einer neuen Wegstrecke, die es – hoffentlich unter verbesserten Ausgangsbedingungen – bis zum endgültigen „Verwehen", bis zur Ichlosigkeit zurückzulegen gilt. Diese neue Wegstrecke wird vorbereitet und geprägt von dem, was der Mensch aus seinem jetztigen Leben macht. Buddhismus und Hinduismus verstehen das Ziel (und damit auch den Weg) der Befreiung sehr verschieden. Im Hinduismus vereint sich die individuelle Seele (Àtman) mit der göttlichen Weltenseele (Brahman). Mukti bzw. Moksha („Befreiung") nennt er das Erlösungsziel. Der Buddhismus sieht in dieser Erlösungsvorstellung noch immer ein letztes, verzweifeltes Festhalten, ein Anhaften an der Illusion von etwas Ewigem: einer individuellen Seele und einer göttlichen Weltenseele. Befreiung kann nur finden, wer auch dies aufzugeben fähig ist, da doch Erlösung totales Verwehen aller Erkenntnis und allen Seins ist: Nirvana.

- *Versuchen Sie, mit eigenen Worten das Nirvana zu umschreiben!*
- *Ist das Nirvana vergleichbar mit dem Nichts?*
- *Was unterscheidet die hinduistische von der buddhistischen Erlösungsvorstellung?*
- *Vergleichen Sie das Nirvana mit anderen religiösen Erlösungszielen.*

Mönch in Tibet

Buddhistische Ethik – Der Weg zur Erleuchtung

Die vier edlen Wahrheiten

Die für alle Buddhisten gültige und gemeinsame Grundlage der Lehre (Dharma) besagt, daß es vier edle Wahrheiten gibt.

1. Leben ist Leiden:

Der Gang des Lebens ist prinzipiell leidvoll: Geburt, Schmerz, Trauer, Klage, Verzweiflung, Vergehen und Tod.

2. Die Entstehung des Leidens:

Ursache des Leidens ist eine Art Begierde. Der Versuch des einzelnen, seine Begierden, seine Sehnsüchte zu befriedigen, steht im Gegensatz zur Weltseele und schafft neue Begierden.

3. Die Beendigung des Leidens:

Im Einzelmenschen muß diese Sehnsucht nach individueller Befriedigung überwunden werden. Einen kosmischen Erlösungsvorgang gibt es ebensowenig wie einen göttlichen Erlösungsplan.

4. Der Pfad zur Aufhebung des Leidens:

Die Lebensbegierde kann mit dem achtteiligen Pfad überwunden werden, der in der richtigen Reihenfolge beschritten werden muß.

Der Mensch weiß zwar, daß er regelmäßig in Situationen gerät, die Leiden verursachen, aber in den Zeiten, in denen es ihm gut geht, verdrängt er diese Tatsache. Eben weil der Drang nach Leben stärker ist als der Wunsch, sich von den zugrundeliegenden Ursachen endgültig zu befreien. Die Ursache des Leidens ist nicht in äußeren Einwirkungen wie Strafen der Götter oder in einem unausweichlichen Schicksal zu suchen. Leiden entsteht ausschließlich im Innern des Menschen selbst, aus menschlichem Begehren. Wenn man sein Leben ohne Leiden führen will, so muß man die Ursache, das unablässige Wünschen beseitigen. Die Anleitung dazu gibt der achtfache Pfad, der in der vierten edlen Wahrheit angeführt wird.

- *Für den gewöhnlichen Menschen erscheint die Lehre vom Leiden negativ und pessimistisch. Statt dessen ist der Buddhist von einer heiteren Lebensart. Wie könnte diese positive Lebensart erklärt werden?*
- *Können Sie sich ein Leben ohne Wünsche vorstellen? Begründung!*

Der Weg der Erlösung im klassischen Buddhismus

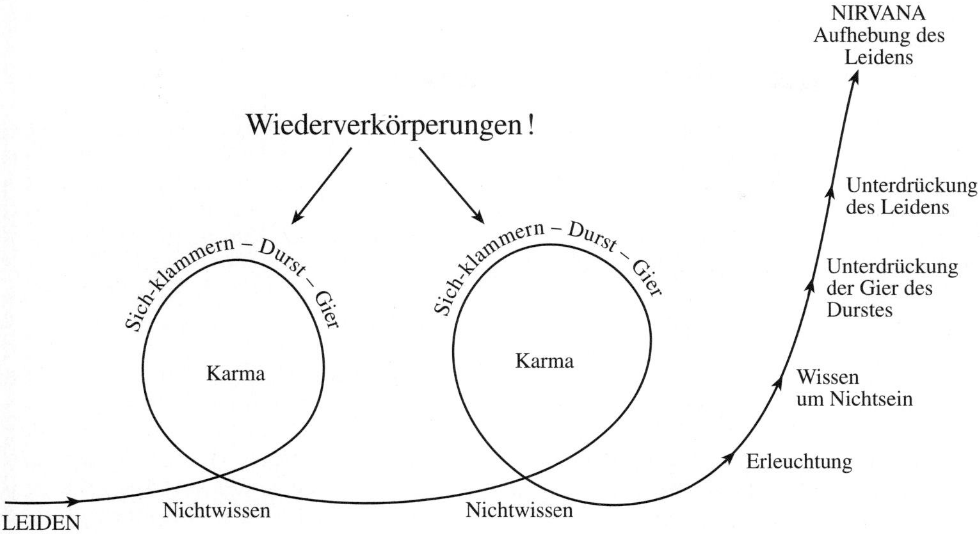

– *Suchen Sie Beispiele aus dem Leben eines Menschen für die einzelnen Wegstationen im klassischen Buddhismus.*

Der achtfache Pfad

Nachdem die beiden ersten der vier edlen Wahrheiten das Leiden als Grundtatsache und als das eigentliche Übel festgestellt haben, beschreiben die zwei folgenden Wahrheiten den Ausweg aus dieser Situation. Die dritte Wahrheit spricht von der Möglichkeit einer Aufhebung des Leidens, die vierte weist den Weg zur Erlösung. Es ist der achtfache Pfad, an dessen Ende das Nirvana steht.

Rechtes Verstehen Rechtes Denken	Weisheit
Rechtes Reden Rechtes Handeln Rechtes Leben	Ethik
Rechtes Streben Rechtes Gedenken Rechtes Sichversenken	Meditation

Diese acht Glieder, die immer als zusammenhängendes Ganzes gesehen werden müssen, bilden eine Art Anweisung, deren Befolgung für jeden Buddhisten verpflichtend ist. Die drei Bereiche Weisheit, Ethik und Meditation sind in keiner bestimmten Reihenfolge voneinander abhängig, sondern durchdringen sich gegenseitig.

1. Weisheit

Weisheit hat dabei nichts mit allgemeinem Faktenwissen zu tun. Rechtes Verstehen hilft die Ursachen der Leidensentstehung und den Weg zu ihrer Beendigung zu begreifen, also die Lehre des Buddha anzuerkennen und einzusehen, daß sie zum Ziel führen kann. Rechtes Denken bedeutet schließlich die Bereitschaft, das als richtig Erkannte in die Tat umzusetzen und sein Leben danach auszurichten.

2. Ethik

„Was die Ethik angeht, hat der Buddha eine einfache Regel aufgestellt: das Tun von Gutem und das Nichttun von Bösem. Was gut und was böse ist, wird anhand von zahlreichen Beispielen belegt. Rechtes Reden heißt etwa, nicht zu lügen oder zu verleumden und nur über Wichtiges zu sprechen. Wichtig ist allerdings letztendlich nur die Lehre. In langen Listen zählen die Schriften die Dinge auf, über die man besser kein Gespräch beginnt: Politik, Wirtschaft, Essen, Kleidung, Familienangelegenheiten, Nachbarn, fremde Länder, philosophische Spekulationen und Spitzfindigkeiten usw. kurz, über alles, was nicht dem Heil dient. Wenn Mönche sich treffen, sollen sie deshalb über die Lehre reden oder schweigen.

Die fünf Verpflichtungen

1. Kein lebendes Wesen darf getötet werden.
2. Man soll nichts nehmen, was nicht freiwillig gegeben wird.
3. Die Sinneslust ist zu beherrschen.
4. Es ist zu vermeiden, die Unwahrheit zu sagen.
5. Man soll keine berauschenden Getränke zu sich nehmen.

Es ist genauer, von Verpflichtungen statt von Geboten zu sprechen, wie dies manchmal geschieht. Denn es gibt keine außermenschliche Instanz, die die fünf Verpflichtungen erlassen hat und über ihre Einhaltung wacht. Die zehn Gebote des Alten Testaments gelten als von Gott gesetzte Verhaltensnormen. Der Hintergrund der fünf Verpflichtungen ist jedoch trotz mancher scheinbaren Ähnlichkeit ein anderer. Ein Buddhist richtet sein sittliches Handeln danach aus, weil er darin ein Mittel sieht, auf dem Weg zur Erlösung voranzuschreiten. In einem Text heißt es: „Ich möchte leben und nicht sterben, ich möchte Glück und nicht Leid. Wenn ich getötet würde, wäre es ein Unglück für mich, wenn ich töten würde, wäre es ein Unglück für einen anderen. Wie kann ich also jemandem etwas zufügen, was mir nicht zugefügt werden soll?“ Über dieser zweckgebundenen Sittlichkeit, die den eigenen Egoismus beherrscht, um nicht unter dem Egoismus eines anderen Menschen zu leiden, steht das Handeln dessen, der nicht mehr nach seinem persönlichen Vorteil trachtet. Wenn das Ich als Illusion erkannt und überwunden ist, wird selbstloses Verhalten zum Wohl fremder Wesen möglich. So soll Böses durch Gutes besiegt werden, Haß durch Feindesliebe. Tieren soll kein Schaden zugefügt werden, weil sie potentielle Anwärter auf eine menschliche Geburt sind. Das Fleisch von Tieren, die von anderen geschlachtet wurden, darf ein Buddhist dagegen verzehren. Nichtmenschliche Lebewesen werden nicht nur aus Mitleid geschont, sondern auch, um die Anhäufung schlechten Karmas zu vermeiden. Die Natur an sich ist keineswegs vorbildlich, im Gegenteil: Die Hauptantriebskraft der natürlichen Prozesse sind der Selbsterhaltungstrieb und der Instinkt. Ein Buddhist lebt im Grunde gegen die Natur, weil er versucht, sich darüber klarzuwerden und die damit verbundenen leidvollen Erfahrungen zu beenden. Allein in der Natur liegt das Böse begründet, es entsteht nicht von außen, sondern durch die unwissentliche Gleichsetzung von Vergänglichem und Wirklichem. Daher sind die fünf Verpflichtungen ein Hilfsmittel, das der Buddha zur Verfügung gestellt hat, um allen Wesen zu helfen, sich aus den Verstrickungen des natürlichen Lebens zu befreien. Sie sind kein ewiges Gesetz und erst recht nicht dem Menschen von Geburt an in Form eines moralischen Empfindens mitgegeben. Man muß sie sich aneignen und ständig vor Augen halten. Rechtes Leben, die dritte Säule der buddhistischen Ethik, bedeutet, daß einem angemessenen Broterwerb nachgegangen werden soll. Verboten sind die Berufe, die anderen Wesen Schaden zufügen, etwa der Beruf eines Metzgers oder der Handel mit Giften, Waffen und Rauschmitteln. Wer zulässige Waren verkauft, darf seine Kunden nicht vorsätzlich betrügen oder zum Kauf überreden.

- *Was unterscheidet ein Gebot von einer Verpflichtung?*
- *Vergleichen Sie die fünf buddhistischen Verpflichtungen mit den zehn christlichten Geboten aus dem alten Testament (vgl. Seite 130).*
- *Erläutern Sie das Verhältnis des Buddhismus zur Natur. Was ergeben sich für Konsequenzen aus dieser Einstellung zur Natur?*

3. Meditation

Die drei letzten Glieder des Achtfachen Pfades lehren die Vorbereitung und die Durchführung der Meditation. Da der Buddha in der Meditation erleuchtet wurde und da die Auflösung des Ich-Bewußtseins nicht ohne die Praxis der Versenkung möglich ist, nimmt die Meditation einen hohen Stellenwert ein. Es gibt Berichte über spontane Erleuchtungen beim bloßen Nachdenken über die Vier Edlen Wahrheiten. Doch dies sind Einzelfälle, die dadurch erklärt werden, daß die entsprechende Reife bereits in zahllosen Vorleben erworben wurde. Die Regel ist, daß nur ständige, intensive Übung von Erfolg gekrönt wird.

Rechtes Streben heißt, die erforderliche Willenskraft aufzubringen, um in jedem Augenblick wach und bewußt zu sein. Störende geistige Zustände wie Trägheit oder mangelnde Konzentration müssen vermieden werden. Dies geschieht durch „die Bewachung der Sinnestore“. Die Außenwelt wird beobachtend wahrgenommen, ohne sich an irgend etwas anzuklammern. Die Formen und Farben eines Objekts etwa sollen lediglich registriert, nicht aber beurteilt werden. Sind die Affekte solcherart unter Kontrolle, verschwindet die subjektive Empfindung, etwas sei schön oder häßlich, angenehm oder unangenehm, sympathisch oder unsympathisch. Wie schwer es ist, eine derartige Haltung, die nicht mit bloßer Selbstbeherrschung zu verwechseln ist, einzunehmen, schildern schon die alten Texte. In diesem Stadium ist der Mensch immer noch mit der Welt verbunden, aber er kann sie nun anders ansehen.

Rechtes Gedenken ist Achtsamkeit auf Körper und Geist. Der Buddha sagt dazu, daß der Meditierende sich so zu verhalten habe, daß „er eifrig, selbstbeherrscht und achtsam bleibt, weil er sowohl das Verlangen als auch die Niedergeschlagenheit überwunden hat, die in der Welt üblich sind". Während beim rechten Streben die Sinneseindrücke objektiviert werden, hat das rechte Gedenken die Inhalte des Bewußtseins selbst zum Gegenstand. Zu Beginn konzentriert sich der Übende auf die automatisch ablaufenden Körperfunktionen. Er nimmt wahr, wie er aus- und einatmet, ob es lang oder kurz ist. Dann weitet er die Beobachtung auf andere Funktionen aus: „Wenn ein Mönch kommt und geht, so tut er das mit vollem Bewußtsein. Wenn er ißt und trinkt, kaut und schmeckt, so tut er das mit vollem Bewußtsein. Wenn er seine Notdurft verrichtet, so tut er das mit vollem Bewußtsein. Wenn er geht, steht, sitzt, einschläft, erwacht, redet oder schweigt, so tut er das mit vollem Bewußtsein." Als nächstes wendet er sich seinem inneren Erleben zu. Aufsteigende Gedanken und Gefühle werden bis zu ihrer Wurzel zurückverfolgt. Teilnahmslos identifiziert der Übende Zuneigung und Haß, Lust und Unlust, Erinnerungen und Phantasien. Er läßt sie an sich vorüberziehen, bis sie von selbst vergehen. Wenn das allein nicht hilft, wenn bestimmte Wünsche oder Begehrlichkeiten immer wiederkehren, richtet er sein Denken auf das Gegenteil. Leidet er unter Neid, vergegenwärtigt er sich Wohlwollen; ist er eitel oder erhofft er sich Zuneigung, denkt er an die Vergänglichkeit und Unreinheit des Körpers.

Rechtes Sichversenken schließlich bildet den Abschluß des Achtfachen Pfades. Als der Buddha unter dem Feigenbaum saß, näherte er sich der Erleuchtung in vier aufeinanderfolgenden Stufen: Freiwerden von Begierden und Vorstellungen, was zu Freude führte; Konzentration auf einen einzigen Punkt, wodurch auch die Freude schwand und der Geist ruhig wurde; Aufrechterhalten der Ruhe, bis sie sich in völligen Gleichmut verwandelte; Verharren im Gleichmut und Erkennen der Leidensursachen in absoluter Klarheit. Nachdem rechtes Streben und rechtes Gedenken geholfen haben, Bewußtheit bezüglich der körperlichen und geistigen Abläufe zu erlangen, richtet sich die Aufmerksamkeit nun vollständig nach innen. Die Meditationstechnik ist dabei nicht anders, wohl aber der Inhalt der Meditation. Zunächst werden fünf Hindernisse beseitigt: Gier, Zorn, Trägheit, Aufregung und Zweifel. Da diese Hindernisse schon auf den vorhergehenden Stufen reflektiert und so gut wie möglich ausgeschaltet wurden, stellt sich bald ein Zustand der Freude ein, gefolgt von einer klaren Geistesverfassung, die weder durch Gedanken noch durch Gefühle getrübt ist. Jetzt wird der Meditierende der tiefen Bedeutung der Lehre des Buddha gewahr und erfaßt sie durch unmittelbare Anschauung. Auf dieser vierten und letzten Stufe reinen Bewußtseins hat er die Fesseln endgültig durchschnitten und ist selbst zum Erwachten geworden. Nach dem Ende seiner irdischen Existenz geht er ins Nirwana ein und wird niemals mehr wiedergeboren."

T. Schweer

- *„Rechtes Streben", „rechtes Gedenken", „rechtes Sichversenken". Beschreiben Sie die Bedeutung dieser Begriffe mit eigenen Worten.*
- *Aus welchem Grund genießt die Meditation im Buddhismus einen so großen Stellenwert?*
- *Aus welchem Grund gewinnt – Ihrer Meinung nach – auch bei Nicht-Buddhisten die Meditation einen immer größeren Stellenwert (vgl. z.B. die Zeitungsanzeigen auf S. 53)?*

Ausprägungen und Deutungen des Buddhismus

Die großen Zweige des Buddhismus

Man kann im Buddhismus nach Organisation und Lehre drei große Zweige unterscheiden: *Theravada, Mahayana* und *Lamaismus.*

Organisatorische Unterschiede

a) *Theravada*[1]. Er entspricht auch heute noch der Urgemeinde und kennt keine Priester, sondern nur Mönche, die u.a. die Gelübde der Armut und Keuschheit abgelegt haben. Die Laiengemeinde sorgt für den Unterhalt der Mönche und empfängt dafür von ihnen geistige Unterweisung und Belehrung. Es fehlt für die Mönche jedoch das Gelübde des Gehorsams und die Verbindlichkeit, dem Orden auf Lebenszeit anzugehören. Vielmehr ist es z.B. in Birma und Thailand üblich, daß jeder junge Mann vorübergehend dem Orden beitritt, um dort seine geistige Erziehung zu empfangen. Hauptverbreitung: Sri Lanka, Thailand, Birma, Kambodscha, Laos, Wiederbelebung in Indien.
b) Im *Mahayana* finden wir neben der Mönchsgemeinde eine Hierarchie, die besonders in Japan sorgfältig organisiert ist. Dort sind die Priester meist verheiratet. Hauptverbreitung: Japan, China, Korea, Vietnam.
c) Im *Lamaismus (Vajrayana)* andererseits besteht eine straff organisierte und allmächtige Kirche, an deren Spitze der Dalai Lama steht, er war früher gleichzeitig weltlicher Herrscher Tibets. Die meisten Lamas leben im Zölibat. Hauptverbreitung: Tibet, Mongolei, Nepal, Sikkim, Bhutan. Im Abendland sind alle drei Richtungen in kleinen Gemeinden vertreten, am meisten der Theravada-Buddhismus.

Gedankliche Unterschiede

a) Der *Theravada-Buddhismus* betont die Arbeit des Menschen an sich selbst. Es ist der Weg des einzelnen, der versucht, zielstrebig die Erlösung oder Heiligkeit zu erreichen.
b) Das *Mahayana* betont das Ideal des Bodhisattva, d.h. des sich hingebenden und sich für das Wohl aller Wesen opfernden Anwärters auf die Buddhaschaft. Er verzichtet auf seine eigene Erlösung, um den Mitwesen zu helfen. Seinen Ursprung hat dieses Ideal in der Person des Buddha selbst. Besonders betont wird diese Einstellung durch Einführung der Gestalt des Buddha Amida, der vor allem in China und Japan verehrt wird. Eine hervorragende Stellung im Mahayana nimmt heute die *Zenschule* (Meditationsschule) ein. Sie verwirft die bloße Gelehrsamkeit und Zeremonien und will dem einzelnen durch die Anleitung eines psychologisch erfahrenen Meisters den ihm angemessenen und kürzesten Weg zur Erleuchtung weisen.
c) Der *Lamaismus* gehört eigentlich zum Mahayana. Aufgrund seiner speziellen Merkmale kann er jedoch als eigener Zweig des Buddhismus angesehen werden. In ihm nimmt der religiöse Lehrer eine alles überragende Stellung auf dem Weg zur Erlösung ein. Asketische und magische Übungen werden verwendet. Der Lamaismus kennt eine große Zahl von schützenden Gottheiten und drohenden Dämonen. Der in der Erkenntnis Fortgeschrittene durchschaut diese jedoch als bloße Ausstrahlungen des eigenen Bewußtseins.

---

[1] Die Bezeichnung „Hinayana" (Kleines Fahrzeug) im Gegensatz zu „Mahayana" (Großes Fahrzeug) ist zu vermeiden, weil dieser Begriff eine abwertende Bedeutung hat.

– *Erläutern Sie die drei großen Zweige des Buddhismus mit eigenen Worten.*

Zen-Buddhismus

Was ist Zen?

Zen oder die Lehre vom Herzen Buddhas ...

Unter den vielen buddhistischen Sekten, die speziell in China und Japan aufwuchsen, finden wir eine einzigartige, die den Anspruch erhebt, die Quintessenz und den Geist des Buddhismus unmittelbar von seinem Begründer übernommen zu haben, und zwar nicht durch irgendeine Geheimschrift oder über einen Mysterienkult. Diese Schule ist eine der bedeutendsten Erscheinungen des Buddhismus, nicht nur bezüglich der geschichtlichen Wirksamkeit und der geistigen Lebendigkeit, sondern auch im Hinblick auf ihre höchst originelle und anfeuernde Art der Lehre. Die „Lehre vom Herzen Buddhas" (buddhahridaya) ist ihr schulmäßiger Name, aber gewöhnlich wird sie als „Zen" bezeichnet.

Zen ist das Gegenteil von Logik ...

Zen ist ausdrücklich kein System, das sich auf Logik und Analyse gründet. Wenn es irgend etwas ist, so ist es das Gegenteil von Logik, unter der ich die dualistische Denkweise verstehe. Wohl mag im Zen ein intellektuelles Element stecken, denn Zen ist der Geist als Ganzes, und in ihm ist vieles enthalten. Aber der Geist ist nicht etwas Zusammengesetztes, das in soundso viele Vermögen eingeteilt werden könnte, ohne daß nach dieser Zergliederung dann irgend etwas übrigbliebe. Weder hat Zen uns auf dem Wege intellektueller Analyse etwas zu lehren, noch enthält es irgendwelche feste Lehrmeinungen, die seine Anhänger annehmen müßten. In dieser Beziehung ist Zen völlig chaotisch, wenn man so sagen will.

Zen lehrt nichts ...

Wahrscheinlich werden Zen-Anhänger eine Menge von Lehrmeinungen haben, aber sie haben sie auf ihre eigene Rechnung und zu ihrem eigenen Besten; sie verdanken sie nicht dem Zen. So gibt es im Zen auch weder heilige Bücher noch dogmatische Lehrsätze, noch irgendwelche symbolische Formeln, die das Wesen des Zen zugänglich machen könnten. Werde ich also gefragt, was Zen lehrt, so muß ich antworten, daß Zen nichts lehrt. Was immer für Lehren es im Zen gibt, sie kommen aus dem eigenen Inneren jedes einzelnen. Wir sind selbst unsere Lehrer; Zen weist nur den Weg. Mag dieses Wegweisen eine Lehre sein, so gibt es im Zen doch nichts, was als grundsätzliche Lehre oder philosophische Basis bezeichnet werden könnte.

Im Zen wird Gott weder geleugnet noch behauptet ...

Wenn ich sage, es gäbe im Zen keinen Gott, so mag sich der fromme Leser dadurch verletzt fühlen, es bedeutet aber keineswegs, daß Zen die Existenz Gottes leugnet. Weder Leugnung noch Bejahung geht das Zen etwas an. Wenn etwas geleugnet wird, so schließt die Leugnung selbst etwas ein, was nicht geleugnet wird. Dasselbe läßt sich auch von der Bejahung sagen. Das ist logisch unvermeidlich. Zen aber strebt an, sich über die Logik zu erheben, Zen strebt danach, eine höhere Art von Gültigkeit zu finden, der gegenüber es Gegenbehauptungen nicht gibt. So wird Gott im Zen weder geleugnet noch behauptet, es gibt eben im Zen keinen Gott im jüdischen oder christlichen Sinn. Aus den gleichen Gründen, aus denen Zen keine Philosophie ist, ist es auch keine Religion.

Alle Autorität im Zen kommt von innen …

Nach der Grundidee des Zen sollen wir mit den innersten Kräften unseres Wesens in Fühlung kommen, und zwar auf dem kürzestmöglichen Wege, ohne Rückgriff auf irgend etwas Äußeres oder Zusätzliches. Daher verwirft Zen alles, was auch nur eine entfernte Ähnlichkeit mit einer äußeren Autorität aufweist. Zen hegt ein unbedingtes Zutrauen zum innersten Wesen des Menschen. Alle Autorität im Zen kommt von innen. Das gilt im strengsten Sinne des Wortes. Auch der Verstand wird nicht als letztgültig oder vollkommen angesehen. Im Gegenteil, er hindert den Geist an seinem unmittelbarsten Umgang mit sich selbst. Der Intellekt erfüllt seine Sendung, wenn er als Mittler auftritt, und Zen hat nichts mit einem Mittler zu zun, es sei denn in dem Augenblick, wo es sucht, sich andern Menschen mitzuteilen. Aus diesem Grunde sind alle Bücher nur vorläufige Versuche, nichts Endgültiges.

Suzuki, T. Diasetz

– *Inwiefern kann man den Zen-Buddhismus als Religion bezeichnen?*

Buddhismus-Prediger Nydahl: Gieriger Versuch des postmodernen Menschen, alles gleichzeitig zu erleben

Buddhismus und Christentum

„Erinnere dich an Gotama“

Erinnere dich an gotama jüngling aus reichem hause
der so behütet wurde um nicht zu sagen vermummt
daß er mit achtzehn jahren auf einem spaziergang
durch den park
unheilbar erschrak für sein leben
er sah dort vier figuren
die man auch dir gern versteckt
die krankheit
den hunger
das alter
den tod
einer von diesen schon war genug
die mauer des gartens einzureißen
und den park zu verwüsten
und die goldenen steine mit denen sein kleid
besetzt war
schwarz zu machen für immer
Da es nun vier waren und kein übersehen möglich
auch keine handvoll reis half
der alte hatte keine zähne
auch kein wort trost
der hungrige starb
auch kein beutel gold
der kranke konnte nicht gehen
auch kein vergessen
weil einer der vergißmeinnicht war der tod
da zog der aus dem schönen hause fort
und ließ kleider zurück und geld und ehren
und eine frau
die jung war und gerade ein kind bekommen hatte
der gotama aber ging fort
weil er die vier gesehen hatte
Der nun von dem ich dir erzählen will
hat die vier auch getroffen als er durch sein land ging
in den höhlen nazareths sah er die krankheit
die rasselte dort mit der klapper
in der steinwüste traf er den hunger an
und die alten sah er vergeblich hocken bei jericho
den tod aber hat er getroffen als er am jordan stand
und sich taufen ließ von einem dem schlugen sie bald
den kopf ab
Alle diese begegneten ihm
aber er wandte sich nicht ins gebirge der weisheit
sondern er lud sie zum essen ein
an seinem tisch saßen sie
alter und hunger krankheit und tod
auch zogen sie mit ihm die staubigen wege
wo es keinen schatten gab auf stunden
auch begleiteten sie ihn des nachts
denn ich nehme an daß er nicht gut schlief
gemeinhin

Dorothee Sölle

– *Was bezweckt Dorothee Sölle mit ihrem Figuren-Vergleich?*
– *Nehmen Sie dazu kritisch Stellung.*

Wichtige Unterscheidungslehren zwischen Christentum und östlichen Religionen

Das Christentum:	Die östlichen Religionen:
Theologie der Schöpfung: *Gott ist der Schöpfer der Welt in einem Schöpfungsakt am Beginn der Geschichte.*	Kosmogonie einer Weltentstehung: *Mythologie eines Ursprungs aus dem Göttlichen, das Götternamen haben kann, aber unendliche Zeitperioden zurückliegt.*
Evolutionsähnliche Entstehung der Natur und des Menschen: *Siebentagewerk als Modell einer Entstehung der Welt und des Lebens.*	Reinkarnation in einem permanenten Naturkreislauf, zyklisches Denken: *Das Leben erneuert sich in zahlreichen Wiederverkörperungen zu einer höheren Daseinsform.*
Heilsgeschichte und Geschichte des Sündenfalls: *Durch ein bewußtes Nein zu Gottes Willen entfremdet sich der Mensch von Gott und seinem Heilsangebot.*	Karmalehre zur Erklärung des Leidens: *Der Mensch ist lebenslang durch das Karma, die Schicksalsvorgegebenheiten aus früheren Leben belastet und prädestiniert. Darum heißt Leben grundsätzlich Leiden.*
Personalität eines Gottes, der mit seinen Menschen spricht: *Gott ist für den Menschen ein Gegenüber und Gesprächspartner. Gott redet ihn an, er antwortet im Gebet.*	Unpersönlichkeit des Göttlichen, das als „Geistiges" verstanden wird: *Das Göttliche existiert als Weltgeist in Symbolen, die der Mensch verehrt und über die er bestenfalls meditiert.*
Gnadenangebot Gottes und Schuldvergebung (Kreuz Jesu): *Durch Gottes Vergebung wird der Mensch von seiner Schuld entlastet und gewinnt eine freie Zukunft.*	Verbesserung des Karma durch gute Taten oder durch Askese: *Der Mensch verbleibt in der Sklaverei eines Zwangs zur ständigen Verbesserung seines Karma von Leben zu Leben.*
Lebensangebot in der Zusage Gottes (Auferstehung Christi): *Die Auferstehung zeigt, daß der Mensch durch Gott zum Leben bestimmt ist, das ihm Gott neu schenkt.*	Allgemeiner Naturauferstehungsmythos, auch auf den Menschen angewandt: *Auferstehung gibt es nur als Periode innerhalb naturhafter Abläufe im Weltgeschehen und als Wiederverkörperung der Naturwesen.*
Lineares Geschichtsbewußtsein: *Die Geschichte beginnt und endet durch den Willen Gottes, der ihre Grenzen setzt, und steht auch dazwischen unter seinem Handeln.*	Zyklisches oder spiralförmiges Geschichtsbewußtsein, Äonenlehren: *Die Geschichte endet erst in einer unabsehbar fernen geistigen Vollkommenheit, die sie nach geistigen Gesetzen erreichen muß.*
Gemeinschaftsbildung in einer Kirche oder Gemeinde: *Die von Gott Angeredeten vereinigen sich zu einer aktiven Gemeinschaft, in der sie für Gott und einander da sind in Bitte, Dank und Hilfe.*	Individualismus des frommen einzelnen und seiner Eigenbestimmung: *Der einzelne entscheidet allein über seinen religiösen Weg. Dabei sind Askese und Mönchtum die Idealform. Die Gemeinschaft verstärkt nur die Geistigkeit des einzelnen.*
Nächstenliebe und Weltverantwortung: *Der Mensch ist von Gott mit der Verantwortung für den Mitmenschen und für seine Welt beauftragt*	Preisgabe des Nächsten an sein vorherbestimmtes Schicksal: *Da das Karma vorgegeben ist, muß jeder sein Schicksal allein tragen. Soziale Verantwortung dient nur der eigenen Vervollkommnung.*

Kritische Gegenüberstellung von Buddhismus und Christentum

Christen und Buddhisten haben in einigen Punkten Schwierigkeiten, einander zu verstehen:

Der *Buddhismus kritisiert am Christentum* zunächst die christliche Gottesidee. Jesus war Gott und Mensch, er war und ist eine Persönlichkeit. Eine persönliche Gottheit aber leugnet der Buddhismus (jedenfalls in seiner ursprünglichen Form des Theravada). Ein persönlicher Gott wäre immer auch zufällig und vergänglich und vor allem aber erlösungsbedürftig.

Der christliche Gott ist der Schöpfer der Welt und der Weltenrichter. Er ist allwissend und allmächtig, gleichzeitig liebend und barmherzig. Für den Buddhisten ist es schwer verständlich, wie ein solcher allmächtiger Gott eine leidvolle und oft ungerechte Welt entstehen und auch noch fortbestehen lassen kann. Warum läßt Gott soviel Leid zu? (Das nennt man die sogenannte „Theodizee-Frage"). Der Buddhist stellt die Frage nach der Entstehung der Welt gar nicht ernstlich, denn eine etwaige Antwort hierauf dient nicht dem Heil des Menschen. Christen erwarten die Auferstehung der Toten, die „Auferstehung des Fleisches" wie es heißt. Die individuelle und dazu noch eventuell körperhafte Existenz nach dem Tode verträgt sich aber kaum mit buddhistischen Vorstellungen zur Erlangung des Erlösungsziels Nirvana. Für den Buddhisten hieße eine Existenz nach dem Tode eine Wiedergeburt zu neuer unheilvoller und karmabedingter, also erlösungsbedürftiger Existenz. Obendrein ist für einen Buddhisten die Vorstellung problematisch, daß nach nur einem Leben Gott ein endgültiges Urteil über den Mensch fällt, das über „Himmel und Hölle", über ewige Seligkeit oder ewige Verdammnis entscheidet.

Das *Christentum kritisiert am Buddhismus* im wesentlichen, daß der ewige Kreislauf der Wiedergeburten eine praktisch ausweglose Situation ist, eine fast nie endende Quelle von Leid und Übel. Der Christ hingegen hat die Hoffnung der endgültigen Erlösung bei Gott. Der buddhistischen Auflösung der Persönlichkeit wird im Christentum die Vollendung der Persönlichkeit gegenübergestellt.

Der Buddhist ist schicksalsmäßig ganz auf sich alleine gestellt. Er hat wegen dem Karmagesetz die Last seiner vielen vorherigen Leben zu tragen. Nur der Mensch selbst kann handeln, kann durch sein Tun zur höchsten Stufe spiritueller Entwicklung gelangen. Aber das Nirvana können nur wenige erreichen. Der Christ hingegen sieht sein Leben in Gott geborgen. Er kann auf Gnade und Barmherzigkeit hoffen.

Das Christentum kennt unumstößliche ethische Gebote, wie etwa das Gebot der Nächstenliebe. Diese Gebote gelten für alle Menschen. Im Buddhismuss hingegen ist einerseits von einer Ethik für Laien und andererseits von einer Ethik für den Stand der Mönche die Rede. Dies widerspricht für Christen dem Absolutheitscharakter ethischer Gebote.

Bei aller Wertschätzung die das Chistentum der buddhistischen Lebenweise entgegenbringt, sieht es im Buddhismus auch zutiefst egoistische Züge. Den buddhistischen Heilsweg kann man als Selbsterlösung durch Selbstauflösung beschreiben. Den Antrieb dazu ist eine Form von Selbstsucht, von Egoismus, um dem Leiden und der Ungerechtigkeit der Welt möglichst schnell zu entfliehen. Gesprochen wird von einem „Heilsegoismus". Das christliche Gebot der Nächstenliebe beispielsweise soll dahingegen immer und ohne ständige Erwartung auf das Seelenheil empfunden und gelebt werden; sie ist für den Christen nicht die alleinige „Eintrittskarte" in das Reich Gottes.

Der Buddhismus ist eine Sowohl-als-auch-Religion

Wir sind es gewohnt, beim Thema Religion im Entweder-Oder-Schema zu denken. Man ist z.B. Christ oder Moslem, Christ oder Buddhist, und selbst innerhalb des Christentums ist man entweder Katholik oder Protestant oder noch etwas anderes. Dieses Entweder-Oder-Denken, das typisch ist nicht nur im Christentum, sondern auch in den verwandten nahöstlichen Religionen des Judentums und Islams, ist sehr untypisch für den Buddhismus und das ostasiatische Denken allgemein. Hier gibt es in religiösen Dingen kein Entweder-Oder, sondern ein Sowohl-als-auch. Es spielt keine Rolle, von welcher Religion die Gedanken und Anstöße kommen, die einen weiterbringen, die „heilsam" sind, wie der Buddhist sich ausdrückt. Die Entscheidung, was für einen gut ist, liegt letztlich bei einem selbst, und wenn Religionen wirklich nur das Gute wollen für die Menschen und somit ein gemeinsames Ziel haben, dann wollen sie sicher auch gern zusammenarbeiten, damit sie sich die Arbeit erleichtern können. Daß Buddha ein Rivale von Jesus sein könnte, ist undenkbar, schon eher ein Mitarbeiter oder Freund. Auf diese Einstellung trafen viele christliche Missionare in Südostasien. Die Einheimischen hatten zu Hause ein Bild Buddhas aufgestellt, das sie bei Annahme des Christentums hätten wegnehmen und verbrennen sollen, um es dann durch ein Bild von Jesus zu ersetzen. Diese Forderung verwirrte die Leute sehr, hatten sie doch gelernt, daß auch Jesus ein sehr gütiger und hilfreicher Mensch war. Lieber zwei Helfer im Haus als nur einen, solche Wohltäter konnte man gar nicht genug haben. Sie erklärten kurzerhand, Buddha sei der Cousin von Jesus und die beiden hätten absolut nichts gegeneinander. Diese grundsätzliche Sowohl-als-auch-Haltung hat auch die äußerste Toleranz zur Folge, die dem Buddhismus eigen ist. Der Buddhismus hat nie verlangt, daß seine Anhänger ihm ausschließlich angehören und ihre frühere Verbindung mit anderen Religionen aufgeben. Es gibt auch keine Instanz, die über die Zugehörigkeit zur buddhistischen Religionsgemeinschaft oder über den Ausschluß aus ihr bestimmen könnte; es gibt also weder Taufe noch Exkommunikation. Der Buddhismus sieht sich deshalb nicht als Konkurrenz zu anderen Religionen. Woher und aus wie vielen Quellen die eigene Erkenntnis kommt, ist letztlich unwesentlich. *V. Reichle*

- *Beschreiben Sie die wesentlichen Unterschiede zwischen Buddhismus und Christentum!*
- *Worin unterscheidet sich der Buddhismus grundlegend von anderen Weltreligionen?*
- *Machen Sie sich abschließend noch einmal klar, was Ihnen am buddhistischen Denken eher fremd bleibt, und was Sie daran interessant oder gar beeindruckend finden.*

Glossar

Askese Unterdrückung sinnlicher Begierden und Verzicht auf die Freuden des Lebens.

atman Selbst, individueller Wesenskern.

autochthon alteingesessen, bodenständig, eingeboren.

bhakti Liebe, Hingabe an Gott.

Brahma Schöpfergott, von den Brahmanen (Priesterkaste) durch Opferkult geehrt.

braman das Absolute, Urgrund des allgemeinen Seins.

deduktiv Das Besondere, den Einzelfall aus dem Allgemeinen ableitend.

desekrieren entweihen, schänden.

deskriptiv Beschreibend, einen erlebten Sachverhalt darstellend. Demgemäß spricht man in den Wissenschaften von deskriptiver Methode.

dharma Ordnung, Pflicht, Gesetz, „Religion" im Sinne göttlicher Ordnung.

Disposition Anordnung.

egozentrisch ichbezogen, sich selbst in den Mittelpunkt stellend.

empirisch erfahrungsgemäß, alle Erkenntnis aus der (praktischen) Erfahrung ableitend.

Eschatologie (griech. eschaton „das Letzte" und logos „Lehre") in der christlichen Dogmatik Lehre von den letzten Dingen: vom Ende der Welt, von der Auferstehung der Toten, vom Jüngsten Gericht, vom Reich Gottes auf Erden.

Exkommunikation Ausschluß aus der Gemeinschaft der (katholischen) Kirche.

Guru religiöser Lehrer.

Habitus Haltung, Gehaben, Geistesrichtung.

Hedonismus (griech. hedone, „Lust") Diejenige ethische Richtung, welche die sinnliche Lust, den Genuß, das Vergnügen als Motiv, Ziel oder Beweis alles sittlichen Handelns betrachtet.

Ikonographie Beschreibung, Form- und Inhaltsdeutung von alten Bildwerken.

Inkarnation Verleiblichung eines göttlichen Wesens, „Fleischwerdung".

Introspektion (lat. „Hineinsehen") Beobachtung.

Inquisition Untersuchung durch Institutionen der katholischen Kirche und daraufhin durchgeführte staatliche Verfolgung von Ketzern zur Reinerhaltung des Glaubens (bis ins 19. Jh.), besonders während der Gegenreformation.

karma Ergebnis einer Handlung.

Kaste Gemeinschaft von nur untereinander heiratenden Familien, z. B. nachträglich in Ständen zusammengefaßt.

kognitiv Die Erkenntnis betreffend; bezeichnet alle Prozesse, durch die ein Mensch Kenntnis von Gegenständen erhält.

Kontemplation (lat.) Versunkenheit in Werk und Wort einer Gottheit, beschauliches Nachdenken und geistiges Sichversenken in etwas.

konstituieren (lat. constituere) Festsetzen, bestimmen, gründen.

Kosmopolitismus (vom griech. kosmos, „Welt" und polites „Bürger"), Weltbürgertum.

lapidar Knapp formuliert, ohne weitere Erklärungen, kurz und bündig.

Logos Ursprünglich (griech.) Wort, Rede, Sprache, dann übertragen Gedanke, Sinn, Vernunft; bei den Stoikern Weltvernunft.

maja/maya Täuschung, Illusion, Scheinwirklichkeit.

Materialismus Anschauung, die in der Materie den Grund und die Substanz aller Wirklichkeit sieht, der stofflichen wie der geistigen. Der ethische Materialismus hält nur die nutz- und genießbaren Güter für erstrebenswert und lehnt die Anerkennung autonomer, nicht materieller Werte ab.

Metaphysik (gr. meta „nach, hinter“ und gr. Phasis „Natur“) Lehre von den letzten, nicht erfahr- und erkennbaren Gründen und Zusammenhängen des Seins bzw. der Welt.

Mystik Grundform religiösen Lebens mit dem Ziel, durch Versenkung die Trennung zwischen menschlichem Ich und göttlichem Sein aufzuheben.

Mythos Erzählung von den in der Zeitlosigkeit (im Anfang) sich ereignenden Begebenheiten der Götter-, Menschen- und Naturwelt.

Nichtkodifizierbarkeit Die Unmöglichkeit, alle Fakten, Normen etc. eines bestimmten Gebietes systematisch zu erfassen.

Novize Mönch während der „Probezeit“.

Pietismus (wörtl. „Frömmlertum“) Kirchlich-theologische Erweckungs- und Reformbewegung innerhalb des Protestantismus (im 18 Jh.). Von einer Sicht des Menschen als Arbeitswesen und von einer strengen Rechtfertigungslehre her betonte er das Lernen „nützlicher Dinge“.

prophetisch auf göttlichen Offenbarungen aufbauend und Gottes Willen verkündend.

Reflexion Das Nachdenken, Vertiefung in einen Gedankengang, vergleichendes und prüfendes Denken.

samsara Kreislauf der Geburten.

Sujet (franz.) Gegenstand, Stoff einer künstlerischen Darstellung.

Symbiose Zusammenleben von Lebewesen verschiedener Art zu gegenseitigem Nutzen.

Transzendenz (lat. transcedere „hinübersteigen“) Der Versuch, die Grenzen der Erfahrung und des sinnlich Wahrnehmbaren zu überschreiten; Übersinnlichkeit.

Veden/Weden das heilige Wissen, die von mythischen Sehern weitergegebene Offenbarung, aufgezeichnet in den vier Veda-Sammlungen.

yoga/joga Anspannung; Erlösungssystem auf der Grundlage von Meditation und Askese.

zyklisches/lineares Denken Zyklisches (östliches) Denken nimmt stete Wiederholung allen Geschehens an, während (westliches) lineares Denken von der Einmaligkeit allen Geschehens ausgeht.

Textverzeichnis

S. 7 Warum benötigt der Mensch... – Hrsg.: Apel, Böhler und Kaldenbach, Funk-Kolleg, Praktische Philosophie / Ethik Band: Dialog 1, S. 49/50, Autor: Karl-Otto Apel, Fischer Taschenbuch Verlag, Frankfurt, 1984

S. 8f Beispiel Mißachtung – Autor: Reinhard und Anne-Marie Tausch, Wege zu uns, S. 223/234, Rowohlt Verlag, 1983

S. 9 Beispiel „Die Moral ist lebendig" – Autor: Alfred Grosser, Der schmale Grad der Freiheit, S. 7+9, Carl Hanser Verlag, München, 1981

S. 10 Historische Grundlagen – Autor: Wilhelm Weischedel, Skeptische Ethik, S. 17, 22/23, Suhrkamp Verlag, Frankfurt, 1976

S. 10f Es geht um „gut" oder „schlecht" – hrsg. vom Hessischen Institut für Bildungsplanung und Schulentwicklung, Material zur Schulentwicklung, Heft 9, Ethik-Unterricht – Einführung eines neuen Faches, S. 5/6, R. Baumann, M. Pöppel, F. Zimbrich, Verlag Moritz Diesterweg, Frankfurt, 1986

S. 11f Zum Begriff der Ethik – In Anlehnung an R. Baumann u. a., S. 17, siehe Seiten 10–11

S. 13 Zur Rechtfertigung von Handlungen – Hrsg.: D. Birnbacher und N. Hoerster, Texte zur Ethik, S. 9–12, Autor: Norbert Hoerster, dtv, München, 1976

S. 13f Fragestellungen... – Annemarie Pieper, Einführung in die Ethik, 3. Aufl., S. 12–14, gekürzt, Franke Verlag, Tübingen/Basel, (UTB)

S. 16f Es ist besser, Unrecht ... – Frankena William K., Analytische Ethik, dtv, München, 1972

S. 18f Die sokratische Methode – Jostein Gaarder, Sofies Welt, S. 82/83, Carl Hanser Verlag, München, 1993

S. 19f Identität von Tugend und Wissen – Jan Rohls, Geschichte der Ethik, S. 47/48 gekürzt, J.C.B. Mohr, Tübingen, 1991

S. 22 Friedenssicherung – Charles E. Osgood, Wechselseitige Initiative in: Ekkehard Krippendorff: Friedensforschung, S. 377, 378, 2. Aufl., Köln/Berlin, 1970

S. 25f Das Höhlengleichnis (bis ..., daß sie für alles Rechte und Schöne die Ursache ist; ...) – Hrsg.: Hans Dierkes, Philosophische Anthropologie, S. 42–45 leicht verändert u. ergänzt, Reclam Verlag, Stuttgart, 1989

S. 27f Die Kardinaltugenden Platons – Arno Anzenbacher, Einführung in die Ethik, S. 139–141, Patmos, Düsseldorf, 1992

S. 28 Nachwirkungen Platons – Herwig Görgemanns, Platon, S. 164/165 leicht verändert u. gekürzt, Universitätsverlag Winter, Heidelberg, 1994

S. 29f Der Mensch Aristoteles – Pfürtner Stephan, Ethik in der europ. Geschichte I, Verlag W. Kohlhammer, Stuttgart, 1988

S. 30 Zunächst schrieb auch Aristoteles – Hrsg.: Ernst Sandvoss, Ethik, Arbeitstexte für den Unterricht, Autor: Sandvoss Ernst, Reclam Verlag, 1984

S. 31 Der Fall – Helga Leeb, Ich hab die Arbeit, mein Sohn pflegt seine Krisen, Zeitschrift Brigitte 11/82, Gruner + Jahr, Hamburg

S. 31 Was für ein Mensch – John Rawls, Eine Theorie der Gerechtigkeit, Suhrkamp Verlag, Frankfurt, 1971

S. 31 Andere Autoren – Alasdair MacIntyre, Der Verlust der Tugend, S. 161, Übersetzer: Wolfgang Rhiel, Campus Verlag, 1987

S. 32 Wir haben gesagt,... – Aristoteles, Nikomachische Ethik X,6, Übersetzer: Günther Bien, Felix Meiner Verlag, Hamburg, 1985

S. 32 In der Tat wird... – Aristoteles, Politik VII, I, Übersetzer: Günther Bien, Felix Meiner Verlag, Hamburg, 1981

S. 33 Die Dynamik der Tugend – Nicolai Hartmann, Einführung in die Philosophie, Luise Handel Verlag, Hannover

S. 33 Die der tugendhaften... – Aristoteles, Nikomachische Ethik X,5, Übersetzer: Günther Bien, Meiner Philosophische Bibliothek Band 5, Hamburg, 1985

S. 34 Denn es gilt ihm als... – Jan Rohls, Geschichte der Ethik, S. 65–67 gekürzt, J.C. B. Mohr, Tübingen, 1991

S. 34 Und nun fragt er... – Jostein Gaarder, Sofies Welt, S. 140, Carl Hanser Verlag, München, 1993

S. 35f Es gibt kaum etwas – Hrsg.: Michael Baurmann/Hartmut Kliemt/Dieter Birnbacher, Vorworte zu „Glück und Moral“ Arbeitstexte für den Unterricht Nr. 9600 und 9575, Autor: Baurmann Michael und Kliemt Hartmut, Reclam Verlag

S. 36 Die Studie wurde... – Imbke Behnken, Schülerstudie, 90 Deutsche Shell AG, S. 3, Juventa Verlag, Weinheim und München, 1991

S. 36f Der Gießen-Test – Der Spiegel Nr. 44/89, Spiegel Verlag, Hamburg, 1989

S. 38 Sorge Nr. 1 – Sächsische Zeitung vom 10.10.1995, S. 25

S. 38 Das Nachdenken des... – Aristoteles, Nikomachische Ethik, Übersetzer: Günther Bien, Meiner Philosophische Bibliothek, Hamburg, 1985, Band 5

S. 39 Der Gegenstand... – Aristoteles, Politik, Übersetzer: Günther Bien, Meiner Verlag, Hamburg, 1981

S. 39f Wenn unter Politik... – I.L. Mackie, Ethik, Reclam Verlag UB 7680, Stuttgart, 1983

S. 41 Die Lebenswelt scheint... – Walter Schulz, Grundprobleme der Ethik, Verlag Günther Neske, Pfullingen, 1989

S. 42 Einige moderne ... – Alasdair MacIntyre, Der Verlust der Tugend, Übersetzer: Wolfgang Rhiel, Campus Verlag, 1987

S. 42 Wo, so könnten wir... – Stephan H. Pfürtner, Verlag W. Kohlhammer, Stuttgart, 1988

S. 44 stoisch – Friedrich Kluge, Etymologisches Wörterbuch der deutschen Sprache, Friedrich Kluge, Berlin/New York, 1989

S. 44 Was ist ein Stoiker – Luciano de Crescenzo, Geschichte der griechischen Philosophie von Sokrates bis Platon, Diogenes Verlag, Zürich, 1988

S. 44f Was ist ein Epikureer – Hrsg.: Franco Volpi und Nida-Rümelin Julian, Lexikon der philosophischen Werke, Autor: Nida-Rümelin Julian, Kröners Taschenausgabe Bd. 486, Stuttgart, 1988

S. 45 Die ältere Stoa – Alasdair MacIntyre, Geschichten der Ethik im Überblick, Verlag Anton Hain, Frankfurt, 1991

S. 46 Panaitios – Luciano de Crescenzo, Geschichten der griechischen Philosophie von Sokrates bis Platon, Diogenes Verlag AG, Zürich, 1990

S. 46 Wesentliche Teile... – Bertrand Russell, Denker des Abendlandes, Deutscher Taschenbuch-Verlag, München, 1991

S. 46 Seneca – Friedrich Jodl, Geschichte der Ethik, Bd. 1, S. 89, Magnus Verlag, Stuttgart, o.J.

S. 46 Seneca betont... – Friedrich Jodl, Geschichte der Ethik, Bd. 1, Magnus Verlag Stuttgart, o.J.

S. 47 Abgestoßen vom ... – Luciano de Crescenzo, Seneca, Brief an Lucilius, 54, 4–5 Zit., Diogenes Verlag AG, Zürich, 1990

S. 47 Epiktet... – Luciano de Crescenzo, Das Denken des Epiktet, Geschichte d. griechischen Philosophie von Sokrates bis Platon, Diogenes Verlag AG, Zürich

S. 47 War Epiktet als Sklave, Bertrand Russell, Denker des Abendlandes, Deutscher Taschenbuch-Verlag, München, 1991

S. 47 Zenon – Wilhelm Weischedel, 34 große Philosophen in Alltag und Denken, Nymphenburger Verlagsanstalt GmbH, München, 10. Aufl.

S. 47 Wie viele... – Luciano de Crescenzo, Geschichten der griechischen Philosophie von Sokrates bis Platon, Diogenes Verlag AG, Zürich, 1988/1990

S. 48 Kleanthes – Luciano de Crescenzo, siehe Seite 47

S. 48 Chrysippos – Luciano de Crescenzo, siehe Seite 47

S. 48 Poseidonios – Luciano de Crescenzo, siehe Seite 47

S. 49 Epiktet – Luciano de Crescenzo, siehe Seite 47

S. 49f Der Zeushymnus... – W. Nestle, die Nachsokratiker Bd. 1, © 1968 Eugen-Diederichs-Verlag, Düsseldorf

S. 50 Kommentar – Franz Eckstein, Hirschgraben Verlag, 1974

S. 51 Natur als Maßstab – Maximilian Forschner, Die stoische Ethik, © 1981, Klett Verlag, Stuttgart

S. 53f Der Verfasser des Heftes... – Hansjörg Hemminger, Der Markt des Übersinnlichen, Impulse Nr. 31 V/1990 in der Reihe EZW-Texte, Evangelische Zentralstelle für Weltanschauungsfragen, Stuttgart, 1990

S. 54f Sinnsuche vor etwa 2200 Jahren – Ernst Hoffmann, Leben und Tod in der stoischen Philosophie, S. 618, Kerle Verlag, Heidelberg, 1946

S. 55 Die Antwort... – Nicolas Gfeller, Eine kleine Geschichte der Ethik, Diogenes Verlag, Zürich, 1986

S. 56 Ein Ratgeber bei den... – Willy Hochkeppel, War Epikur ein Epikureer?, dtv, München, 1984

S. 56 Eine Charakteristik... – Hrsg.: Armin Müller, Ethik ab philosophische Theorie des Handelns, Übersetzer: Armin Müller, Verlag Aschendorff, Münster, 1988

S. 57 Cicero: „Wir stehen..." – Cicero, Vom pflichtgemäßen Handeln, Übersetzer: Heinz Gunermann, © Reclam Verlag, 1976

S. 59 Weltbürgertum – Cicero, Stoische Weisheit, Übersetzer: Heinz Panitz, © Aschendorff Verlag, Münster, 1974

S. 59 Der Ansatz und die... – Kindlers Literaturlexikon Bd. II, S. 2511, Kindler Verlag, Zürich, 1986

S. 59f Zwischen Mensch und Tier... – Cicero, Vom pflichtgemäßen Handeln, Übersetzer: Heinz Gunermann, © Reclam Verlag, 1976

S. 60 Vernünftigerweise... – Laertios Diogenes, Leben und Meinungen berühmter Philosophen, Übersetzer: Otto Apelt, © F. Meiner Verlag, 1967

S. 60 Schlimm ist es... – Seneca, Briefe an Lucilius, Übersetzer: Franz Loreto, © Reclam Verlag, 1977

S. 60 Nicht die Dinge... – Epiktet, Handbüchlein der Ethik, Übersetzer: Ernst Neitzke, © Reclam Verlag, 1958

S. 61 Kommentar – Maximilian Forschner, Die stoische Ethik, © Klett Verlag, Stuttgart, 1981

S. 61f Über den Selbstmord – Max Frisch, Neue Züricher Zeitung, Nr. 1149 vom 21.04.1957

S. 62f In der Geschichte – Ernst Hoffmann, Leben und Tod in der stoischen Philosophie, © Kerle Verlag, Heidelberg, 1946

S.63f ... und in der Gegenwart – Luciano de Crescenzo, Geschichte der griechischen Philosophie von Sokrates bis Platon, Diogenes Verlag, Zürich, 1988

S. 65f Sein Leben/Kants Umwelt – Karl Jaspers, Die großen Philosophen, Piper, 1988

S. 67ff Seine Ethik – Alasdair MacIntyre, Geschichte der Ethik im Überblick, Hain, Meisenheim, 1984

S. 68f Fall I – Michael Kneissler, Geld gegen Leben, Die Zeit vom 04.05.90, Zeitverlag, Hamburg

S. 69 Es gibt Bereiche... – Matthias Schreiber, Die Zeit vom 13.11.1992, Zeitverlag, Hamburg

S. 69 Ein vortreffliches Beispiel – Martin Loser, Die Zeit vom 13.11.1992, Zeitverlag, Hamburg

S. 70 Tot? – Johannes Hoff u. Jürgen in der Schmitten, Die Zeit vom 13.11.1992, Zeitverlag, Hamburg

S. 71 Es genügt nicht... – Günther Anders, die Antiquiertheit des Menschen, C. H. Beck, 1987

S. 72 Selbstbestimmtheit – Immanuel Kant, Werke in 12 Bänden, Hrsg.: Wilhelm Weischedel, Suhrkamp Verlag, 1968

S. 73 Eine Auslegung – Christian Graf Krockow, Die Zeit, Zeitverlag, Hamburg

S. 73 Die Befolgung der erkannten Pflichten... – I. Kant, Werke in 12 Bänden, s.o.

S. 74ff ... und seine Pflicht ist es... – I. Kant, Werke in 12 Bänden, s.o.

S. 77f Frankenas Interpretation – William Frankena, Analytische Ethik, dtv, München, 1981

S. 78f Anwendungen des kategorischen... – Karl Jaspers, Plato, Augustin, Kant, Drei Gründer des Philosophierens, S. 263/264, Piper Verlag, München, 1957

S. 79 Ist Selbstmord erlaubt? – I. Kant, Werke in 12 Bänden, s.o.

S. 80f Kants Argumentationsstruktur... – Alasdair MacIntyre, Geschichte der Ethik im Überblick, S. 177, Hain, Meisenheim, 1984

S. 80 Der kategorische Imperativ – Günther Patzig, Ethik ohne Metaphysik, Vandenhoeck, Göttingen, 1971, S. 57

S. 81f Ein zweiter Hauptzug – I. Kant, Werke in 12 Bänden, s.o.

S. 82 Zweitens ist Ethik... – Peter Singer, Praktische Ethik, Reclam Verlag, Stuttgart, 1984, S.10f

S. 83f Und Kant sagt... – I. Kant, Werke in 12 Bänden, s.o.

S. 84 Der Fall Stolpe – Spiegel Nr. 9/1992, Spiegel Verlag, Hamburg

S. 84f Die Wahrheit soll ans Licht – Spiegel Nr. 9/1992, Spiegel Verlag, Hamburg

S. 85f Judas oder Wohltäter im Sumpf? – Hans Joachim Maaz, Spiegel Nr. 42/1992, Spiegel Verlag, Hamburg

S. 86 Wer etwas für die Menschen... – Otfried Czaika, Spiegel Nr. 42/1992, Spiegel Verlag, Hamburg

S. 86 Wer – wie Stolpe... – Wilhelm Mestwertd, Spiegel Nr. 45/1992, Spiegel Verlag, Hamburg
S. 86 Nie! – Spiegel Nr. 33/1992, Spiegel Verlag, Hamburg
S. 86ff Nein, aber... – Spiegel Nr. 5/1992, Spiegel Verlag, Hamburg
S. 89ff Der Kampf aller gegen alle – Hrsg.: Fetscher J., Leviathan (Auszüge), Autor: Hobbes Thomas, Übersetzer: Euchner Walter, Luchterhand Verlag, 1984
S. 98 Die Natur hat die Menschheit... – Otfried Höffe, Einführung in die utilitaristische Ethik, Verlag C. H. Beck, München, 1975
S. 98 Die verschiedenen Bedürfnisse Maslows – Charles Hampden-Turner, Modelle des Menschen. Ein Handbuch des menschlichen Bewußtseins, Beltz Verlag, Weinheim und Basel, 2. Aufl., 1991
S. 98 Die Bedürfnisspyramide – Dieter Katz, ... Arbeitszufriedenheit, VDI Verlag, Düsseldorf, 1987, Biotechnik Nr. 42, S. 17
S. 99 Das Prinzip der Nützlichkeit... – Hrsg.: Otfried Höffe, Einführung in die utilitaristische Ethik, Autor: Bentham Jeremy, Übersetzer: Pieper Annemarie, C. H. Beck, München, 1975
S. 100f Ein exaktes Verfahren... – Hrsg./Autor: Otfried Höffe, Einführung in die utilitaristische Ethik, C.H. Beck, München, 1975
S. 103 Wer nun sagt,... – Robert Spaemann, Moralische Grundbegriffe, Piper, 1982, S. 42f
S. 103f Was ist Utilitarismus... – John Stuart Mill, Der Utilitarismus, Reclam Verlag, Stuttgart, 1976, S. 13–21, 28–31
S. 106 Regelutilitarismus – Bernard Williams, Der Begriff der Moral, Reclam Verlag, Stuttgart, 1986, S. 101f
S. 106f Interessenutilitarismus – Peter Singer, Praktische Ethik, Reclam Verlag, Stuttgart, 1984, S. 23ff
S. 107f Der Kern des Utilitarismus – Otfried Höffe, Sittlich-politische Diskurse, Suhrkamp, Frankfurt, 1981, S. 54f
S. 108f Es wäre sinnlos,... – Bernard Williams, Der Begriff der Moral, Reclam, 1986, S. 94ff
S. 110 Was spricht gegen... – Otfried Höffe, Sittlich-politische Diskurse, Suhrkamp, Frankfurt, 1981, 57ff
S. 111 Der Misanthrop – in Anlehnung an Wilhelm Weischedel, Die philosophische Hintertreppe, Nymphenberger Verlagsbuchhandlung GmbH
S. 112f Die Stachelschweine heute – Chip 9/94, Zs. f. Mikrocomputer-Technik, Vogel Verlag und Druck KG, Würzburg
S. 113f Aus Schopenhauers Tagebuch – Reisetagebücher aus den Jahren 1803–1804, Artur Schopenhauer, Leipzig, 1923, S.154, 155
S. 114f Der universale Wille – Hrsg.: Anton Hügli, Paul Lübecke, Philosophielexikon, Rowohlt Verlag
S. 115 Den naheliegenden Gedanken... – Paul-Heinz Koesters, Deutschland deine Denker, S. 187–189, Goldmann, 1983, © 1980 Stern Magazin, Gruner & Jahr, Hamburg
S. 116 Mitleid, welches das fremde Wohl will – Arthur Schopenhauer, Mensch und Werk, S. 431–432, Bertelsmann © 1958, Lesering Gütersloh
S. 117 Mitleid – W. Schulz
S. 119 Nachwirkungen Schopenhauers – Hrsg.: Jörg Sulaquarda, Schopenhauer, S. 284, Autor: Karl Pisa, Wissenschaftliche Buchgesellschaft, Darmstadt, 1985 (aktualisiert von K. Pisa 1996)
S. 120f Aspekte Schopenhauers Ethik – Hrsg.: Jörg Sulaquarda, Schopenhauer, S. 284, Autor: Karl Pisa, Wissenschaftliche Buchgesellschaft, Darmstadt, 1985
S. 123 Der steile Anstieg bei... – Hrsg.: John McManners, Geschichte des Christentums, Frankfurt/New York, 1993, Campus Verlag
S. 124f Das Volk Israel... – Hrsg.: Gymnasialpädagogischen Materialstelle der ev.-luth. Kirche in Bayern, Bausteine für eine christl. Ethik, Arbeitshilfe, Themenfolge 99 Bd. I 1993, Autor: Karl Friedrich Haag, Vandenhoeck & Ruprecht, 1993, S. 118/119
S. 127ff Gottesdienst in einer Synagoge, Hans-Peter Richter, Damals war es Friedrich, Sebaldus-Verlag, Nürnberg, 1961, S. 85–90
S. 129 Der Talmud – Antoinette Becker, Meine Religion – deine Religion, Otto Maier Verlag, Ravensburg, 1982, S. 25
S. 130 Was weiß man über die Entstehung des Dekalogs... – Karl Friedrich Haag, s.o., S. 123/124 gekürzt
S. 131 Das jüdische Sündenverständnis – Hrsg.: v. A. Hertz u.a., Schuld u. Belehrung in Handbuch der christlichen Ethik, S. 134, Bd. 3, gekürzt, Autor: Johannes Gründel, Herder Verlag, Freiburg, 1982

S. 131f Alles hat innerhalb dieser Grenze zu geschehen – Karl Barth, Die kirchliche Dogmatik Bd. II/2, S. 764 gekürzt, Theologischer Verlag, Zürich, 1942, 7. Aufl., 1986
S. 132 Wir sprechen von den Zehn Geboten,... – Max W. Richardt, Gott wird Mensch, S. 198, Vandenhoeck und Ruprecht, Göttingen, 1995
S. 132f Wenn man die Dekalog-Gebote... – Karl Friedrich Haag, s.o., S. 125
S. 134 Grundlinien neutestamentlicher Ethik – Karl Friedrich Haag, s.o., S. 138/139 leicht verändert u. gekürzt
S. 135 Jesus hat mitunter/Im frühen Christentum – in Anlehnung an Karl Friedrich Haag, s.o., S. 129 und 139
S. 135 Das erste Gebot... – Almut und Klaus Glatz, Grundkurs evangelische Religionslehre, S. 20, Arbeitshilfe Themenfolge 100 Bd. 2, 1994, hrsg. von der Gymnasialpädagogischen Materialstelle der ev.-luth. Kirche in Bayern
S. 136 Du sollst Dir kein Bildnis... – Max Frisch, Tagebuch 1946-49, S. 35f, Suhrkamp Verlag, Frankfurt, 1958
S. 136 Was tun Sie... – Bertold Brecht, Gesammelte Werke, © Suhrkamp Verlag, 1967
S. 136f Zwischen Marlboro und Punk – Heike Schlottau/Hans Hermann Wiebe, Materialien zur politischen Bildung Bonn 1/82
S. 137f Wertwandel und Zehn Gebote – Hrsg.: G. Büttner u. I. Thierfelder, Religionspädagogische Grenzgänge, Kennen Sie die Zehn Gebote?, Autoren: Mack Rudolf u. Volpert Dieter, Calwer Verlag, Stuttgart, 1988, leicht verändert u. gekürzt
S. 140f Zehn Gebote der Papua – zitiert aus: Philosophisches Kolleg, Heft 3, Ethik, S. 25, Autoren: Bensch Rudolf u. Trutwin Werner, Patmos Verlag, Düsseldorf, 1977
S. 141 Natürlich wird... – in Anlehnung an Karl Friedrich Haag, s.o., S. 132
S. 141 In vielfacher Hinsicht... – Almut und Klaus Glatz, s.o. S. 21
S. 141 Die Bergpredigt ist... – Karl Friedrich Haag, s.o. gekürzt
S. 144 Die Wahrheitsfrage in der Bergpredigt – Hrsg.: Hans Jürgen Schulz, Sie werden lachen, die Bibel, S. 13–15 gekürzt, Autor: Carl Friedrich von Weizsäcker, Kreuz Verlag, Stuttgart, 1975
S. 145f Interpretationswege der Bergpredigt – Karl Friedrich Haag, s.o., S. 144/145
S. 146 Die Bergpredigt als Modell... – Bernhard Krautter, Die Bergpredigt im Religionsunterricht, S. 10, Calwer Verlag (Kösel-Verlag), 1973
S. 149 Mit dem Gebot der Feindesliebe... – in Anlehnung an Karl Friedrich Haag, s.o., S. 140–142
S. 150 Wer aber praktiziert Feindesliebe... – Franz Alt, Frieden ist möglich – Die Politik der Bergpredigt, 25. Aufl., Piper & Co., 1989, S. 73/74, S. 87/88
S. 151 Wenn man davon ausgeht... – Karl Friedrich Haag, s.o., S. 204
S. 152 Die Gewalt – Erich Fried
S. 153 Weiblicher Schlägertrupp... – Sächsische Zeitung vom 10.6.1995, S. 10, Dresden
S. 153 (Du mußt ein) Schwein sein – Die Prinzen, VG-Musikedition, Kassel
S. 154 Wenn man Haß mit Haß vergilt... – Martin Luther King, Black Power in: Wohin führt unser Weg? S. 55, Econ Verlag, Düsseldorf, 1968
S. 154 Die Bibel ist kein Handbuch... – in Anlehnung an Karl Friedrich Haag, s.o., S. 156–158
S. 156 Gewisse Rechte sind dem ... – Kardinal Joseph Höffner, Christliche Gesellschaftslehre, Studienausgabe, 2. Aufl., S. 56/57, Verlag Butzon & Berker, Kevelaer, 1978
S. 157 Argumente gegen das Naturrecht – in Anlehnung an Kardinal Joseph Höffner, s.o., S. 58ff
S. 157 Naturrecht und Offenbarung als... – in enger Anlehnung an Karl Friedrich Haag, s.o., S. 205ff.
S. 158ff Evangelischer Ansatz – in Anlehnung an Karl Friedrich Haag, s.o.
S. 160 Der ideologisch Handelnde sieht...– Hrsg.: Eberhard Bethge, Ethik, S. 249, Autor: Dietrich Bonhoeffer, Chr. Kaiser Verlag, München (1949), 7. Aufl., 1966
S. 161 Vor aller Ethik der Verantwortung... – Johannes Fischer, Christliche Ethik als Verantwortungsethik? in: Evangelische Theologie, 52. Jahrg., S. 119, München, 1992
S. 161 Wie man einer Verantwortung... – Karl Friedrich Haag, s.o., S. 191/192
S. 161 Handeln als solches ist Gehorsam... – Rudolf Bultmann, Jesus, 1. Aufl., 1926, S. 74f, UTB, Tübingen, 1958

S. 162 Max Weber wurde... – in Anlehnung an K. Starzacher, Max-Weber – heute noch aktuell?, Festvortrag bei der Jubiläumsveranstaltung der Max-Weber-Schule, Gießen (100 Jahre kaufmännische Schulen in Gießen) am 26.11.1993

S. 163 Der Gegensatz zwischen Gesinnungsethik... – Max Weber, Soziologie – Universalgeschichtliche Analysen-Politik A, J. C. B. Mohr (Paul Siebeck), Tübingen, 1973

S. 164f Das Verhältnis von Kirche und Staat... – in Anlehnung an Karl Friedrich Haag, s.o., S. 149–151

S. 165f Als Gegenposition kann man... – in Anlehnung an Karl Friedrich Haag und J. Roloff, Die Offenbarung des Johannes, Züricher Bibelkommentare, 2. Aufl., 1987

S. 166f Im Anschluß an die Konstantinische... – in Anlehnung an Karl Friedrich Haag, s.o.

S. 167 ... Gott der Allmächtige... – Hrsg.: W. Metzger, Luther Zitat nach: Von weltlicher Obrigkeit, Schriften zur Bewährung der Christen in der Welt, Bd. 4, Calwer Luther-Ausgabe, Calwer Verlag, Stuttgart, 4. Aufl., 1983

S. 168f Luther wollte keine.../Martin Luther ging... – in Anlehnung an Karl Friedrich Haag, s.o., S. 272ff.

S. 170 In den Jahrzehnten nach Luther... – Karl Friedrich Haag, s.o., S. 276/277

S. 172f Zweifellos ist die reformatorische Kirche... – Hrsg.: Eberhard Bethge, Die Kirche vor der Judenfrage in: Gesammelte Schriften Bd. 2, Autor: Dietrich Bonhoeffer, © Chr. Kaiser / Gütersloher Verlagshaus, 1959, Gütersloh, S. 44–49, gekürzt

S. 173 Bei einem Rundgang im... – H. Gutschera u. J. Therfelder, Brennpunkte der Kirchengeschichte, F. Schöningh Verlag, Paderborn, 1976, S. 236

S. 174 Sie kann es sich nicht... – Dorothee Sölle, Politische Theologie, Kreuz-Verlag, Stuttgart, 1982, S. 73

S. 175 Die Befreiung des Armen – Hrsg./Autor: P. Eicher, Theologie der Befreiung im Gespräch, S. 11, 12

S. 175 Jetzt noch mehr Arbeitskraft... – Hrsg.: L. Boff u.a., Werkbuch Theologie der Befreiung, S. 71, Patmos Verlag, Düsseldorf, 1988

S. 176 Unsere Freude – Hrsg.: G. Schoenborn, Kirche der Armen, S. 172, Peter Hammer Verlag, Wuppertal, 1989

S. 177 Die katholische Soziallehre – Karl Friedrich Haag, s.o., S. 290

S. 177f Die katholische Kirche und die... – in Anlehnung an kath. Erwachsenenkatechismus 1995, hrsg. von der Deutschen Bischofskonferenz 1995, S. 248ff.

S. 178 Solidaritätsprinzip – Theodor Herr, Katholische Soziallehre, S. 51/53 stark gekürzt, Bonifatius-Verlag, Paderborn, 1987

S. 179 Eines der wichtigsten Strukturprinzipien... – Theodor Herr, Katholische Soziallehre, S. 41/42, Bonifatius-Verlag, Paderborn, 1987

S. 179 Perspektive – Hugo Ernst Käufer

S. 180 Weitere Sozialprinzipien – in Anlehnung an: Zur wirtschaftlichen und sozialen Lage in Deutschland 1995, hrsg. vom Bildungswerk der Diözese Mainz für die Koordinationsgruppe zum Konsultationsprozeß (H. Heidenreich), S. 110–111

S. 182 Das Wort Hindu ist... – H. Glasenapp, die nichtchristlichen Religionen, S. 147, Fischer Lexikon Nr. 1, Fischer, Frankfurt, 1957

S. 182 Es hat sich eingebürgert, mit... – P. Schreiner, Das richtige Verhalten des Menschen im Hinduismus in: Ethik in nichtchristlichen Kulturen, S. 82, Verlag W. Kohlhammer, Stuttgart, 1984

S. 185 Die Bedeutung des Hinduismus – M. Smart, Die großen Religionen, S. 55f, Universitas, München, 1988

S. 186 Der Mythos von der Entstehung von Mann und Frau – J. Campbell, Lebendiger Mythos, S. 89, Dianus-Trikont-Verlag, München, 1985

S. 187 Die Weltseele – P. Schwarzenau, Christentum und Weltreligionen, S. 158f., Heyne, München, 1977

S. 187f Geist und Materie bilden die Erscheinungen – D. Faßnacht/E. Bickelmann, Hinduismus, S. 17f., Diesterweg, Frankfurt, 1979

S. 188f Lebensbejahung und Suche nach Erlösung – P. Schreiner, Hinduismus in: E. Brunner-Traut, die fünf großen Weltreligionen, S. 27f., Herder Verlag, Freiburg, 1974

S. 189f Kreislauf der Seelenwanderung – D. Faßnacht/E. Bickelmann, s.o., S. 13f

S. 190 Ein hinduistisches Weltbild – F. König, Der Glaube der Menschen, S. 208, Herder, Freiburg, 1985

S. 191 Ethische Grundzüge des Hinduismus – P. Schreiner, Das richtige Verhalten des Menschen im Hinduismus in: Ethik in nichtchristlichen Kulturen, S. 86 u. 90, Verlag W. Kohlhammer, Stuttgart, 1984

S. 191f Unter dem natürlichen Gesetz leben – D. Faßnacht/E. Bickelmann, s.o., S. 70/71

S. 192 Die Kasten – U. Schneider, Einführung in den Hinduismus, S. 6f., Wiss. Buchges., Darmstadt, 1989

S. 194f Wir müssen uns endlich nehmen,... – Gabriele Venzky, Stuttgarter Zeitung vom 10.06.1995

S. 195 Die vier Lebensstadien – P. Schreiner, Hinduismus in: E. Brunner-Traut, Die fünf großen Weltreligionen, S. 27, Herder, Freiburg, 1974

S. 196f Wahrheit allein siegt – P. Schreiner, Das richtige Verhalten der Menschen im Hinduismus, in: Ethik in nichtchristlichen Kulturen, S. 103f., Verlag W. Kohlhammer, Stuttgart, 1984

S. 197 Richtiges Verhalten – P. Schreiner, Das richtige Verhalten des Menschen im Hinduismus, in: Ethik in nichtchristlichen Kulturen, S. 104–113, Verlag W. Kohlhammer, Stuttgart, 1984

S. 198f Die Pflichten der Frau – N.Kashiwagi/ A.-B. Bau/M. Moozhiyil, Frauen im ländlichen Indien, (Darstellung bzw. Situationsanalyse über das ländliche Indien/ BASIS Info IV Juli 1992, S. 1–5 gekürzt), hrsg. Von BASIS-Projects Sreekandamangalam, Kottayam 686562, Kerala Indien (Förderkreis Indienhilfe-Gießen)

S. 200f Stufen des Yoga – D. Faßnacht/E. Bickelmann, s.o., S. 18f.

S. 202f Bhagwan – Das Ego ist die falsche Lehre – Bhagwan Shree Rajneeshi, Der Spiegel Nr. 32/1985, Spiegel-Verlag, Hamburg

S. 204 Transzendentale Meditation (TM) – Wisser Horst, Hamburger Abendblatt vom 28.06.1982

S. 205 Gegenentwurf zur Leistungsgesellschaft – U. Schneider, Einführung in den Hinduismus, S. 4, Wiss. Buchges., Darmstadt, 1989

S. 205f Wir sehen nicht das Einzelne, sondern das Ganze – H. Kuhn, Christentum im Spiegel der Weltregionen, 3. Aufl., S. 254, Quell Verlag, Stuttgart, 1986

S. 206 Radhakrishnan – D. Faßnacht/E. Bickelmann, s.o., S. 104

S. 207 Als Beweis für die... – R. Hummel, Christentum im Spiegel der Weltreligionen, S. 295f, 3. Aufl., Quell Verlag, Stuttgart, 1986

S. 207f Grenzen der Toleranz – K. Klostermaier, Hinduismus, S. 44f., Verlag J.P. Bachem/ Schweiz, Köln, 1965

S. 209 Die Sinnsuche führt ins Nirwana – Rainer Lang, Schwäbisches Tagblatt

S. 209 Die Verbreitung des Buddhismus – Schweer Thomas, Stichwort Buddhismus, 2. Aufl., Heyne-Verlag, München, 1994

S. 211f Nicht alle Regeln gehen auf... – Schweer Thomas, Stichwort. Buddhismus, 2. Aufl., S. 54–60, Heyne-Verlag, München, 1994

S. 212ff Regenzeit – Schweer Thomas, Stichwort: Buddhismus, 2. Aufl., S. 62–64, Heyne-Verlag, 1994, München

S. 214f Die Tempeltänze – Peter Charlotte/ Sprecher Margrit, Ferner Osten – Richtig reisen, S. 57 und 75, DuMont, Fribourg/ Köln, 1974

S. 217 Im Götterhimmel empfängt... / Eines Tages wird... – Heiter Friedrich, Die Religionen der Menschheit, Reclam Verlag, 4. Aufl., 1982

S. 218 An diesem Ort ... – Eliade Mircea, Geschichte der religiösen Ideen, Bd. 2, S. 72

S. 219f Das Gleichnis vom Pfeilverwundeten – Anand M. R., Der Unberührbare, Unions-Verlag, Zürich, 1984

S. 221 Der Mann im Brunnen – Kühn Herbert, Das Antlitz Indiens, Schwabe Verlag, Basel, 1963

S. 223ff Erläuterungen zum Rad des Lebens – Hrsg.: Bätz Kurt, Weltreligionen heute, S. 17ff., Autor: Sonn W., Benziger Verlag, Zürich/Kaufmann Verlag, Köln, 1983

S. 226 Begriffserklärung: Karma – Hrsg.: Tworuschka Monika und Udo, Vorlesebuch, Fremde Religionen Bd. 2, Buddhismus, S. 80, 5. Aufl., Kaufmann/Lahr, Patmos/ Düsseldorf, 1988

S. 226f Heute Nacht wirst Du sterben – Hrsg.: Tworuschka Monika und Udo, Vorlesebuch, s.o.

S. 228 Der Dalei Lama zum Thema... – Kuby Clemens u. Olvedi Ulli, Living Buddha, S. 40ff., Goldmann Verlag, München, 1994

S. 229 Erlösungsziel; Nirwana – Hrsg.: Bätz Kurt, Weltreligionen heute, S. 17, Benziger Verlag/Zürich, Kaufmann/Köln, 1983

S. 232ff 2. Ethik – Schweer Thomas, Stichwort: Buddhismus, 2. Aufl., S. 30–32, Heyne-Verlag, München, 1994

S. 235 Die großen Zweige des Buddhismus – Trubach Horst, Was glauben die anderen?, 4. Aufl., S. 197f, Gütersloher Verlagshaus

S. 236f Was ist Zen? – Suzuki T. Diasetz, Die grosse Befreiung, Einführung in den Zen-Buddhismus, 15. Aufl., S. 49–61, Barth-Verlag © Scherz-Verlag, Bern/ München/ Wien, 1993

S. 238 Erinnere dich an Gotama – Dorothee Sölle, Meditation und Gebrauchstexte, S. 20, Wolfgang Fietkon-Verlag, Berlin

S. 239 Wichtige Unterscheidungslehren... – Hartmann U., Atlas-Tafel-Werk zur Geschichte der Weltreligionen I, S. 145, Quell-Verlag, Stuttgart, 1987

S. 240 Kritische Gegenüberstellung von... – in Anlehnung an D. Faßnacht, Buddhismus, 2. Aufl., S. 72ff, Diesterweg, Frankfurt, 1978

S. 241 Der Buddhismus ist eine... – Reichle Verena, Die Grundgedanken des Buddhismus, S. 14f., Fischer, Frankfurt, 1994

Bildverzeichnis

S. 171 Sportpalastkundgebung – Landesbildstelle, Berlin
S. 172 Bonhoeffer – © Chr. Kaiser/Gütersloher Verlagshaus, Gütersloh
S. 174 Campesino – Christliche Initiative Romero e. V., Münster
S. 175 Mädchen – Haiti + Third World Investment-Bureau, Port-au-Prince/Haiti WI
S. 181 Vishnu – Anneliese Keilhauer, Salzburg
S. 183o. Brahma – Lexikon der Symbole, 15. Auflage, 1994, Seite 61, Fourier Verlag GmbH, Wiesbaden
S. 183u. Vishnu – Die großen Religionen der Welt, S. 22/23, 1981, Droemersche Verlagsanstalt Th. Knaur Nachf. GmbH & Co.
S. 184o. Shiva – Lindenmuseum, Abt. Südasien, Stuttgart
S. 184u. Kali – Die großen Religionen der Welt, S. 22/23, 1981, Droemersche Verlagsanstalt Th. Knaur Nachf. GmbH & Co.
S. 189 Leichenverbrennung – Privatfoto, U. Alvermann, Stuttgart
S. 192 Minahshi-Tempel – Anneliese Keilhauer, Salzburg
S. 194 Unberührbare – KNA-Bild, Frankfurt
S. 198 Rikschafahrerin in Indien – KNA-Bild, Frankfurt
S. 199 Schlafende Frau – N. Kashiwagi/A.-B. Bau/M. Moozhiyil, Frauen im ländlichen Indien, S. 1–5 gekürzt, 1992, hrsg. von BASIS-Projects Sreekandamangalam, Kottayam 686562, Kerala Indien (Förderkreis Indienhilfe – Gießen)
S. 203 Bhagwan-Jünger – FOCUS, Photo- und Presseagentur GmbH, Hamburg
S. 210 Mönche – Konkordia-Archiv
S. 213 Mönch in Meditation – Foto: Henry Wilson, © Thames & Hudson, London, aus: A. Shearer, Buddha – das weise Herz, Kösel-Verlag, München, 1995
S. 216 Das Leben Buddhas – Weltreligionen heute, Benziger Verlag/Zürich, Kaufmann Verlag/Köln, 1983, Hrsg.: Bätz Kurt
S. 218 Buddha – Konkordia – Archiv
S. 220 Figuren – Konkordia – Archiv
S. 222 Rad des Lebens – Konkordia – Archiv
S. 229 Mönch in Tibet – Mit Edmund Hillary durch den Himalaya, Verlag Herder, Freiburg, 2. Auflage, 1987
S. 237 Prediger Nydahl – Gerd Heidorn